Doehring · Allgemeine Staatslehre

Allgemeine Staatslehre

Eine systematische Darstellung

von
Professor Dr. Dres. h.c. Karl Doehring

3., neubearbeitete Auflage

C. F. Müller Verlag
Heidelberg

Dr. iur. Dres. h.c. *Karl Doehring*, em. o. Professor an der Universität Heidelberg, em. Direktor am Max-Planck-Institut für ausländisches öffentliches Recht und Völkerrecht, Membre de l'Institut de Droit International.

Bibliografische Informationen Der Deutschen Bibliothek
Die Deutsche Bibliothek verzeichnet diese Publikation in der Deutschen Nationalbibliografie; detaillierte bibliografische Daten sind im Internet über <http://dnb.dbb.de> abrufbar.

Gedruckt auf säurefreiem, alterungsbeständigem Papier aus 100% chlorfrei gebleichtem Zellstoff (DIN-ISO 9706).

© 2004 C. F. Müller, Verlagsgruppe Hüthig Jehle Rehm GmbH, Heidelberg
Satz: C. Hölzer, Hagenbach
Druck und Bindung: Gulde-Druck, Tübingen
ISBN 3-8114-9008-7

Vorwort

Die Neubearbeitung hatte zu berücksichtigen, daß, jedenfalls im internationalen Recht, der Staatsbegriff sich wandelnden Anschauungen ausgesetzt zu sein scheint. So wird mit guten Gründen darauf hingewiesen, daß staatliche Souveränität, im überkommenen Sinne, immer stärkeren Einschränkungen unterliegt, was vor allem dem Anwachsen zwingender Normen des Völkerrechts, der Abnahme des domaine réservé durch zunehmende Vertragsbindungen und der Zunahme der Entscheidungsmöglichkeiten des Sicherheitsrats der Vereinten Nationen zuzurechnen ist. So ist die Ordnungsabhängigkeit der Staaten vom Völkerrecht gewachsen und die Befehlsunabhängigkeit von internationalen Instanzen verringert. Trotz dieser Veränderungen bleibt – bislang – der Staat immer noch die wesentlichste Organisationsform, in der menschliche Gemeinschaften zusammen leben, auch wenn dessen Omnipotenz abnimmt. Es ist deshalb immer noch geboten, die Merkmale des Staates, seine Funktionen, seine Institutionen und seine grundlegende Bedeutung zu analysieren. Der Schutz des Menschen durch seinen Staat ist – soweit dieser ein demokratischer Staat im weitesten Sinne ist – immer noch der effektivste, wenn man an die mannigfaltigen und gewandelten Bedrohungen denkt, denen der Mensch heute ausgesetzt ist. Es geht daher nicht um die Rechtfertigungen einer Lehre vom Staat, sondern immer noch um die Erkenntnisse rechtlicher Realitäten. Diese Notwendigkeit wird so lange fortbestehen wie Staaten, wenn auch vielleicht mit gewandelter Funktion, die rechtliche Basis der Gesellschaft bilden.

Die größte Schwierigkeit bei der Einschätzung der Bedeutung des Staates für das Zusammenleben der Menschen liegt darin, daß immer wieder entschieden werden muß, ob sich anbahnende Tendenzen schon zu geltendem Recht verdichtet haben bzw. hierzu auf dem Wege sind, oder ob solche Entwicklungstendenzen nur als vorübergehende Phänomene gewertet werden müssen. So schwankt naturgemäß jede Bedeutung der Normen und ihre Interpretation zwischen Konservativismus, Progression und Spekulation. Ich habe versucht, Verbindungswege zu finden.

Wie in der Vorauflage war es wieder meine Frau, *Dr. Eva-Maria Doehring*, die als einzige und unermüdliche Hilfe bei der Herstellung dieses Buches mir zur Seite stand. Dafür meinen herzlichen Dank, auch wenn er die Leistung nicht kompensieren kann. Mein Dank gilt auch, wie bei früheren Auflagen, dem C. F. Müller-Verlag, insbesondere Frau *Alexandra Burrer* für die so hervorragende Zusammenarbeit.

Heidelberg, im Mai 2004 *Karl Doehring*

Vorwort zur ersten Auflage

Diese Darstellung einer allgemeinen Staatslehre beruht auf zwei Grundgedanken, die sie zumindest von einem Teil der vergleichbaren Bearbeitungen dieses rechtswissenschaftlichen Gebietes unterscheidet. Zum einen stehen nicht, wie das weitgehend der Fall ist, politikwissenschaftliche, soziologische, rechtsphilosophische und historische Gesichtspunkte im Vordergrund der Betrachtung, sondern normative im Sinne der Jurisprudenz. Insoweit wendet sich die Arbeit mehr an den Rechtsanwender als an den kontemplativen Juristen, auch wenn selbstverständlich das Normverständnis nicht auf die Beachtung des geistesgeschichtlichen und sozialen Hintergrundes der Norm verzichten kann. Zum anderen wird der Versuch gemacht, den Staat in gewisser Weise von außen zu sehen, d.h. nicht nur in einer Nabelschau der Selbstbestätigung der verfaßten Gemeinschaft. Der Staat soll als Objekt betrachtet sein. Ich hoffe und erwarte, der hier vorgelegten Arbeit wird bestätigt werden können, daß sie den nationalen und internationalen Juristen hilft, sich im Nebel staatsphilosophischer und staatstheoretischer Spekulationen über das „Wesen" des Staates anhand von erkennbaren Rechtsregeln zurecht zu finden.

Heidelberg, im Februar 1991 *Karl Doehring*

Inhaltsverzeichnis

		Rn	Seite
Vorwort			V
Vorwort zur ersten Auflage			VI
Abkürzungsverzeichnis			XI
Einführung		1	1

A. Allgemeiner Teil

		Rn	Seite
§ 1	*Gegenstand und Rechtfertigung der Lehre vom Staat*	4	4
	1. Vorbemerkung	4	4
	2. Abgrenzung der Allgemeinen Staatslehre zu Politologie, Soziologie, Verfassungslehre, Historie	8	6
	3. Allgemeine Staatslehre und Völkerrecht	12	8
	4. Allgemeine Staatslehre und Rechtsvergleichung	14	9
	5. Recht und Wirklichkeit	17	11
	6. Der Staat als „Seinsordnung" und als „Sollensordnung"	21	13
§ 2	*Staatsbegriff und Staatsdefinition*	27	16
	1. „Staat" im Sinne des Staatsrechts und des Völkerrechts	27	16
	2. „Staat" im Sinne des Verfassungsrechts	30	18
	3. „Staat" im Sinne des Völkerrechts	33	19
	4. Elemente des Staatsbegriffs im einzelnen	39	21
	a) Übersicht	39	21
	b) Das Staatsvolk	49	25
	c) Das Staatsgebiet	59	29
	d) Die Staatsgewalt	78	37
	5. Der Staat als juristische Person	89	42
§ 3	*Entstehung von Staaten*	106	49
	1. Vorbemerkung	106	49
	2. Historische Sicht	108	50
	3. Verfassungsrecht	109	51
	4. Völkerrecht	112	52
§ 4	*Untergang von Staaten*	120	56
	1. Vorbemerkung	120	56
	2. Wegfall eines Staatsmerkmals	121	56
	3. Entzug der Anerkennung	126	58

Inhaltsverzeichnis

	4. Grundlegender Wechsel der Regierungsform	127	59
	5. Zwischenstufe der Handlungsfähigkeit	131	60
	6. Auswirkungen des Staatsunterganges	133	61
§ 5	*Staatensukzession*	136	62
§ 6	*Staatenverbindungen*	145	66
	1. Überblick	145	66
	2. Staatenbund und Bundesstaat	155	68
	3. Bundesstaat	161	70
§ 7	*Internationale Organisationen*	174	76
§ 8	*Staatszwecke und Staatsrechtfertigung*	185	80
	1. Historischer Überblick	186	81
	2. Rationale Unauflöslichkeit	199	84
	3. Der Staat als reine Lebens- und Gefahrengemeinschaft	203	86
§ 9	*Regierungssysteme*	208	88
	1. Überblick	208	88
	2. Konstitutionelle Monarchie	212	90
	3. Diktatur	215	91
	4. Die Vielfältigkeit der Demokratien	219	93
	5. Bewertungsmaßstäbe	224	95
§ 10	*Die Revolution*	235	98
	1. Verfassungsrecht	235	98
	2. Völkerrecht	243	101
§ 11	*Widerstandsrecht*	246	103
§ 12	*Die Souveränität*	258	109
	1. Vorbemerkung	258	109
	2. Verfassungsrecht	259	109
	3. Völkerrecht	265	112
§ 13	*Das Selbsterhaltungsrecht der Staaten*	276	118
§ 14	*Das Selbstbestimmungsrecht der Völker und Nationen*	285	122

B. Besonderer Teil

§ 15	*Verfassungsentscheidung für eine bestimmte Staats- und Regierungsform – insbesondere Verfassungsänderung*	302	128
§ 16	*Die Republik*	317	133
§ 17	*Die Demokratie*	326	136
	1. Grenzen der Definitionsmöglichkeiten	326	136
	2. Rechtfertigungen und Kritik	342	141
	3. Die Ausgestaltungen der Demokratien	349	144
	4. Wahlsysteme	368	150

			375	152
	5.	Strukturen politischer Parteien	375	152
	6.	Die Volksdemokratie	384	156
§ 18	*Die Gewaltenteilung*		388	158
	1.	Vorbemerkung	388	158
	2.	Das System	390	159
	3.	Rechtsvergleichung	407	165
§ 19	*Der Rechtsstaat*		424	172
	1.	Begriffsentstehung	424	172
	2.	Fortentwicklung im deutschen Recht	442	177
	3.	Rechtsstaat und Sozialstaat	449	180
	4.	Rechtsvergleichung	453	182
	5.	Rechtsstaatlichkeit internationaler Organisationen	468	187
§ 20	*Verfassungsgerichtsbarkeit*		476	191
	1.	Systematische Betrachtung	476	191
	2.	Rechtsvergleichung	493	198
§ 21	*Das Staatsnotrecht*		518	204
	1.	Systematische Betrachtung	518	204
	2.	Rechtsvergleichung	522	206
§ 22	*Individualrechte, Grundrechte und Menschenrechte*		542	214
	1.	Entstehung im Verfassungs- und Völkerrecht	542	214
	2.	Verfassungsrecht	547	215
	3.	Völkerrecht	576	224
	4.	Fremdenrecht	603	232
§ 23	*Staat und Religionsgemeinschaften*		627	238
§ 24	*Staatsgewalt und nicht-staatliche Verbände*		636	240
Stichwortverzeichnis				247

Abkürzungsverzeichnis

A.C.	Law Reports, Appeal Cases
AJIL	American Journal of International Law
ALR	Allgemeines Landrecht für die preußischen Staaten
Annuaire	Annuaire de l'Institut de Droit International
AöR	Archiv des öffentlichen Rechts
BAG	Bundesarbeitsgericht
BGBl.	Bundesgesetzblatt
BGH	Bundesgerichtshof
BGHSt	Entscheidungen des Bundesgerichtshofs in Strafsachen
BSG	Bundessozialgericht
BSGE	Entscheidungen des Bundessozialgerichts
BVerfG	Bundesverfassungsgericht
BVerfGE	Entscheidungen des Bundesverfassungsgerichts
BVerfGG	Gesetz über das Bundesverfassungsgericht
BVerwG	Bundesverwaltungsgericht
BVerwGE	Entscheidungen des Bundesverwaltungsgerichts
BWahlG	Bundeswahlgesetz
BYIL	British Yearbook of International Law
DDR	Deutsche Demokratische Republik
DGVR	Deutsche Gesellschaft für Völkerrecht
DöV	Die öffentliche Verwaltung
DVBl	Deutsches Verwaltungsblatt
EG	Europäische Gemeinschaft
EGBGB	Einführungsgesetz zum Bürgerlichen Gesetzbuch
EGKS	Europäische Gemeinschaft für Kohle und Stahl
EMRK	Europäische Konvention zum Schutz der Menschenrechte und Grundfreiheiten
EGV	Vertrag zur Europäischen Gemeinschaft
EPIL	Encyclopedia of Public International Law
EU	Europäische Union
EuGRZ	Europäische Grundrechtszeitschrift
EURATOM	Europäische Atomgemeinschaft
EWG	Europäische Wirtschaftsgemeinschaft
EWGV	Vertrag über die Europäische Wirtschaftsgemeinschaft
FS	Festschrift
GBl	Gesetzblatt
GeschOBT	Geschäftsordnung des Bundestages
GG	Grundgesetz der Bundesrepublik Deutschland
GV	Generalversammlung

Abkürzungsverzeichnis

HStR	Handbuch des Staatsrechts
ICJ	International Court of Justice
ICJ Rep	International Court of Justice Reports
IGH	Internationaler Gerichtshof
ILC	International Law Commission
ILM	International Legal Materials
Jur.Bl.	Juristische Blätter
Jus	Juristische Schulung
JW	Juristische Wochenschrift
JZ	Juristenzeitung
K.B.D.	King's Bench Division
LG	Landgericht
MDR	Monatsschrift für Deutsches Recht
NATO	Nordatlantikvertrag
NJW	Neue Juristische Wochenschrift
OAS	Organization of American States
ÖZöR	Österreichische Zeitschrft für öffentliches Recht
Off. Rec.	Official Record
OLG	Oberlandesgericht
OVG	Oberwaltungsgericht
Res.	Resolution
RG	Reichsgericht
RGBl.	Reichsgesetzblatt
RGSt	Entscheidungen des Reichsgerichts in Strafsachen
RGZ	Entscheidungen des Reichsgerichts in Zivilsachen
SED	Sozialistische Einheitspartei Deutschlands
Sess.	session
SJZ	Süddeutsche Juristenzeitung
SR	Sicherheitsrat
StGB	Strafgesetzbuch
Supp	supplement
UdSSR	Sowjetunion
UN	United Nations
U.N.Doc.	United Nations Documents
U.N.T.S.	United Nations Treaty Series
U.S.	Entscheidungen des Obersten Gerichtshofs der USA
VN	Vereinte Nationen
VVDStRL	Veröffentlichungen der Vereinigung der Deutschen Staatsrechtslehrer
WB des VR	Wörterbuch des Völkerrechts
Wheat	Wheaton's Reports (US)
WRV	Weimarer Reichsverfassung

WTO	World Trade Organization
WVK	Wiener Vertragsrechtskonvention
YILC	Yearbook of the International Law Commission
ZaöRV	Zeitschrift für ausländisches öffentliches Recht und Völkerrecht

Einführung

Das Rechtsphänomen „Staat" als derzeitige Organisationsform menschlicher Gemeinschaften wird solange Bestand haben, wie die Menschen es wollen; ob sie das wollen sollen, ist keine Frage der Rechtswissenschaft. Sicherlich haben sich im Laufe der Rechtsentwicklung die Aufgaben des Staates verändert, aber sein Bestand ist – bisher – davon unberührt. Die „Allgemeine Staatslehre" als überkommene Disziplin der rechtswissenschaftlichen Lehre ist vorwiegend aus der Sicht innerstaatlichen Verfassungsrechts behandelt worden[1]. In einer Staatenwelt, in der die Eigenständigkeit der Staaten und ihrer Verfassungsordnungen auf der strikten Betonung der staatlichen Souveränität auch in den Außenbeziehungen beruhte[2], war diese Betrachtungsweise sicherlich gerechtfertigt; in einer reinen Koordinationsordnung, in der, zumindest theoretisch, jeder Staat allein das für ihn geltende Recht bestimmt, gab es eine gemeinsame Beurteilung aller Staatsqualitäten und aller hoheitlicher Betätigungen dogmatisch nicht. Die jeweilige Staatsgewalt, als Quelle allen Rechts, konnte selbst keinen weiteren Bindungen unterliegen, und so mag es ausreichend gewesen sein, das Wesen jedes Staates unter Zugrundelegung nur seiner eigenen Verfassungsprinzipien zu erklären; hier mag auch die Unterscheidbarkeit von Staatslehre und Verfassungslehre sich zeigen. Natürlich gab es und gibt es auch unter dieser Prämisse Vergleichbarkeiten der Institutionen, etwa der Prinzipien der Gewaltenteilung, der Demokratie, des Rechtsstaats u.a.m. Aber auch eine Rechtsvergleichung auf diesem Gebiet beschränkte sich auf diese Innensicht des Staates, auf Legalität und Legitimität, auf Staatszweck und Staatsrechtfertigung aus der Sicht des Verhältnisses von Beherrschten zu Herrschenden. Die neuere Entwicklung der Staatenwelt und der immer stärkeren Interdependenz der Staaten und auch mittelbar der Verfassungsrechtsordnungen läßt eine reine Innensicht des Staates aber dann nicht mehr als ausreichend erscheinen, wenn man den Staat als ein Phänomen der Gemeinschaftsordnung der gesamten organisierten Menschheit betrachtet.

1

---

1 Durchaus werden die völkerrechtlichen Staatsmerkmale in neueren Bearbeitungen auch behandelt, aber oft nicht eingehender interpretiert, so durch *M. Kriele*, Einführung in die Staatslehre, 6. Aufl. 2003, S. 50 ff.; vgl. aber die recht eingehende Darstellung von *R. Zippelius*, Allgemeine Staatslehre, 14. Aufl. 2003, S. 71 ff., zu den völkerrechtlichen Staatsmerkmalen, und *P. Pernthaler*, Allgemeine Staatslehre und Verfassungslehre, 2. Aufl. 1996, dessen im übrigen sehr detailliertes Werk ein geschlossenes Kapitel über das Staatsgebiet nicht enthält. Vgl. auch *F. Ermacora*, Allgemeine Staatslehre, 1970, der der Staatsangehörigkeit eine Seite (1100) widmet und ebenso dem Staatsgebiet. So konnten auch frühere Arbeiten die Ergebnisse der UN-Seerechtskonvention noch nicht enthalten.
2 *E. Kaufmann*, Das Wesen des Völkerrechts und die clausula rebus sic stantibus, 1911, S. 135, wo ausgeführt ist, das Wesen des Staates „ist Machtentfaltung, ist der Wille, sich in der Geschichte zu behaupten", und nur, weil er, der Staat, „Machtorganisation sein will, kann er zur obersten Gemeinschaft" werden.

Einführung

Entscheidend für diese Wendung von einer reinen Koordinationsordnung der Staatenwelt zu einer zumindest partiellen Subordinationsordnung war die heute nicht mehr bestrittene, allgemeine Anerkennung des Bestandes von zwingenden Rechtsregeln (ius cogens) auch im internationalen Recht[3], womit nicht nur die Unterordnung des souveränen Staates unter gemeinsame Regeln manifestiert wurde, sondern auch die Rechtswidrigkeit diesen Regeln entgegenstehender Vereinbarungen. Es ist das Ziel der nachfolgenden Darstellung, den Staat umfassender zu sehen, d.h. auch in seinen Außenbeziehungen, deren Intensität nicht ohne Einfluß auf sein Verfassungsrecht bleiben kann[4]. So zwang die fortschreitende Integration Europas zu fundamentalen Änderungen des deutschen Grundgesetzes.

2 Einzelheiten über Sinn und Zweck völkerrechtlicher Betrachtungen und solcher der Rechtsvergleichung werden noch eingehend erläutert werden. Hier kommt es nur darauf an darzulegen, daß, insbesondere unter dem Wandel der Auffassung von der äußeren Souveränität der Staaten, auch die „**Allgemeine Staatslehre**" einseitig bliebe, würde die Position des Einzelstaates in der **Staatengemeinschaft** nicht mit gleicher Intensität betrachtet wie das für das jeweilige **Verfassungsrecht** zu gelten hat. Es soll dabei nicht verkannt werden, daß diese umfassendere Sicht durchaus in der modernen Literatur über den Staat schon ihren Platz erhalten hat[5]. Doch soll mit der nachfolgenden Darstellung diese neuere und notwendige Perspektive stärker als bisher betont werden. Ein Beispiel soll das verdeutlichen. In der Lehre von den Staatenverbindungen wird nach überkommener Art der Staatenbund behandelt, aber wenig wird dabei beachtet, daß diese Art der Staatenzusammenschlüsse nun weitgehend ersetzt ist durch die Bildung internationaler Organisationen[6]; sie haben das Institut des Staatenbundes verdrängt, und sie sind zahlenmäßig heute stärker vertreten als die Staaten selbst. Weiter ist hinzuweisen auf das Phänomen der Supranationalität, auch wenn diese erst in Europa konkrete Gestalt angenommen hat; das zeigt, wie sehr eine **Veränderung des Souveränitätsbegriffs** durch Umverteilung funktionaler Kompetenzen stattfinden kann. Nicht umsonst sind lange Diskussionen darüber geführt worden, ob und inwieweit der in eine supranationale Organisation eingefügte Staat noch seine Souveränität behält, aber auch ob ein Staat nicht ebenfalls in den völkerrechtlichen Beziehungen einem Souveränitätsverlust immer stärker ausgesetzt ist[7]. Es ist evident, daß diese Verringerung der Omnipotenz des

---

3 Wiener Konvention über das Recht der Verträge v. 23. 5. 1969 (U.N. Doc. A/CONF. 39/27), Art. 53, 64; *J. A. Frowein*, Jus Cogens, in: EPIL, Bd. 3, 1997, S. 65 ff.
4 So gelten im Völkerrecht bestimmte Staatsorgane auch dann als vertretungsbefugt, wenn das Verfassungsrecht eines Staates hiervon abweichen sollte, vgl. Wiener Vertragskonvention (Fn. 3), Art. 7.
5 Vgl. *K. Doehring*, State, in: EPIL, Bd. 4, 2000, S. 600 ff., mit weiteren Literaturnachweisen.
6 Bei *P. Pernthaler* (Fn. 1) findet sich eine eingehende Beschreibung von Föderalismus, Bundesstaat und Staatenbund (S. 287 ff.), aber keine spezielle Abhandlung über internationale Organisationen; abgesehen von Hinweisen auf das Europarecht; anders *R. Zippelius* (Fn. 1), S. 414 ff.; *R. Herzog*, Allgemeine Staatslehre, 1971, erwähnt die internationalen Organisationen nur beiläufig, S. 404.
7 Dazu *K. Doehring*, Internationale Organisationen und staatliche Souveränität, in Festgabe für Ernst Forsthoff zum 65. Geburtstag, 1967, S. 105 ff.; *G. Ress* (Hrsg.),Souveränitätsverständnis in den Europäischen Gemeinschaften, 1980; eingehend hierzu *J. Kokott*, Die Staatslehre und die Veränderung ihres Gegenstandes: Konsequenzen von Europäisierung und Internationalisierung, VVDStRL, Bd. 63 (erscheint demnächst).

Staates nach außen auch eine Veränderung nicht nur des positiven Verfassungsrechts herbeiführt, sondern auch neue Varianten in der Lehre von Staatszweck und Staatsrechtfertigung entstehen läßt. Die überkommenen Betrachtungsweisen der „klassischen" Lehre vom Staat behalten durchaus ihre Bedeutung, wie gezeigt werden wird, aber es ist nicht zu verkennen, daß sie nicht immer mehr ausreichen, den Erfordernissen der Qualifikation neuer Phänomene zu genügen; man denke z.B. an die Einflußnahme von Verbänden, politischen Parteien oder auch modernen Kommunikationsmitteln auch auf die internationalen Beziehungen. Auch hier zeigt sich wieder, daß die Außensicht des Staates an Bedeutung gewinnt, denn die Internationalisierung von Verbänden[8] ist ein ähnliches, der „klassischen" Staatslehre unbekanntes Rechtsphänomen wie die „Erfindung" der Supranationalität.

Mit diesen Hinweisen sollte dargelegt werden, daß die hier vorgelegte „**Allgemeine Staatslehre**" auf dem Versuch beruht, den modernen Staat auch **international** umfassend zu diagnostizieren. Die **Rechtsvergleichung** muß dabei ebenfalls ergänzend Hilfe leisten, denn sie ist geeignet, die Natur der Sache „Staat" in einer sich ständig verändernden Welt zu erläutern. Es sei aber auch betont, daß diese Staatsbetrachtung bemüht ist, den Boden juristischer Untersuchung und Argumentation nicht zu verlassen, und daß soziologische und politologische Aspekte nur insoweit Berücksichtigung finden als sie für die Rechtswissenschaft im Sinne einer **normativen** Sicht relevant werden. 3

Trotz intensiver Heranziehung rechtsvergleichender Gesichtspunkte werden im Folgenden Hinweise auf die Gestaltung positiven Rechts überwiegend der Rechtsordnung der Bundesrepublik Deutschland entnommen, was deswegen gerechtfertigt erscheint, weil die deutsche Verfassung gemessen an der überwiegenden Zahl der Verfassungen der Staatengemeinschaft in exemplarischer Weise internationale Rechtsbeziehungen berücksichtigt. Gleichzeitig zeigt die Rechtsvergleichung aber auch, daß die Mehrzahl der Staaten durchaus überkommenen, traditionellen Vorstellungen verbunden bleibt, auch wenn diese starken Modifikationen ausgesetzt sind.

---

8 *H.H.-K. Rechenberg*, Non-Governmental Organizations, in: EPIL, Bd. 3, 1997, S. 612 ff.

A. Allgemeiner Teil

§ 1 Gegenstand und Rechtfertigung der Lehre vom Staat

1. Vorbemerkung

4　Man kann sich die Frage stellen, warum es denn einer besonderen dogmatischen Untersuchung über das in gewisser Weise **evidente Phänomen des Staates** bedarf. Es könnte genügen, jeweils eine konkrete Verfassung isoliert zu untersuchen und so die besonderen Merkmale eines jeden Staates festzustellen. Dennoch bemüht man sich um Klassifizierung, Systematisierung, Dogmatisierung und Typisierung, so daß sich weiter fragen läßt, ob man hierdurch die **„beste" Art des Staates** aufzufinden versucht. Doch die Aufgabe der Rechtswissenschaft auf diesem Gebiet kann es **nicht** sein, den **„besten"** Staatstyp zu entdecken oder die „beste" Staatsform ausfindig zu machen. Einen Idealtypus des Staates schlechthin gibt es nicht, weil der Staat den Menschen zu dienen hat und ihren subjektiven Wertvorstellungen. Werturteile aber bleiben auch in dieser Beziehung voluntaristisch, emotional und irrational. Erst wenn der jeweils durch ein solches notwendigerweise subjektives Werturteil zu bestimmende Zweck eines Staates determiniert ist, kann die Frage nach der diesem Zweck am ehesten entsprechenden Staats- oder Regierungsform gestellt werden. So können die Ziele eines Staates darin bestehen, das Allgemeinwohl unter weitgehender Hintanstellung des Individualwohls zu fördern – so etwa der Nationalsozialismus oder der Kommunismus, auch wenn das eine System die Notwendigkeit des Staates überbetont und das andere das Ende des Staates für folgerichtig hält –, oder aber das Staatsziel kann darin bestehen, individuelle Grundrechte zu sichern, sei es auch durch Hintanstellung von Gemeinschaftsinteressen, wozu der liberal-demokratische Staat neigt. Im Außenbereich kann es das Ziel des Staates sein, Imperialismus zu fördern, oder aber sich isolationistisch der Neutralität zu verschreiben. Die Kulturförderung eines Staates kann in der Bejahung überkommener und festgelegter Werte bestehen, oder aber geistiger Liberalismus, offen für alle Neuerungen, kann zum Ziel des Staatswesens erklärt werden. Diese Beispiele sollten erläutern, daß erst **nach Entscheidung über ein derartiges Staatsziel** die Frage sinnvoll wird, welche Staats- oder Regierungsform einem derartigen Ziel am ehesten förderlich ist.

5　Trotz dieser Feststellung, daß die Vorzüge einer Staats- oder Regierungsform sich nur aus einem ihr vorangestellten und eine Wertung enthaltenden Ziel ergeben, ist in der Entwicklung der Staatsphilosophie und der Staatstheorie die etwas naive Frage nach der „besten" Staats- oder Regierungsform auch in abstraktem Sinne gestellt worden. So kann man den Eindruck haben, daß der **Staat Platons** theoretisch aus einer solchen Sicht konzipiert war, und das mag auch für die Staatsbetrachtung des **Aristoteles** gelten[1]. Platon erschien es wohl notwendig, den **Staat im Sinne einer reinen Idee**, insbesondere der Gerechtigkeitsidee, und insoweit l'art pour l'art zu beschreiben. Er folgte der **deduktiven Methode**, die bemüht ist, aus der Allgemeinsicht die Notwendigkeit von Einzelheiten zu entwickeln. Aber auch Aristoteles schien, obwohl er **induktiv vom Besonderen auf das Allgemeine** zu schließen geneigt war, einer Idee, nämlich der Tugendförderung, verpflichtet zu sein. So haben beide letztlich auch nicht die abstrakt beste Staatsform gesucht, sondern die Konkretisierung einer Idee. Es sei noch darauf hingewiesen, daß die beiden soeben angedeuteten Methoden, die deduktive und die induktive, wohl auch heute wesentliche Alternativen der wissenschaftlichen Betrachtung ausmachen[2]. Auch der Marxismus bejaht den Staat, solange es angebracht erscheint um des gesellschaftlichen Zieles willen dessen Organisation verwenden zu müssen, und er folgt so einer Deduktion.

Es sei nochmals wiederholt, daß die Frage nach dem – abstrakt gesehen – „besten" Staat unsinnig ist. Wenn aber über das **konkrete Staatsziel** voluntaristisch, d.h. keiner Logik, sondern nur einer ethischen Wertung entsprechend einmal entschieden ist, ist die Frage an die Wissenschaft von der Staatslehre berechtigt, wie denn nun und durch welche Organisation diesem dem Staat vorangestellten Ziel am ehesten gedient wäre. Hier setzen die beiden Erkenntnismöglichkeiten, nämlich **Empirie und Logik** ein. Die allein bestehende Aufgabe der Allgemeinen Staatslehre besteht also darin, die wissenschaftlichen Konsequenzen aufzuzeigen, wenn die Entscheidung über das Staatsziel einmal getroffen ist, wobei es jedermann unbenommen bleibt, die Zielsetzung des Staates ethisch zu werten. Damit ist selbstverständlich ein **Streit über die Staatsorganisation nicht erledigt**, denn dem einen festgestellten Ziel könnten verschiedene Formen der Staatsorganisation gleichermaßen dienen; aber jedenfalls ist der archimedische Punkt der Debatte um die Vorzüge und Nachteile einer Staatsorganisation dann gefunden. Es ist aber auch darauf hinzuweisen, daß Schlagworte vernebelnd wirken können und der Präzision bedürfen, wenn sie als **Staatszielbestimmung** in der angedeuteten Art und also als **Prämisse des juristischen Denkens** gelten sollen. So kann man sich nicht schlechthin auf das Staatsziel der Demokratie berufen, um eine bestimmte Staatsorganisation als die beste bezeichnen zu können, sondern, angesichts der Vielfalt von Demokratien auf dieser Welt, müßte ihr Charakter als Staatszielbestimmung doch näher eingegrenzt werden.

Aber nicht nur das Staatsziel, als Prämisse vorausgesetzt, ist in der Lage, die „beste" und ihm angemessene Staatsorganisation vorauszubestimmen, sondern es ist gleichermaßen zu beachten, daß **alle Staaten** der Welt eine Gemeinschaft bilden, und so

---

1 Hierzu *A. Bergsträsser* und *D. Oberndörfer*, Klassiker der Staatstheorie, 1962, S. 1 ff. zu Platon und S. 34 ff. zu Aristoteles, mit übersetzten Auszügen aus den Werken beider.
2 Zur Deduktion in der juristischen Methodenlehre *K. Larenz/C. W. Canaris*, Methodenlehre der Rechtswissenschaft, 3. Aufl., 1995, S. 209, zur induktiven Methode S. 205 ff.

auch die in **diesem Sinne „beste" Staatsorganisation** zu berücksichtigen hat, daß sie auf dieser Welt **nicht isoliert** bestehen kann. Innere Notwendigkeiten, folgend aus dem postulierten Staatsziel, müssen in Übereinstimmung gebracht werden mit Notwendigkeiten, die den Staaten, welche Organisationsform sie auch immer aufweisen, von außen auferlegt werden. Auch ist zu beachten, daß die interne Staatszielbestimmung nicht jedweder Prämisse offen steht – das mag vielleicht einmal so gewesen sein –, sondern schon hier äußere Zwänge einsetzen. Ein Staat etwa, der zwingende Normen des Völkerrechts, z.B. das Verbot brutaler Verletzungen der Menschenrechte, nicht auch für seine interne Gestaltung in Betracht zieht, riskiert u.U. einer humanitären Intervention ausgesetzt zu sein, oder auch dem Entzug der Anerkennung durch andere Staaten und damit der Möglichkeit, seine Staatsqualität in der Völkergemeinschaft zu bewahren. Der Staat Platons stand vor einer solchen Konstruktionsbegrenzung nicht, um nur das andere Extrem aufzuzeigen. **Nicht also absolute Werte einer Naturrechtslehre,** soweit man sie bejaht, begrenzen die Staatszielbestimmungen, **sondern das positive Recht der Staatengemeinschaft**; ob dieses dann naturrechtlichen Geboten folgt und welchen, ist eine Frage, die von der Rechtswissenschaft nicht mit zwingenden Argumenten geklärt werden kann.

2. Abgrenzung der Allgemeinen Staatslehre zu Politologie, Soziologie, Verfassungslehre, Historie

8   Es könnte erwogen werden, ob nicht die Allgemeine Staatslehre letztlich den gleichen Gegenstand behandelt wie die **Politologie** und die **Soziologie**[3] Zu einem Teil ist das sicher richtig; Unterschiede sind dennoch vorhanden. Politologie und Soziologie sind in einer gewissen Weise untrennbar miteinander verbunden, wobei die Soziologie, nämlich die Lehre von dem Gemeinschaftsleben schlechthin, die Politologie mitumfaßt, denn ihre engere Betrachtungsweise bezieht sich im wesentlichen nur auf die **Lehre von den Machtverhältnissen** in einer Gemeinschaft. Nun könnte man meinen, daß weit gespannte Wissenschaftsgebiet der Soziologie beziehe auch dasjenige der allgemeinen Staatslehre ein. Das ist richtig, bedarf aber der Einschränkung, daß die Perspektiven der Ausgangsbetrachtung sich nicht decken. Die **Soziologie** will das Gemeinschaftsleben **empirisch** betrachten, neigt also zur induktiven Methode, während die Allgemeine Staatslehre ihre Eigenständigkeit gegenüber dieser empirischen Sicht in einer **normativen** Betrachtungsweise bewahrt. Letzteres bedeutet, daß die Staatslehre als Teil der Rechtswissenschaft durch die Frage nach dem **Sollen** bestimmt und so gehindert ist, bei der Betrachtung des **Seins** stehen zu bleiben. Diese Feststellung rechtfertigt sich aus der Qualifikation der Aufgaben des Rechts schlechthin; sie liegt letztlich darin, daß das Recht das Zusammenleben der Menschen regeln muß und sich auf Kontemplation nicht beschränken kann. Jenseits der reinen Kontemplation, die das Wesen der politischen Soziologie ausmacht, will sie Wissenschaft i.S. der Erkenntnis objektiver Gegebenheiten blei-

---

3 Zur Abgrenzung beider Disziplinen die besonders aufschlußreiche Arbeit von *G. E. Kafka*, Allgemeine Staatslehre und Politikwissenschaft, Jur.Bl. Jg. 96, 1974, S. 493 ff., der die entsprechenden Zusammenhänge anhand der Arbeiten der namhaften Rechtslehrer auf diesem Gebiet untersucht.

ben, hat das **Recht eine Gestaltungsaufgabe**[4]. Die Rechtsordnung muß das Zusammenleben ermöglichen, wenn auch, wie schon gezeigt, erst nach einer wertenden, voluntaristischen und nicht eigentlich juristischen Feststellung der Staatsziele, der die Rechtsordnung zu dienen hat. So ist es der **dynamische Charakter der Rechtswissenschaft**, der sich von der **Phänomenologie der politischen Soziologie unterscheidet**. Ein Gericht z.B. muß einen Fall entscheiden und kann eine Rechtsstreitigkeit nicht „ungelöst" lassen und sich damit begnügen, die besondere Interessantheit eines Rechtsproblems festzustellen, eine passive Haltung, für die niemand einen Politologen tadeln würde.

Durchaus haben viele Vertreter der Allgemeinen Staatslehre die Verbindungen zu den Themen der politischen Soziologie besonders betont, wobei nur an Rudolf Smend, Carl Schmitt und Hermann Heller erinnert sei.[5] Aber auch Gegner einer solchen wissenschaftlichen Systemverbindung müssen erwähnt werden, wobei Hans Kelsen wohl als einer ihrer entschiedensten zu nennen ist[6]. Da aber auch die rein normativistische Lehre jedenfalls die ethische Prämisse der Rechtsordnung nicht erklären konnte oder es auch nicht wollte, bleiben die Gedankenverbindungen der genannten Disziplinen wohl immer bestehen.

9

Weiter gilt es, die Allgemeine Staatslehre als wissenschaftliche Disziplin von der sog. **Verfassungslehre** zu unterscheiden, obwohl auch hier die Übergänge evident sind. Diese Verfassungslehre – als deren klassische Vertreter etwa Carl Schmitt und Karl Loewenstein genannt sein mögen[7] – will sich selbst nur als einen Teilbereich der Allgemeinen Staatslehre begreifen. Doch sie ist die engere Disziplin, denn ihr wesentliches Bemühen geht nur um die **Innensicht des Staates**, um Interpretationen und Erläuterungen vorgefundener, konkreter Verfassungen. Sicherlich kann man die **Allgemeine Staatslehre nicht ohne Verfassungslehre** betreiben, vielleicht aber, wenn auch mit einigen Bedenken, die umgekehrte Feststellung treffen. Die Verfassungslehre als die engere Disziplin läuft in gewisser Weise Gefahr – gemessen an der Allgemeinen Staatslehre –, die Staatsorganisation isoliert und in der Art eines In-sich-Geschäfts zu sehen. Das wird im Verlauf der hier angestellten Staatsbetrachtungen noch näher erläutert werden.

10

---

4 Hier liegt die Rechtfertigung der sog. Interessenjurisprudenz; s. dazu *K. Larenz/C. W. Canaris* (Fn. 2), S. 189, die die Auffassungen der namhaften Vertreter dieser Lehre würdigen.
5 *R. Smend*, Staatsrechtliche Abhandlungen, 2. Aufl. 1968, begründete die sog. Integrationslehre, wonach das Wesen des Staates als ein „Gesamterlebnis" des Staatsvolkes zu qualifizieren sei (S. 126, 132); *C. Schmitt*, Der Begriff des Politischen, 1932, Neudruck 1963, untersucht die den Kämpfen um die Macht im Staate zugrunde liegende Motivation, verliert aber dabei, vielleicht gewollt, den Zusammenhang mit der Normanwendung; *H. Heller*, Staatslehre, 1934, S. 228 ff., betrachtet den Staat als „organische Entscheidungs- und Wirkungseinheit". Eine ähnliche Annäherung an die Staatsbetrachtung findet sich bei *D. Schindler*, Verfassungsrecht und soziale Struktur, 3. Aufl. 1950, S. 60, wo vor einer Sicht gewarnt wird, die Staat und Gesellschaft getrennt betrachtet.
6 Vgl. dazu vor allem *H. Kelsen*, Der soziologische und der juristische Staatsbegriff, kritische Untersuchung des Verhältnisses von Staat und Recht, 1922.
7 *C. Schmitt*, Verfassungslehre, 3. Aufl. 1928; *Karl Loewenstein*, Verfassungslehre 1959; s. auch *G. Brunner*, Vergleichende Regierungslehre, Bd. 1, 1979; *P. Pernthaler* (oben Einführung Fn. 6) sucht beides zu verbinden.

§ 1 *Gegenstand und Rechtfertigung der Lehre vom Staat*

11 Auch zur **Geschichtswissenschaft** bestehen gleichermaßen Unterschiede wie Gemeinsamkeiten im Hinblick auf die Allgemeine Staatslehre. Selbstverständlich ist ohne die auf Empirie beruhende Geschichtsverwertung keine Allgemeine Staatslehre in seriöser Weise zu betreiben. Andererseits aber reicht die Geschichtsverwertung doch nicht aus, die Rechtsnatur der Staaten zu erfassen, weil die Allgemeine Staatslehre Denkkonstruktionen geöffnet sein muß, die der Geschichtsbetrachtung auch nicht entnommen werden können, was evident etwa für das Verhältnis des überkommenen Staatsbegriffs zur europäischen Integration gilt, deren Rechtsnatur bis heute eine Spekulation bleibt. Auch ist die Rechtsgeschichte im wesentlichen der Kontemplation verpflichtet und der Wahrheitsforschung, zumindest wenn man sie in der klassischen Art des Leopold von Ranke betreibt[8], während die Allgemeine Staatslehre in der schon geschilderten Art die Rechtsspekulation einzubeziehen hat. In den nachfolgenden Untersuchungen wird daher die Historie nicht als selbständiger Untersuchungsgegenstand fungieren, aber sie wird doch dann und dort herangezogen werden müssen, wenn Staatsmodelle in ihren Folgewirkungen anschaulich gemacht werden müssen. Nur darauf ist noch hinzuweisen, daß die historische Staatsbetrachtung, falls sie überbetont wird, zu einer Verfassungsinterpretation führen kann, die einer **living constitution** nicht gerecht zu werden vermag[9].

3. Allgemeine Staatslehre und Völkerrecht

12 Auch die Lehre vom **Völkerrecht** bedarf der **Abgrenzung zur Allgemeinen Staatslehre**. Es mag einstmals möglich gewesen sein, das Phänomen des Staates auch abgelöst von seiner Einbettung in die Staatengemeinschaft zu betrachten. Das beruht darauf, daß der **Souveränitätsbegriff**, wie er noch bis zum Ersten Weltkrieg vorherrschend war[10], in gewisser Weise **monistische Omnipotenz** aufwies. Heute hingegen erscheint, worauf schon hingewiesen wurde, eine derartig isolierte Betrachtung des Staates nicht mehr zulässig. Die **Interdependenz der Staaten** ist nicht nur faktisch, sondern auch rechtlich zu einer Denknotwendigkeit geworden. Nahezu alle Staaten sind Mitglieder der Vereinten Nationen und allein schon dadurch rechtlich miteinander verbunden, woran auch die Garantie der UN-Charta zur Selbstbestimmung der Staaten in inneren Angelegenheiten[11] nichts ändert. Zahlreiche internationale Verträge binden die Staaten, so daß auch die Quantität der „**inne-**

---

8 *L. v. Ranke*, Weltgeschichte, 3. Aufl., Bd. 1, 1910, S. 5, führt aus: „... aus falschen Prämissen würden sich falsche Konklusionen ergeben. Die kritische Forschung auf der einen, das zusammenfassende Verständnis auf der anderen Seite, können sich nicht anders als unterstützen".
9 So hat das BVerfG (E 1, 32; E 7, 205; E 19, 220; E 30, 19) in ständiger Rspr. den Vorrang der sog. objektiven Verfassungsauslegung betont; zu den Besonderheiten der Verfassungsauslegung *M. Sachs*, Grundgesetz, Kommentar (Hrsg. M.Sachs), 3. Aufl. 2003, S. 18 ff.; aufschlußreich für das Recht der USA *J. H. Ely*, Democracy and Distrust, A Theory of Judicial Review, 1980.
10 Ein Verbot des Angriffskrieges bestand erst seit dem Briand-Kellogg-Pakt (1928), und erst nach Inkrafttreten der UN-Charta (Art. 2, Ziff. 4) verdichtet sich das Gewaltverbot zu völkerrechtlichem Gewohnheitsrecht, worin dann eine entscheidende Wende in der Qualifikation der staatlichen Souveränität nach außen bestand.
11 UN-Charta, Art. 2, Ziff. 7.

ren Angelegenheiten" ständig abnimmt. Sicherlich beruht diese so stark gewordene Interdependenz vor allem auf technischen Fortschritten, aber auch auf weltweiten Notlagen (z.B. Umweltschutz, Rohstoffverwaltung, Kommunikationsmittel); auch Rechtsbegriffe, die ethischen Entwicklungen entsprangen und dann zu positiven Normen wurden, beherrschen mehr als früher die Relationen zwischen den Staaten (z.B. Gewaltverbot, Friedenssicherung, Menschenrechte). So könnte man meinen, daß nun das **gesamte Völkerrecht auch Gegenstand der Allgemeinen Staatslehre** ist, und theoretisch wäre diese Feststellung richtig; jeder Rechtssatz des allgemeinen Völkerrechts gilt für jeden Staat und jeder Rechtssatz des regionalen Völkerrechts zumindest für die Mitglieder der Region. Wenn es Gegenstand einer Lehre vom Staat ist, nicht nur die Struktur der Staaten, sondern auch ihr Verhalten zueinander rechtlich zu qualifizieren, ist das Völkerrecht ein wesentlicher Teil dieser Disziplin.

Wenn hier dennoch eine begriffliche Trennungslinie zwischen **Völkerrecht und Allgemeiner Staatslehre** gezogen wird, beruht das auf **didaktischen** Notwendigkeiten, so wie man z.B. das Strafrecht aus ähnlichen Gründen didaktisch nicht mit dem öffentlichen Recht kombiniert, obwohl die öffentlich-rechtliche Natur der staatlichen Strafhoheit evident ist. Diese eigentlich nur aus Zweckmäßigkeitsgründen vorgenommene Trennung zwischen Völkerrecht und Allgemeiner Staatslehre als Gegenständen der Rechtswissenschaft legt es nahe, jedenfalls die **elementaren Grundsätze der internationalen Rechtsordnung** in die Betrachtung der Staatslehre einzubeziehen. Insoweit als Staaten in ihrer Existenzerhaltung und in ihrem Grundverhalten gegenüber anderen Staaten betroffen sind, muß so das Völkerrecht heute von der Allgemeinen Staatslehre einbezogen werden, und ganz das Gleiche gilt für das Europarecht.

4. Allgemeine Staatslehre und Rechtsvergleichung

Von ausschlaggebender Bedeutung für die Allgemeine Staatslehre war und ist die **Rechtsvergleichung**[12]. Ihre Heranziehung für eine umfassende Sicht des Staates bedarf aber doch einiger Erläuterungen. Die Rechtsvergleichung kann auf jedem Rechtsgebiet betrieben werden (Zivilrecht, Strafrecht, öffentliches Recht). Doch hat sie für die **Lehre vom Staat ganz spezifische Bedeutung**, wenn sie sich auf das Verfassungsrecht der einzelnen Staaten bezieht. Die Rechtsvergleichung hätte auch dann reinen Erkenntniswert, wenn sie sich introvertiert nur auf Paralleluntersuchungen von Verfassungsrechtsordnungen und Verfassungsrechtssätzen beschränken würde; aber sie rechtfertigt sich stärker noch jenseits reiner Kontemplation. Die Rechtsvergleichung ist nämlich geeignet zur Aufdeckung der „**Natur der Sache**", d.h. der Rechtsnatur von Institutionen, auf deren Ausgestaltung offenbar kein Staat verzichten kann, weil sie mit jeder vorstellbaren Staatsgestaltung notwendig verbunden sind. Wird dennoch eine entsprechende Regelung nicht getroffen, zwingt

---
12 *J. Kropholler*, Comparative Law, Function and Methods, in: EPIL, Bd. 1. 1992, S. 702 ff., dort weiterführende Literaturangaben.

jedenfalls die konkrete Situation zu entsprechenden Entscheidungen. Das ist etwa dann der Fall, wenn ein Staat in einen Notstand und also in eine Existenzkrise gerät. Hiervor ist kein Staat bewahrt, so daß die Natur der Sache „Notstand" für jeden Staat, gleichgültig welche Regierungsform oder Staatsform gerade herrscht, von vitaler Bedeutung ist[13]. Es ließen sich noch viele derartige Beispiele hier anführen, und sie werden noch aufgezeigt werden. Wenn Staaten erfahrungsgemäß mit den gleichen Situationen konfrontiert sein können, wird man feststellen, daß auch die Reaktionen der Staatsgewalten sich ähneln, und zwar deshalb, weil die Zwangslagen vergleichbar sind.

15 Aber nicht nur diese mehr kontemplative Feststellung rechtfertigt die Einbeziehung der Rechtsvergleichung in die Allgemeine Staatslehre. Die **Auslegung jeder Rechtsordnung** kann es notwendig machen, zur **Lückenfüllung** die Regelung fremder Rechtsordnung heranzuziehen, nur ist dann darauf zu achten, daß die Interpretationshilfe nicht systemwidrig, sondern **systemgemäß** eingesetzt wird, d.h. nur ähnlich gelagerte Rechtssätze aus anderen Verfassungen entlehnt werden[14]. Auch das Völkerrecht, auf dessen Bedeutung für die Allgemeine Staatslehre schon hingewiesen wurde, fordert geradezu die Verwertung rechtsvergleichender Gesichtspunkte. Als **subsidiäre Rechtsquelle** neben Vertragsrecht und Gewohnheitsrecht, nennt das Statut des Internationalen Gerichtshofs nämlich die „**allgemeinen Rechtsgrundsätze**", die der internationale Richter dann zur Streitentscheidung verwenden darf, wenn er mit Hilfe der Rechtsvergleichung sie entdeckt[15]. Diese allgemeinen Rechtsgrundsätze bestehen nach heute nahezu unbestrittener Definition aus Rechtsregeln, die in den nationalen Rechtsordnungen originär und also unabhängig voneinander entstanden sind[16]. Stellt der Internationale Gerichtshof fest, daß etwa die großen Rechtskreise und innerhalb dieser die nationalen Rechtsordnungen solche Regeln, sei es im Zivilrecht, Strafrecht oder öffentlichen Recht, entwickelt haben, ist er zu ihrer Anwendung nicht nur berechtigt, sondern dann verpflichtet, wenn primäre Rechtsquellen des Völkerrechts keine Rechtsfolge ergeben bzw. nicht auffindbar sind. Auf einen letzten Gesichtspunkt im Hinblick auf die Bedeutung der Rechtsvergleichung sei noch hingewiesen. Jede Rechtsordnung, und sei sie auch als **Verfassungsrecht** für die „**Ewigkeit**" gedacht, kann eines Tages der **Notwendigkeit profunder Revision** ausgesetzt sein, nämlich dann, wenn sie der gesellschaftlichen und technischen Entwicklung der Lebensbedingungen nicht mehr genügt. So

---

13 Das Staatsnotrecht in Belgien, Frankreich, Großbritannien, Italien, den Niederlanden, der Schweiz und den Vereinigten Staaten von Amerika, Beiträge zum ausländischen öffentlichen Recht und Völkerrecht, Bd. 31, 1955.
14 So war es bedenklich, das dem common law entstammende Institut des richterlichen Sondervotums (dissenting opinion) in das deutsche Recht zu übernehmen (BVerfGG § 30, Abs. 2), da zwar der Richter des common law auch vielfach als Rechtserzeuger qualifiziert wird (case law), dessen individuelle Rechtsauffassung man wie bei einem Abgeordneten kennen möchte, der Richter des kontinentalen Rechts aber vorrangig als Rechtsanwender.
15 Statut des Internationalen Gerichtshofs, BGBl. 1973, II, S. 505, Art. 38: „Der Gerichtshof, dessen Aufgabe es ist, die ihm unterbreiteten Streitigkeiten nach dem Völkerrecht zu entscheiden, wendet an ... c) die von den Kulturvölkern anerkannten allgemeinen Rechtsgrundsätze..."; *H. Mosler*, General Principles of Law, EPIL, Bd. 2, 1995, S. 511 ff.
16 *Kokott/Doehring/Buergenthal*,, Grundzüge des Völkerrechts, 3. Aufl. 2003, S. 27 ff.

hatte man nach 30jährigem Bestand des Grundgesetzes einer Enquête-Kommission eine derartige Prüfung übertragen[17], oder, um ein anderes Beispiel zu nennen, die schweizerische Regierung bemühte sich um Überlegungen zur Totalrevision der schweizerischen Verfassung, die nun zu einer sog. „Nachführung" geführt hat[18]. Da, wie schon bemerkt, die Rechtsordnung nicht nur den Fakten zu folgen hat, sondern ihre zukunftsweisende Gestaltungsaufgabe einen beträchtlichen Teil ihrer Funktion ausmacht, ist jede Verfassungsrevision gut beraten, wenn sie **Parallelentwicklungen in anderen Staaten** beachtet und so sich die Erfahrungen anderer Staaten dienstbar macht.

Hieraus ergibt sich, daß die Allgemeine Staatslehre auf die Rechtsvergleichung im öffentlichen Recht nicht verzichten kann und in gewissem Sinne ihre Untersuchungen und Betrachtungen mit denjenigen der Rechtsvergleichung identisch sind. Dieser Zustand wird bei Untersuchung verfassungsrechtlicher Institutionen noch eingehend nachgewiesen werden.

5. Recht und Wirklichkeit

Seit man sich Gedanken sowohl über die Struktur des **Verfassungsrechts der Staaten** als auch über diejenige des **Völkerrechts** gemacht hat, wird der immer wiederkehrende Vorwurf erhoben, diese Rechtsordnungen entsprächen in ihrer konkreten Ausgestaltung doch häufig und weitgehend **nicht der Wirklichkeit**; denn die **tatsächlichen Machtverhältnisse** fänden in ihnen letztlich doch keine Widerspiegelung[19]. Man stellt immer wieder die Forderung auf, das Recht habe den realen Zuständen zu entsprechen, lasse aber eine solche Kongruenz vermissen. So wird gesagt, das Völkerrecht wolle eine Friedensordnung sein, könne aber doch Kriege nicht verhindern[20]. Oder es wird behauptet, eine bestimmte Verfassungsordnung wolle demokratisch sein, im Grunde aber herrsche eine Oligarchie[21]. In der Kontroverse etwa zwischen den ehemaligen europäischen Ost- und Westblockstaaten wurde häufig aus kommunistischer Sicht die Forderung erhoben, der Westblock möge endlich auch völkerrechtlich die sog. **Realitäten**, etwa das Faktum der durch Krieg und Besetzung entstandenen Grenzen, anerkennen, was, wie noch gezeigt werden

---

17 Zum Auftrag der Enquête-Kommission s. *K. Stern*, Das Staatsrecht der Bundesrepublik Deutschland, Bd. I, 2. Aufl. 1984, S. 155.
18 Expertenkommission für die Vorbereitung einer Totalrevision der Bundesverfassung, Bericht 1977 von *K. Furgler* und *L. Wildhaber*; *Y. Hangartner*, Der Entwurf einer nachgeführten Bundesverfassung, in: Aktuelle Juristische Praxis, 2/97, S. 139 ff., in Kraft getreten 1999.
19 Zum Verfassungsrecht *W. Hennis*, Verfassung und Verfassungswirklichkeit, Recht und Staat, Bd. 373/4, 1968, mit weiteren Hinweisen S. 6; *K. Stern* (Fn. 17) S. 29, mit weiteren Hinweisen; *K. Doehring*, Staatsrecht der Bundesrepublik Deutschland, 3. Aufl., 1984, S. 23 ff.
20 Vgl. *F. Berber*, Lehrbuch des Völkerrechts, Bd. I, 2. Aufl. 1975, S. 9 ff., über die „Leugnungen des Völkerrechts".
21 *D. Sternberger*, Nicht alle Staatsgewalt geht vom Volke aus. Studien über Repräsentation, Vorschlag und Wahl, 1971, S. 7: „So klafft ein Widerspruch zwischen der demokratischen Doktrin ... und den tatsächlichen verfassungsrechtlichen Verhältnissen"; *K. Doehring*, Repräsentative Demokratie im Zwielicht, in: FS f. G. Jaenicke, 1998, S. 917 ff.

wird, mit dem völkerrechtlichen Begriff der Effektivität nichts gemein hat; anders seien **Recht und Wirklichkeit** nicht in Übereinstimmung zu bringen. Im Verfassungsrecht wird gerne und häufig darauf hingewiesen, daß nach dem System westlicher Demokratien der parlamentarische Fraktionszwang unzulässig sei, aber dennoch praktiziert werde[22]. Daß die Forderung, Recht und Wirklichkeit müßten sich entsprechen, gerade aus der Sicht der kommunistischen Staatslehre erhoben wurde, kann nicht verwundern, denn nach der seinerzeit dort herrschenden Auffassung besteht die Aufgabe des Rechts ausschließlich darin, der Gesellschaftsordnung dienstbar zu sein und nicht darin, ihr um der Freiheit des Einzelnen willen Schranken zu setzen[23].

18 Diesen Vorwürfen muß das Folgende entgegengesetzt werden. Das **Recht** hat, worauf schon mehrfach hingewiesen wurde, aus der Sicht der westlichen Demokratien eine **eigenständige Gestaltungsaufgabe** insoweit als es Vorkehrungen zu treffen hat, **Rechtswerte gegen politische Wünsche** abzusichern. In vielfacher Hinsicht gewinnt es erst an Bedeutung, wenn es darum geht, die Realitäten zu meistern und nicht ihnen zu weichen. Aus dieser Sicht wäre es fraglich, ob man dann noch von „Recht" sprechen kann, wenn und soweit es nur Geltung bei seiner realen Befolgung beanspruchen könnte. Die Rechtsordnung hat sicherlich keine Aussicht auf Befolgung, wenn sie die Realitäten extrem negiert, aber sie gewinnt oft ihren Sinn erst dadurch, daß sie sich den Fakten nicht beugt, sondern das Faktische den Sollensnormen unterordnet und gegebenenfalls für unrechtmäßig erklärt. Die Aufgabe des Rechts aus der Sicht **sozialistischer** Staaten als reiner **Dienerin der Gesellschaftsordnung** wurde auch dort nur damit gerechtfertigt, daß der Marxismus an eine unausweichliche Gesetzlichkeit glaubt[24].

19 Für die Allgemeine Staatslehre aus der Sicht sog. westlicher Staaten ergibt sich, daß **Verfassungsrecht und Völkerrecht** und also diejenigen Rechtsmaterien, die sich mit dem Wesen des Staates unmittelbar befassen, rechtlich nicht nur insoweit Geltung beanspruchen als sie „**wahr**" sind, sondern eben insoweit, als sie **geeignet** sind, einen gewollten Zustand anzustreben, auch wenn dessen Vollendung nicht eintritt und vielleicht niemals vollständig eintreten kann. Das Völkerrecht behält als eines seiner obersten Ziele die Kriegsverhinderung und das Gewaltverbot auch dann, wenn der Idealfall nicht eintritt. Wollte man das Recht den Realitäten unterstellen, müßte man, angesichts der zahlreichen bewaffneten Auseinandersetzungen nach dem zweiten Weltkrieg, das völkerrechtliche Gewaltverbot wieder aufheben. Auch die christliche Theologie will die Sünde vermeiden und muß sich doch damit abfinden, daß sie nicht ausrottbar ist. So steht es auch mit der Rechtswissenschaft und der Lehre vom Staat. Sollte der Schutz der Menschenrechte eingestellt werden, weil ihre Verletzung doch nicht unterbunden werden kann? Dabei soll durchaus nicht

---

22 Zum Fraktionszwang und der „Unentbehrlichkeit" einer Fraktionsdisziplin *K. Stern* (Fn. 17), S. 1075 f.; *S. Magiera*, in: Grundgesetz, Kommentar, (oben Fn. 9) zu Art. 38, Rdn. 50, mit zahlreichen Nachweisen.
23 Staatsrecht der DDR, Lehrbuch, 2. Aufl., 1984, S. 17: „Das Staatsrecht ... dient dazu, die Politik der SED zur weiteren Ausgestaltung der entwickelten sozialistischen Gesellschaft zu verwirklichen".
24 Hierzu *P. Pernthaler*, Allgemeine Staatslehre und Verfassungslehre, 1986, S. 96 ff., dessen 2. Aufl. 1996 diese Hinweise nicht enthält.

verkannt werden, daß die Rechtsordnung sich als ohnmächtig erweisen kann; aber diese Feststellung hebt die Norm nicht auf, sondern erweist sie im Extremfall als ineffektiv.

Um eine ganz andere Frage in diesem Zusammenhang geht es im Hinblick auf die **Beendigung von Rechtssätzen**. Sie müssen nicht aufgehoben werden, wenn die Wirklichkeit ihnen entgegensteht, aber sie können doch aufgehoben werden, wenn ihre Geltung nicht mehr erwünscht ist, und das geschieht auch. Zu erinnern ist auch an das Rechtsinstitut der **desuetudo**[25], d.h. den Wegfall eines Rechtssatzes mangels Gebrauch. Auch die sog. **Geschäftsgrundlage** eines Rechtssatzes kann aus faktischen Gründen entfallen, aber die Feststellung, ob sie entfallen ist, beruht auf einem **normativen** Akt. Das Gleiche gilt für die Einwirkung des Zeitablaufs auf die Rechtsordnung. Wenn und soweit dieser Zeitablauf von der Rechtsordnung als rechtlich relevant erklärt wird, hat er Einfluß auf den Bestand der Normen[26]. Alle diese Vorgänge sind in gewisser Weise Konzessionen an die Realitäten, aber immer ist es der **subjektive Wille der Rechtserzeuger** oder der Rechtsanwender, **diesen Realitäten rechtliche Relevanz zuzumessen**. Näheres wird dazu gesagt werden, wenn es darum geht, das berühmte, aber auch oft mißverstandene Wort von der „normativen Kraft des Faktischen" zu erläutern.

6. Der Staat als „Seinsordnung" und als „Sollensordnung"

Die vorhergehende Betrachtung über das Verhältnis von Recht und Wirklichkeit sei nun übergeleitet in eine andere Fragestellung, die zu einer **doppelten Staatsbetrachtung** veranlaßt.

So kann man den **Staat als faktisches Phänomen** betrachten, und das etwa ist die Grundlage der **Integrationslehre von Rudolf Smend**, der die täglich sich vollziehende Interdependenz der Staatsbürger untereinander und ihr Verhältnis zur Staatsgewalt als wesentliche Grundlage zur Erklärung des Wesens des Staates nimmt[27]. Man kann aber auch den **Staat als eine rein normative Ordnung** betrachten, wie das etwa in der Sicht von Hans Kelsen der Fall ist und wonach das Wesen des Staates sich in den Rechtsbeziehungen zwischen den Staatsbürgern und der Staatsgewalt erschöpft[28]. Auch **Kelsen hat nicht das „Sein" des Staates übersehen**, nur will er die Rechtsregeln ausschließlich unter dem Gesichtspunkt der gewollten und gesollten Ordnung betrachten; der Vorwurf, seine Rechtslehre könne das „Wesen" des Staates nicht erklären, ist ebenso verfehlt als wenn man – umgekehrt – feststellen würde, die Tatsache, daß Verbrechen verübt werden, kann nicht ihre Bestrafung „erklären".

---

25 Zur desuetudo im Völkerrecht s. *Verdross/Simma*, Universelles Völkerrecht, 3. Aufl., 1984, S. 523 f.
26 *K. Doehring*, Die Wirkung des Zeitablaufs auf den Bestand völkerrechtlicher Regeln, Jahrbuch der Max-Planck-Gesellschaft, 1964, S. 69 ff.
27 *R. Smend* (Fn. 5), S. 126, 132; *H. Kelsen*, Der Staat als Integration, 1930, bezeichnet das als eine politische und keine rechtswissenschaftliche Sicht.
28 *H. Kelsen* (Fn. 6), S. 82: „Der Staat erscheint als die Einheit eines Systems von Normen, die regeln, unter welchen Bedingungen ein bestimmter Zwang von Mensch zu Mensch geübt werden soll".

§ 1 *Gegenstand und Rechtfertigung der Lehre vom Staat*

22 Beide Betrachtungsweisen sind wissenschaftlich gerechtfertigt, solange sie **systemgerecht** bleiben; mit anderen Worten, Argumente der einen Sicht sind für die andere Sicht systematisch unverwendbar. So kann man argumentieren, weil ein Individuum oder eine Gruppe stark ist – ein **Sein** –, folgt daraus noch nicht, daß andere gehorchen müssen, denn dabei geht es um ein **Sollen**. Aber man könnte einen Rechtssatz formulieren, der lautet: Dem Stärkeren soll gehorcht werden. In diesem zweiten Fall ist die Stärke zum **normativen** Begriff erhoben worden.

23 Die allgemeine und immer schon gestellte rechtsphilosophische Frage nach den Beziehungen zwischen „Sein" und „Sollen" ist für die Allgemeine Staatslehre immer von besonderer Bedeutung gewesen[29]. Der Grund hierfür ist darin zu finden, daß jede **Staatsgewalt in ihrer Machtausübung gerechtfertigt** sein will und nach einer überkommenen Lehre über die Souveränität keiner weiteren Norm für ihre Machtausübung bedarf; aus ihrem **souveränen Sein** entsteht nach dieser Sicht ihre **Sollensordnung**, weil diese Rechtsordnung eben gerade das aussagt. Näheres hierüber ist in den Kapiteln über die Entstehung von Staaten, über Revolution und Widerstandsrecht auszuführen. Doch ist dem auch hier noch einiges vorauszuschicken. So könnte man die Frage stellen, ob denn das reine Faktum – also ein „Sein" –, daß die Mehrheit der Rechtsgenossen eines Staates einer bestimmten Wertauffassung folgt, eine Norm erzeugt, wonach die Minderheitenmeinung nicht sein „soll". Die Antwort ist ein klares Nein, denn diese Schlußfolgerung ist erst zulässig, wenn die **Mehrheitsentscheidung als Grundlage des Rechts als Sollensnorm postuliert** ist, also die Demokratie im weiteren Sinne. Diese Argumentation kann fortgeführt werden. Kann das reine Faktum, daß eine oder wenige Personen „klüger" sind als die anderen, den rechtlichen Zwang zur Einrichtung einer Monarchie, Diktatur oder Aristokratie nach sich ziehen und also die Ablehnung des Systems der formalen Mehrheitsentscheidung? Auch hier muß die Frage mit nein beantwortet werden. Vor allem steht das **Postulat der Rechtserzeugung**, die Feststellung also, wie über die Entstehung eines Rechtssatzes zu entscheiden ist, und erst danach können Fakten innerhalb dieser Ordnung und gemäß ihrer Prämisse für rechtlich relevant erklärt werden. So wäre das Faktum, daß die Mehrheit der Rechtsgenossen die Todesstrafe will, so lange unerheblich als nicht in einem Verfahren eine entsprechende Rechtserzeugung stattfindet – und das gilt auch in der Demokratie. Immer erst ist das Rechtserzeugungsverfahren zu postulieren und **danach** erst kann es um **Systemtreue** und also um **Logik** gehen. Wenn in einer Demokratie die Mehrheit entscheidet – und das sagt eine Norm –, kann das Faktum, daß eine Minderheit besteht, normativ nicht beachtet werden. Wenn eine Monarchie oder Diktatur besteht, kann es auf eine Mehrheitsmeinung im Staatsvolk, obwohl diese ein Faktum ist, gemäß der postulierten Rechtsordnung, wonach die „Einherrschaft" zur Entscheidung befugt ist, nicht ankommen.

---

[29] *H. Kelsen* (Fn. 6), S. 75 ff.; *R. Zippelius*, Allgemeine Staatslehre, 14. Aufl., 2003, S. 8 ff. befaßt sich in diesem Zusammenhang mit der „Normativen Komponente der Staatswirklichkeit".

Es gibt keine Rechtsordnung, die sich nicht aufheben würde, wenn sie nicht **„Sein"** **und „Sollen" systematisch trennen würde**[30]. Es ist einer der Grundirrtümer der **marxistischen Rechtsauffassung**, den Standpunkt zu vertreten, weil eine ökonomische und historische Zwangsläufigkeit herrsche – und also ein „Sein" –, müsse man sich – und das ist ein „Sollen" – entsprechend verhalten. Auch ist es ein Irrtum der auf **„Vernunft"** beruhenden **Naturrechtslehre** festzustellen, weil der Mensch ein solcher von Natur aus sei – ein **Sein** –, könne man von ihm fordern – ein **Sollen** –, sich in bestimmter Weise zu verhalten. Eine ganz andere und durchaus wissenschaftliche Frage ist es, ob ein bestimmter Mensch – ein Sein – in einer bestimmten Situation sich mit Sicherheit in bestimmter Weise verhalten werde – ebenfalls ein Sein; aber das wäre eine **empirische** Feststellung und **keine normative**; sie würde naturwissenschaftlicher Determination folgen. Weil der konsequent zu Ende gedachte Determinismus der Willensfreiheit keinen Raum läßt, muß er das Wollen und Sollen zu Scheinbegriffen erklären, weshalb auch die Rechtswissenschaft die Willensfreiheit zumindest fingieren muß, um ein Sollen begründen zu können.

Wenn es anders wäre, d.h. wenn aus dem „Sein" für die Rechtsordnung ein „Sollen" folgen würde, verlöre jede von der Rechtsordnung vorgesehene **Fiktion** ihre Berechtigung. Gerade aber der Fiktionen bedarf die Rechtsordnung, um ihre Funktionen auszuüben. So ist die **Gleichheit der Menschen eine Fiktion der Demokratie**, denn die faktische Ungleichheit an Reife und Klugheit ist evident, aber ohne diese Fiktion würde die Demokratie ihr eigenes System der Wahlgleichheit aufgeben. Das Gleiche gilt für die Fiktion der Gleichheit von Mann und Frau; sie ist gedacht gerade als Überwindung des „Seins" durch das „Sollen", weil die Tatsache der Ungleichheit rechtlich unbeachtet bleiben „soll". Es sei nochmals wiederholt: Eine Frage der Naturwissenschaften ist es, ob nicht das menschliche **Wollen**, etwa zur Normerzeugung, als ein Faktum so auch die Quelle des **Sollens** bildet, und der strikte Determinismus sagt, daß das Wollen, als Faktum, letztlich das Sollen determiniert. Diese rein empirische Feststellung aber kann keine Rechtsordnung als ihre Grundlage deklarieren, denn sie würde die Aufhebung jeden Rechtsbegriffs bedeuten. Das **Recht lebt von der Fiktion der freien Entscheidung** über seine Gestaltung, und das Recht darf sich nicht hierin stören lassen von der naturwissenschaftlichen Feststellung, daß eine faktische Freiheit vielleicht gar nicht besteht; jede staatliche Sanktion, die einen Schuldvorwurf voraussetzt, verlöre ihren Sinn. Für den Deterministen ist die Willensfreiheit eine Fiktion, aber ohne sie kann er auch keine Verantwortlichkeit zur Grundlage seiner Sollensgebote erheben; er müßte also – argumentum ad absurdum – auf den Erlaß von Sollensnormen verzichten.

---

30 *G. Winkler*, Glanz und Elend der reinen Rechtslehre, theoretische und geistesgeschichtliche Überlegungen zum Dilemma von Sein und Sollen in *Hans Kelsen's* Rechtstheorie, in: Vorträge, Reden und Berichte aus dem Europa-Institut, Nr. 144, Universität des Saarlandes, 1988, kritisiert die Sicht *Kelsen's*, führt dann aber selbst aus (S. 59): „... der normative Zusammenhang ... bestimmt und begrenzt die rechtliche Erheblichkeit der sozialen Wirklichkeit". Insoweit besteht kein Widerspruch zu Kelsen. Wenn es dann aber weiter heißt, „Das Recht ist ohne entsprechende Fakten, also ohne reales Sein, nicht erklärlich „, ist das keine Widerlegung Kelsens, denn dieser wollte das Recht gar nicht „erklären", sondern dessen Funktion beschreiben. Hinzuzufügen liesse sich noch: Fakten können rechtlich ungeregelt bleiben, während rechtliche Regelungen ohne Bezug auf Fakten sinnlos wären.

§ 2 *Staatsbegriff und Staatsdefinition*

26 Abschließend sei noch darauf hingewiesen, daß der von **Georg Jellinek** geprägte Terminus von der **„normativen Kraft des Faktischen"** zu Mißverständnissen Anlaß geben könnte. Auch dieser scharfsinnige Staatstheoretiker hat nicht etwa behaupten wollen, daß Fakten per se Normen zu erzeugen vermögen, ein **Sein** also ein **Sollen** erzeugt, sondern daß die **Anerkennung von Fakten als rechtserheblich** der für die Rechtserzeugung entscheidende Vorgang sei[31].

§ 2 Staatsbegriff und Staatsdefinition

1. „Staat" im Sinne des Staatsrechts und des Völkerrechts

27 Man könnte meinen, daß dann, wenn ein menschlicher Verband sich als „**Staat**" präsentiert, dieser Begriff nur **einheitlich** verwendet werden kann. Jedoch ist das nicht der Fall. Es ist denkbar, daß ein Gebilde sich als **Staat gemäß seiner innerstaatlichen Rechtsordnung** begreift und dennoch für die **Außenbeziehungen**, d.h. in den Beziehungen zu anderen Staaten, nicht als Staat zu qualifizieren ist, wie das lange Zeit bei der ehem. DDR der Fall war. Auch kann, so erstaunlich es ist, die Qualifikation ein umgekehrtes Ergebnis haben. Es ist denkbar, daß ein Gebilde als **Staat im Sinne des Völkerrechts** zu gelten hat, während sein innerstaatliches Recht keine Staatsmerkmale gemäß einer **Verfassungsrechtsordnung** aufweist, wie das nach dem Zweiten Weltkrieg für das nicht untergegangene, aber handlungsunfähige Deutsche Reich der Fall war. **Die Staatsqualität kann also für die Außenbeziehungen und für das innere Staatsrecht divergieren**. Das liegt nicht zuletzt daran, daß man, trotz immer wieder sich bemerkbar machender monistischer, d.h. die Einheit allen Rechts betonender Bestrebungen doch von einem **Dualismus des Völkerrechts und Staatsrechts** ausgehen muß, auch wenn dieser unter Erstarkung zwingender völkerrechtlicher Normen permanent Einschränkungen ausgesetzt ist. Völkerrecht und Verfassungsrecht sind verschiedene Rechtsordnungen, die verschiedenen Postulaten folgen und daher zu verschiedenen Ergebnissen kommen können[1]. So heißt es in vielen Gerichtsentscheidungen gerade in der Zeit nach dem Zweiten Weltkrieg in bezug auf Deutschland und die Bundesrepublik, diese seien **Staaten im Sinne des „Staats- und des Völkerrechts"**[2], und diese Aussage war nicht überflüssig. Von der DDR hat es lange geheißen, sie sei kein Staat im Sinne des Völkerrechts, während ihre eigene Verfassung ihre Staatsqualität bejahte[3]. Dieser Dualismus bei Beurteilung der Staatsqualität spielt dann eine bedeutsame Rolle,

---

31 *G. Jellinek*, Allgemeine Staatslehre, 3. Aufl. Neudruck 1922, S. 342.

1 Über Monismus und Dualismus im Völkerrecht s. *O. Kimminich/S.Hobe*, Einführung in das Völkerrecht, 8. Aufl. 2004, S. 223 ff.; *K. Doehring*, Völkerrecht, 2. Aufl. 2004, Rdn. 696 ff.
2 OLG Hamburg v. 7. 12. 1948, MDR 1949, S. 222; OLG Frankfurt v. 2. 12. 1949, SJZ 1950, S. 347; BSG v. 29. 1. 1960, BSGE 11, S. 271.
3 Verfassung der DDR v. 9. 4. 1968, Art. 1: „Die Deutsche Demokratische Republik ist ein sozialistischer Staat deutscher Nation"; andererseits wurde der Untergang des Deutschen Reiches angenommen, vgl. *G. Riege*, in: Staatsrecht der DDR, 2. Aufl., 1984, S. 48.

wenn ein menschlicher Verband auf einem Territorium sich zu einem selbständigen Staat erklärt oder von anderen erklärt wird, andere Staaten wiederum und insbesondere diejenigen, aus deren Verband sich ein solches Gebilde herauslöste (z.B. durch Sezession oder Dismembration), dem neuen Verband **Anerkennung als Staat versagen**. Derartige Situationen traten etwa bei der Staatswerdung der USA auf, bei der Entstehung der DDR bis zum sog. Grundlagenvertrag[4], oder bei der Staatswerdung Algeriens zur Zeit der Loslösung von Frankreich, dessen Departement es einstmals war. Auch Rhodesien kann hier genannt werden, dessen Regierung 1965 die volle Autonomie und Souveränität in Anspruch nahm, dessen Staatsentstehung aber von Großbritannien und der überwiegenden Zahl der Mitglieder der Völkergemeinschaft geleugnet wurde[5]. Hierüber wird Näheres bei der Behandlung der Entstehung und des Untergangs von Staaten ausgeführt werden.

Die rechtliche Möglichkeit, daß ein Verband sich selbst zum Staat erklärt, aber von anderen Staaten als solcher nicht anerkannt wird, ist sicherlich der häufigste Fall der **Diskrepanz zwischen verfassungsrechtlicher und völkerrechtlicher Sicht**. Die umgekehrte Situation, nämlich daß ein Verband nach den Regeln des Völkerrechts als Staat zu betrachten ist, seine innerstaatliche Ordnung das aber gar nicht bestätigt, ist wohl seltener. Wenn der **Wille des Staatsvolkes, einen eigenen Staat zu bilden** und zu bewahren und das **Bestehen einer Staatsgewalt** auch im Völkerrecht zu den Staatsmerkmalen zählen (darüber später), ist es schwer vorstellbar, daß bei faktischem Fehlen dieser Merkmale dennoch die völkerrechtliche Betrachtung zu dem Ergebnis kommt, ein Staat bestehe. Es ist aber daran zu erinnern, daß ein Staat im Kriegszustand okkupiert werden kann oder auch aus anderen Gründen fremdbesetzt sein mag, so daß dann keine eigene effektive Staatsgewalt besteht und dennoch dritte Staaten diesem Verband die **früher einmal zuerkannte Staatsqualität nicht entziehen**, weil die Situation noch **nicht als endgültig** betrachtet werden kann[6]. Hier ist an den Zustand Polens als sog. Generalgouvernement unter deutscher Besetzung zu denken, oder auch an die Tschechoslowakei; auch Österreich bot nach dem Anschluß an das Deutsche Reich im Jahre 1938 ein ähnliches Bild für dritte Staaten. In solchen Fällen bilden sich zwar oftmals **Exilregierungen**[7], aber diese haben keine effektive Herrschaftsgewalt im besetzten Gebiet, und das betroffene Staatsvolk hat keine Möglichkeit zur Willensbildung. Das Völkerrecht gebietet in diesen Situationen ein gewisses Abwarten, und während dieser Zeit ist eben ein **Staat im Sinne des Völkerrechts** noch vorhanden, während eine **verfassungsrechtliche Aussage** in dieser Richtung **nicht** möglich ist, denn die Verfassung ist zumindest suspendiert.

Man kann sich weiter die Frage stellen, warum für beide Rechtsgebiete, Verfassungsrecht und Völkerrecht, **Definitionen** denn notwendig sind, wo doch gewisse

---
4 Vertrag v. 21. 12. 1972, BGBl. 1973 II, S. 423, Art. 6, wonach beide Staaten von dem Grundsatz ausgehen, „daß die Hoheitsgewalt jedes der beiden Staaten auf sein Staatsgebiet beschränkt ist" und sie gegenseitig ihre „Unabhängigkeit und Selbständigkeit" respektieren.
5 S. auch die Res. 217 des Sicherheitsrates der VN v. 20. 11. 1965 (AJIL 61, 1966, S. 924) und die Res. 2012 (XX) der Generalversammlung der VN v. 12. 10. 1965.
6 *Verdross/Simma*, Universelles Völkerrecht, 3. Aufl. 1984, Rdn. 969 f.
7 *M. Rotter*, Government in Exile, in: EPIL, Bd. 2, 1995, S. 607 ff.

§ 2 *Staatsbegriff und Staatsdefinition*

evidente Merkmale genügen könnten. Aber man bedarf der Definition wegen der Feststellung von **Rechtsbeziehungen**. Die Staatsdefinition gemäß eines eigenen Verfassungsrechts des Verbandes ist notwendig, weil z.B. anders die verfassungsrechtlich verbürgte und völkerrechtlich anerkannte **Treuepflicht der Staatsbürger nicht begründet werden kann**, und ebenso die **Schutzverpflichtung der Staatsgewalt keine Grundlage** hätte, eine Haftung für Unrechtsakte der Staatsorgane nicht bestünde und insgesamt die Verbindlichkeit der innerstaatlichen Normen zweifelhaft wäre. Die **Staatsdefinition auf der Grundlage des Völkerrechts** ist andererseits **unabdingbar notwendig**, weil anders die Rechtserheblichkeit von Handlungen des Staatsverbandes in ihren Beziehungen zu anderen Staatsverbänden nicht angenommen werden könnte. Zwar konzediert das Völkerrecht auch anderen Verbänden, etwa internationalen Organisationen oder de facto-Regimen, eine, wenn auch begrenzte Inhaberschaft von Rechten und Pflichten[8], aber nach Feststellung, daß ein Staat besteht, stehen diesem Verband aufgrund einer Rechtsvermutung **alle vom Völkerrecht anerkannten Rechte** zu, und er ist im Zweifel **allen internationalen Pflichten** unterworfen. Während also bei einem nichtstaatlichen Verband gefragt werden muß, welchen besonderen Rechtsbeziehungen er unterworfen ist – und das ergibt sich aus seiner spezifischen Natur –, kann umgekehrt nach Feststellung des Vorhandenseins eines Staates davon ausgegangen werden, daß ihn aufgrund dieser Feststellung in umfassender Art alle Rechtsregeln des Völkerrechts betreffen.

2. „Staat" im Sinne des Verfassungsrechts

30 Es kann **keine allgemeingültige** und auf jedes Staatswesen zutreffende **Definition** geben, die aus den Verfassungsrechtsordnungen herzuleiten wäre, denn diese beschreiben jeweils „ihren" Staat und erklären dabei ganz unterschiedliche Merkmale für unverzichtbar. So sind die **Verfassungsordnungen der Staaten zu unterschiedlich**, um Allgemeingültigkeit erzeugen zu können. Es wäre z.B. eine schlechthin unzulässige Aussage, ein Staat in jeglicher Hinsicht bestehe nur dann, wenn seine innere Ordnung dem Grundsatz der Gewaltenteilung folgt. Das aber könnte man der französischen Erklärung der Menschen- und Bürgerrechte von 1789 entnehmen[9], und ähnlich sagt es Immanuel Kant in seiner Rechtslehre[10]. Durchaus vertretbar wäre es zu erklären, daß eine Staatsordnung das System der Gewaltenteilung aufweisen „solle", wobei dann nicht geleugnet wird, daß ein Staat ohne Gewaltenteilung auch ein „Staat" ist. Die Sowjetunion folgte gemäß den Grundsätzen von Lenin nicht dem Prinzip der Gewaltenteilung, sondern der Gewaltenvereinigung in

---

8 *Verdross/Simma* (Fn. 6), Rdn. 405.
9 Erklärung der Menschen- und Bürgerrechte v. 26.8.1789, Art. 16: „Eine jede Gesellschaft, in der weder die Gewährleistung der Rechte zugesichert noch die Trennung der Gewalten festgelegt ist, hat keine Verfassung" (Übersetzung bei *P. C. Mayer-Tasch*, Die Verfassungen Europas, 2. Aufl. 1975, S. 212).
10 *I. Kant*, Rechtslehre, Teil II, Erster Abschnitt über das Staatsrecht, § 45: „Ein jeder Staat enthält drei Gewalten in sich..." (Sämtliche Werke, Großherzog Wilhelm Ernst Ausgabe, Leipzig 1922, Bd. 5, S. 433).

ihrer Verfassung[11], aber niemand hätte ihr deswegen die Staatsqualität absprechen können.

Hieraus folgt, daß die Staatsdefinition, beruhend auf Verfassungsrecht, immer und ausschließlich nur hergeleitet werden kann aus eben der Rechtsordnung des Verbandes, der diese Staatsqualität für sich behauptet. Das gilt in besonderem Maße für Bundesstaaten, die ihren staatlichen Untergliederungen Staatsqualität zubilligen, aber akzeptieren müssen, daß im Raume des Völkerrechts nur der Zentralstaat Staatsqualität besitzt[12]. Daß jede Verfassung den Bestand ihres Staates voraussetzt, ist eine Selbstverständlichkeit; eine Verfassung ohne Bejahung des eigenen Staatswesens wäre eine contradictio in adjecto. Diese Feststellung wird auch nicht dadurch widerlegt, daß auch eine internationale Organisation in gewisser Weise auf einer „Verfassung" beruht, denn diese Organisationsverfassung, z.B. der Europäischen Gemeinschaft, oder der Europäischen Union sagt ebenfalls nur in voller Klarheit, welche Rechtsnatur der Verband sich selbst zumißt[13].

Aus diesen Betrachtungen folgt, daß eine **allgemeingültige**, d.h. für alle Staaten der Welt geltende **Staatsdefinition nur aus der Außensicht des Staates** gewonnen werden kann, also aus der Sicht des Völkerrechts. Auch Definitionen des Staates nur für die Belange einer Allgemeinen Staatslehre sind ohne die völkerrechtliche Perspektive sinnlos. Soweit die Allgemeine Staatslehre ein **Definitionsbedürfnis** hat, deckt sich dieses, jedenfalls in heutiger Sicht, völlig mit demjenigen des **internationalen Rechts**.

3. „Staat" im Sinne des Völkerrechts

Aus den dargelegten Gründen scheint es heute im Hinblick auf einen Allgemeinbegriff nur noch wichtig zu wissen, welchen Verband man im **Völkerrecht** und also in der **Staatengemeinschaft** als Staat bezeichnen kann oder muß. Eine solche Begriffsbestimmung ist aber auch **unabdingbar notwendig**, denn von ihr hängt die Frage ab, ob Rechte und Pflichten des Verbandes bestehen und welchen Inhalts sie sind. So können, um einige Beispiele zu nennen, nur Staaten diplomatischen Schutz für ihre Angehörigen ausüben, nur Staaten haften für die Verletzung bestimmter Arten von Verträgen, nur Staaten haften für bestimmte Arten von Delikten und nur Staaten können zur Abwehr von Interventionen sich auf ihre exklusive Macht zur Regelung innerer Angelegenheiten berufen.

---

11 *B. Meissner*, in: Handbuch der Sowjetverfassung, Bd. I, 1983, S. 92 ff.; ebenfalls für die DDR *K. Egler*, in Staatsrecht der DDR (Fn. 3), S. 31 ff.
12 *Kokott/Doehring/Buergenthal*, Grundzüge des Völkerrechts, 3. Aufl. 2003, Rdn. 413 ff.; BVerfG v. 23. 10. 1951, BVerfGE 1, 14 (34): „Die Länder sind als Glieder des Bundes Staaten mit eigener ... Hoheitsmacht"; *R. Zippelius*, Allgemeine Staatslehre, 14. Aufl. 2003, S. 4.00 ff.; vgl. auch die Bundesverfassung der Schweizerischen Eidgenossenschaft v. 29. 5. 1874, Art. 3: „Die Kantone sind souverän ...".
13 Vertrag zur Gründung der Europäischen Wirtschaftsgemeinschaft v. 25. 3. 1957, BGBl. 1957 II, S. 766 (weitere Änderungen sind hier unerheblich), Art. 2 (Aufgaben), Art. 3 (Tätigkeit) und Art. 210 (Rechtspersönlichkeit); Vertrag von Amsterdam v. 2. 10. 1997, Art. 281.

§ 2 *Staatsbegriff und Staatsdefinition*

34 So besteht im Völkerrecht nicht nur ein **Definitionsinteresse** im Sinne einer Rechtsphänomenologie, sondern ein **Definitionszwang** für die Belange des positiven Rechts. Wenn es im Statut des Internationalen Gerichtshofs heißt, daß nur Staaten als Parteien vor diesem Gerichtshof auftreten können[14], muß festgestellt werden können, ob Kläger und Beklagter „Staaten" sind. Wenn in die Vereinten Nationen nur Staaten aufgenommen werden, können[15], besteht der gleiche Definitionszwang. Diese Hinweise ließen sich noch fortsetzen.

35 Immer sind **Definitionen des Begriffs Staat** versucht worden. Aber schon die **Verbaldefinition** hat Schwierigkeiten bereitet. Der Terminus Staat ist bezüglich seiner Entstehungsgeschichte und in seiner Ableitung umstritten. Zum Teil meinte man, er leite sich aus dem lateinischen Wort status ab[16]. Diese Auffassung wurde in Zweifel gezogen, da die Römer für ihr Gemeinwesen dieses Wort nicht verwendet hätten, sondern konkret vom populus romanus und abstrakt von der res publica gesprochen hätten. Aber der abstrakte Begriff „Staat" im heutigen Sinne kann auch seinerzeit nicht gemeint gewesen sein, denn er ist heute unabdingbar mit der ausschließlichen **Herrschaft auf einem Territorium** verbunden, was damals nicht der Fall war. Weiter wird gesagt, daß der Begriff status im Mittelalter als „Stand" gemeint war, oder auch als Rechtszustand, Begriffe, die natürlich im weiteren Sinne zu demjenigen des modernen Staates überleiten[17]. In der Neuzeit dann soll der Terminus Staat von Macchiavelli (Lo stato) in die staatsphilosophische Lehre eingeführt worden sein. Seine Betrachtungen nahmen ihren Ausgangspunkt von dem Phänomen der ersten oberitalienischen Fürstenstaaten des 15. Jahrhunderts, die man auch als erste moderne Staaten bezeichnet hat, weil sie weder Völker, noch Stämme, noch Städte waren, sondern besonders organisierte Gemeinwesen mit speziellen Staatsbediensteten, angesiedelt auf einem fest abgegrenzten Territorium.

36 Doch kommt es auf das Wort nicht so sehr an, sondern auf die Sache selbst. Es bestehen nämlich **fundamentale Unterschiede** in der Betrachtung der Gemeinwesen und ihrer Charakterisierung als „**Staaten**" im Laufe der Geschichte. Zunächst stand wohl die sog. **Personalhoheit** des Verbandes oder des Fürsten, die Herrschaftsgewalt also über die Untertanen, im Vordergrund der Betrachtung, während später die **territoriale Hoheit**, die Herrschaftsgewalt also in einem und über ein Gebiet, eine gleichermaßen wesentliche Bedeutung gewann wie die Personalhoheit; das gilt sicherlich auch für die modernen Nationalstaaten, die ihre stärkste Ausprägung im 19. Jahrhundert fanden.

37 Wie stark ursprünglich die **Personalhoheit im Vordergrund** der rechtlichen Beurteilung eines menschlichen Verbandes stand, mögen einige Beispiele zeigen. So sah Aristoteles die wahre Natur des Staates in der – naturgegebenen – Tatsache, daß der

---

14 Statut des Internationalen Gerichtshofs v. 26. 6. 1945 (BGBl. 1973 II, S. 505), Art. 34, Abs. 1: „Nur Staaten sind berechtigt als Parteien vor dem Internationalen Gerichtshof aufzutreten".
15 Charta der Vereinten Nationen v. 26. 6. 1945 (BGBl. 1973 II, S. 431), Art. 4 Abs. 1: „Mitglieder der Vereinten Nationen können alle ... Staaten werden".
16 *A. O. Mayer*, Zur Geschichte des Wortes Staat, in: Die Welt als Geschichte, 1950, S. 229; *H. Krüger*, Allgemeine Staatslehre, 2. Aufl. 1966, S. 8 ff.
17 Nachweise bei *H. Krüger* (Fn. 16), S. 10 ff.

Mensch ein gemeinschaftsbezogenes, politisches Wesen sei (zoon politikon), das erst in der Gemeinschaft ethische Bedeutung erhält[18]. Vom **Territorium** ist in dieser Beziehung **nicht** die Rede. Cicero führte aus: „Es ist also das Gemeinwesen (res publica) die Sache des Volkes, ein Volk aber nicht jede irgendwie zusammengescharte Ansammlung von Menschen, sondern die Ansammlung einer Menge, die in der Anerkennung des Rechts und der Gemeinsamkeit des Nutzens vereinigt ist"[19]. Auch hier also wird, um moderne Begriffe zu benutzen, in erster Linie von der Personalhoheit und nicht von der Territorialhoheit gesprochen. Augustinus stellt in der Civitas dei dem **Gottesstaat** zwar den **irdischen Staat** gegenüber, die civitas terraena[20]. Damit war aber nur gemeint, daß im irdischen Staat die Gebote Gottes zu vollziehen seien, und es geht nicht um eine territoriale Gebundenheit der Staatsmacht. Jean Bodin führt in den Six livres de la République aus, der Staat sei „die rechte Lenkung mehrerer Haushalte und ihrer gemeinsamen Belange durch eine souveräne Gewalt"[21]. Hier ging es um die Begründung und die **Rechtfertigung der Staatsgewalt** als solcher, die selbstverständlich als souverän auch über ein Gebiet gedacht war, aber doch dieses nicht als ein Essentiale des Staates ansah. Wenig später legte Thomas Hobbes seine Gedanken in seinem Werk Leviathan nieder; er sah den Staat als ein künstliches Wesen an, zusammengesetzt aus natürlichen Menschen, und legte so auch wohl das Hauptgewicht seiner Betrachtung auf den **Personalverband**, während die **Gebietsbezogenheit**, sicherlich auch angesichts der Insellage Großbritanniens, **keine** ausschlaggebende Rolle spielte[22].

Hiermit sollten nur einige Beispiele gegeben werden. Es wird nun gezeigt werden, wie der Begriff des **Staates als Gebietskörperschaft**, neben seiner Eigenschaft als **Personalkörperschaft**, dann in modernerer Zeit und bis heute die Staatsdefinition **entscheidend** prägt.

4. Elemente des Staatsbegriffs im einzelnen

a) Übersicht

Obwohl Definitionsversuche so lange unternommen wurden, wie es Gemeinwesen gab, und obwohl also die Sache älter ist als die Definition, wurde in neuerer Zeit eine solche gefunden, die bis heute ihre Geltung behalten hat. Georg Jellinek beschrieb um die Jahrhundertwende den Staat als einen menschlichen Verband, der sich zu einem Staatsvolk zusammengefunden hat, ein bestimmtes Gebiet bewohnt

---

18 Vgl. *A. Bergsträsser* u. *D. Oberndörfer*, Klassiker der Staatsphilosophie, 1962, S. 36 mit Auszug und Übersetzung aus der „Politik" des Aristoteles: „Daraus ergibt sich, daß der Staat zu den naturgemässen Gebilden gehört und daß der Mensch von Natur aus ein staatsbildendes Wesen ist."
19 Auszug aus der „Res publica" mit Übersetzung bei *Bergsträsser* und *Oberndörfer* (Fn. 18), S. 66.
20 Auszug aus dem „Gottesstaat" mit Übersetzung bei *Bergsträsser* und *Oberndörfer* (Fn. 18), S. 70 ff.
21 Zur Definition des Staates bei *Bodin* vgl. Auszug aus den „Six livres de la République" und Übersetzung bei *Bergsträsser* und *Oberndörfer* (Fn. 18), S. 146.
22 Auszug und Übersetzung der Einleitung des „Leviathan" *Bergsträsser* und *Oberndörfer* (Fn. 18), S. 165 f.

und über eine auf Organisation beruhende Staatsgewalt verfügt[23]. Man nannte und nennt das die **Drei-Elementen-Lehre**. Diese Definition wurde oft wegen ihrer groben Struktur bemängelt, aber es kann durchaus gesagt werden, daß eine zutreffendere nicht gefunden wurde[24], was im folgenden zu erläutern ist.

40 Als erstes ist festzustellen, daß diese Definition **nicht irgendeinen Staatszweck einbezieht**, wie man das bei früheren klassischen Autoren feststellen kann. Nicht also die Sittlichkeit, die Religion oder irgendeine andere Staatszielbestimmung spielen hier eine Rolle, sondern es geht um eine **reale Beschreibung**. Würden nämlich in die Definition Staatszwecke einbezogen, könnte sie keine Allgemeingeltung beanspruchen, denn die Verfassungen bekennen sich zu den unterschiedlichsten Staatszielen, wenn man einmal von der letztlich inhaltsleeren Feststellung absieht, wonach der Staat den Menschen zu dienen hat. Gerade wegen ihrer groben Struktur ist daher diese Definition dazu geeignet, das **Gesamtphänomen und die Wesensmerkmale aller Staaten der Welt** zu erfassen. Hinzu kommt, daß die groben Merkmale der **Interpretation** zugänglich und bedürftig sind und zwar einer solchen, die sich im Laufe der geschichtlichen Entwicklung verändert hat und in Zukunft auch ändern wird. Man könnte sogar den Standpunkt vertreten, daß alle anderen modernen Definitionsversuche letztlich und im Grunde nur Interpretationen eines oder mehrerer Elemente dieser Drei-Elementen-Lehre sind.

41 So hat Rudolf Smend auf der Grundlage seiner **Integrationslehre** scharfsinnige Angriffe auf die Definition Georg Jellineks gerichtet und dargelegt, daß dieser das **Wesen des Staates nicht habe erklären können**[25]. Man kann aber fragen, ob für eine Erklärung und Erläuterung von Rechtsbeziehungen – und um solche geht es trotz aller philosophischer Betrachtungsweisen, weil die Rechtsbeziehungen als Herstellung einer Friedensordnung lebensnotwendig und daher realistisch zu beurteilen sind – die Erklärung des Wesens des Staates wesentlich ist, denn das Recht darf nicht an der Philosophie scheitern, sondern muß in gewisser Weise die Philosophie wegen ihrer sicherlich niemals abgeschlossenen Variabilität vernachlässigen, sei es auch mit dem Hilfsmittel der Fiktion oder der Dezision. Daß das Wesen des Staates auch ein Gegenstand soziologischer Untersuchung ist, soll damit nicht in Frage gestellt werden, nur geben diese **keinen** genügenden Aufschluß über den **Geltungsbereich der Normen**. Rudolf Smend hält zur Erklärung des Wesens des Staates das Gesamterlebnis der Teilnehmer an einer Gemeinschaft für entscheidend und bezieht so psychologische und soziologische Gesichtspunkte in seine Staatsdefinition ein. Es handele sich um eine **geistige Wirklichkeit**, die sich ständig in der Gemeinschaft vollziehe. Der Staat sei nicht statisch zu denken, sondern dynamisch im Sinne eines ständigen Prozesses der Aktualisierung und im Sinne eines Plebiszits,

---

23 *G. Jellinek*, Allgemeine Staatslehre, 3. Aufl. 1914, S. 394 ff.
24 *H. Krüger* (Fn. 16), S. 146; vgl. auch die Staatsdefinition von *R. Zippelius* (Fn. 12)., wonach der Staat selbst nichts anderes sei „als ein rechtlich organisiertes Wirkungsgefüge" (unter Berufung auf *H. Heller*), was aber den Autor nicht davon dispensiert, dann ebenfalls die drei Elemente zu beschreiben (S. 52 ff.); anders *P. Pernthaler*, Allgemeine Staatslehre und Verfassungslehre, 2. Aufl., 1996, S. 34, der bei Erwähnung des Staatsbegriffs des Völkerrechts die drei Elemente dann nennt.
25 *R. Smend*, Verfassung und Verfassungsrecht, in: Staatsrechtliche Abhandlungen, 3. Aufl. 1994, S. 184: „Von Wesen und Substanz weiß diese Lehre nichts".

das sich jeden Tag wiederhole. Das mag alles richtig sein, und dieses Bild einer Integration der Staatsbürger überzeugt sicherlich im Hinblick auf manche Staaten der Welt, aber es kann **nicht Geltung für alle Staaten** beanspruchen. Aber selbst wenn man dieser Sicht folgt, geht es für eine **juristische** Betrachtung im Grunde doch nur um eine Interpretation nicht des Staates, sondern schon der Elemente des **Staatsvolkes und der Staatsgewalt**.

Richtig hat auch Hermann Heller[26] darauf hingewiesen, daß ein Staat, wenn er einmal besteht, auch ohne Integration und also als eine Institution **reiner Zwangsgewalt** betrachtet werden kann, wenn die konkrete Staatsordnung diese Feststellung notwendig macht. Viele Staaten der Welt weisen keine Integrationsmerkmale im Sinne Rudolf Smends auf und dennoch kann die Zuordnung von Rechten und Pflichten deswegen nicht entfallen; für andere wieder treffen diese Merkmale durchaus zu, etwa für die sog. westliche Demokratie.   42

Einen gänzlich anderen Ausgangspunkt wählte Hans Kelsen, wenn er den **Staat für die Belange der Rechtswissenschaft als reine Normordnung** betrachtete[27] und alles andere für jedenfalls die juristische Qualifikation des Staates als methodisch verfehlt erklärte. Er lehnt es ab, die Staatsdefinition für die Fragen der rechtlichen Betrachtung mit solchen der **Psychologie** und **Soziologie** zu vermengen, denn letztere müßten dem **Sein** entnommen werden, während die rechtliche Würdigung der Natur des Staates auf die Funktion der Normen und also das **Sollen** zu beschränken sei. So kann nach Kelsen der **Staat für die juristische Sicht nur als Inbegriff von Rechtsbeziehungen** definiert werden. Die von ihm aufgezeigte Normenhierarchie, an deren Spitze eine Grundnorm steht, auf die alle anderen Normen zurückführbar sein müssen, läßt das **Warum der Geltung des Rechts** unbeachtet und muß es konsequenterweise unbeachtet lassen. Natürlich würde Kelsen niemals leugnen wollen, daß das **Sein die Entstehung von Normen beeinflußt**; aber erst wenn die Norm existiert bzw. anerkannt ist, könne die juristische Deduktion einsetzen.   43

Die **Grundnorm** selbst und im Sinne eines Geltungsbeginns des Rechts – sei es eine Verfassung oder der Satz pacta sunt servanda – sei **von keiner anderen Sollensvorschrift mehr ableitbar**; würde man das versuchen, müßte man auf das Sein, die Psychologie und Soziologie, zurückgreifen, deren Inhalte aber nur ontologisch und nicht normativ zu erklären seien. Hans Kelsen ist kritisiert worden; es wurde gesagt, auch er könne auf die **Normativität des „Seins"** nicht gänzlich verzichten[28], denn eine Rechtsordnung, die sich nicht mehr in wesentlichen Teilen   44

---

26 *H. Heller*, Staatslehre, 1934, 4. Aufl. 1970 (Hrsg. G. Niemeyer), S. 240, wonach „Staatsgewalt" auch durch „Zwang" errichtet werden kann.
27 Zum Folgenden *H. Kelsen*, Allgemeine Staatslehre, 1925; s. insbes. S. 16: „Ist erkannt, ... daß der Staat seinem Wesen nach ein System von Normen oder der Ausdruck für die Einheit eines solchen Systems ist, dann ist damit die Erkenntnis, daß der Staat als Ordnung nur die Rechtsordnung oder der Ausdruck ihrer Einheit sein kann, schon erreicht"; dazu *R. Walter*, Hans Kelsens Rechtslehre, 1999, S. 27 ff. zu „Recht und Staat".
28 *K. Larenz*, Methodenlehre der Rechtswissenschaft, 3. Aufl 1975, S. 78, führt aus, bei aller Anerkennung der Leistung Kelsens könne dieser die Trennung von „Sollen" und „Sein" doch nicht durchhalten, denn seine Grundnorm setze das Vorhandensein einer Zwangsordnung und also ein „Sein"

§ 2 *Staatsbegriff und Staatsdefinition*

durchsetzen lasse, werde auch von ihm nicht mehr als eine solche angesehen. Die **Durchsetzung des Rechts** sei aber ein **Faktum** und also ein **Seinsvorgang**. Dem kann entgegengehalten werden, daß dann, wenn eine Rechtsordnung sich nicht mehr durchsetzt, auch keine Sollensnorm mehr besteht und also die juristische Betrachtungsweise aufhört. Auch die Rechtstheorie von Kelsen steht mit der Drei-Elementen-Lehre durchaus in Übereinstimmung. Denn auch dann, wenn man das Wesen des Staates nur im Sinne der Normgeltung erklären will, kommt man um die Frage nicht herum, **wer denn die Normen setzen soll** (Staatsvolk?), **wo diese Normen gelten sollen** (Staatsgebiet?) und **wer sie durchsetzen soll** (Staatsgewalt?). So ist auch diese Auffassung letztlich eine Interpretation der Drei-Elementen-Lehre Georg Jellineks, die in gewisser Weise „aufgefunden" und weniger „erfunden" wurde.

45 Eine wiederum **soziologische** Annäherung an die Definition des Staates versuchte Hermann Heller, wenn er meint, der Staat entstehe und bestehe nur durch bewußtes, von **geistigen Normen geformtes und sie formendes Handeln von Menschen**. Da aber, wie gezeigt, Heller auch richtig die Tyrannei als Möglichkeit der Staatsform einbezieht, bleibt seine Staatsdefinition nur richtig, wenn er anstelle von Menschen auch das formende Handeln nur eines Menschen als ausreichend ansehen würde; das hat er aber wohl nicht gemeint, weswegen sein soziologischer Staatsbegriff eben auch nicht für alle Staaten zutrifft. Insgesamt bedeutet die Lehre Hellers eine ähnliche Annäherung an die Staatsdefinition, wie es für die Integrationslehre Rudolf Smends gesagt wurde, und sie ist der gleichen Kritik zugänglich.

46 Viele andere Theorien sind noch erwogen worden. So haben Adam Müller zu Beginn des 19. Jahrhunderts und Lorenz von Stein in der Mitte des 19. Jahrhunderts den **Staat als lebendigen Organismus**[29] und vielleicht stärker in Anlehnung an Thomas Hobbes gesehen. Aber auch das sind nur Erklärungen, Bilder und Analogien, nicht aber Definitionen für die Zwecke der Anwendung von Rechtssätzen, die für alle Staatstypen der Welt Geltung beanspruchen müssen.

47 Zusammenfassend läßt sich zu diesen vielfachen Definitionsversuchen wohl sagen, daß man entweder vom **Staatszweck** ausging (z.B. Aristoteles, Augustin, Macchiavelli, Bodin), oder von einem beschreibenden **Sozialbefund** (Adam Müller, Rudolf Smend, Hermann Heller), oder von einer reinen **Normenbeziehung** (vor allem Kelsen), oder aber von bestimmten Merkmalen für die Anknüpfung von Rechten und Pflichten (Georg Jellinek), die zwar empirisch gefunden, aber für die Normentstehung und Normanwendung als unabdingbar weil rechtlich relevant erachtet und dann ausgestaltet wurden.

48 Mit diesen Ausführungen sollte erläutert werden, daß die groben Merkmale der **Drei-Elementen-Lehre** bei jeder Betrachtungsweise und wegen ihrer empirischen Evidenz Bedeutung bewahrt haben, letztlich in allen anderen Definitionsversuchen

---

voraus. Zur Unauflöslichkeit des Problems des Geltungsgrundes sowohl des Verfassungsrechts als auch des Völkerrechts *K. Doehring*, (Fn. 1), Rdn. 1 ff.
29 *A. Müller*, Die Elemente der Staatskunst, 1809; *L. v. Stein*, Geschichte der sozialen Bewegungen in Frankreich, 1850; *E. Kaufmann*, Über den Begriff des Organismus in der Staatslehre des 19. Jahrhunderts, 1908.

auch enthalten sind und so wohl den **geringsten gemeinsamen aber auch allein tauglichen Nenner aller Definitionsversuche** darstellen. Die mehrfach erwähnte Grobheit der Struktur dieser Staatsdefinition darf nicht darüber hinwegtäuschen, daß die drei Elemente äußerst subtiler Interpretation bedürfen und danach durchaus nicht mehr nur rudimentären Charakter aufweisen. Um diese Interpretation wird es im folgenden gehen.

b) Das Staatsvolk

Die **Bevölkerung** eines Staates macht, wohl unbestritten, die **wichtigste Substanz des Staatsbegriffs** aus, denn Staatsgebiet und -gewalt sollen dem Volk dienen und nur wegen des Volkes bedarf man der Erläuterungen der Rechtsbeziehungen. Ohne ein **Staatsvolk** ist ein Staat nicht vorhanden. Aus der Sicht des Völkerrechts hat die Charakterisierung des Staatsvolkes mit dem Begriff „völkisch" im Sinne einer Kultur-, Sprach- oder anderen ethnischen Gemeinschaft nichts zu tun. Auch völkische **Minderheiten gehören zum Staatsvolk**. Die Staatengemeinschaft kennt zahlreiche sog. **Vielvölkerstaaten**. Eine Streitfrage könnte nur insoweit bestehen, ob das wie auch immer zusammengesetzte Staatsvolk einen Willen zur Zusammengehörigkeit und zur Eigenständigkeit besitzt. Diese Frage ist aber streng von der anderen zu trennen, ob die **Regierung** eines Staatsvolkes über **ausreichende Legitimität** verfügt. Letzteres Merkmal ist **kein** anerkanntes Erfordernis, von dessen Vorhandensein der Bestand eines Staatsvolkes oder auch einer Staatsgewalt abhängig gemacht werden darf. Ein Staatsvolk ist auch dann vorhanden, wenn es unter einer Tyrannis lebt, die vorhandene Regierungsform nicht bejaht und seine Regierung nicht liebt; das gilt, auch wenn man immer mehr dazu übergeht, die Demokratie für die einzige Regierungsform zu halten, die Machtausübung rechtfertigen kann. Wollte man jedoch allen Staaten, deren Regierungsform nicht demokratisch ist, die Staatsqualität absprechen, wären davon auch heute viele Staaten betroffen und so eine Gemeinschaft aller Staaten im Sinne des Völkerrechts nicht möglich.

49

Anders ist es im Hinblick auf den **subjektiven Willen des Staatsvolkes, seine Gemeinsamkeit zu bejahen**. Auch das mag früher zweifelhaft gewesen sein, doch muß man wohl heute davon ausgehen, daß ohne den Willen des Staatsvolkes, eine gesonderte Nation zu bilden, seine Qualität als Staatsmerkmal zu verneinen wäre. Zumindest gilt das für den Fall der Entstehung von Staaten. Wenn es in früherer Zeit wohl noch möglich war, dieses subjektive Erfordernis zu leugnen, ergibt es sich doch heute aus der Erstarkung und Anerkennung des **Selbstbestimmungsrechts der Völker und Nationen**[30].

50

Dieses Selbstbestimmungsrecht, das noch eingehend zu erörtern ist, zählt zu den **zwingenden Rechtsregeln des Völkerrechts**[31], so daß die Schlußfolgerung berechtigt ist, der subjektive Wille zur Bildung eines Staatsvolkes kann einer abgrenz-

51

---

30 Ein Ost-West-Konflikt besteht auch insoweit nicht mehr, vgl. aber *R. Arzinger*, Das Selbstbestimmungsrecht im allgemeinen Völkerrecht der Gegenwart, 1966 (DDR); dazu *K. Doehring*, Das Selbstbestimmungsrecht der Völker als Grundsatz des Völkerrechts, 1974; *ders.*, Self-Determination, in: The Charter of the United Nations (Hrsg. B. Simma), 2. Aufl. 2002, S. 47 ff.
31 *J. A. Frowein*, Jus Cogens, in: EPIL, Bd. 3, 1997, S. 65 ff.

baren menschlichen Gemeinschaft weder schlechthin verboten noch kann er durch Zwang ersetzt werden. Auch wenn die Fakten das im Zusammenleben der Staatengemeinschaft nicht immer bestätigen, ist der Grundsatz nicht mehr bestritten, wie insbesondere die Entwicklung der **Dekolonisierung** zeigt. Dieser Wille des Staatsvolkes ist nach dieser Sicht des heutigen Völkerrechts jedenfalls rechtlich relevant. Ein Beispiel mag das erläutern. Während es lange Zeit zulässig erschien, daß die Staatsqualität der DDR wegen Fehlens eines Volkswillens, eine deutsche Sondernation zu bilden, geleugnet werden konnte, traf die gleiche Feststellung für andere Ostblockstaaten nicht zu, obwohl deren Staatsvölker möglicherweise ihre von der Sowjetunion gelenkten, kommunistischen Regierungen auch nur unter Zwang akzeptierten. Auch wenn sich im Aufstand der Ungarn von 1956 der Wille des ungarischen Volkes zeigte, die Ablösung der Regierung und die Lösung von der Sowjetunion durchzusetzen, lag darin doch keine Verneinung des Bestandes eines ungarischen Staates. Auch die meisten der heute geltenden Verfassungen der Welt gehen von einem solchen gemeinsamen Willen der Bevölkerung zur Bejahung ihres Staates aus[32], und in dieser Beziehung spielen die gesellschaftlichen oder ideologischen Gegensätze gar keine Rolle. Wie sich letztlich der Wille zur Bildung eines Staatsvolkes durchsetzt, zeigt der Zerfall der Sowjetunion und ehem. Volksrepublik Jugoslawien. Auch wenn es sich dabei in manchen Fällen um eine Fiktion handeln sollte, ist doch auch diese rechtlich relevant. Der **Staatsbildungswille des Volkes** hat auch rechtliche Folgen insofern, als man von einer **Wechselwirkung der Treuepflicht des Staatsbürgers** zu seinem Staat und der **Schutzpflicht der Staatsgewalt** gegenüber dem einzelnen Staatsbürger ausgeht (protectio trahit subjectionem et subjectio trahit protectionem); Staatstreue setzt Zugehörigkeitsgefühl voraus, und sie bezieht sich auf den Staat und nicht unbedingt auf die amtierende Regierung. So entstand der Widerstand gegen das NS-Regime wesentlich im deutschen Offizierkorps, das aber den Fortbestand des deutschen Staates gerade bejahte.

52 Das Staatsvolk in diesem Sinne setzt sich aus den **Staatsangehörigen** zusammen. Das Völkerrecht ist in dieser Beziehung notwendig **formal**, denn es fordert sehr klare Abgrenzungen, die deshalb notwendig sind, weil jede Staatsgewalt nur die eigenen Staatsangehörigen gegenüber anderen Staaten zu schützen berechtigt ist[33] und weil kein Staat in die Personalhoheit eines anderen Staates eingreifen darf. Diese Grundsätze beruhen auf der Friedensfunktion des Völkerrechts und bedeuten im Ergebnis, daß die Staaten nicht nur **berechtigt** sind, den Kreis ihrer Staatsangehörigen klar zu bestimmen, sondern daß auch eine entsprechende und strikte **Rechtspflicht** besteht.

53 Die Bestimmung, wer nun **Staatsangehöriger eines bestimmten Staates** ist, trifft der betreffende Staat selbst[34]. Diese grundsätzliche Freiheit unterliegt nur, wie jede

---

32 So weist die Präambel des Grundgesetzes der Bundesrepublik Deutschland eindringlich auf den Willen der Deutschen hin, die Zusammengehörigkeit zu bewahren, bzw. wiederherzustellen.
33 *Verdross/Simma* (Fn. 6), S. 816 ff.; *W. K. Geck*, Diplomatic Protection in: EPIL, Bd. 1, 1992, S. 1049.
34 *A. N. Makarov*, Allgemeine Lehren des Staatsangehörigkeitsrechts, 2. Aufl. 1962, S. 57 ff.; *K. Hailbronner*, in: Staatsangehörigkeitsrecht (Hrsg. K. Hailbronner/G. Renner), 3. Aufl., 2001, S. 45 ff.

Rechtsregel, einer **Mißbrauchsgrenze**. Ein Staat ist nicht berechtigt, einen Menschen zu seinem Staatsangehörigen zu erklären, wenn kein irgendwie noch vertretbarer Anknüpfungsgrund für diese Inanspruchnahme als Staatsangehöriger besteht; doch sind diese Gründe weit gefaßt (Wohnsitz auf einem Gebiet, Familienbande, Abstammung und auch noch nicht abgebrochene historische Entwicklung). Die Mißbrauchsgrenze wird im Völkerrecht dort gesehen, wo zwischen einem Menschen und dem ihn in Anspruch nehmenden Staat **kein irgendwie geartetes Lebensband** besteht (genuine link)[35]. Auch dann, wenn völkerrechtlich relevante Ereignisse entscheidende Veränderungen zur Folge haben, hat das auf die Substanz der Staatsangehörigkeit Einfluß. So war es nach der Wiedererstehung Österreichs im Jahre 1945 nicht mehr rechtlich zulässig, das gesamte österreichische Staatsvolk als Inhaberin der deutschen Staatsangehörigkeit zu betrachten, obwohl diese 1938 verliehen worden war und formell erst 1955 durch die Gesetzgebung aufgehoben wurde[36]. Die Annahme, daß die Staatsbürger der DDR gleichzeitig Inhaber einer gesamtdeutschen Staatsangehörigkeit und also derjenigen der Bundesrepublik waren[37], stand trotz des Mißbrauchsverbotes mit dem geltenden Völkerrecht in Übereinstimmung, da die Rechtsfragen im Hinblick auf die gesamtdeutsche Nation noch nicht beantwortet waren, und die historische Entwicklung der Deutschlandfrage noch keinen Abschluß aufwies, der die Annahme eines Mißbrauchs gerechtfertigt hätte.

Wenn so die **Staaten frei sind, den Kreis ihrer Staatsangehörigen selbst zu bestimmen**, so sind sie auch prinzipiell in der hierbei anzuwendenden Methode frei. Es wird in der Staatenwelt der **Erwerb** bzw. die Feststellung der Staatsangehörigkeit entweder nach dem Prinzip des **ius sanguinis** bestimmt oder nach demjenigen des **ius soli**[38]. Entweder folgt eine Rechtsordnung der Regel, daß für die Staatsangehörigkeit des eigenen Staates die Abstammung von Eltern, die diese innehatten, maßgebend ist, oder aber die Tatsache der Geburt auf dem Territorium des Staates. **Beide Grundsätze sind völkerrechtsgemäß**, und jeder Staat ist frei, dem einen oder anderen Grundsatz zu folgen, oder auch ein gemischtes System maßgebend sein zu lassen. Da die Staaten unterschiedlich einem dieser Grundsätze folgen, kann das zur Erzeugung sowohl von **Doppelstaatlichkeit** als auch von **Staatenlosigkeit** führen. Das Kind, das von den Eltern abstammt, die dem ius sanguinis ihres Heimatstaates unterliegen, erhält eine zweite Staatsangehörigkeit, wenn es auf dem Territorium eines Staates geboren wird, in dem ius soli gilt. Ein Kind, das von Eltern geboren wird, deren Staatsangehörigkeit sich nach dem ius soli bestimmt, ist staatenlos, wenn es in einem Staat geboren wird, in dem das ius soli nicht gilt. Immer wieder sind Versuche gemacht worden, Doppelstaatlichkeit durch Verträge und Harmonisierung nationaler Gesetze zu vermeiden[39], denn die doppelte Treueverpflichtung des Menschen kann zu ernsten Konflikten führen, insbesondere dann, wenn die bei-

---

35 *Nottebohm-Fall*, ICJ-Reports, 1955, S. 4.
36 BVerfG v. 9. 11. 1955, BVerfGE 4, 322 ff.
37 BVerfG v. 31. 7. 1973, BVerfGE 36, 1 ff.; BVerfG v. 21. 10. 1987, BVerfGE 77, 137 ff.
38 *A. N. Makarov* (Fn. 34), S. 335 f.; *K. Hailbronner* (Fn. 34), S. 53 ff.
39 Z.B. Vertrag zur Reduzierung doppelter Staatsangehörigkeit v. 6. 5. 1963 (Europarat), European Treaty Series, No 43.

§ 2 *Staatsbegriff und Staatsdefinition*

den Heimatstaaten in einen politischen Gegensatz geraten. Immer wieder ist auch versucht worden, die Staatenlosigkeit zu vermeiden[40], weil es für den Menschen eine ernsthafte Gefahr bedeutet, keinem Staat zugeordnet zu sein und daher durch keinen Staat geschützt werden zu können. Alle diese Versuche haben aber bisher zu einer Auflösung der Konfliktlage nicht geführt, sondern sie nur bestenfalls abgeschwächt. Die meisten Staaten folgen dem Abstammungsprinzip.

55 Jedem Staat steht es frei, durch **Einbürgerung** den Kreis seiner Staatsangehörigen zu erweitern. Auch hierbei kann es zur Doppelstaatlichkeit kommen, nämlich dann, wenn der Eingebürgerte nach dem Recht seines bisherigen Heimatstaates dessen Staatsangehörigkeit nicht verliert und der einbürgernde Staat bereit ist, die so entstehende doppelte Staatsangehörigkeit zu akzeptieren. Die europäischen Staaten sind immer mehr bereit, doppelte Staatsangehörigkeit zuzulassen, während Staatenlosigkeit weiterhin vermieden werden soll. Die Einbürgerung ist ein nationaler Staatsakt, der einem sehr **freien Ermessen des einbürgernden Staates** anheim gestellt ist, wobei wiederum nur eine Mißbrauchsgrenze die äußerste Schranke des Ermessens bildet. Wie schon dargelegt, bedarf es auch in diesem Fall eines gewissen Anknüpfungsgrundes, zumindest des Antrages des Einbürgerungswilligen, dessen völkerrechtliche **Menschenrechte** verletzt würden, wenn man ihm **zwangsweise** eine fremde Staatsangehörigkeit auferlegt. Eine Ausnahme kann nur gelten bei völligem Souveränitätswechsel eines Gebiets, dessen Bevölkerung damit auch einem automatischen Wechsel der Staatsangehörigkeit ausgesetzt sein kann (Näheres bei Behandlung der Staatensukzession). Aber auch in diesen Fällen hat die moderne Rechtsentwicklung schon weitgehend dem Individuum ein **Optionsrecht** zuerkannt[41], d.h. das Recht, die neue Staatsangehörigkeit abzulehnen, obwohl man insoweit sicherlich nicht von einer gefestigten Völkerrechtsregel sprechen kann.

56 Soweit es das nationale Recht eines Staates zuläßt, kann die **Staatsangehörigkeit** auch durch **Heirat** erworben werden. Ob damit der Verlust der bisherigen Staatsangehörigkeit des Heiratenden verbunden ist, bestimmt sich nach der für ihn bisher geltenden Rechtsordnung. Auch durch Heirat also kann doppelte Staatsangehörigkeit entstehen, oder auch Staatenlosigkeit, wenn der Heiratende eine neue Staatsangehörigkeit nicht erwirbt, aber seine bisherige verliert. Auch hier bestimmt jeder Staat die Rechtsfolgen selbst, und auch hier gilt eine Mißbrauchsgrenze.

57 Ähnlich ist die Rechtslage im Hinblick auf den **Verlust der Staatsangehörigkeit**. In mancher Hinsicht wurde diese Frage schon berührt. Über den Verlust entscheidet ebenfalls jeder Staat selbst und gemäß seiner nationalen Rechtsordnung[42]. Das Völkerrecht gibt hier, soweit nicht Verträge bestehen, wiederum den nationalen Staatsgewalten einen weiten Ermessensspielraum. Die **Ausbürgerung** auch gegen den Willen des Betroffenen ist nicht schlechthin rechtswidrig[43], falls ihr nicht völ-

---

40 Verträge zur Vermeidung von Staatenlosigkeit s. bei *A. Randelzhofer*, Nationality, in: EPIL, Bd. 3, 1997, S. 508 f.
41 *K. Meessen*, Option of Nationality, in: EPIL, Bd. 3, 1997, S. 784 ff.
42 *Verdross/Simma* (Fn. 6), S. 93 f.; *K. Hailbronner* (Fn. 34), S. 68 ff.
43 *F. Berber*, Lehrbuch des Völkerrechts, Bd. I, 2. Aufl. 1975, S. 375, *K. Doehring* (Fn. 28), Rdn. 74 ff. mit Hinweisen auf die menschenrechtlichen Grenzen.

kerrechtliche Verträge entgegenstehen oder fundamentale Menschenrechte verletzt würden. Der **Entlassung** aus der Staatsangehörigkeit auf Antrag muß nicht unbedingt entsprochen werden, wenn nicht völkerrechtliche Verträge einen solchen Anspruch garantieren. Ebenso steht es mit dem Verlust aufgrund der Heirat mit dem fremden Staatsangehörigen. Insbesondere neuere **Menschenrechtskonventionen** haben auf diesem Gebiet **Individualrechte** begründen wollen[44], aber jenseits des Geltungsbereichs der Konventionen bestehen allgemeinverbindliche Regeln nicht.

Welche **Rechte und Pflichten ein Staat seinen Staatsangehörigen garantiert bzw. auferlegt**, bestimmt sich nach den nationalen Rechtsordnungen und ist dem internationalen Recht nicht zu entnehmen. Verfassungsmäßig verbürgte Grundrechte werden vielfach nur den eigenen Staatsangehörigen garantiert, was insbesondere für die **politischen Rechte**, etwa das Wahlrecht, gilt[45]. Regelmäßig wird mit der Staatsangehörigkeit auch das **Recht verbunden sein, auf dem eigenen Territorium zu leben**, während die Inanspruchnahme des Schutzes der Staatsgewalt gegen fremde Staatsgewalten wiederum Ermessensgrundsätzen folgt[46]. Die **Verbannung** eines Staatsangehörigen aus dem staatlichen Territorium ist nicht schlechthin völkerrechtswidrig, obwohl zu prüfen ist, ob nicht hierdurch **Menschenrechte** verletzt werden. Eine solche Verbannung ist aber ineffektiv, wenn kein anderer Staat den Verbannten aufnimmt, wozu er nicht verpflichtet ist[47]. Bei der **Auslieferung** oder **Ausweisung eines eigenen Staatsangehörigen** gelten die gleichen Regeln; sie sind nicht schlechthin verboten, und es greift wiederum nur eine Mißbrauchsgrenze im Hinblick auf anerkannte Menschenrechte ein. 58

c) Das Staatsgebiet

Zu den **unabdingbaren Merkmalen des Staates zählt das Staatsgebiet**. Das war nicht immer so, oder, anders ausgedrückt, man kann sich fragen, ob der heutige Begriff des Staates erst mit der strikten Abgrenzung der territorialen Hoheitsgewalt und also des Staatsgebietes einsetzt, was weitgehend so angenommen wird. 59

Das Staatsgebiet ist deshalb als Staatsmerkmal von so hoher Bedeutung, weil die **territoriale Hoheit des Staates seinen Herrschaftsbereich gegenüber anderen Staaten abgrenzt**. Wie bei der Staatsangehörigkeit ist diese Abgrenzung nicht etwa nur ein Recht der Staaten, sondern gehört zu ihren internationalen Pflichten, weil anders die gegenseitige Respektierung der Staatsmacht nicht denkbar ist, oder doch gefährdet wäre, und so die Friedensordnung der Staatengemeinschaft destabilisiert 60

---

44 Allgemeine Erklärung der Menschenrechte v. 10. 12. 1948 (Res. 217 III der GV VN), Art. 15; Internationaler Pakt über bürgerliche und politische Rechte v. 19. 12. 1966 (BGBl. 1973 II, S. 1534), Art. 24 Abs. 3: „Jedes Kind hat das Recht, eine Staatsangehörigkeit zu erwerben"; Interamerikanische Menschenrechtskonvention v. 18. 7. 1978, Art. 20.
45 *K. Doehring*, Die staatsrechtliche Stellung der Ausländer in der Bundesrepublik Deutschland, VVDStRL, H. 32, 1973, S. 33 ff.; *K. Doehring* (Fn. 1), Rdn. 863.
46 So schon BVerfGE 6, 291; Übersicht über die deutsche Rechtsprechung bei OVG Münster v. 21. 12. 1988, NJW 1989, S. 2209 ff.; *K. Hailbronner*, (Fn. 34), S. 77 f.
47 Die Aufnahmepflicht trifft nur den Heimatstaat, vgl. *S. Wiessner*, Die Funktion der Staatsangehörigkeit, 1989, S. 151 ff.; *K. Hailbronner* (Fn. 34), S. 88 ff., Rdn. 80 ff.

werden könnte. **Hoheitsakte auf fremdem Staatsgebiet sind rechtswidrig**, und Eingriffe in die fremde Territorialhoheit bedeuten regelmäßig eine verbotene **Intervention**[48]. Auch mit dem Begriff der inneren Angelegenheiten (domaine réservé; domestic affairs) ist das Staatsgebiet untrennbar verbunden, denn die Beeinträchtigung der Territorialhoheit eines Staates durch einen anderen ist prima facie rechtswidrig. Sicherlich kann es auch eine unzulässige Intervention in die Personalhoheit eines anderen Staates geben, etwa wenn ein Ausländer im Aufenthaltsstaat so behandelt wird, daß er gehindert ist, seiner Treueverpflichtung zum Heimatstaat nachzukommen, aber die Verletzung der Territorialhoheit hat jedenfalls im Hinblick auf den Interventionsbegriff die noch stärkere Evidenz für sich. **Gewaltmaßnahmen zur Abwehr von Eingriffen in die Territorialhoheit** sind dann **zulässig**, wenn diese ihrerseits durch Gewaltanwendung erfolgten, oder kein anderes zumutbares Mittel zur Verfügung steht. Gemäß Art. 51 der UN-Charta ist die **Selbstverteidigung ein „inherent right"**, das insbes. dann ausgeübt werden darf, wenn es um die Verteidigung des Staatsgebietes geht.

61 Das Staatsgebiet ist auch von entscheidender Bedeutung für das sog. **Fremdenrecht**. Der Aufenthalt eines Fremden auf fremdem Staatsgebiet erzeugt per se seine Unterworfenheit unter die fremde Staatsgewalt[49], auch wenn der Aufenthaltsstaat zur Einhaltung völkerrechtlicher Grundsätze verpflichtet ist[50].

62 Das Staatsgebiet ist in besonderem Maße auch für das **internationale Wirtschaftsrecht** bedeutsam, denn es entsteht häufig die Frage, ob und inwieweit ein Staatshoheitsakt, etwa ein Gesetz (z.B. ein Kartellverbot), das Wirkungen über die Grenzen hinaus entfalten könnte oder sollte, von der Staatsgewalt des fremden Staates anzuerkennen ist, oder als unbeachtlich, weil eventuell rechtswidrig behandelt werden darf. Die Durchsetzung eines Gesetzes auf fremdem Staatsgebiet ist zwar unzulässig, aber zahlreich sind die Fälle, in denen die Frage entsteht, ob eine **Enteignung**, die in einem Staat vorgenommen wird, in einem anderen Staat anzuerkennen ist, etwa wenn die enteignete Sache in dieses fremde Staatsgebiet gelangt und Entschädigung nicht geleistet wurde. Während früher in solchen Fällen unter Rücksichtnahme auf einen extensiven Souveränitätsbegriff der Eigentumsübergang im fremden Staat unter Beachtung der sog. **act of State-Doktrin** auch mit Außenwirkung anerkannt wurde[51], besteht heute weitgehend die Auffassung, daß eine Anerkennung des enteigneten Aktes dann abgelehnt werden darf, wenn sie dem **ordre public** des Juridiktionsstaates widerspricht. So wäre eine völkerrechtswidrige weil entschädigungslose Enteignung eines Fremden in einem fremden Staat von der Bundesrepublik Deutschland nicht anzuerkennen, und die Enteignung wäre unbeachtlich, weil Art. 14 der deutschen Verfassung das Eigentum schützt und sein Art. 25 die Beach-

---

48 *W. K. Geck*, Hoheitsakte auf fremden Staatsgebiet, Wörterbuch des Völkerrechts, Bd. 1, 1960, S. 795 ff.; *S. Torres Bernandez*, Territorial Sovereignty, EPIL, Bd. 4, 2000, S. 823 ff.
49 *D. P. O'Connell*, International Law, 2. Aufl., Bd. 2, 1970, S. 703; *K. Hailbronner*, in: Völkerrecht (Hrsg. W. Graf Vitzthum), 2. Aufl., 2001, S. 250.
50 *K. Doehring* (Fn. 45), S. 12 f.
51 Hierzu *O. Kimminich/S. Hobe* (Fn. 1), S. 294 f.; zum ordre public s. auch *Verdross/Simma* (Fn. 6), S. 777.

tung des Völkerrechts gebietet[52], wonach die entschädigungslose Enteignung von Fremden rechtswidrig ist. Das Recht zur Nichtanerkennung der Enteignung soll allerdings davon abhängig sein, daß eine sog. Inlandsbeziehung besteht, doch kann eine solche Voraussetzung dann nicht gefordert werden, wenn menschenrechtlich geschützte, allgemeine Grundsätze des Völkerrechts verletzt sind, denn diese sollen gerade unabhängig vom Territorialitätsprinzip und also universell gelten.

Mit diesen Hinweisen sollten nur einige besonders bedeutsame Auswirkungen des strikt aufzufassenden **Territorialitätsprinzips** demonstriert werden. Das bedeutet **nicht**, daß ein Staat sich bei der **Verletzung völkerrechtlicher Verträge**, die ihm ein bestimmtes Verhalten auf seinem eigenen Staatsgebiet zur Pflicht machen, darauf berufen könnte, daß es sich wegen des Territorialitätsprinzips um eine **innere Angelegenheit** handele. Verpflichtet sich z.B. ein Staat, auch auf seinem Territorium **Menschenrechte** einzuhalten, wird er für deren **Verletzung trotz des Territorialitätsprinzips international verantwortlich**; auch insoweit als das allgemeine Völkerrecht zwingend die Beachtung von Menschenrechten gebietet, wäre deren Mißachtung nicht unter Berufung auf das Territorialitätsprinzip zu rechtfertigen, woran sich zeigt, daß auch die territoriale Souveränität nicht unbegrenzt ist, auch wenn das einmal so gesehen wurde. 63

Obwohl derzeit die Rechtsregeln über die Territorialhoheit des Staates und ihre Rechtsgrundlagen relativ gefestigt und geklärt erscheinen, soll doch auf die **Theorien früherer Zeiten** und die Frage eingegangen werden, wie man die **Hoheit der Staatsgewalt über das beherrschte Gebiet gerechtfertigt** hat. Auch die überkommenen gedanklichen Konstruktionen gingen stets davon aus, daß das Territorium den exklusiven Herrschaftsbereich der Staatsgewalt darstellt. Man kann wohl sagen, daß diese Auffassung am striktesten um die Wende vom 19. zum 20. Jahrhundert vertreten wurde, obwohl sie auch heute den Ausgangspunkt entsprechender rechtlicher Beurteilungen in zweifelhaften Lagen bildet. Die Unverbrüchlichkeit der territorialen Souveränität ist in gewisser Weise und für die Rechtsbeziehungen vieler Staaten nun heute wieder relativiert, wenn auch nur auf der Grundlage vertraglicher Einschränkungen und nicht durch einen Wandel des Prinzips selbst. Das liegt daran, daß die **Staatenbeziehungen intensiver** geworden sind, daß die vertragliche Begründung internationaler und vor allem supranationaler Organisationen regional übergreifende Regelungen fordert, und daß gerade bei staatlichen Blockbildungen Staatsgewalten der beteiligten Staaten geneigt sind, innerhalb eines regionalen Zusammenschlusses ihre **territoriale Souveränität vertraglich einzuschränken**. Daß das an sich der ausschließlichen Jurisdiktion des Staates zugehörige Territorium im geltenden Recht doch mehr als noch vor etwa der Zeit vor dem Zweiten Weltkrieg Beziehungselement für die Frage nach der Erstreckung von internationalen Pflichten wurde, zeigt sich an den Phänomenen etwa der Verpflichtungen der Ent- 64

---

52 EGBGB in der Fassung v. 25. 7. 1986 (BGBl. I, 1986, S. 1142), Art. 6: „Eine Rechtsnorm eines anderen Staates ist nicht anzuwenden, wenn ihre Anwendung zu einem Ergebnis kommt, das mit wesentlichen Grundsätzen des deutschen Rechts offensichtlich unvereinbar ist. Sie ist insbes. nicht anzuwenden, wenn die Anwendung mit den Grundrechten unvereinbar ist"; hierzu *M. Herdegen*, Internationales Wirtschaftsrecht, 4. Aufl. 2003, S. 34.

§ 2 *Staatsbegriff und Staatsdefinition*

militarisierung oder auch Stationierung von Streitkräften, an Neutralitätspflichten, oder auch an der Aufhebung von Zoll- und Handelsschranken, und ganz besonders an der Gründung supranationaler Organisationen, wie der Europäischen Gemeinschaft.

65 Nun soll es um Hinweise auf frühere Theorien gehen, da aus ihnen der heutige Begriff der Territorialhoheit erwachsen ist. Nach der bis in das 19. Jahrhundert vertretenen **Patrimonialtheorie** galt das Staatsgebiet als Eigentum des Landesherrn und gegebenenfalls als ererbtes Vermögen der Familie des Landesherrn. Der Fürst hatte in gewisser Weise ein Obereigentum an dem Staatsgebiet, wobei die Bewohner in zivilrechtlichem Sinne als Zubehör zu Grund und Boden eingeordnet wurden[53]. Dann sprach man von der **Objekttheorie**, wobei nicht mehr an zivilrechtliche Vorstellungen angeknüpft wurde, sondern man an ein staatsrechtliches Sachenrecht dachte. Das Staatsgebiet galt hiernach als ein Imperium, in dem sich die Befehlsgewalt des Herrschers auswirkte, also als ein territorialer Bereich, in dem sich die Herrschaft über die dort wohnenden Menschen entfaltete[54]. Nach der auch vertretenen sog. **Raumtheorie** wurde das Staatsgebiet als ein Kompetenzbereich zur Durchsetzung von Rechtsnormen aufgefaßt.

66 **Keine dieser Theorie** erscheint heute mehr **ausreichend** um die aktuelle Funktion des Staatsgebietes zu erklären. Die Patrimonialtheorie und die Objekttheorie erscheinen überlebt, denn sie entnahmen ihre wesentlichen Rechtfertigungen der Erbmonarchie. Allein die Raumtheorie würde noch in etwa gewissen Auffassungen der heutigen Staatslehre entsprechen, z.B. wenn man derjenigen Hans Kelsens folgt, wonach auch das Staatsrecht sich in reinen Normbeziehungen erschöpft. Zu beachten ist aber dabei auch, daß der neuere Wandel der internationalen Beziehungen auf die Rechtsnatur des Staatsgebietes Einfluß ausübt; es bestehen heute durchaus auch **fremde Kompetenzen innerhalb eines nationalen Staatsgebietes**, wenn man an internationale Organisationen und insbesondere an **supranationale Organisationen** denkt[55]. Es bleibt ohnehin fraglich, ob es sinnvoll ist, das Staatsmerkmal des Territoriums abstrakten Theorien zu unterstellen, und ob es nicht richtiger ist, bei Anerkennung der dogmatischen Bedeutung aller dieser Theorien sich in erster Linie danach zu fragen, welche Herrschaftsgewalt im konkreten Fall Hoheitsrechte auf einem Gebiet auszuüben berechtigt ist. Entsprechende Grundsätze wurden schon aufgezeigt.

67 Unabdingbar ist es aber, die Grundsätze über die **Grenzen des Staatsgebiets** zu erläutern, denn die staatlichen Kompetenzen müssen diese Grenzen beachten. Wenn es völkerrechtlich unzulässig ist, daß ein Staat eigene Hoheitsakte auf fremdem Staatsgebiet setzt, dann muß dieses fremde Staatsgebiet in voller Klarheit abgrenzbar sein, andernfalls Recht oder Unrecht nicht mehr zu unterscheiden wären. Drei

---

53 *F. C. v. Gerber*, Grundzüge eines Systems des deutschen Staatsrechts, 3. Aufl. 1880, S. 65 ff.
54 *G. Jellinek* (Fn. 23), S. 398 ff.
55 EWGV (Fn. 13), Art. 249: „Die Verordnung hat allgemeine Geltung. Sie ist in allen Teilen verbindlich und gilt unmittelbar in jedem Mitgliedstaat"; zur Kompetenztheorie *K. Hailbronner*, in: Völkerrecht (Fn. 49), S. 207.

Richtungen sind es, in denen eine solche Abgrenzung vorgenommen werden muß, die **Landgrenzen**, die **Seegrenzen** und die **Luftgrenzen**.

Zu der Abgrenzung des **Staatsgebietes auf dem Lande** ist das Folgende zu sagen. **68** Die Landgrenze bedarf der klaren Fixierung. Eine solche erfolgt durch **Vertrag** zwischen den Anliegerstaaten, kann aber im Einzelfall auch **einseitig** festgelegt worden sein. Solange es ein Gewaltverbot des Völkerrechts nicht gab, d.h. zumindest bis zur Gründung des Völkerbundes im Jahre 1919 und als gefestigte Rechtsregel wohl erst mit Abschluß des Briand-Kellogg-Pakts im Jahre 1928, konnte durch einseitige **Annexion** eines Gebietes die Grenze des annektierenden Staates festgelegt werden. Bemerkenswert ist dabei, daß **Grenzverträge** als sog. **erfüllte Verträge stärkere Bestandskraft** durch das Völkerrecht erhalten als andere Verträge[56]. Grenzen können aber auch ohne ausdrücklichen Vertrag und ohne einseitige Erklärung, also allein durch **Übung und Anerkennung**, gebildet werden.

Wird die Landgrenze durch Vertrag fixiert, sind die Partner an keine rechtlichen **69** Vorbedingungen gebunden. So wäre es zulässig, die Staatsgrenze unmittelbar an dem Ufer eines **Flusses** zu ziehen, so daß das Flußbett insgesamt zum Gebiet eines der Partner gehört. Nur dann, wenn ein Vertrag nicht vorliegt und ein Fluß sich als durch Gewohnheitsrecht gebildete Grenze darstellt, verläuft die Grenze im Zweifel entweder in der **Flußmitte** oder aus Gründen der Schiffahrtserleichterung im **Talweg**[57]. Ähnliche Regeln gelten für die Anlieger an einem **Binnengewässer**.

Erfolgt keine vertragliche Regelung so ist nach völkerrechtlichem Gewohnheitsrecht zu vermuten, daß das Binnengewässer in Sektoren aufzuteilen ist, die aus dem Zusammentreffen der Verlängerung der Staatsgebiete der Anliegerstaaten sich ergeben. **Grenzverträge** sollen regelmäßig auch der **Kriegseinwirkung standhalten**, d.h. werden die Grenzen nach einem Kriege vertraglich nicht verändert, bleiben die Vorkriegsgrenzen bestehen[58]. Unzulässig ist es auch, Grenzverträge durch Berufung auf außerordentliche Gründe der Vertragsauflösung in Frage zu stellen, etwa unter Hinweis auf die clausula rebus sic statibus[59]. Insgesamt aber bereiten die Landgrenzen der Staatsgebiete keine besonderen völkerrechtsdogmatischen Abgrenzungsprobleme. Als Beispiel für Grenzverträge der vergangenen Zeit sei hier an den Vertrag von Versailles und die sog. Pariser Vorortverträge erinnert, an die Errichtung der Grenzen Polens nach dem Zweiten Weltkrieg und an die Streitigkeiten um die Grenze zwischen der Sowjetunion und der Volksrepublik China; aber es ließen sich natürlich unendlich viele weitere Beispiele für Grenzregelungen anführen, die allerdings auch nicht immer zur Befriedigung der gegenseitigen Interessen geführt haben, wie es die Entwicklung der Balkanregion zeigt.

---

56 Wiener Übereinkommen über das Recht der Verträge v. 23. 5. 1969 (BGBl. 1985 II, S. 926), Art. 62 Abs. 2a: „Eine grundlegende Änderung der Umstände kann nicht als Grund für die Beendigung des Vertrages oder den Rücktritt von ihm geltend gemacht werden, a) wenn der Vertrag eine Grenze festgelegt ... hat".
57 *O. Kimminich/S. Hobe* (Fn. 1), S. 100.
58 *P. Guggenheim/K. Marek*, Verträge, völkerrechtliche, in: WB des VR, Bd. III, 1962, S. 539 ff.; *M. Bothe*, Boundaries, in: EPIL, Bd. 1, 1992, S. 444.
59 Vgl. Fn. 56.

§ 2 *Staatsbegriff und Staatsdefinition*

71 Nachdem lange Zeit recht gefestigte Regeln im Hinblick auf die **Abgrenzung des Staatsgebietes zur Hohen See** bestanden, ist diese gesamte Betrachtungsweise und ist ihre Dogmatik etwa zu Ende des Zweiten Weltkrieges ins Wanken geraten und hat neuen, und nun recht verfestigten Grundsätzen weichen müssen. Man kann durchaus sagen, daß es sich hierbei, gemessen an den entsprechenden Phänomenen der Völkerrechtsgeschichte, um einen radikalen Wechsel der Anschauungen handelt. Die Gründe hierfür entstanden letztlich in ähnlicher Art wie diejenigen, die seinerzeit die früheren Prinzipien stützten; die Motive beruhten vorwiegend auf der Notwendigkeit des Interessenausgleichs. Die technische Entwicklung, gepaart mit dem Willen der Staaten, diese ihrer Machtausübung nutzbar zu machen, waren ebenfalls wesentlich für den Wechsel der Auffassungen, aber auch immer – und dabei handelt es sich um eine Art von Gegengrund – war die Gemeinverträglichkeit der Regelungen unter den Staaten ein rechtserheblicher Gesichtspunkt.

72 Zunächst soll das vergangene System charakterisiert werden, weil nur so die fundamentalen Änderungen in der Rechtsauffassung und in der Praxis vermerkt werden können. Nach früherer Auffassung verfügte der Staat als Angrenzer zur Hohen See über eine Wasserzone von drei Seemeilen. Diese **Drei-Meilen-Zone** wurde rechtlich also mit einer Fiktion dem **Hoheitsbereich des Landgebietes angeglichen**, d.h. es wurde behandelt als wäre es ein solches. Man sprach und spricht hierbei von **Hoheitsgewässern, Territorialgewässern oder auch Küstengewässern**. Jede Aktivität in diesem Gebiet, z.B. Fischerei und Ausnutzung des Meeresbodens, und jede hoheitliche Kontrolle (Polizeigewalt und Erstreckung der Gerichtsbarkeit) waren und sind dort dem Anliegerstaat vorbehalten. Für die Durchfahrt von Schiffen bestanden besondere Regeln, auf die hier nur insgesamt verwiesen werden kann[60]. Jenseits dieser Drei-Meilen-Zone hörten die Kontrollbefugnisse des Anliegerstaates jedoch noch nicht auf, sondern innerhalb einer sog. **Anschlußzone**, deren Ausmaße mit etwa 15 Seemeilen berechnet wurden, war es den Anliegerstaaten erlaubt, seepolizeiliche Schutzvorkehrungen in einem Vorfeld zu treffen, im Grunde also die Drei-Meilen-Zone abzusichern. Bei diesem Gebiet der Anschlußzone handelte es sich dann nicht mehr um ausschließliche Jurisdiktionsgewalt, sondern nur um die Ausübung von Hoheitsrechten im Gebiet der **Hohen See**, die nach überkommener Auffassung als **res communis** betrachtet wurde; daher waren die Anliegerstaaten gehalten, das Recht zum Gemeinbrauch aller Staaten an der Hohen See trotz ihrer speziellen Hoheitsbefugnisse auch in diesem Gebiet zu respektieren. Hoheitsrechte durften auch jenseits der Anschlußzone dann noch ausgeübt werden, wenn ein berechtigter Grund zu weiteren Schutzmaßnahmen vorlag. Das nahm und nimmt man dann an, wenn es z.B. um die Verfolgung von Rechtsverletzern geht, deren rechtswidrige Handlungen sich auf den Jurisdiktionsbereich des Verfolgerstaates bezogen. Man nennt das die **Zone der heißen Verfolgung** (hot pursuit), die naturgemäß keine exakte Begrenzung zuläßt; Voraussetzung für die Inanspruchnahme solcher Rechte ist die ununterbrochene Verfolgung des Rechtsbrechers, die theoretisch nur dann eingestellt werden muß, wenn der Herrschaftsbereich anderer Staaten verletzt würde, oder wenn der Verfolgte völlig aus dem Einwirkungsbereich des Verfolgers entkam.

---

60 *Verdross/Simma* (Fn. 6), Rdn. 1074.

Dieses lange Zeit beachtete und in sich geschlossene System besteht heute nicht 73
mehr. Wenn man bei der Drei-Meilen-Zone noch davon ausging, daß ihre unmittelbare Beherrschung auf den technischen Möglichkeiten beruhte (Kanonenschußweite), zeigte sich doch nun, daß eine Rechtfertigung zur Machtausübung im technischen Zeitalter nicht mehr an den technischen Möglichkeiten gemessen werden kann, da diese nun räumlich nahezu unbegrenzt erscheinen. Viele Staaten gingen selbständig zu einer **Ausweitung der Hoheitsgewässer von 12 Seemeilen** über[61], manche versuchten auch, ihre Hoheitsmacht noch weiter zu erstrecken[62]. Das hatte Rückwirkungen etwa auf die ausschließlichen **Fischereirechte** in eigenen Hoheitsgewässern. Darüber hinaus entdeckte man, daß an vielen Küsten der Welt der Landsockel sich relativ flach unter der Meeresoberfläche fortsetzt und erst in größerer Distanz zur Tiefsee abfällt.

Die Technik machte es dann möglich, diesen **Festlandsockel** (continental shelf) 74
auszubeuten[63]. So bildete sich der Gewohnheitsrechtssatz, daß ein Staat Ausbeutungsrechte am Meeresboden genieße, auch wenn dieser sich über die Entfernung der Territorialgewässer hinaus erstreckte[64]. Bei dieser neuen Regel hatte man die technische Entwicklung unterschätzt, denn es wurde später möglich, auch den **Tiefseeboden** zu nutzen. So kam auch das zunächst anerkannte Recht am Festlandsockel hinsichtlich seiner geographischen Erstreckung ins Wanken. Manche Staaten hielten lange Zeit noch an dem Grundsatz der Drei-Meilen-Zone fest, insbes. solche, die Fischerei an den Küsten anderer Staaten betrieben hatten und bestrebt waren, im Rahmen der Gegenseitigkeit auch dort bis auf drei Seemeilen vor der fremden Küste zu fischen. Hinzu kam, daß, als die Tiefseeausbeutung möglich wurde, das Gefühl entstand, die Hohe See stehe nicht nur im Gemeingebrauch aller Staaten, sondern bilde ein sog. **Erbe der gesamten Menschheit** (common heritage of mankind). Es ging also nicht mehr um gegenseitige Rücksichtnahme, sondern um das Bestreben gemeinsamer Aktion. Den Industriestaaten sollte dabei auch in ihrer Eigenschaft als technisch hoch entwickelte und deshalb reiche Staaten die Verantwortung zur Förderung weniger entwickelter Staaten auferlegt werden, wobei man von einer Art sozialem Völkerrechtsgrundsatz sprechen kann. Es könnten noch mannigfache Gründe für die Veränderung des Seerechts angeführt werden, aber die hier genannten sind wohl die wesentlichsten.

Die heutige Lage ist nun recht klar zu charakterisieren, weil zwar zunächst mehrere 75
Seerechtskonferenzen zu Vorschlägen geführt haben, aber dann eine entsprechende Konvention eine ausreichende Ratifikation durch die Staaten gefunden hat[65]. Da es sich bei der hier angestellten Betrachtung um die Seegrenzen des Staates handelt, sollen Erwägungen über die Ausbeutung der Hohen See hier nicht weiter in Betracht gezogen werden. Für die Seegrenzen gilt etwa das Folgende. Der Grundsatz

---

61 *S. P. Sharma*, Territorial Sea, in: R. Bernhardt, EPIL, Bd. 4, 2000, S. 818 ff.
62 Vgl. u.a. Republic of Germany v. Iceland, ICJ Rep. (1974), S. 175–251.
63 Convention on the Continental Shelf v. 29. 4. 1958, 499 U.N.T.S., Bd. 499, S. 471; s. nun auch Seerechtsübereinkommen der VN v. 10. 12. 1982 (BGBl. 1994 II, S. 1799), Art. 76 ff.
64 Dazu IGH im Streitfall über die Erstreckung des Festlandsockels in der Nordsee, ICJ Rep. 1969, S. 3.
65 Konvention der VN über das Seerecht v. 10. 12. 1982, ILM, Bd. 21 (1982), S. 1261 ff., BGBl 1994 II, S. 1799.

§ 2 *Staatsbegriff und Staatsdefinition*

der Drei-Meilen-Zone ist aufgegeben und ersetzt durch den Völkerrechtsgrundsatz, wonach **jeder Staat zumindest 12 Seemeilen in Anspruch** nehmen kann. Begrenzte Hoheitsrechte darf jeder Staat in der sog. **Wirtschaftszone** ausüben, die man mit einer Distanz von 200 Seemeilen berechnet. In dieser Zone darf zwar die Schiffahrt anderer nicht behindert werden, aber Fischerei, Ausbeutung des Meeresbodens, andere wirtschaftliche Aktionen und Forschung liegen allein in der Kompetenz des Anliegerstaates. Sollte der sog. **Festlandsockel** über diese 200 Seemeilen hinausreichen, erstrecken sich auch auf ihn die sog. Hoheitsbefugnisse. Das **Recht zur heißen Verfolgung** bleibt unberührt, und eine **Anschlußzone** für Kontrollen zum Schutze der so umschriebenen Hoheitsrechte ist weiterhin anzuerkennen. Die sog. Grundsätze, wie sie sich in dem Konventionsentwurf der Vereinten Nationen finden, könnten als geltendes Gewohnheitsrecht angesehen werden[66], wenn auch mit Einschränkungen hinsichtlich beachtlicher unterschiedlicher Staatenpraxis. Umstritten waren lange Zeit die Rechte der Staaten, selbständig die Tiefsee zu nutzen. Auf die hiermit zusammenhängenden Fragen soll aber nicht eingegangen werden, denn es geht hier nur um die Abgrenzung des Staatsgebietes.

76 Es sei nur darauf hingewiesen, daß der Begriff des **gemeinsamen Erbes der Menschheit**[67] **auch durchaus Gefahren birgt**. Diese liegen einmal darin, daß es fraglich erscheint, ob die Staaten in der Lage sind, zum Wohle der Menschheit in der vorgeschlagenen Art wirtschaftlich zusammenzuarbeiten; Bedenken gegenüber übertriebenem Dirigismus bestehen auch in den nationalen Wirtschaftssystemen, und insbesondere die Wirtschaft sozialistischer Staaten zeigte, daß die Einengung freien Unternehmertums durchaus auch zum Nachteil Bedürftiger führen kann. Ein zweites Bedenken liegt darin, daß der Grundgedanke des gemeinsamen Erbes der Menschheit unschwer übertragbar ist auf andere Gebiete. Nimmt man ihn in aller Konsequenz, dann würde unter Umständen die Landbesiedelung und Ausnutzung gefordert werden können, wenn ein Staat über ein großes Territorium verfügt, auf dem aber nur wenige Menschen leben. Im Grunde geht es um eine sozialistische Idee, denn nicht nur die gesamte Menschheit „erbt", sondern es geht auch um wohlerworbene Erbschaften von Menschengruppen, wie sie sich in Staaten zusammengefunden haben.

77 Noch ungeklärter als es bis zum Abschluß des Seerechtsübereinkommens die Seegrenzen des Staates waren, stellt sich die **Souveränität des Staates im Luftraum** dar, d.h. das Recht des Staates, den über seinem Territorium sich befindlichen Luft- und Weltraum zu beherrschen. Während man früher von einer **räumlich unbegrenzten Lufthoheit** ausging, hat auch hier die technische Entwicklung Probleme erzeugt, deren Lösung bisher nicht erreicht wurde. In früheren Zeiten war das **ungenehmigte Überfliegen fremden Staatsgebietes völkerrechtlich einschränkungslos untersagt**[68], so daß jeder Staat zur entsprechenden Abwehr berechtigt war. Nur vertragliche Vereinbarungen lockerten dieses starre System auf. Mit Erfin-

---

66 *G. Jaenicke*, Vorläufige Anwendung der Seerechtskonvention von 1982, in: Staat und Völkerrechtsordnung, Festschrift für Karl Doehring, 1989, S. 387 ff.
67 *R. Wolfrum*, Common Heritage of Mankind, in: EPIL, Bd. 1, 1992, S. 692 ff.
68 *K. Hailbronner*, Der Schutz der Luftgrenzen im Frieden, 1972, S. 41 ff.

dung und Benutzung der **Weltraumraketen** entstand die Frage, ob es nicht doch eine Grenze staatlicher Souveränität im Raum über dem Territorium geben müsse. Der Abschuß einer Rakete, die dann als Satellit den Erdball umkreisen soll, durchdringt notwendigerweise den Raum über vielen Staaten und durchkreuzt dann im Umlauf um die Erde ständig die Raumsäule über dem Staatsgebiet vieler Staaten. So zwingt die technische Entwicklung zu entsprechenden Entscheidungen. Analogien zum Recht der Anliegerstaaten an der Hohen See versagen. Weder ist eine Grenze der Machtausübung des Staates über seinem Gebiet noch zu finden, noch könnte man ausgehen von den Lebensmöglichkeiten der Menschen, nachdem dieser auch im Weltraum zu leben vermag. Auch funktionale Abgrenzungen konnten nicht gefunden werden, obwohl man einige Zeit daran dachte, die Luftgrenze nach der Eigenart des benutzten Luftfahrzeugs zu bemessen (Transportflugzeug, Sanitätsflugzeug, militärisches Flugzeug u.a.m.)[69]. Bis heute befürchten die Staaten, daß insbesondere **Spionage** und auch **militärische Angriffe** aus dem Luft- und Weltraum durchgeführt werden könnten. Daher bestehen ständig Bemühungen, insbesondere im Rahmen der Vereinten Nationen, eine alle Staaten bindende Fixierung der Lufthoheit zu vereinbaren; man denkt dabei an eine Distanz von 80 oder 100 km, jedoch ist eine entsprechende Einigung bisher nicht erfolgt. Für die Belange einer Allgemeinen Staatslehre sollen die internationalen Probleme der Benutzung des Weltraums hier nicht näher untersucht werden, denn es ging nur um die räumliche Abgrenzung der Staatsmacht. Immerhin bieten sich im Hinblick auf Gemeingebrauch und common heritage of mankind zwischen Weltraum und Hoher See gedankliche Parallelen an. Wie sehr dieser **Gemeingebrauch aber in Konflikt zur Luftsouveränität** gerät, zeigen die aktuellen Streitigkeiten um die Frage der Plazierung von **Satelliten über dem Äquator** in einer Höhe von 36 000 km, denn die Äquatorialstaaten fordern ein entsprechendes Genehmigungsrecht, während diejenigen Staaten, die über ausreichende technische Möglichkeiten verfügen, diese Region als nicht mehr staatlich beherrscht anzusehen wünschen.

d) Die Staatsgewalt

Es erscheint schlechthin evident, daß der **Staatsbegriff eine Organisation mit entsprechender Kompetenzverteilung** umfassen muß. Würde man das nicht anerkennen, wäre ein Unterschied zu irgendeiner anderen menschlichen Gesellschaft nicht mehr feststellbar. Das gilt auch für die marxistische Auffassung vom Staat. Wenn man dort vom Absterben des Staates sprach, weil die kommunistische Gesellschaft nach ihrer Perfektionierung seiner nicht mehr bedarf[70], wird doch auch nicht ernsthaft vertreten, daß dann auch jede Organisation der Gesellschaft unnötig wäre.

78

Ein Staat ist also in der herkömmlichen Begriffsverwendung ohne Kompetenz verteilende Verfassung nicht denkbar, sei diese nun geschrieben oder ungeschrieben. Es ist daher irreführend, nur eine bestimmte Staatsgestaltung als **Verfassungsstaat**

79

---

69 *N. N. Matte*, De la mer territoriale à l'air territorial", 1965, S. 231 ff.
70 Dazu *R. Zippelius*, Allgemeine Staatslehre, 14. Aufl., 2003, S. 234 f.

zu bezeichnen⁷¹. Wie aber nun die Verfassung des Staates gestaltet ist, ob etwa alle Kompetenzen **monokratisch** oder – um das andere Extrem zu nennen – unmittelbar **demokratisch** angeordnet sind, ist für die Begriffsbestimmung der Staatsgewalt als notwendiges Element des Staates gleichgültig. Das liegt daran, daß der Begriff der Staatsgewalt als Merkmal des **Staatsbegriffs** für die Belange einer **Allgemeinen Staatslehre rechtlich nur ergiebig** aus den Erfordernissen des **Völkerrechts** abgeleitet werden kann, denn es muß um einen Begriff gehen, der allen Staaten zugeordnet werden kann und nicht nur einer bestimmten nationalen Verfassung. Auch wird der Begriff der Staatsgewalt im Hinblick auf die Außenbeziehungen des Staates rechtlich relevant nur im Hinblick auf die Rechte des Staates, auf seine Pflichten oder auf seine Haftung. Diese Rechtsbeziehungen der Staaten untereinander können nicht Rücksicht nehmen auf die Spezialgestaltung einzelner Verfassungen, auch wenn selbstverständlich Typisierungen und Klassifizierungen vorgenommen werden können, was noch gezeigt werden wird.

80 Für das jeweilige **Verfassungsrecht** andererseits bleibt die Staatsgewalt eine Art In-sich-Geschäft, ein freies Postulat, das von dem jeweiligen Staatsvolk aufgestellt werden darf. Spätestens seit der Verfestigung des Grundsatzes des **Selbstbestimmungsrechts** der Völker und Nationen darf das **Staatsvolk sich eine Regierungsform nach seinem Verlangen wählen**⁷². Daher wäre es auch rechtlich nicht zulässig, davon auszugehen, daß eine Staatsgewalt nur vorhanden ist, wenn Demokratie herrscht oder Rechtsstaatlichkeit oder Gewaltenteilung oder sozialistische Gerechtigkeit. Wenn es in der Verfassung Frankreichs von 1789 hieß, daß ohne Gewaltenteilung kein Staat vorhanden sei, oder wenn Kant gleiches feststellt, stimmt das mit der allgemeinen Begriffsbestimmung nicht überein⁷³.

81 Das **Völkerrecht** überläßt es nicht nur jedem Staat bzw. seinem Staatsvolk, seine Regierungsform frei zu bestimmen, sondern auch die Frage nach der sog. **Legitimität** der Regierungsform oder der amtierenden Staatsgewalt ist für die völkerrechtliche Beurteilung **irrelevant**⁷⁴, wobei daraufhinzuweisen ist, daß eine neuere Tendenz auch im Völkerrecht zu bemerken ist, wonach zu den zu fordernden Staatsmerkmalen eine demokratische Regierung angemessen erscheint. Das bedeutet, daß es für die Außenrechtsbeziehungen eines Staates gleichgültig ist, ob das Staatsvolk die herrschende Staatsgewalt vertrauensvoll akzeptiert, oder die bestehende Regierungsform ablehnt. Das gilt zumindest so lange als nicht, sei es auch durch Revolution oder Bürgerkrieg, eine andere, neue Staatsgewalt effektiv die Macht erlangt, oder eine andere Regierungsform eingerichtet wird.

---

71 Statt vieler *M. Kriele*, Einführung in die Staatslehre, 6. Aufl. 2003, S. 76 ff. (Teil II. Freiheit: Der Verfassungsstaat).
72 So heißt es in der sog. Friendly Relations Res. der GV der VN (Res. 2625, XXV, 24. 10. 1970): „... all peoples have the right freely to determine, without external interference, their political status ...".
73 Vgl. dazu *T. Tsatsos*, Zur Geschichte und Kritik der Lehre von der Gewaltenteilung, 1968, S. 38 ff.
74 *W. Wengler*, Völkerrecht, 1964, S. 207 ff.; *S. Magiera*, Government, in: EPIL, Bd. 2, 1995, S. 606 f.; zu den Tendenzen, eine demokratische Regierung auch im Völkerrecht zu fordern s. *K. Doehring*, Demokratie und Völkerrecht, in: FS f. H. Steinberger, 2002, S. 127 ff., mit Nachweisen.

82 Der Grund für die **politische** Abstinenz bei der **rechtlichen Beurteilung** des Vorhandenseins einer Staatsgewalt i.S. der Drei-Elementen-Lehre liegt darin, daß das **Völkerrecht** anders seine **Befriedungsfunktion** nicht erfüllen würde; wenn jeder Staat, und auch die Staatengemeinschaft, das verfassungsrechtliche System eines bestimmten Staates in Frage stellen dürfte, wäre ein friedliches Zusammenleben von Staaten unterschiedlicher Staats- und Gesellschaftsordnungen nicht gewährleistet. Nur dann, wenn die bestehende Staatsgewalt den Forderungen des internationalen Zusammenlebens noch nicht oder nicht mehr entspricht – etwa wegen brutaler Verletzung völkerrechtlich garantierter Menschenrechte, deren Beachtung heute zu den internationalen und auch vertragslos bestehenden Pflichten zählt[75] – darf dieser Staatsgewalt der Charakter einer international anzuerkennenden Staatsleitung aberkannt werden, und selbst dann ist noch Zurückhaltung geboten.

83 **Nicht irrelevant** ist hingegen die Frage nach der **Effektivität einer Staatsgewalt**, die für sich die Berechtigung der Führung der Staatsgeschäfte beansprucht. Der Sinn der internationalen Forderung nach Vorhandensein dieser Effektivität liegt nicht darin, daß so ein Faktum um seiner selbst willen für rechtlich relevant erklärt wird, sondern ergibt sich wiederum aus der **Friedensfunktion des Völkerrechts**[76]. Nur dann nämlich, wenn diese Effektivität vorhanden ist, besteht auch die Garantie, daß die Regeln des Völkerrechts und insbesondere die friedenserhaltenden auch eingehalten werden. Es geht also nicht um eine Anbetung der Macht, sondern darum, deren Wirksamkeit in positivem Sinne nutzbar zu machen. Nur eine **effektive** Staatsgewalt kann garantieren, daß die vom Staat abgeschlossenen **Verträge gehalten**, bzw. erfüllt werden; nur eine solche Staatsgewalt kann garantieren, daß ihre Staatsorgane oder auch Staatsbürger keine **völkerrechtlichen Delikte** begehen; nur sie kann gewährleisten, daß der Staat bei unrechtmäßigem Verhalten seiner Organe seine Pflichten zur Haftung, u.U. durch Schadensersatz, nachkommt. Hierin liegt auch der tiefere Sinn des Art. 4 der UN-Charta, wonach **Mitgliedschaft** in dieser Organisation **allen friedliebenden Staaten** offensteht, die bereit sind, die Verpflichtungen aus der Charta zu erfüllen. Diese Versicherung kann glaubhaft eben nur eine effektive Staatsgewalt abgeben.

84 Der Begriff des responsible government bekommt so einen internationalen Sinn. Ein Staat, der es ablehnen würde, die Einhaltung der Völkerrechtsnormen wenigstens anzustreben, oder der gar offen erklären würde, Rechtsregeln seien für ihn unbeachtlich, gliche einer internationalen Räuberbande und wäre als Staat nicht anzuerkennen[77]. Es ist bemerkenswert, daß – soweit ersichtlich – **kein Staat** der heute bestehenden Völkergemeinschaft sich als **Leugner des Bestandes einer internationalen Rechtsordnung** bezeichnet. Auch wenn manche Staaten das bestehende Recht für Unrecht halten und andere Rechtsregeln fordern, wie einige der durch Dekolonisierung souverän gewordenen Staaten, geht doch keiner so weit, die Notwendigkeit des Bestandes einer Rechtsordnung als solcher zu bestreiten. **Immer** jeden-

---

75 *Verdross/Simma* (Fn. 6), S. 820 ff.
76 *K. Doehring*, Effectiveness, in: EPIL, Bd. 2, 1995, S. 43 ff.
77 *Ch. Tomuschat*, Gewalt und Gewaltverbot als Bestimmungsfaktoren der Weltordnung, Europa-Archiv, Bd. 36, 1981, S. 332.

§ 2 *Staatsbegriff und Staatsdefinition*

falls versuchen die Staaten gegenüber Vorwürfen ihre **Handlungsweise zu rechtfertigen**, zumindest aber rechtlich zu entschuldigen. Als Beispiel mag hier Südafrika gelten, das auch vor der Aufhebung des Regimes der Apartheid nicht den Bestand von Menschenrechten leugnete und auch nicht die Gleichheit aller Menschen, sondern eine strikte Gleichheit und daher Gleichbehandlung für noch nicht durchführbar hielt.

85 Es ist dann auch immer wieder die Frage gestellt worden, ob eine **Staatsgewalt** i.S. des Staatsbegriffs **nur** dann vorhanden ist, wenn sie **autonom** ist. Unbestritten ist, daß die **Entstehung nicht autonom** sein muß, sondern **abgeleitet** (derivativ) von der Zustimmung oder Mitwirkung anderer Staaten sein kann. Erst dann, wenn die **Staatsgewalt etabliert** ist, entsteht die Frage, ob ihre **Autonomie gewährleistet** sein muß. Im Grunde ist das zu bejahen. Sicherlich kann es gewisse faktische Abhängigkeiten von anderen Staaten geben, die hingenommen werden müssen, aber letztlich muß die Unabhängigkeit bestehen. Der Grund hierfür ist wiederum nicht eine Anbetung der so oft beschworenen Souveränität der Staaten, sondern der richtige Gesichtspunkt, daß nur ein von anderen Staaten **unabhängiger Staat seine Pflichten erfüllen** und nicht von anderen Staaten daran gehindert werden kann. Oft mag es bei der Feststellung der Autonomie eines Staates um eine gewisse Fiktion gehen, aber in vieler Beziehung kommt die Rechtsordnung ohne Fiktion nicht aus, denn sie muß oft generalisieren und kann nicht jedes Detail erfassen. Trotzdem bleibt es bei der Feststellung, daß eine **rechtliche Abhängigkeit** bei gewissem Stärkegrad **dem Staatsbegriff zuwiderläuft**. Ein Protektorat ist ein Staat[78], eine Kolonie nicht. Freiwillig eingegangene Verträge und Bündnisse lassen die Autonomie unberührt, oktroyierte Bindungen nicht.

86 Das aber war nicht immer so, denn in früheren Zeiten, etwa bis zum ersten Weltkrieg, wurde die **Souveränität der Staaten** und also ihre Autonomie ungleich **stärker betont**[79]. Das kam vor allem dadurch zum Ausdruck, daß in stärkerem Maße als heute die Staaten für sich in Anspruch nahmen, ihre sog. **inneren Angelegenheiten exklusiv zu regeln**; sie waren kaum bereit, durch Verträge mit anderen Staaten sich zu einem bestimmten Verhalten gegenüber ihren eigenen Staatsbürgern zu verpflichten, wie das heute z.B. durch zahlreiche Abkommen zum Schutze der Menschenrechte geschehen ist, eine Entwicklung, die die klassische Souveränität gerade im Sinne der Einschränkung des Begriffs des domaine réservé weitgehend begrenzt.

87 Die geschichtliche Entwicklung zeigt, daß man sich immer wieder Gedanken über die **rechtliche Natur der Staatsgewalt** gemacht hat, insbesondere über die Frage, woher die Staatsgewalt ihren Anspruch auf Gehorsam herleitet[80]. So hat man gesagt, daß die Staatsgewalt ihren Herrschaftsanspruch aus einer Analogie zu demjenigen innerhalb einer Familie oder Sippe begründe. Dieser Theorie lag auch offenbar das Bild des „Landesvaters" zu Grunde. Dann gab es die ganz ähnlich konstruierte sog.

---

78 *Verdross/Simma* (Fn. 6), Rdn. 947 f., 1286; *G. Hoffmann*, Protectorates, in: EPIL, Bd. 3, 1997, S. 1156, unter Hinweis darauf, daß ein Protektorat u.U. auch zur Aufhebung der Souveränität führen kann.
79 *H. Steinberger*, Sovereignty, in: EPIL, Bd. 4, 2000, S. 500.
80 *R. Zippelius* (Fn. 70), S. 58 ff.

Patrimonialtheorie[81]. Hier wurde der Herrschaftsanspruch des Landesherren auf sein Eigentum an dem Staatsgebiet und seine Oberherrschaft an Grund und Boden zurückgeführt, wobei dann die Personalhoheit über die Bevölkerung nur als Annex der Rechte betrachtet wurde. Aus dem **Lehnsrecht** stammt die **Vertragstheorie**, wonach die Staatsgewalt durch Konsensus zwischen den Fürsten und den Rittern entstanden sein soll[82]. Dieser Gedanke wurde in gewisser Weise von Rousseau in seinen contrat social aufgenommen[83], obwohl damit das Konzept der Demokratie begründet werden sollte, die auch als vertragsähnliche Begründung der Staatsgewalt verstanden werden kann. Der Vertragsgedanke im Lehnsrecht bildete auch die Grundlage der rechtlichen Begründung eines **Widerstandsrechts**, das dann sollte in Anspruch genommen werden können, wenn der Lehnsherr sich an den Vertrag nicht hielt[84]. Die Konstruktion des contrat social des Rousseau konnte ein solches Widerstandsrecht nicht begründen, da nach seiner Auffassung die Mehrheit immer „recht" hat und, genau genommen, nicht unrechtmäßig handeln kann.

Es hat dann noch eine Auffassung gegeben, die auf jede ethische oder rationale Erklärung der Herrschaftsrechtfertigung verzichtet hat und allein die **effektive Inhaberschaft der Macht** als maßgeblich ansah und zwar mit der Begründung, daß das natürliche Vorhandensein der Macht sich selbst rechtfertige[85]. Andererseits wurde das faktische Vorhandensein der **Staatsmacht** durchaus auch in Zusammenhang mit **ethischen Postulaten** gesehen. So ging E. Kaufmann davon aus, daß anzunehmen sei, der Inhaber der faktischen Macht verfüge auch über die größeren sittlichen Kräfte, da er ohne diese die Macht nicht erlangt hätte[86]. Näheres über diese Theorie ist unten in dem Kapitel über Staatszweck und Staatsrechtfertigungen auszuführen. Es ist hier noch zu bemerken, daß diese Erwägungen über die **Rechtfertigung der Macht der Staatsgewalt** im Zeitalter der **Demokratien an Interesse verloren** haben, da diese Staatsform theoretisch gerade den Gegensatz zwischen Herrschern und Beherrschten aufheben soll (Alle Staatsgewalt geht vom Volke aus). Dennoch bedeutet auch diese Auffassung nicht das Ende der Drei-Elementen-Lehre für die Außenbeziehungen des Staates; Volk, Gebiet und Staatsorgane müssen vorhanden sein, wenn auch in gewisser Beziehung nur als Fakten, denen man aber, aus den genannten Gründen, rechtliche Relevanz zuschreibt. Es sei aber hier schon bemerkt, daß diese Elemente immer mehr an klaren Konturen einbüßen. Das Staatsvolk verändert sich durch zunehmende Migration; das Staatsgebiet öffnet sich stärker rechtlichen Einflüssen, die die ehedem exklusive Hoheitsmacht des Territorialstaates vermindern (Vereinte Nationen, Supranationalität, extraterritoriale Hoheitsakte); die Staatsgewalt vermindert ihre Exklusivität durch Übertragung von Hoheitsrechten.

88

---

81 *L. v. Haller*, Restauration der Staatswissenschaften, 1820 (Neudruck 1964, Bd. I, S. 473 ff., Bd. II, S. 20 ff.).
82 Über das Lehnswesen *W. Henke*, Recht und Staat, 1988, S. 343 ff.
83 Zum „Gesellschaftsvertrag" vgl. die gut ausgewählten Auszüge bei *Bergsträsser* und *Oberndörfer* (Fn. 18), S. 252 ff.; *G. Haverkate*, Verfassungslehre, 1992, S. 176 ff.
84 Zur Staatstheorie des Johannes Althusius s. *H. Hof*, Johannes Althusius, in: Deutsche Juristen aus fünf Jahrhunderten, 1976, S. 19 ff.
85 *F. Lasalle*, Über Verfassungswesen, 1862.
86 *E. Kaufmann*, Das Wesen des Völkerrechts und die clausula rebus sic stantibus, 1911, S. 179.

5. Der Staat als juristische Person

89 Daß man heute dem **Staat** als einer kollektiven Organisation einer Menschengruppe eine **eigene Rechtspersönlichkeit** zuerkennt, erscheint nahezu selbstverständlich. Das war nicht immer so, denn in Zeiten, in denen die Regierungsform der absoluten Monarchie als normal angesehen wurde, etwa zur Zeit der Regierung Ludwigs XIV., war dieser **Monarch als Rechtsperson** anerkannt, nicht der „Staat" über den er herrschte. Man könnte auch sagen, daß **Monarch und Staat identisch waren**, oder daß der Monarch den Staat personalisierte (L'etat c'est moi)[87]. Daß man später Überlegungen anstellte, ob nicht dem Staatswesen selbst und unabhängig von der Regierungsform, insbes. derjenigen der absoluten Monarchie, eine eigene Rechtspersönlichkeit zuzuerkennen war, hat Gründe, auf die zurückzukommen ist.

90 Bei dieser Betrachtung muß einmal mehr die Sicht des Staates aus seiner inneren Ordnung, also seiner Verfassung, von derjenigen getrennt werden, die ihn von **außen** her begreift, also aus der **Sicht anderer Staaten** bzw. der Staatengemeinschaft. Zunächst ist zu dieser Innensicht das Folgende festzustellen. Daß die Frage nach der Rechtspersönlichkeit des Staates zu einem Denkproblem werden konnte, liegt an der Entstehung des Staates selbst. Wie bemerkt, war während der Zeit der **absoluten Monarchie** der Staat mit der Person des Herrschers identisch (Patrimonialtheorie). Erst mit der Konzeption des **aufgeklärten Absolutismus**[88] entstand eine duale Sicht von Staat und Herrschaft. Das zeigte sich eindrucksvoll in dem Ausspruch Friedrichs des Großen, mit dem er sich als ersten Diener des Staates bezeichnete. Dieser „**Diener**" konnte nur einer **anderen Rechtsperson dienen**. So war der Dualismus zwischen Fürst und Staat hergestellt, wenn auch rechtsdogmatisch nicht exakt erklärt.

91 Wie aber war dieses bisher ungewöhnliche Phänomen – ein **Kollektiv als Rechtsperson** – zu konstruieren, und für welche Rechtsverhältnisse war diese Konstruktion von Bedeutung? Die Antwort auf die zweite Frage ist leichter zu geben als diejenige auf die erste; es ging darum, den **Staat als selbständigen Inhaber von Rechten und Pflichten** zu begreifen, mit anderen Worten, es ging um die Frage, was der Staat als selbständige Rechtsperson vom Staatsbürger fordern und welche Rechte der Staatsbürger gegenüber dem Staat als Rechtssubjekt geltend machen konnte. Da der **Fürst als Staatsoberhaupt immun** war, d.h. vom Staatsbürger für unrechtmäßiges Handeln nicht verklagt werden konnte und ihm für Unrecht nicht haftete (king can do no wrong), und da man mehr und mehr diesen Zustand als unbefriedigend empfand, konstruierte man, in gewisser Weise neben dem Monarchen, den **Staat als Fiskus**, als selbständigen Vermögensträger, der dann auch zu selbständiger Haftung für Unrecht in Anspruch genommen werden konnte. So bestimmte dann auch das Allgemeine Preußische Landrecht zu Ende des 18. Jahrhunderts, daß dem Staatsbürger Entschädigung zu gewähren sei, wenn der Staat ihm ein Sonderopfer abver-

---

[87] Über die Rechtsnatur der absoluten Monarchie *M. Kriele* (Fn. 71), S. 41; *R. Zippelius* (Fn. 70), S. 174 f.
[88] *P. Pernthaler* (Fn. 24), S. 6 f.

langt⁸⁹. Auch dann wurde noch behauptet, daß diese Haftung letztlich auch nur dem Wohlwollen des Landesherren zu verdanken war, aber die Tendenz war nicht aufzuhalten. Mehr und mehr wurde der **Staat als ein vom Landesherren absonderbares Rechtssubjekt** gesehen. Diese Sicht verstärkte sich naturgemäß in der Zeit der Entstehung der **konstitutionellen Monarchie** nach der französischen Revolution. Nach Abschaffung der Monarchie und also unter der Staatsform der **Republik** war ohnehin nur noch der Staat als Rechtsperson denkbar. Da in der konstitutionellen Monarchie Volksvertretung und Monarch sich als Teilhaber der Staatsmacht gegenüber standen, war der aufgezeigte Dualismus unumgänglich geworden. Diese Entwicklung hing wiederum mit der Konzeption der **Gewaltenteilung** zusammen, denn sie beruhte auf dem Bedürfnis der Verteilung eigenständiger Staatsfunktionen, die gleichermaßen in einer konstitutionellen Monarchie wie in einer Republik durchführbar ist. Aus diesem Wunsch oder auch aus dieser Notwendigkeit, den Staat als selbständigen Inhaber von Rechten und Pflichten zu sehen, entstanden die Rechtstheorien über den **Staat als juristische Person**, die auch für andere Korporationen, etwa die Gesellschaften des Handelsrechts oder für öffentlich-rechtliche Körperschaften hinsichtlich ihrer Rechtsnatur von Bedeutung waren.

Etwa um die Zeit als die konstitutionelle Monarchie sich in Europa als neue Staats- und Regierungsform etablierte, ersann Friedrich-Carl von Savigny die von ihm so bezeichnete **Fiktionstheorie** zur Erklärung dafür, daß der **Staat eine eigenständige Rechtspersönlichkeit** besitze⁹⁰. Ursprüngliche Rechtssubjekte seien allerdings nur die Einzelmenschen; es bedürfe daher einer Fiktion – einer frommen Lüge im Rechtssinn – ihrem Zusammenschluß ebenfalls Rechtspersönlichkeit zuzumessen. Die Einzelmenschen seien aber zu dieser Fiktion frei. Wenn sie sich eine Verfassung gäben, die ihr Zusammenleben regeln solle, könnten sie durchaus fingieren, daß ihr Kollektiv für welche Belange auch immer, Rechtspersönlichkeit innehabe. Es hänge von dieser gemeinsamen Entscheidung ab, was nun der Inhalt der Rechte und Pflichten der fingierten Rechtsperson sei. Es wurden von anderen Rechtstheoretikern noch andere Erklärungen und andere Konstruktionen der Rechtspersönlichkeit des Staates unternommen, doch sie sind später als weniger bedeutsam beurteilt worden⁹¹. 92

Etwas mehr als 40 Jahre später wurde die Theorie Savigny's durch Otto v. Gierke in Frage gestellt⁹². Er bestritt, daß eine Fiktion im beschriebenen Sinne zur Erklärung des Staates als einer Rechtsperson notwendig sei. Richtig sei, daß der Begriff der Rechtsperson deren freien Handlungswillen voraussetze. Aber es sei nicht einzusehen, daß diese Willensfähigkeit überindividuellen Verbänden nicht zugesprochen werden könne. Das **Resultat der gemeinsamen Willensbildung** natürlicher Perso- 93

---

89 Eindrucksvoll § 75 der Einleitung zum Allgemeine Preußischen Landrecht: „Dagegen ist der Staat demjenigen, welcher seine besonderen Rechte und Vorteile dem Wohl des gemeinen Wesens aufzuopfern genötigt wird, zu entschädigen gehalten". Hier ist es also der „Staat" und nicht der Monarch, der haftet.
90 *F. K. v. Savigny*, System des heutigen Römischen Rechts, II, 1840 § 60 ff.
91 *R. Herzog*, Allgemeine Staatslehre, 1971, S. 95 ff.; zur Rechtspersönlichkeit des Staates *G. Haverkate* (Fn. 83), S. 67 ff.
92 *O. v. Gierke*, Genossenschaftstheorie, 1887; *ders.*, Das Wesen menschlicher Verbände, 1902.

§ 2 Staatsbegriff und Staatsdefinition

nen, etwa durch Verfassungsgebung, **bedürfe nicht der Fiktion**, die etwas Nichtbestehendes zu einem Bestehenden erklärt oder konstruiert. Vielmehr erweise die **Realität**, daß die Menschen als Gemeinschaftswesen dieser Willensbildung fähig seien und diese Fähigkeit in die Tat umsetzten. Daher war für Gierke der Staat eine **reale Verbandsperson**. Die Organe der Rechtsperson Staat seien **nicht Vertreter** eines fingierten Staates, sondern **Repräsentanten** des Gemeinwesens und insoweit identisch mit diesem.

94 Letztlich erscheint der Unterschied beider Theorien, wenn auch dogmatisch vorhanden, im Ergebnis nicht sehr wesentlich und auch nicht sehr fruchtbar. Aus der Sicht beider Konstruktionen der Rechtspersönlichkeit des Staates – Fiktion oder reale Verbandsperson – hat der **Staat als juristische Person einen Status** erhalten, der ihm **selbständige Rechte** einräumt, eine gewisse Omnipotenz, vergleichbar derjenigen des einstmals absoluten Monarchen. Aus dieser Sicht müßte der Staatsgewalt, falls man ihre Kompetenz bestreitet, immer nachgewiesen werden, daß sie diese im gegebenen Fall doch nicht innehabe.

95 Es ist nur eine andere und spätere Staatstheorie, die ein anderes Ergebnis anbietet, nämlich die **Reine Rechtslehre** von Hans Kelsen, deren Stellungnahme zum Rechtsinstitut der juristischen Person als **Zurechnungstheorie** bezeichnet wird[93], insoweit aber auch keine „Erfindung" war als ihre Grundgedanken, etwa im common law, weit zurückreichen. Nach ihr ist die juristische Person und ist also auch der Staat nur ein **rechtstechnischer Behelf** um Rechte und Pflichten einer Gemeinschaft zu ordnen und zuzurechnen. Es geht dabei also nicht um die Erzeugung einer Rechtsperson per se, oder die Begründung eines solchen Status um seiner selbst willen, sondern nur darum, daß die Mitglieder der Gemeinschaft festlegen, **welche einzelnen Kompetenzen**, Rechte und Pflichten den von ihnen eingesetzten **Amtsträgern** zuerkannt und zugerechnet werden sollen, und welche Rechtsfolgen sich im Einzelfall daraus ergeben. Hier wird der Staat **nicht** eigentlich als **Rechtsperson** gesehen, sondern als ein **Bündel von Rechtsbeziehungen** der Menschen untereinander, derjenigen der Einzelmenschen zu den Staatsorganen und derjenigen, die zwischen den Staatsorganen bestehen. Aus dieser Sicht folgt dann auch, daß **keine Vermutung** für die Kompetenz des Staates als Rechtsperson bestehen kann. Jeder für den Staat Handelnde muß nachweisen, daß die Rechtsordnung, das Bündel der Rechtsregeln, ihn zu dieser Handlung ermächtigt, und die **Zurechnung** muß ergeben, wer für das Handeln der Staatsorgane haftet und wie gehaftet wird. Diese Auffassung entspricht dem heute zumindest unter dem Grundgesetz der Bundesrepublik Deutschland herrschenden Verfassungsprinzip der **Gesetzmäßigkeit der Verwaltung** (Art. 20 GG)[94]. Nicht steht also das Bild einer selbständigen und in gewisser Weise autonomen „juristischen Person" im Vordergrund, sondern das, was sie konkret kann, darf und muß. Auch die Europäischen Gemeinschaften besitzen Rechtspersönlichkeit, doch ihre Organe dürfen nur im Rahmen der sog. „begrenzten Ermächtigungen" handeln.

---

93 H. *Kelsen*, Reine Rechtslehre, 1934, 2. Aufl. 1960, S. 178 ff.
94 Dazu E. *Forsthoff*, Lehrbuch des Verwaltungsrechts, Bd. I, Allgemeiner Teil, 10. Aufl. 1973, S. 32 ff.

Diese Sicht allein entspricht wohl auch der heute herrschenden Auffassung, daß im 96
Spannungsverhältnis **zwischen Freiheit des Einzelnen und Kompetenz des Staates keine Vermutungen gelten** (in dubio pro libertate oder in dubio pro potestate), sondern jeweils durch Auslegung der anzuwendenden Verfassungsnorm zu ermitteln ist, welche Rechtsfolge eintreten soll. So hat etwa die deutsche Rechtsordnung unter dem Grundgesetz nicht gezögert, politischen Parteien die Parteifähigkeit im sog. Organstreit vor dem Bundesverfassungsgericht zuzubilligen[95], obwohl diese Parteien keine Staatsorgane sind; den Behörden wurde nach der Verwaltungsgerichtsordnung die Parteifähigkeit zugesprochen[96], obwohl sie keine juristischen Personen sind u.a.m. Es kam also in diesen Fällen nicht darauf an, mit dem Begriff der Rechtspersönlichkeit ernst zu machen, sondern Rechtsfolgen zu bestimmen, die bestimmten Rechtsbeziehungen angemessen sind.

Die so geschilderten Auffassungen, Theorien, Konstruktionen und Spekulationen 97
über das Wesen der juristischen Person, haben durchaus **nicht in allen Rechtskreisen die gleiche Bedeutung** gehabt. Diese Einschränkung gilt vor allem für das **common law** der **anglo-amerikanischen Staatenwelt**[97]. Abgesehen davon, daß dort von jeher eine mehr pragmatische Annäherung an Fragen der Rechtsgeltung stattfand und man dort nutzloses Theoretisieren weitgehend ablehnte, war die Absolutheit der Monarchie früher beendet als im kontinentalen Europa, bzw. entstand in dieser Rigorosität nicht. Die englische Krone verlor ihren weiten Herrschaftsanspruch schon mit der **Magna Charta** (1215) und später noch weitergehend mit der Bill of Rights (1688). Der König wurde als dem common law verpflichtet, genau genommen als ihm untergeordnet, betrachtet[98]. So mußte man **nicht** den **Staat dem Monarchen gegenüberstellen**. Zur Abwehr der Macht eines unter common law stehenden Herrschers bedurfte es nicht der Konstruktion des Staates als ein von ihm zu trennenden Rechtssubjekts. Dennoch bestanden im englischen Recht gewisse, in erster Linie prozessuale Schwierigkeiten, den Staat oder die Krone haftbar für Unrecht zu machen. Da der **König nicht unrechtmäßig** handeln konnte, war eine Schadenersatzforderung gegen ihn unzulässig und zwar auch dann, wenn nicht er selbst handelte, sondern seine Beamten. Dieser unbefriedigende Zustand wurde dann nicht dadurch ausgeglichen, daß man, wie im kontinentalen Europa, den Staat als vom Monarchen getrennte Rechtsperson konstruierte, sondern dadurch, daß der Monarch im Sinne einer Gnadengewährung den Anspruch zuließ und gegebenenfalls erfüllte. Da dieser Zustand aber ganz offenbar der in der modernen Rechtsentwicklung und vor allem unter dem Gesichtspunkt der Erstarkung der Menschen-

---

95 Ständige Rechtsprechung des BVerfG seit BVerfGE 1, 208.
96 Verwaltungsgerichtsordnung v. 21. 1. 1960 (BGBl. I, S. 17), § 61: „Fähig am Verfahren beteiligt zu sein, sind ... 3. Behörden, sofern das Landesrecht dies bestimmt".
97 Obwohl *G. Jellinek* (Allgemeine Staatslehre, 3. Aufl., 1922, S. 69 f., Fn. 1) versucht nachzuweisen, daß auch im anglo-amerikanischen Recht der Staat als Rechtssubjekt aufgefaßt wird, ist das nur begrenzt richtig; vgl. dazu u.a. *R. M. Maciver*, The Modern State, 1926, S. 452: „It is ... absurd to think of a society of persons as a person"; *C. K. Allen*, Law in the Making, 6. Aufl., 1958, S. 577: „It follows from the foregoing principles that all theories of the personification of the State are pure fiction".
98 *G. Brunner*, Vergleichende Regierungslehre, Bd. 1, 1979, S. 10 ff.

und Bürgerrechte auch nicht mehr als befriedigend angesehen wurde, erging im Jahre 1947 der sog. Crown Proceeding Act, der nun Klagen gegen die öffentliche Hand zuließ[99]. Ob diese Klagen gegen den Staat oder die Krone gerichtet sind, ist eine für pragmatisches Denken unergiebige Frage. In der **Praxis** jedenfalls war eine **Annäherung zur Konzeption des Staates als juristischer Person hergestellt**. Man sieht hierbei, wie durchaus das gleiche Ergebnis auf dogmatisch ganz verschiedenen Wegen erreicht werden kann.

98 Für das **Völkerrecht** ist die Frage, ob der **Staat** eine **juristische Person** sei, niemals ein Problem gewesen[100]. Der **Staat** ist die **geborene Rechtsperson des Völkerrechts**. Sicherlich war im frühen Völkerrecht die Identität von Staat und Monarch auch akzeptiert, doch in der klassischen Zeit der Entwicklung des Völkerrechts, im 19. Jahrhundert, war es schon per definitionem des Staatsbegriffs eine Selbstverständlichkeit, dem **Staat eine eigene Rechtspersönlichkeit** zuzuerkennen, ihn also zum Träger von Rechten und Pflichten zu erklären. Das gilt im Grunde schon seit der Zeit, in der, etwa im 15. bis 16. Jahrhundert, der Begriff der Territorialhoheit wegen der nun so abgegrenzten Hoheitsbereiche von wesentlicher Bedeutung für die zwischenstaatlichen Rechtsbeziehungen wurde.

99 Eine ganz andere Frage wurde für das Völkerrecht von entscheidender Bedeutung, nämlich diejenige, ob es **neben den Staaten** auch noch **andere Rechtspersonen** für die Belange der internationalen Rechtsbeziehungen geben könne. Die klassische Auffassung – etwa bis zum ersten Weltkrieg – verneinte das. Heute wird diese Frage einmütig bejaht, wenn auch mit dem Hinweis darauf, daß die Entstehung eines **nichtstaatlichen Völkerrechtssubjektes** von dem Willen der geborenen Völkerrechtssubjekte, der Staaten, abhängt[101]. Etwa folgende Grundsätze gelten in dieser Beziehung: Ob irgendein Gebilde **Inhaber von Rechten und Pflichten** des Völkerrechts sein kann, leitet sich **nicht deduktiv** von ihrem Wesen, ihrer Natur ab, sondern ist **induktiv** nach den Normen des Völkerrechts zu bestimmen, die ihrerseits nur von Staaten erzeugt werden. Damit entgeht man der petitio prinzipii, die lauten würde und deren Unsinnigkeit evident ist: Ein Völkerrechtssubjekt ist ein Gebilde, dem das Völkerrecht Rechtspersönlichkeit zuerkennt – das Völkerrecht ist das Recht, das von Völkerrechtssubjekten erzeugt wird.

So haben die Staaten als originäre Völkerrechtssubjekte anderen Gebilden die Rechtsfähigkeit erst verliehen, z.B. den **internationalen Organisationen** für deren Belange, die sich aus ihren Statuten ergeben müssen, den **Individuen** zur Inhaberschaft von völkerrechtlichen **Menschenrechten**, oder auch anerkannten Bürgerkriegsparteien zum Schutz **humanitärer** Belange.

100 Zwei Hinweise seien noch gegeben. Das Völkerrecht fordert – mit einer evidenten Selbstverständlichkeit –, daß die Rechte und Pflichten des Völkerrechtssubjekts

---

99 *C. K. Allen* (Fn. 97), S. 568.
100 So schon *G. Jellinek* (Fn. 97), S. 71.
101 *H. Mosler*, Die Erweiterung des Kreises der Völkerrechtssubjekte, ZaöRV, Bd. 22, 1962, S. 1 ff.; zur Erstreckung der Bindungswirkungen des Völkerrechts *K. Doehring*, Völkerrecht, 2. Aufl., 2004, Rdn. 17 ff.

durch von diesem bestellte **Organe** geltend gemacht bzw. erfüllt werden[102]. Wie nun diese Organe gemäß dem internen Recht des Völkerrechtssubjekts eingesetzt werden und welche Kompetenzen sie erhalten, **überläßt das Völkerrecht** vollständig dem **internen Recht des Rechtssubjekts**. Das gilt in besonderem Maße für die Staaten, denn gerade diese haben ihre innere Rechtsordnung, insbesondere ihr Verfassungsrecht, sehr verschieden ausgestaltet, während bei internationalen Organisationen sich eine gewisse Homogenität entwickelt hat[103]. Ob also ein König, ein Staatspräsident, ein Diktator oder der Regierungschef eines Staates befugt ist, den Staat gegenüber anderen Staaten zu verpflichten oder die Rechte des Staates geltend zu machen, entscheidet sich nach dem jeweiligen Verfassungsrecht. **Die völkerrechtliche Forderung beschränkt sich darauf, daß Organe vorhanden und erkennbar sind**, denen das Verfassungsrecht die Kompetenz zur Entscheidung übertragen hat, auch wenn das Völkerrecht hinsichtlich der Vertretungsbefugnis der Staatsorgane im internationalen Rechtsverkehr Vermutungen gelten läßt, so für die Kompetenz des Staatsoberhauptes, des Regierungschefs und des Außenministers.

Es ist auch im Völkerrecht immer wieder die Ansicht vertreten worden, **Rechtssubjekt** und also auch ein solches im Rahmen der Völkerrechtsordnung könne **nur ein Mensch** sein, denn nur dieser sei zu Bildung eines eigenen Willens fähig, so daß verantwortliche und zurechenbare Rechtshandlungen auch nur durch einen Menschen, nicht durch ein „Organ" vorgenommen werden könnten. Ein „Organ" bestehe auch letztlich aus Menschen, und nur diese selbst seien handlungs- und entscheidungsfähig[104]. Doch diese durchaus vertretbare Auffassung hat **keine reale Auswirkung** in der Staatenpraxis gehabt. Ob man nämlich das „Organ" oder die in ihm versammelten Menschen für rechtlich handlungsfähig hält, ist gleichgültig, weil die Auswirkungen der Rechtsakte immer dem **Gemeinwesen als solchem**, hier dem Staat **zugerechnet** werden. Insbesondere die Haftung trifft immer die Gemeinschaft, etwa diejenige für einen rechtswidrigen Angriffskrieg; sie bedeutet ein Gemeinschaftsschicksal. Hierin liegt auch der Grund, warum die Kriegsverbrecherprozesse von Nürnberg und Tokyo mit ihren Urteilssprüchen gegenüber Personen, die für den Staat gehandelt haben, zunächst nicht zu einer Bildung neuer Rechtsregeln geführt haben[105]; den Bemühungen der Vereinten Nationen war es nicht gelungen, neue generalisierende Grundsätze über die Haftung von Staatsorganen in ihrer Eigenschaft als Individuen festzulegen. Erst im Jahre 1993 wurde von den Vereinten Nationen ein internationaler Strafgerichtshof, das sog. Jugoslawien-Tribunal, eingerichtet, das nun auch, ebenso wie das sog. Ruanda-Tribunal, Staatsorgane strafrechtlich zur Verantwortung ziehen kann; der dann errichtete Internationale Strafgerichtshof wurde nun auch im Jahre 2003 konstituiert, hat aber bisher keine Gelegenheit gehabt, seine Jurisdiktion auszuüben.

101

---

102 *K. Doehring*, State, in: EPIL, Bd. 4, 2000, S. 600 ff.; *ders.* (Fn. 101), Rdn. 482 ff.
103 *E. Klein*, in: Völkerrecht (Fn. 49), S. 316 ff.
104 Hierzu mit Verweis auf die Vertreter dieser Auffassung *A. A. M. Grassi*, Die Rechtsstellung der Individuen im Völkerrecht, 1955, S. 109 ff.
105 *K. Doehring*, Völkerrechtliche Beurteilung des Kriegsverbrecherprozesses von Nürnberg, in: Beiträge zur Konfliktsforschung, H. 16 (1986), S. 75 ff.; *ders.* (Fn. 1), Rdn. 1161 ff., zur später errichteten und institutionalisierten Strafgerichtsbarkeit des Völkerrechts.

§ 2 *Staatsbegriff und Staatsdefinition*

102 Dennoch kann ein **Staat**, genau genommen sein Staatsvolk, sich **nicht darauf berufen, daß nur seine Organe als Menschen rechtswidrig handelten**, und er kann so der **Gemeinschaftshaftung**, etwa im Sinne der Wiedergutmachung, **nicht entgehen**, auch wenn unter strafrechtlichen Gesichtspunkten die Ausübenden der Staatsgewalt, national oder international, haftbar gemacht werden könnten. Diese Anonymisierung des Staates leuchtet als Grundsatz auch dann ein, wenn man bedenkt, daß in einer parlamentarischen Demokratie der Mehrheitsbeschluß der Abgeordneten zu einem völkerrechtlichen Unrecht führen kann. Das Ermächtigungsgesetz des deutschen Reichstages im Jahre 1933 setzte Adolf Hitler in Stand, selbständig einen völkerrechtswidrigen Angriffskrieg zu beginnen[106]. Es wäre ein absurder Gedanke, nun die Abgeordneten als völker- und strafrechtlich haftbar anzusehen; auch die Wähler kämen dann noch in Betracht, aber sie wären ununterscheidbar von denjenigen, die anders votierten.

103 Wenn der Einzelmensch für Staatsunrecht haftbar gemacht würde, wären auch manche Regeln, die gerade dem Schutz des Individuum dienen sollten, ihres Sinnes entkleidet. Wenn etwa der **einzelne Soldat** im Kriege dafür **haftbar** gemacht werden könnte, daß sein **Staat einen rechtswidrigen Angriffskrieg** geführt habe, verlöre das **humanitäre Kriegsrecht, das ius in bello, seine Funktion**[107]; dieses Recht soll gerade die einzelnen Soldaten davor schützen, daß sie unter humanitären Gesichtspunkten verschieden behandelt werden, je nachdem ob sie der Armee des Angreifers oder des Verteidigers angehören. Bestrafungen von Offizieren und Soldaten nur wegen ihrer Beteiligung an einem völkerrechtswidrigen Angriff, wie sie nach dem Kriege manchmal in der Sowjetunion ausgesprochen wurden, widersprechen dem völkerrechtlichen Kriegsrecht. Dieser Grundsatz der Anonymisierung des Einzelmenschen läßt sich auch auf andere Situationen der internationalen Beziehungen übertragen. Wenn etwa der Einzelmensch selbst Ansprüche wegen Schädigung durch Angriffskrieg geltend machen könnte, und nicht nur sein Heimatstaat, wären unter so sicherlich divergierenden Einzelinteressen Friedensschlüsse unter Staaten kaum möglich. Der wichtigste Gesichtspunkt bei all diesen Erwägungen ist aber, daß die **Eliminierung des Individuums aus der Völkerrechtsordnung, abgesehen von der Anerkennung allgemeiner Menschenrechte**, zu seinem **Schutz** geschah und **nicht** zu seiner **Belastung**. Effektiven Schutz bot bisher für den Einzelmenschen vor allem seine Zugehörigkeit zu einem Staat[108], dann aber auch mit der Folge, daß er das Schicksal des Staates teilen muß. Als Ergebnis dieser Betrachtung kann festgestellt werden: Das **rechtliche Gemeinschaftsschicksal der Individuen**, insbesondere das des Staatsvolkes, **erweist den Bestand des Staates als einer juristischen Person des Völkerrechts**. Dabei soll nicht verkannt werden, daß

---

106 Gesetz zur Behebung der Not von Volk und Reich v. 24. 3. 1933, RGBl. 1933 I, S. 141; s.dazu auch *K. Doehring,* Demokratie und Völkerrecht (Fn. 74).

107 *O. Kimminich*, Schutz des Menschen in bewaffneten Konflikten, 1979, S. 20; *C. J. Greenwood*, in: Handbuch des humanitären Völkerrechts in bewaffneten Konflikten (Hrsg. D. Fleck), 1994, S. 29, mit Hinweisen auf die entsprechenden Auffassungen, wie sie den Kriegsverbrecherprozessen nach dem Zweiten Weltkrieg zu Grunde lagen.

108 Zur Staatsangehörigkeit als Voraussetzung des diplomatischen Schutzes *W. K. Geck*, Diplomatic Protection, in: EPIL, Bd. 1, 1992, S. 1045 ff.

neuere Tendenzen der Rechtsentwicklung das bisher gefestigte Band zwischen dem Staat und seinen Staatsbürgern aufzulockern scheinen, etwa durch Hinnahme mehrfacher Staatsangehörigkeit, Migration und Abnahme der effektiven Schutzmöglichkeit der Staaten. Doch eine prinzipielle Änderung haben diese Tendenzen bisher – noch- nicht bewirkt.

Die Rechtsnatur des **Staates** als einer **juristischen Person** des Völkerrechts hindert diesen nicht, in der Rechtsordnung eines anderen Staates als **Privatperson** aufzutreten. Das Völkerrecht läßt diese Unterwerfung zu. So wie der Staat als juristische Person auch in seiner eigenen, inneren Rechtsordnung als Privatperson anderen Privatpersonen und also auf der Ebene der Koordination gegenüber treten kann (Fiskus)[109], steht es ihm auch frei, sich in eine entsprechende Lage im Rahmen der Rechtsordnung eines fremden Staates zu begeben, nämlich dann, wenn er entweder auf die Inanspruchnahme seiner **Souveränität** im Sinne der Immunität vor den Gerichten eines fremden Staates **verzichtet**, oder diese Gerichte ihm **keine Immunität** zubilligen, weil er wie eine Privatperson gehandelt hat[110]. 104

Abschließend zur Betrachtung des **Staates** als einer **juristischen Person des Völkerrechts** können folgende Feststellungen getroffen werden: Ist ein Staat nach den beschriebenen Merkmalen vorhanden, und ist dieser Nachweis erbracht, besteht **eine rechtliche Vermutung für dessen Inhaberschaft aller völkerrechtlichen Rechte und der Verpflichtung, alle völkerrechtlichen Pflichten einzuhalten**. Bei anderen Rechtssubjekten des Völkerrechts ist in dieser Hinsicht zu fragen, welche speziellen Normen des Völkerrechts ihnen Rechte zubilligen oder Pflichten auferlegen. Die internationale Organisation ist insoweit durch ihre Zwecke begrenzt; die Weltgesundheitsorganisation z.B. hat sich nicht mit Abrüstung zu befassen. Das Individuum als partielles Völkerrechtssubjekt ist darauf beschränkt, Menschenrechte innezuhaben und es kann nicht Rechte geltend machen, die ihrer Natur nach nur Staaten zustehen, etwa selbständig Repressalien gegen einen fremden Staat auszuüben. In dieser Feststellung liegt die einmalige und besondere Situation des Staates, solange diese Völkerrechtsordnung noch gilt. 105

§ 3 Entstehung von Staaten

1. Vorbemerkung

Wenn, wie gezeigt, eine Vermutung dafür besteht, daß Staaten alle Rechte der Völkerrechtsordnung innehaben und allen ihrer Pflichten unterliegen, muß jeweils festgestellt werden können, **ob und ab wann ein Staat vorhanden ist**; erst wenn er besteht, kann er Rechte geltend machen und für Pflichtverletzungen haften, nicht vorher. Zu beachten ist allerdings, daß auch schon vor der endgültigen Entstehung des Staates, also in statu nascendi, die sich formierende Gemeinschaft begrenzten 106

---
109 Über den Staat als „Fiskus" s. *H. Krüger* (Fn. 16), S. 323 ff.
110 *H. Steinberger*, State Immunity, in: EPIL, Bd. 4, 2000, S. 615 ff.

Pflichten des Völkerrechts unterliegen und begrenzte Rechte in Anspruch nehmen kann. Man spricht in diesen Fällen von dem Bestand eines **de facto-Regimes**[1]. Das gilt auch dann, wenn eine Staatsgründung letztlich unterbleibt. Diese partielle Zuteilung von Rechten und Pflichten an ein solches de facto-Regime beruht auf der Notwendigkeit, die Bevölkerung dadurch zu schützen, daß man ihrer Vertretung auf der internationalen Ebene eine gewisse Handlungs- und Rechtsfähigkeit schon zuerkennt. Auch das völkerrechtliche Gewaltverbot wirkt zu Gunsten eines solchen Regimes.

107 Es ist nun wiederum eine **doppelte Sicht** notwendig. Zum einen geht es darum festzustellen, wie und wann eine **innerstaatliche Herrschaft**, eine Schutz-, Zwangs- und Pflichtordnung für die Staatsbürger entsteht; hierfür ist das eigene **Verfassungsrecht** des entstehenden Staates entscheidend. Zum anderen geht es darum, unter welchen Voraussetzungen und Bedingungen ein Staat aus der **Sicht anderer Staaten**, also im Sinne einer Sicht „von außen", entsteht oder entstanden ist. Wie schon bemerkt, kann ein Staat nach Maßgabe seiner eigenen Verfassung sich als ein solcher verstehen, während er, betrachtet unter Bedingungen des Völkerrechts, dennoch nicht existent ist; auch der umgekehrte Fall kann eintreten.

2. Historische Sicht

108 Die Geschichte der Staatenwelt zeigt vielfältige, **faktische Vorgänge**, welche dazu führten, daß menschliche Gemeinschaften sich zusammenfanden und Staaten verschiedenster Art bildeten. Solche Zusammenschlüsse geschahen mit und ohne Gewaltanwendung. Rechtlich waren sie in früherer Zeit, als ein Gewaltverbot nicht bestand, dann von besonderem Interesse, wenn sie auf **Vertragschlüssen** beruhten; aber das war naturgemäß nicht immer der Fall. Das Deutsche Reich entstand 1871 durch einen Vertrag besonderer Art, der auch als „Vereinbarung" bezeichnet wurde, weil er nicht eigentlich auf Gegenseitigkeit sondern auf Gemeinsamkeit beruhte[2]. Die Gründung der USA wurde verfassungsrechtlich vollzogen, nachdem die „Mutterstaaten" sich gezwungen sahen, ihren Herrschaftsanspruch aufzugeben[3]. Andere Staaten wurden unter der Protektion dritter Staaten gegründet, wie das durch die Friedensverträge nach dem ersten Weltkrieg geschah, die für die Entstehung einer Anzahl von Staaten in Osteuropa im Rechtssinne ursächlich waren. Die Entstehung von Zypern beruhte auf einem Vertrag zwischen Griechenland, Großbritannien und der Türkei[4]. Die Entstehung Algeriens bedeutete eine Sezession aus dem französischen Staatsverband und wurde durch Vertrag bestätigt[5]. Ähnliches gilt für die Auflösung des British Commonwealth, beginnend schon mit dem Statute of Westmin-

---
1 Hierzu *J. A. Frowein*, Das de facto-Regime im Völkerrecht, 1968.
2 *G. Jellinek*, Allgemeine Staatslehre, 3. Aufl., 7. Neudruck 1960, S. 774 f.
3 *M. Jonas*, Vereinigte Staaten (Politische Geschichte), in: Staatslexikon (Görres-Gesellschaft), Bd. 8, 1963, S. 38 ff.
4 Dazu *P. Tzermias*, Die Entstehung der Republik Zypern, Jahrbuch für öffentliches Recht, Bd. 9, 1960, S. 245 ff.
5 *J. A. Frowein*, Die Abmachung von Evian und die Entstehung des algerischen Staates, ZaöRV, Bd. 23, 1963, S. 21 ff.

ster im Jahre 1931 und vorläufig endend mit zahlreichen „Dekolonisierungen". Zur Zeit der Gründung der Vereinten Nationen bestanden etwa achtzig Staaten auf dieser Welt; heute bestehen mehr als 190 Staaten, wobei die Zahl schwankt, weil Staaten, z.B. durch **Bundesstaatsbildungen**, auch wieder verschwinden, und bei Zerfall eines Bundesstaates sich vermehren, oder bei anderen, insbes. **Mikrostaaten**, die Rechtspersönlichkeit angezweifelt werden kann[6]. Hiermit sollte nur die Vielfalt der rechtlichen und faktischen Möglichkeiten der Staatsentstehung gezeigt werden. **Nicht immer entsprechen sich dabei die verfassungsrechtliche und völkerrechtliche Beurteilung.** Das zeigt nicht nur die Geschichte der USA, sondern aus moderner Sicht auch z.B. diejenige der Entstehung der DDR, die sich selbst seit der Einrichtung ihrer Staatsorgane als Staat begriff, von der weitaus größten Zahl der Staaten aber erst nach 1970, insbes. mit ihrem Beitritt zu den Vereinten Nationen, als ein solcher anerkannt wurde[7]. Letztlich bietet für die allgemeine Staatslehre die **historische Sicht nur Material** zur Beantwortung der Frage, welche Vorgänge in der **Rechtsordnung als für diese relevant** angesehen werden müssen.

3. Verfassungsrecht

In der **Rechtstheorie** ist oftmals behauptet worden, die Staats- und Verfassungsentstehung sei **nicht nach Rechtsregeln** zu beurteilen; sie sei ein **faktischer Vorgang**[8]. Diese Aussage bedarf der differenzierenden Interpretation. Die sog. **normative Kraft des Faktischen**, die Behauptung also, die Entstehung von Rechtsregeln könne und müsse u.U. allein auf tatsächliche Vorgänge zurückgeführt werden, besteht nur in einem mittelbaren Sinne, denn ein Faktum als solches kann kein Recht erzeugen, sondern es ist der **menschliche Wille**, der dem **Faktum rechtliche und also normative Relevanz** zuteilt, oder auch diese Relevanz verneint. Ob und inwieweit nun aber eine rechtliche Verpflichtung der Menschen besteht, einem Faktum normative Relevanz zuzuerkennen, ist eine Frage, die niemand allgemeingültig beantworten kann, es sei denn, der Antwortgeber fühlt sich einer (welcher?) Naturrechtsordnung und also absoluten Rechtssätzen verpflichtet; so muß der Gläubige, wenn er fordert, daß Gottes Gebote eingehalten werden, seinen Gott als ein Faktum anerkannt haben. Auch dann aber bleibt die Antwort subjektiv und kann ihre Allgemeingültigkeit nur behaupten, aber nicht nachweisen. Jedenfalls ist das **Faktum**, das **Normen** erzeugt, eben nur die Tatsache, daß Menschen tatsächlichen Vorgängen rechtliche Bedeutung zumessen, d.h. deren **Bedeutung anerkennen**. Eine Revolution schafft nicht Recht, sondern erst die „Anerkennung" ihrer Folgen, wobei diese Anerkennung auch in der Hinnahme des geschaffenen Zustandes liegen kann.

109

---

6 *J. Kokott*, Micro-States, in: EPIL, Bd. 3, 1997, S. 362 ff.
7 BVerfG v. 31. 7. 1973, BVerfGE 36, 22: „Die Deutsche Demokratische Republik ist ein Staat im Sinne des Völkerrechts ...".
8 Dazu die grundlegenden Arbeiten von *P. Laband*, Staatsrecht des Deutschen Reiches, 1911; *G. Jellinek*, Allgemeine Staatslehre, 3. Aufl., 1914; *R. Horneffer*, Die Entstehung des Staates, 1933; *R. Zippelius*, Allgemeine Staatslehre, 14. Aufl., 2003, S. 8 ff., behandelt eingehend „Tatsachen und Normen als Elemente der Staatswirklichkeit".

§ 3 Entstehung von Staaten

110 Kann und darf nun **jede Rechtsordnung** in diesem Sinn **anerkannt** oder **hingenommen** werden? Für das Verfassungsrecht scheint das zu gelten, es sei denn, man folgt der Ansicht, daß es überpositive, naturrechtliche Rechtssätze gibt, die auch der (jeder?) Verfassung vor- bzw. übergeordnet sind. Das Bundesverfassungsgericht hat diesen Gedanken mehrfach Ausdruck gegeben[9], und seine Entscheidungen über die Verfassung sind bindend für das deutsche Recht. Für den **Positivisten** ergibt sich aber daraus auch **nur**, daß das Gericht durch seine in der Verfassung positiv niedergelegte Kompetenz bestimmt hat, daß **gewisse Rechtsregeln absoluter Natur zum positiven Recht zählen**; so hat es Naturrecht positiviert. Daraus läßt sich nicht der Schluß ziehen, daß die Auffassung notwendigerweise für alle Staaten der Welt gilt. Es gibt Staaten, die den Koran zur Grundlage ihres Verfassungsrechts erklären, oder den Marxismus-Leninismus, oder auch auf derartige Verfassungsfundamente verzichten.

111 Aus der Sicht des **Völkerrechts** aber gibt es durchaus **Grenzen für die Ausgestaltung der Verfassung**, deren Überschreitung rechtliche Folgen haben kann. Ein Staat, der in seiner inneren Ordnung **zwingende Rechtssätze** des Völkerrechts **verneint**, etwa das Verbot des Angriffskrieges oder die Achtung rudimentärer, allgemeiner Menschenrechte, kann nicht verlangen, von anderen Staaten als Staat und damit als gleichberechtigtes Mitglied der Völkergemeinschaft **anerkannt** zu werden. Die Freiheit des Verfassungsgebers ist also aus dieser Sicht nicht unbegrenzt, auch wenn der Entzug der Anerkennung aus politischen Gründen wohl kaum praktiziert werden würde. Genau genommen wäre ein solcher Entzug der Anerkennung nur deklaratorischer Natur, da, wie schon dargelegt, eine **Staatsgewalt** im Sinne des **Völkerrechts nur vorhanden** ist, wenn sie **fähig und willens ist**, zumindest die **zwingenden Regeln** des Völkerrechts einzuhalten.

4. Völkerrecht

112 Im Hinblick auf die **Entstehung eines Staates im Rahmen der Völkerrechtsordnung** ist immer wieder die Frage gestellt worden, ob diese davon abhängig ist, daß die schon bestehenden Staaten das **neue Gebilde als Staat ausdrücklich anerkennen**. In früheren Zeiten, insbes. im 19. Jahrhundert ist weitgehend und wohl überwiegend der Standpunkt vertreten worden, daß das zu bejahen sei. Man nennt das die **konstitutive Anerkennung**, weil erst sie den Staat konstituiert, d.h. zur Entstehung bringt. Dieser Auffassung trat immer stärker eine andere entgegen, derzufolge ein Staat auch ohne Anerkennung durch andere Staaten entstehen könne. Wenn alle drei Staatsmerkmale – Staatsvolk, Staatsgebiet und Staatsgewalt – klar und unbestreitbar vorhanden seien, bedürfe es einer Anerkennung durch die anderen Mitglieder der Staatengemeinschaft nicht; erfolge eine solche, so sei sie nicht konstitutiver sondern nur **deklaratorischer Natur**. Auch sei es nicht zulässig, den Bestand eines

---

[9] So schon BVerfG v. 23. 10. 1951, BVerfGE 1, 14 (61) und später ständige Rechtsprechung. Für das Völkerrecht s. *U. Scheuner*, Naturrechtliche Strömungen im heutigen Völkerrecht, in: ZaöRV, 1951, S. 556 ff.

neu entstandenen Staates zu verneinen, wenn die genannten drei Elemente fest etabliert seien. Diese deklaratorische Theorie hat sich letztlich durchgesetzt[10].

Der Grund hierfür ist einfach zu erkennen. Seit das **Selbstbestimmungsrecht der Völker und Nationen** als Rechtssatz anerkannt ist und ihm z.T. sogar zwingender Normcharakter zugebilligt wird[11], kann seine Durchsetzung, z.B. durch Staatsbildung, **nicht** mehr von der **Anerkennung durch dritte Staaten abhängig sein**; es bestünde dann im Grunde nicht. Die konstitutive Auffassung hat dennoch nicht jede Bedeutung verloren. Sie hat noch gewisse Rechtswirkungen dann, wenn bei einer Staatsentstehung eines der drei Elemente, insbes. die Staatsgewalt, noch nicht fest etabliert ist[12]. In dieser Lage kann eine konstitutive Anerkennung den Mangel in gewisser Weise ausgleichen. Nur darf diese konstitutive Anerkennung auch nicht zu früh erfolgen; es könnte sich dann um eine **vorzeitige Anerkennung** handeln[13], die völkerrechtswidrig wäre, weil sie unter Umständen die Rechte des Staates, der bisher die Souveränität über das betreffende Gebiet und seine Bevölkerung beanspruchte, verletzen würde.

113

Seit es der allgemeinen Auffassung entspricht, daß die Entstehung eines Staates dann von der Anerkennung anderer Staaten nicht abhängig gemacht werden kann, wenn die drei zu fordernden Staatsmerkmale objektiv gegeben sind, hat die Frage nach **Art und Form der Anerkennung** viel an Interesse verloren; sie erscheint nur dann noch bedeutsam, wenn die Anerkennung, wie gezeigt, Wirkungen in einer Art Ergänzung äußert, also dann, wenn sie ergeht um Ersatz dafür zu liefern, daß eines der Merkmale noch nicht fest etabliert erscheint, was in erster Linie den Bestand einer den Anforderungen des Völkerrechts genügenden Staatsgewalt, etwa mangels Effektivität, betreffen wird. Man hat dann zu unterscheiden zwischen der **de facto-Anerkennung und der de iure-Anerkennung**[14]. Die erstgenannte Anerkennung kann zurückgenommen werden, die zweite ist endgültig und nur widerrufbar, wenn außergewöhnliche Umstände eintreten. Hiervon ist die Frage zu trennen, welches Verhalten eines Staates als **Anerkennung zu qualifizieren** ist, gleichgültig ob es sich um die de iure- oder die de facto-Anerkennung handelt. Wird die Anerkennung ausdrücklich erklärt, etwa durch eine entsprechende diplomatische Note, können Unklarheiten nicht entstehen. Aber auch ein sog. **konkludentes Verhalten** der Regierung eines Staates kann als Anerkennung gewertet werden, so die Aufnahme diplomatischer Beziehungen, der Abschluß von politischen Verträgen, einseitige öffentliche Äußerungen von kompetenten Staatsorganen, nicht unbedingt aber schon der Abschluß von Handelsabkommen, die Errichtung nur von konsularischen Beziehungen oder die Kontaktaufnahme durch ad hoc entsandte diplomatische Missionen, denn in diesen letztgenannten Fällen kann es sich auch um die Beziehungen

114

---

10 *Verdross/Simma*, Universelles Völkerrecht, 3. Aufl., 1984, Rdn. 961; u. auch *J. Delbrück/R. Wolfrum*, Völkerrecht, Bd. I/1, 1989, S. 185 ff.; Bedenken gegen die deklaratorische Auffassung bei *C. Hillgruber*, Die Aufnahme neuer Staaten in die Völkergemeinschaft, 1998, S. 743 ff.
11 *J. A. Frowein*, Jus Cogens, in: EPIL, Bd. 3, 1997, S. 65 ff.
12 *Verdross/Simma* (Fn. 9), Rdn. 962 ff.
13 *F. Berber*, Lehrbuch des Völkerrechts, Bd. 1., 2. Aufl., 1975, S. 234 f.; *K. Doehring*, Völkerrecht, 2. Aufl., 2004., Rdn. 944.
14 *J. A. Frowein*, Recognition, in: EPIL, Bd. 4, 2000, S. 33 ff.

§ 3 *Entstehung von Staaten*

zu einem de facto-Regime handeln[15], dessen Staatsqualität gerade nicht – oder noch nicht – außer Streit steht.

115 Mehr der Vollständigkeit halber sei noch bemerkt, daß die **Anerkennung eines Staates** von derjenigen einer **neuen Regierung**, etwa nach einer Revolution, zu trennen ist[16]. Zwar ist es nicht die Rechtspflicht eines Staates, die Regierung eines anderen Staates anzuerkennen, und es ist ihm auch nicht versagt, diese Anerkennung zu verweigern; aber diese Weigerung bedeutet nur, daß der Staat nicht wünscht, mit dem anderen Staat **diplomatische Beziehungen** zu unterhalten, und sie kann nicht bedeuten, daß zum Ausdruck gebracht wird, der andere Staat bestehe gar nicht. Die **Nichtanerkennung** einer fremden **Regierung** mag als sog. **unfreundlicher Akt** gewertet werden, und sie ist auch keine Intervention i.S. der Einmischung in die inneren Angelegenheiten des anderen Staates, die nur dann anzunehmen wäre, wenn ein Staat gezwungen werden soll, nur ein bestimmtes Regierungssystem einzurichten, oder nur bestimmten Personen die Regierungsgeschäfte zu übertragen. **Jeder Staat ist völlig frei, die Beziehungen zu einem anderen Staat aufzunehmen oder abzubrechen.** An der Staatsqualität des betroffenen Staates ändert das nichts. Das gleiche gilt für die **Nichtanerkennung fremder Staatshoheitsakte**; jeder Staat ist durchaus in der Lage, fremden Gesetzen oder Gerichtsentscheidungen die Anerkennung zu versagen, wenn deren Auswirkungen mit fundamentalen Grundsätzen der eigenen Rechtsordnung, etwa der Verfassung, nicht in Einklang stehen[17].

116 Es wurde schon die Frage berührt, worin nun der **Geltungsgrundsatz der Verfassung** eines neu entstandenen Staates besteht. Der Theorienstreit, der sich hier in Bezug auf die Verfassungsgeltung entwickelte, soll nicht nochmals erörtert werden; aus der Sicht des **Völkerrechts** muß aber doch gefragt werden, wie es steht, wenn die Gründung eines Staates unter maßgeblicher **Mitwirkung anderer Staaten** stattfindet. Das ist gerade in jüngster Zeit, etwa seit der Entstehung der Vereinten Nationen, besonders häufig der Fall gewesen.

117 Einige **Beispiele** seien für diese, bis heute nicht leicht rechtlich zu beurteilende Situation gegeben. Die **Bundesrepublik Deutschland** gab sich 1949 eine Verfassung, das Grundgesetz. Diese Verfassung trat erst in Kraft, nachdem ihr Inhalt von den westlichen Besatzungsmächten genehmigt worden war, denn diese hielten sich, wegen ihrer auf Grund der deutschen Kapitulation ausgeübten obersten Gewalt in Deutschland, für befugt, eine ihnen nicht genehme Verfassung zu verhindern[18]. Die **Verfassungsentstehung der DDR** bietet ein ähnliches Bild, denn dort war es die Sowjetunion, die ihre Genehmigung erteilte[19]. Viele **britische Kolonien und Pro-**

---

15 Vgl. Fn. 1.
16 Vgl. Fn. 13; s. *K. Doehring* (Fn. 13), Rdn. 946 ff.
17 *Verdross/Simma* (Fn. 9), Rdn. 1181.
18 Genehmigungsschreiben der Besatzungsmächte v. 12. 5. 1949, Dokumente zum geteilten Deutschland (Hrsg. I. v. Münch), 1968, S. 130 ff.
19 Erklärung des Vorsitzenden der Sowjetischen Kontrollkommission zur Übergabe von Verwaltungsfunktionen an deutsche Behörden v. 11. 11. 1949, Dokumente zum geteilten Deutschland (Fn. 18), S. 325 ff.; Staatsrecht der DDR, 2. Aufl., 1984, S. 59 ff.

tektorate erhielten, wenn auch nach Verhandlungen, ihre Verfassung formell durch Gesetzgebung des Parlaments in Großbritannien[20]. Die Verfassung von **Zypern** beruhte auf einem Vertrag zwischen Griechenland, Großbritannien und der Türkei (1960), in dem eine gewisse Verfassungsstruktur als unabänderlich vereinbart wurde[21]. Auch gab es Kolonien, die nur dann eine eigene Verfassung in Kraft setzen konnten und nur dann zu einem souveränen Staat werden konnten, wenn sie sich verpflichteten, einem Staatsverband, z.B. dem British Commonwealth, oder den Vereinten Nationen beizutreten.

Die konkrete Rechtsfrage lautet nun: Kann in diesen Fällen das neu entstandene Rechtssubjekt unter Berufung auf seine nun erworbene Souveränität und nach ihrer Erlangung diese ihm **auferlegte Bindung abstreifen**? Die negative Beantwortung dieser Frage stützt sich auf das Argument, daß ohne diese Vorbindung der Staat nicht entstanden wäre; die positive Beantwortung macht geltend, daß eine Fortdauer solcher Bindungen im **Gegensatz** zum Prinzip der **Gleichheit der souveränen Staaten** stehe, bzw. dem Grundsatz der Souveränität des Staates im Sinne eines unabdingbaren Fundamentalprinzips der Völkergemeinschaft widerspreche; auch das Selbstbestimmungsrecht garantiere die Freiheit des Volkes, sein politisches System selbst zu gestalten. Theoretisch bedeutet das: im **ersten** Falle sieht man die Hoheitsmacht des neu entstandenen Staates als **derivativ** an, d.h. abgeleitet von der Hoheitsmacht der Gründer des Staates; im **zweiten** Falle betrachtet man sie als **autonom** schon in ihrer Entstehung.

118

Die richtige Ansicht ist wohl, diese **Vorbindung als völkerrechtliche Verpflichtung** einzuordnen. Das bedeutet, daß die so neu entstandenen Staaten zwar autonom bzw. souverän sind, aber die Verpflichtung übernommen haben, sich an die bei ihrer Entstehung auferlegten, bzw. vereinbarten Bindungen zu halten; handeln sie nicht danach, liegt der Bruch eines völkerrechtlichen Vertrages vor, für den es entweder eine Rechtfertigung gibt, etwa die Berufung auf fundamentale Änderungen der sog. Geschäftsgrundlage (clausula rebus sic stantibus), oder aber der Mißachtung dieser Vorbindung kann durch die beteiligten Staaten mit den üblichen Mitteln des Völkerrechts entgegengetreten werden. So hätten z.B. eines Tages die Vorbehalte der ehemaligen westlichen Besatzungsmächte der Bundesrepublik Deutschland bezüglich ihrer fortdauernden Berechtigung, allein über das Schicksal Gesamtdeutschlands und Berlins zu entscheiden[22], durch Änderung der Weltlage obsolet werden können. Ob sich eine Regierung darauf beruft, der Fall der **clausula rebus sic stantibus** sei eingetreten, wäre eine **politische** Entscheidung, denn sie hat ein solches Recht und nicht auch eine entsprechende Pflicht, und sie ist frei zu entscheiden. Sicherlich ist auch im modernen Völkerrecht ein Anspruch darauf, sich aus derartigen Vorbindungen verfassungsrechtlicher Art zu lösen, dadurch erleichtert, daß der Grundsatz des **Selbstbestimmungsrecht der Völker und Nationen** allgemein als **zwingende**

119

---

20 *W. Morvay*, Souveränitätsübergang und Rechtskontinuität im British Commonwealth. Ein Beitrag zur Lehre von der Staatensukzession, 1974.
21 Zu dem Garantie-Vertrag zwischen Großbritannien und Zypern v. 16. 8. 1960 s. *W. Wengler*, Völkerrecht, Bd. II, 1964, S. 1142, Fn. 3 und 4.
22 Deutschlandvertrag v. 26. 5. 1952, (BGBl. 1955 II, S. 305), Art. 2.

Norm anerkannt ist. Doch kann dieses Selbstbestimmungsrecht durch freiwillig eingegangene Verpflichtungen „verbraucht" sein und ließe sich nur dann geltend machen, wenn die Bindung oktroyiert war.

§ 4 Untergang von Staaten

1. Vorbemerkung

120 Staaten entstehen, wie gezeigt, auf mannigfaltige Weise, aber sie verschwinden auch wieder[1]; sie können ihre **Rechtspersönlichkeit verlieren**. Das hat rechtliche Auswirkungen fundamentaler Art, denn es geht dann um viele Fragen, z.B. wer nun Inhaber der vormals von dem bestehenden und nun nicht mehr existierenden Staat innegehabten Rechte ist, wem das Eigentum des weggefallenen Staates zufällt, auf wen die vorher bestehenden Pflichten übergehen, wer für früher durch diesen Staat verübtes Unrecht haftet, welche Staatsangehörigkeit die Staatsbürger des nicht mehr vorhandenen Staates nun innehaben, wer nun die territoriale Souveränität ausübt – und anderes mehr. Die Forderung nach **Rechtssicherheit und Rechtsklarheit** macht die Lösung dieser Probleme unabdingbar notwendig, aber der Ausgangspunkt aller dieser Überlegungen muß stets die Frage danach sein, nach welchen allgemein gültigen Maßstäben der **Untergang eines Staates festgestellt** werden kann, denn nur dann treten Rechtsfolgen ein, wie immer sie auch ausgestaltet sein mögen. Diese Feststellung ist deshalb besonders schwierig, weil ein Staat durchaus **scheintot** sein kann, wie das Beispiel Österreichs in der Zeit von 1938 bis 1945 eindringlich zeigt. Immer ist dann auch zu entscheiden, ob bei gleich bleibendem Substrat (Volk und Territorium) ein **neuer Staat entsteht**, ein **alter Staat wieder entsteht**, oder das Substrat den Souverän wechselt, etwa durch Angliederung an einen anderen Staat.

2. Wegfall eines Staatsmerkmals

121 Das **Verschwinden des Staatsgebietes** wird, wenn man technisch-futuristische Spekulationen einmal außer acht läßt, als hier wesentlicher Tatbestand kaum in Betracht kommen. Für das **Verschwinden des Staatsvolkes** kann ähnliches angenommen werden, obwohl Völkermord, Vertreibung und Massenumsiedlung zu fast „normalen" Vorgängen in der Völkerrechtsgeschichte zählen. Der Versuch der Vertreibung der albanischen Bevölkerungsgruppe aus dem Kosovo, die erst 1999 von der Nato gestoppt werden konnte, ist ein eindrucksvolles Beispiel. Zwar waren die betroffenen Gruppen meist nur **Minderheiten** in einem fortbestehenden Staatsvolk, und ihre Eliminierung oder Vertreibung berührte den Bestand des Staates im Sinne des Fortbestehens seiner Rechtspersönlichkeit nicht, auch wenn die betreffenden Aktionen häufig als rechtswidrig oder gar als international crime zu qualifizieren

---

1 *U. Fastenrath*, States, Extinction, in: EPIL, Bd. 4, 2000, S. 669 ff.

waren², aber, wie das Beispiel der baltischen Staaten zeigt, sind auch Staaten insgesamt von einem anderen Staat vereinnahmt worden und haben so ihre **Souveränität jedenfalls zunächst verloren**.

Im wesentlichen geht es aber um den **Wegfall der Staatsgewalt**. Er kann dann eintreten, wenn Volk und Gebiet einem anderen, souveränen Staat einverleibt werden, sei es auch durch völkerrechtswidrige Annexion³. Der freiwillige Anschluß eines Staates an einen anderen kann seine bisherige Staatsgewalt zum Erlöschen bringen. Bei der Bildung von Bundesstaaten gibt jeder der beteiligten Staaten seine internationale Rechtspersönlichkeit auf, weil er eine eigene Staatsgewalt nicht mehr beansprucht, jedenfalls nicht im internationalen Rechtsverkehr; eine neue Bundesstaatsgewalt entsteht⁴. Löst sich der Bundesstaat auf, verschwindet wiederum dessen Staatsgewalt, insbes. dessen Rechtspersönlichkeit, und die Mitgliedstaaten des aufgelösten Bundesstaates werden zu selbständigen Völkerrechtssubjekten.

122

Die Staatsgewalt kann auch in einem solchen Maße die zu fordernde **Effektivität verlieren**, daß ihr Fortbestand und damit derjenige des Staates nicht mehr angenommen werden kann. Dieser Zustand kann im Falle eines Bürgerkriegs eintreten, wenn weder die bisherige Regierung noch eine neue Regierung der Aufstandsbewegung effektive Staatsgewalt auszuüben in der Lage sind. Auch die völlige kriegerische Besetzung durch einen oder mehrere Staaten läßt die bisherige Staatsgewalt verschwinden, wie das im Hinblick auf das Deutsche Reich im Jahre 1945 der Fall war. Daher wurde auch von mancher Seite behauptet, das Deutsche Reich sei untergegangen⁵, eine Auffassung, der trotz ihrer vordergründigen Schlüssigkeit die Staatenpraxis nicht gefolgt ist.

123

Auf einen besonderen Gesichtspunkt aber ist in diesen Fällen zu achten. Während die Entscheidung, ob ein Staat entstanden ist, insbes. ob eine Staatsgewalt sich etablierte, recht schnell getroffen werden kann und in der Staatenpraxis recht schnell getroffen wird, wie der Vorgang der Dekolonisierung es zeigt, sind bei der **Feststellung des Staatsunterganges** aufgrund des Wegfalles der Staatsgewalt Vorsicht und **Zurückhaltung** geboten. Nur dann, wenn eine Restitution der ineffektiv gewordenen Staatsgewalt nicht mehr erwartet werden kann, sind andere Staaten berechtigt, den Untergang des Staates anzunehmen⁶. Bei der Annexion der baltischen Staaten durch die Sowjetunion lag diese Annahme nahe, auch wenn später wieder Bedenken

124

---
2 *K. Doehring*, Die Rechtsnatur der Massenausweisung unter besonderer Berücksichtigung der indirekten Ausweisung, ZaöRV Bd. 45, 1985, S. 372 ff.; ILC, Draft Articles on State Responsibility, ILM, Bd. 37, 1998, S. 442 ff., Art. 19, Abs. 3, b, c.; in der endgültigen Fassung der ILC v. 20. 7. 2001 (UN Doc. A/CN. 4/L. 602, Rev.1) ist dann das international crime nicht mehr ausdrücklich erwähnt, sondern nur eine dieses umfassende Generalklausel eingefügt.
3 *O. Kimminich/S. Hobe*, Einführung in das Völkerrecht, 8. Aufl. 2004, S. 103 f.
4 *K. Doehring,* Völkerrecht, 2. Aufl., 2004, Rdn. 136 ff.
5 *H. Kelsen*, The Legal Status of Germany according to the Declaration of Berlin, AJIL, Bd. 39 (1945), S. 520; Zur Auffassung der französischen Regierung *R. Freudenberg*, in: Mosler-Doehring, Die Beendigung des Kriegszustandes mit Deutschland nach dem Zweiten Weltkrieg, 1963, S. 47 ff.; vgl. aber BVerfGE 36, 16; zur Frage der völligen Ineffektivität der Staatsgewalt s. *D. Thürer/M. Herdegen/G. Holoch*, in: Der Wegfall der effektiven Staatsgewalt: The Failed State, DGVR, Bd. 34, 1996.
6 *Verdross/Simma*, Universelles Völkerrecht, 3. Aufl. 1984, Rdn. 969 ff.

auftauchten, nicht aber bei der Amtsenthebung der deutschen Reichsregierung nach dem zweiten Weltkrieg. Während eines Krieges entstehen häufig **Exilregierungen** feindbesetzter Staaten, die von anderen, verbündeten Staaten als **provisorische Regierungen** angesehen oder anerkannt werden[7]; auch hier wartet man ab, ob ihre Reetablierung im eigenen Staat im Bereich des möglichen liegt. Da die Annexion fremden Gebiets oder gar eines fremden Staates völkerrechtswidrig ist und Gegenmaßnahmen dritter Staaten zulässig und zu erwarten sind, muß abgewartet werden, ob sich die Lage konsolidiert, ehe der Untergang des Staates festgestellt werden kann.

125 Das gleiche gilt, wenn nicht gar in verstärktem Maße, bei Beurteilung der Rechtslage bzgl. eines Staates, der sich im **Bürgerkrieg** befindet. Auch wenn in diesem Falle die Beziehungen zu dritten Staaten unterbrochen sein mögen und die Intervention dritter Staaten regelmäßig rechtswidrig ist[8], sind die Mitglieder der Völkergemeinschaft gehalten, die Entwicklung **abzuwarten**, denn entweder gewinnt die bisherige Regierung ihre Effektivität zurück, oder die obsiegende Aufstandsbewegung bringt eine neue Regierung an die Macht. In keinem Falle ändert sich etwas an der **Staatsqualität** des betreffenden Staates; das wäre **nur** dann der Fall, wenn **endgültig** keine Regierung mehr amtieren würde.

3. Entzug der Anerkennung

126 In einer Zeit, in der die Theorie und Praxis der sog. konstitutiven Anerkennung noch vorherrschte, war es denkbar, wenn auch wohl kaum praktiziert, daß die **Entziehung der Anerkennung** einen Staat zum **Untergang** brachte; wenn ohne Anerkennung ein Staat nicht entstehen konnte, mußte deren Widerruf den entsprechenden, umgekehrten Effekt haben. Die im heutigen Recht vorherrschende Doktrin der **nur deklaratorisch wirkenden Anerkennung** kann dem Entzug der Anerkennung ebenfalls nur **feststellende** Wirkung beimessen und also **keine rechtsgestaltende**. **Nur** in ganz **extremen Fällen**, etwa wenn eine Staatsgewalt offen erklärt, sich an keine Rechtsregel mehr halten zu wollen, d.h. jede Bindung an das Recht verneint, das Gewaltverbot frivol mißachtet, Menschenrechte insgesamt brutal negiert und alles unverhüllt für nicht beachtlich erklärt, wäre der **Entzug auch einer de iure-Anerkennung rechtlich zulässig**. Aber auch in diesem Falle kann man sich fragen, ob die Versagung der Anerkennung des Gebildes als Staat und also der Entzug der Anerkennung nicht auch nur eine Feststellung ist, denn in einem solchen Staat fehlt bei richtiger Interpretation des Staatsbegriffs ein wesentliches Merkmal, nämlich der Wille und die Fähigkeit, Völkerrechtsregeln zu beachten. Auch hier würde dann nur das nicht mehr Vorhandensein eines Faktums festgestellt. Die Staatsgewalt wäre dann faktisch nicht erloschen, aber sie wäre keine solche, die den Forderungen des Völkerrechts genügt; wobei zu bedenken ist, daß der Staat erhalten bliebe, wenn sich eine neue Regierung bildet, die den Ansprüchen des Völkerrechts genügt.

---

[7] *M. Rotter*, Government in Exile, in:EPIL, Bd. 2, 1995, S. 607.
[8] Über das Verbot der Einmischung in den civil war und über Intervention im Bürgerkrieg *Verdross/Simma* (Fn. 6), S. 499 ff.; *K. Doehring*, Völkerrecht, (Fn. 4), Rdn. 639 ff.

4. Grundlegender Wechsel der Regierungsform

Es ist häufig die Frage gestellt worden, wie sich ein **radikaler Wechsel der Regierungsform** auf den Bestand des Staates auswirkt, d.h. ob ein solcher Vorgang Einfluß hat auf die Qualifikation des Staates im Rechtssinne. Es ist immerhin erwägenswert, ob dann, wenn eine Staatsgewalt sich von der **Demokratie** abwendet und zu einer **Diktatur** wird, eine **Monarchie** sich zur **Republik** wandelt oder eine Diktatur demokratisch wird, der **Staat seine Identität wahrt**, oder ob ein anderer und neuer Staat so entstanden ist. Insbesondere dann, wenn man, wie unter der klassischen marxistischen Auffassung, einen **völligen Wandel der Gesellschaftsordnung** für auch die Staatsordnung präjudizierend hält. Wenn man diese neue Gesellschaftsordnung, etwa den Kommunismus, als nicht mehr identisch mit der alten Ordnung, etwa dem Kapitalismus, ansieht, könnte auch auf die Entstehung eines neuen Staates und damit den Untergang des alten Staates geschlossen werden. Obwohl das die logische Konsequenz einer solchen, die **Gesellschaftsordnung über die Rechtsordnung** stellenden Auffassung (Basis und Überbau) wäre, ist sie jedoch auch von den sozialistischen Staaten des Ostblocks nicht gezogen worden. Rußland blieb auch nach der Oktoberrevolution und als Sowjetunion der gleiche Staat. Zwar hat die Sowjetunion dann die Verbindlichkeiten in Frage gestellt, die das Zarenreich übernommen hatte[9], und es wurde auch argumentiert, hier sei eine neue Ordnung entstanden, aber die **Identität** und in diesem Sinne die **Kontinuität** der Staatspersönlichkeit Rußlands wurde doch nicht verneint. Das Gleiche gilt für Polen. Nach dem Jahre 1945 wurde zwar von mancher Seite dort behauptet, daß frühere Verträge Polens wegen dessen Wandels zum Sozialismus obsolet seien[10], aber gerade der Fortbestand des Staates Polen, trotz langen Souveränitätsverlustes, ist immer und stark betont worden.

127

Auch einer der Grundgedanken der Staatslehre von Carl Schmitt führt zu keinem anderen Ergebnis. Nach dieser Auffassung beruht die **Staats- und Regierungsform** eines bestehenden Staates auf einer **Fundamentalentscheidung** des Staatsvolkes, oder doch jedenfalls des Inhabers der inneren Souveränität des Staates, deren radikale Änderung die Annahme einer **Verfassungskontinuität nicht mehr zuläßt**[11]. Ein Wechsel etwa von der Monarchie zur Republik, oder umgekehrt, sei ein revolutionärer und nicht mehr ein durch Anwendung von Rechtssätzen erklärbarer Vorgang. Aber auch für Carl Schmitt folgt aus dieser Feststellung nur, daß die **Verfassung neu**, bzw. **originär** ist, nicht aber, daß so die Kontinuität des Staates mit der Folge des Unterganges des alten Staates unterbrochen ist.

128

---

9 *G. Dahm*, Völkerrecht, Bd. I, 1958, S. 88.; *J. Delbrück/R. Wolfrum* (G. Dahm), Volkerrecht, Bd. I/1, 1989, S. 138, 143.
10 *L. Gelberg*, Die Entstehung der Volksrepublik Polen, 1972, S. 133 ff., unter Hinweis auch auf die Praxis der Volksrepublik China: „Der Grundsatz der Souveränität gewährt jedem Volk das Recht, sein gesellschaftliches und politisches System nach eigenen Anschauungen zu regeln, also auch auf revolutionärem Wege. In enger Verbindung damit steht das Recht, sich von alten, unzumutbaren Abkommen, die mit der neuen aus der Revolution hervorgegangenen Struktur unvereinbar sind, loszusagen".
11 *C. Schmitt*, Verfassungslehre, 1928, S. 25 ff.

§ 4 *Untergang von Staaten*

129 So zeigt sich, daß trotz mancher radikaler These doch **niemand** die Auffassung durchhält, **Staat und Verfassung, bzw. Gesellschaftsordnung seien identisch.** Bezeichnend ist, daß nach dem Ersten Weltkrieg trotz Wandlung des Deutschen Reiches von einer Monarchie zu einer Republik niemand seine Identität angezweifelt hat, während nach dem Zweiten Weltkrieg das der Fall war, denn die debellatio wurde insoweit als wesentlich angesehen und nicht der Wegfall der Diktatur.

130 Die staatsrechtlichen Entwicklungen etwa Frankreichs, Deutschlands oder der Sowjetunion bestätigen diesen Befund. Bei dieser durchaus pragmatischen Sicht zeigt sich auch, daß die **Kontinuität eines Staates**, die Frage also seines Unterganges, gar **nicht von der Verfassungsrechtsordnung abhängt**, sondern sich nach den Regeln des **Völkerrechts** bestimmt. Selbst wenn ein Staat mit Wechsel der Regierungsform auch seine Identität abschütteln will, gelänge ihm das nicht, denn sein Verfassungsrecht kann nicht die Prinzipien des Völkerrechts negieren. Empirisch gesehen erscheint es auch für den Staatsbestand wesentlicher, daß das Staatsvolk seine Eigenständigkeit gegenüber anderen Staatsvölkern bejaht als die Bejahung einer bestimmten Verfassungs- oder Regierungsform. Auch die **Erstarkung des Selbstbestimmungsrechts** der Völker und Nationen, insbes. im Rahmen der Dekolonisierung, **bestätigt** diese Feststellung. Den betroffenen Staatsvölkern ging es sicherlich in erster Linie um die Erreichung der völkerrechtlichen Autonomie, wobei auch unliebsame Verfassungsordnungen hingenommen wurden, was spätere Revolutionen in den gleichen Gebieten zeigen. So hatte Zypern die Verpflichtung übernommen, die Staatsgewalt unter den ethnischen Gruppen aufzuteilen, und eine Befriedung schien erreicht, aber nach Erlangung der Souveränität brach dieser Staat alsbald wieder in zwei Teile auseinander.

5. Zwischenstufe der Handlungsfähigkeit

131 Wie gezeigt, sind bei Feststellung des Unterganges eines Staates Zurückhaltung, Vorsicht und Abwarten geboten. Daraus kann sich ein gewisser **Schwebezustand** ergeben, denn die Staatsgewalt kann wieder erstehen, aber sie kann auch endgültig verschwinden. Während einer solchen Zeit kann oftmals die Feststellung getroffen werden, daß der Staat zwar – noch? – besteht, seine **Regierung** und damit er selbst aber **handlungsunfähig** sind. Das war zu Ende des Zweiten Weltkrieges im Hinblick auf das Deutsche Reich der Fall[12]. Ähnlich lag es bei der Besetzung Polens und der Tschechoslowakei. Auch für Österreich ist behauptet worden – jedenfalls nach dem Zweiten Weltkrieg –, daß von 1938 bis 1945 der Staat durchaus nicht untergegangen sei, sondern nur handlungsunfähig war. Auch **Protektorate** sind **partiell handlungsfähig**, oder handlungsbeschränkt, bewahren aber doch ihre Staatsqualität[13]. Die Mitglieder der Europäischen Gemeinschaften haben auf wesentliche Hoheitsrechte verzichtet und also sich insoweit für handlungsunfähig erklärt, wobei

---

12 BVerfG v. 31. 7. 1973, BVerfGE 36, 1 (16).
13 *G. Hoffmann*, Protectorates, in: EPIL, Bd. 3, 1997, S. 1153 ff.

sich sogar die Besonderheit ergab, daß ein Staat Europa nicht entstand[14], auch wenn er von besonders europafreundlichen Politikern und auch Juristen angestrebt wurde und noch wird.

Es zeigt sich so, daß die **Staatsqualität auch dann bestehen** kann, wenn die **volle Ausübung der Souveränität behindert** ist, sei es rechtlich oder auch nur faktisch. Den Untergang des Staates bedeutet diese Situation daher nicht, auch wenn die Entwicklung dahin führen kann. Aber selbst in derartigen Fällen könnte die Ausübung des **Selbstbestimmungsrechts**, das jedenfalls nur auf der Grundlage der Freiwilligkeit verbraucht werden kann[15], wiederum zur **Wiederentstehung** eines neuen Staates führen. 132

6. Auswirkungen des Staatsunterganges

Muß der Untergang eines Staates festgestellt werden, ergeben sich vielfältige Fragen, die vornehmlich zu Betrachtungen gehören, die erst im folgenden Kapitel (Staatensukzession) zu behandeln sind. Auf einiges sei jedoch schon hier hingewiesen. Die **diplomatischen Vertretungen** anderer Staaten **verlieren ihre Funktion**; sie werden eingezogen. Das gleiche gilt für die diplomatischen Vertretungen des untergegangenen Staates. Falls, was im allgemeinen anzunehmen ist, Volk und Gebiet von einem neuen Souverän beherrscht werden, könnte angenommen werden, daß auch die **Rechtsordnung** des untergegangenen Staates insgesamt **erlischt**, denn es gibt keine Verfassung mehr, von der sie abgeleitet werden könnte, und die neue Verfassung des neuen Souverän ist nicht unmittelbare Rechtsquelle, auf der die Geltung des früheren Rechts beruhte. Doch überwiegend läßt der **neue Souverän**, jedenfalls für eine angemessene Zeit, **das alte Recht fortgelten**, da sonst ein Rechtsvakuum entstehen würde, oder auch die unmittelbare Anwendung neuen Rechts die bestehenden Rechtsverhältnisse in völlige Rechtsunsicherheit führen würde[16]. Auch hier siegt die Pragmatik über die Theorie. Ein völlig neues Erbrecht könnte die Gültigkeit früherer Testamente in Frage stellen, um nur ein Beispiel zu nennen. Letztlich sind es wohl **humanitäre Gründe** im weitesten Sinne, die einen behutsamen Übergang von der einen zu der anderen Rechtsordnung gebieten, jedenfalls im Zivilrecht. 133

Der **Oktroi einer neuen Rechtsordnung** kann zu starken Unsicherheiten führen. Da z.B. die Annexion der baltischen Staaten durch die Sowjetunion wegen ihrer Völkerrechtswidrigkeit von dritten Staaten z.T. nicht anerkannt wurde, standen die 134

---

14 Zur Frage der Souveränitätseinschränkung unter der Geltung des EWG-Vertrages s. *H. P. Ipsen*, Europäisches Gemeinschaftsrecht, 1972, S. 227 ff.; *T. Oppermann*, Europarecht, 2. Aufl. 1999, Rdn. 922, wonach die Souveränität zwischen der EG und den Mitgliedstaaten „geteilt" ist.
15 Die freiwillige Selbstbindung eines Staates kann das Selbstbestimmungsrecht verbrauchen, wie das Art. 4 des österreichischen Staatsvertrages v. 15. 5. 1955 zeigt, mit dem das Anschlußverbot rechtswirksam wurde, so daß eine einseitige Aufkündigung dieser Bindung völkerrechtswidrig wäre, es sei denn, die Berufung auf die clausula rebus sic stantibus wäre aus dritten Gründen gerechtfertigt.
16 *D. P. O'Connell*, International Law, 2. Aufl., 1970, Bd. I, S. 388 ff.; *J. Delbrück/R. Wolfrum* (Fn. 9), S. 137 ff.

§ 5 *Staatensukzession*

Gerichte vor der Frage, ob aus diesen Gründen nicht das alte Recht, insbesondere das **Staatsangehörigkeitsrecht**, anzuwenden sei[17]. Man stelle sich vor, in einem Erbfall wäre im Hinblick auf die Erbschaft eines Letten, der in England lebt und dem Erblasser, der in Lettland starb, zu entscheiden, ob nun lettisches Erbrecht anzuwenden sei, oder russisches Erbrecht. Da nach gewisser Zeit lettisches Recht, weil außer Kraft gesetzt, kein lebendes und sich fortentwickelndes Recht mehr ist, müßte man doch und trotz aller Bedenken russisches Recht anwenden, weil dieses nun zwar völkerrechtswidrig aber doch faktisch dort gilt. Doch die Anwendung dieses rechtswidrigen Rechts entspricht den bestehenden Lebensverhältnissen noch am ehesten.

135 Hiermit sollten nur einige Hinweise gegeben werden, welche Art von Rechtsfragen sich aus dem Staatsuntergang ergeben können. Nimmt man den wohl nur theoretisch gegebenen Fall an, daß **Volk und Gebiet** eines untergegangenen Staates **keinen neuen Souverän** erhalten, sind die Konsequenzen drastisch. Nur einige nahezu groteske Ausblicke seien geboten. Die Bewohner eines solchen Gebietes, die bislang die Staatsangehörigen des nun nicht mehr bestehenden Staates waren, werden **Staatenlose** mit allen entsprechenden Konsequenzen; für sie kann z.B. kein diplomatischer Schutz ausgeübt werden. Das ehemalige Staatsgebiet wäre herrenlos mit der Folge, daß es okkupiert werden könnte.

§ 5 Staatensukzession

136 Verliert ein Staat seine Völkerrechtspersönlichkeit dadurch, daß die bisherige Staatsgewalt nicht mehr besteht, sondern die **Souveränität über Volk und Gebiet** von einer **anderen Staatsgewalt**, derjenigen eines bestehenden Staates, nun ausgeübt bzw. übernommen wird, entstehen Rechtsprobleme, deren Lösung bis heute umstritten sind. Gewisse Klärungen konnten erreicht werden, weil die von der International Law Commission erarbeiteten Entwürfe entsprechender Konventionen[1] von der Staatengemeinschaft zum Teil akzeptiert wurden. Manche Regeln dieser Entwürfe bestätigen bisher bestehendes Recht, andere wieder versuchen, neues Recht zu gestalten, von dem man meint, es werde zur Befriedung solcher Situationen beitragen. Wie das auch bei anderen **Kodifikationsverträgen** der Fall ist, wurden vielfach deren Bestimmungen schon wie **geltendes Recht** behandelt, auch wenn ein Vertrag mangels ausreichender Zahl von Ratifikationen formell noch nicht in Kraft

---

17 OLG Stuttgart v. 6. 7. 1946 und OLG Kiel v. 6. 8. 1946, Fontes Iuris Gentium, Deutsche höchstrichterliche Rechtsprechung in völkerrechtlichen Fragen, 1945–1949, A II 3, S. 114. Seinerzeit konnte man noch nicht wissen, daß die lettische Souveränität wiederentstehen würde.

1 Vienna Convention on Succesion of States in Respect of Treaties, 22. 8. 1978 (UN Doc.A/CONF. 80/31), ZaöRV Bd. 39, 1979, S. 279 ff.; s. auch *J. Delbrück/R. Wolfrum*, Völkerrecht, Bd. I/1, 1989, S. 157 ff.; Vienna Convention on Succession of States in Respect of State Property, Archives and Debts, 7. 4. 1983, UN Doc. A./Conf. 117/14, umfassend zu Fragen der Staatensukzession *A. Zimmermann*, Staatennachfolge in völkerrechtliche Verträge, 2000.

getreten ist. Ein Überblick über die in Aussicht genommenen Regeln über die Staatensukzession sei im Folgenden gegeben.

In erster Linie geht es darum, ob die **Verträge** des weggefallenen Staates mit dritten Staaten **fortbestehen** oder als **erloschen** zu gelten haben. Bestehen sie fort, hätte der neue Souverän sie zu erfüllen. Verschwindet im nationalen Recht eine Rechtsperson, m.a.W. stirbt ein Mensch, dann werden in den meisten Rechtsordnungen der Welt die Erben für die Verbindlichkeiten des Verstorbenen eintreten müssen, d.h. auch die von ihm abgeschlossenen Verträge zu erfüllen haben. Man spricht dann von sog. Nachlaßverbindlichkeiten. Eine solch **klare und einfache Regelung kennt das Völkerrecht nicht**. Verschwindet der Staat als Völkerrechtsperson, sind regelmäßig die von ihm vorher abgeschlossenen Verträge aufgehoben, was damit begründet wird, daß dem **Vertrag nun ein Vertragspartner** fehlt. 137

Der Rechtsnachfolger, der Staat, der Volk und Gebiet beherrscht, hat **nicht** die Pflicht, diese **Verträge zu übernehmen**, d.h. in diese Pflichten zur Vertragserfüllung einzutreten. Man nennt das die **tabula-rasa-Regel**[2], von der z.T. aber auch angenommen wird, sie sei eine Ausnahme von einem die Universalnachfolge gebietendem Prinzip, das umstritten ist, aber von dem behauptet wird, es sei auf dem Wege, sich durchzusetzen. Doch nur einzelne Verträge besonderer Art hat der Rechtsnachfolger unbestritten zu respektieren, bzw. fortzuführen und zu erfüllen. So sind **Grenzverträge**, mit denen das Staatsgebiet des weggefallenen Staates gegenüber dritten Staaten abgegrenzt wurde, unangreifbar geworden, d.h. müssen vom Rechtsnachfolger respektiert werden[3]. Verträge, die eine Dauerwirkung äußern und deren Verpflichtungen die **Nutzung des Staatsterritoriums** im wörtlichen Sinne zum Gegenstand haben, etwa das Recht des dritten Staates auf Zugang zum Meer über das Gebiet des Vertragspartners, müssen von dem Rechtsnachfolger ebenfalls übernommen werden. Man spricht wegen der Bodenbezogenheit der Verpflichtung von **radizierten Verträgen**[4]. Bei Mischformen soll sich aber das tabula rasa-Prinzip durchsetzen. Ein Vertrag etwa, mit dem die Verpflichtung zur Entmilitarisierung eines bestimmten Gebietes übernommen wurde, ist wegen der Bodenbezogenheit ein radizierter Vertrag, aber wegen der Entmilitarisierung gleichzeitig ein politischer Vertrag, der dem tabula rasa-Prinzip unterliegen würde. Dieses zweite Charakteristikum gilt als das stärkere, so daß das tabula rasa-Prinzip zum Wegfall des Vertrages führt, der Rechtsnachfolger also ihn nicht übernehmen muß, denn in diesem Sinne politische Verträge werden als personelle Verpflichtungen der weggefallenen Staatsperson angesehen und der Zwang zur Erfüllung durch den Rechtsnachfolger als unzumutbar[5]. 138

Für den Wegfall eines Staates durch **Beitritt zu einem Bundesstaat** oder durch Beteiligung an der Bildung eines Bundesstaates, gilt etwas anderes. Das neue Bundesstaatsmitglied bringt seine bisherigen Verträge in den Bundesstaat ein. Sie gelten 139

---

2 S. Fn. 1, Art. 8 und 9 der Konvention v. 1978.
3 S. Fn. 1, Art. 11 der Konvention v. 1978.
4 S. Fn. 1, Art. 12, Abs. 1 der Konvention v. 1978.
5 S. Fn. 1, Art. 12, Abs. 2 der Konvention v. 1978.

mit Wirkung für das eingebrachte Territorium und also insoweit nur begrenzt, und sie sind nur dann als nicht fortbestehend zu betrachten, wenn ihr Inhalt mit den für alle Mitglieder des Bundesstaates geltenden Rechtsgrundsätzen unvereinbar ist[6]. Für sog. **Neustaaten**, z.B. aus der **Dekolonisierung** entstandene Staaten, sollen ebenfalls besondere Regeln gelten. Sie sollen berechtigt sein, die Mitgliedschaft in internationalen Organisationen zu fordern, in denen der Staat, der sie bisher beherrschte, der sog. Kolonialstaat, die Mitgliedschaft besaß oder besitzt[7].

140 Problematisch war auch immer die Frage, welche **Staatsangehörigkeit** die Bewohner eines Gebietes nun haben, das in der beschriebenen Art einer **neuen Staatsgewalt** untersteht. Früher ging man aus historisch verständlichen Gründen davon aus, daß ein **automatischer Wechsel** der Staatsangehörigkeit anzunehmen sei, d.h., daß die Staatsangehörigen des weggefallenen Staates oder eines Gebietsteils des Staates, das einem neuen Souverän unterstellt wurde, ohne weiteres Staatsangehörige des sie nun beherrschenden Staates würden[8]. Diese Automatik stieß dann auf Bedenken, als die Erstarkung der **Menschenrechte** auch im Völkerrecht nicht mehr geleugnet wurden.

141 Von mancher Seite wurde es als das Recht des Einzelmenschen zu stark beeinträchtigend angesehen, ihm eine **Staatsangehörigkeit**, gegebenenfalls auch **gegen seinen Willen**, aufzuerlegen. Seit Ende des ersten Weltkrieges wurde z.T. den Bewohnern solcher Gebiete das Recht der **Option** eingeräumt, d.h. sie konnten wählen, ob sie dem neuen Staat angehören wollten oder nicht[9]. Eine befriedigende Lösung bietet dieses Recht sicherlich auch nicht, aber eine bessere Lösung wurde bisher nicht gefunden. Eine **Vertreibung** derjenigen, die nicht Staatsbürger des neuen Staates werden wollen, wäre **keine Alternative**, die dem Schutz der Menschenrechte ausreichend entspricht. Andererseits bedeutet die Option, daß derjenige, der den Erwerb der Staatsangehörigkeit ablehnt, entweder wie ein Fremder im neuen Staat lebt, oder aber, falls er in den Staat seiner Volkszugehörigkeit auswandern will, seine Heimat und unter Umständen sein Vermögen verliert. Sicherlich kann man – noch? – nicht sagen, daß das geltende Völkerrecht einem neuen Souverän gebietet, das Recht zur Option zu gewähren.

142 In ähnlicher Weise umstritten und nicht allgemeingültig beantwortet ist die Frage, ob der **neue Souverän** die **Schulden** des weggefallenen Staates übernehmen muß. Es können hier nur knappe Andeutungen bezüglich der kontroversen Auffassungen gemacht werden. Hinsichtlich der Schulden aus Verträgen scheint die überwiegende Ansicht zu sein, daß sie nicht übernommen werden müssen; das wäre auch eine Konsequenz des tabula rasa-Prinzips. Gleiches scheint angenommen zu werden, wenn es um die Frage geht, ob der Gebietsnachfolger für Wiedergutmachungsan-

---

6 S. Fn. 1, Art. 31 der Konvention v. 1978.
7 S. Fn. 1, Art. 17 der Konvention v. 1978 ausführlich hierzu *Verdross/Simma*, Universelles Völkerrecht, 3. Aufl. 1984, S. 617.
8 *H. J. Jellinek*, Der automatische Erwerb und Verlust von Staatsangehörigkeit durch völkerrechtliche Verträge, zugleich ein Beitrag zur Lehre von Staatensukzession, 1951; s. aber auch *Verdross/Simma* (Fn. 7), Rdn. 1015.
9 *K. M. Meessen*, Option of Nationality, in: EPIL, Bd. 3, 1997, S. 748 ff.

sprüche dritter Staaten gegen den Gebietsvorgänger eintreten muß. Doch wird gegenüber diesen, den neuen Souverän entlastenden Gesichtspunkten auch geltend gemacht, daß derjenige, der das **Vermögen** eines anderen übernimmt, nach allgemeinen Rechtsgrundsätzen auch für dessen **Verbindlichkeiten** einzustehen hat. In all diesen Fällen geht es aber immer nur um Vermögen der „Staatsperson" und deren Schulden, nicht um die Frage nach dem Schicksal des Privatvermögens der betroffenen Bürger. Mit diesen Fragen hat sich im Jahre 2001 das Institut de droit international in seiner Sitzung in Vancouver eingehend befaßt (Rap. G. Ress).

Die **Dekolonisierung** und auch **radikale Regimewechsel** haben auf dem Gebiet der Staatensukzession zu besonderen Kontroversen Anlaß gegeben. Beiden Vorgängen ist gemeinsam, daß die frühere Herrschaftsform als suspekt angesehen wird und daher **besondere Rechtsfolgen** gefordert wurden, wobei naturgemäß die Frage entsteht, inwieweit unbeteiligte dritte Staaten solche Sonderlagen respektieren müssen. So haben entkolonisierte Staaten den Standpunkt vertreten, daß sie **nach Erlangung der Souveränität** aus Verpflichtungen, die der frühere Mutterstaat für sie eingegangen sei, nicht in Anspruch genommen werden könnten[10], obwohl hier das tabula rasa-Prinzip unmittelbar keine Anwendung finden kann, denn es geht nicht um die Übernahme von Verpflichtungen eines anderen Staates, sondern um Verpflichtungen, die sie immer schon trafen, auch wenn sie in gewisser Weise stellvertretend für sie eingegangen wurden. Doch die dekolonisierten Staaten haben vorgebracht, die **frühere Herrschaft** sei **illegal** gewesen, habe ihre Ressourcen ausgenutzt, und der Aufbau einer eigenständigen neuen Wirtschaft sei weder zumutbar noch möglich, wenn alte Verbindlichkeiten übernommen werden müßten. Darüber hinaus haben diese Entwicklungsstaaten gefordert, daß sie mit dieser Argumentation berechtigt sein müßten, **selbst** zu entscheiden, **welche Verträge** wegen der für sie günstigen Auswirkungen Fortbestand haben sollten und welche wegen ihrer belastenden Wirkung nicht mehr anwendbar seien. Diese **Optionsmöglichkeit** wurde von anderen Staaten **nicht akzeptiert**, aber klare Regeln und allgemein gültige Prinzipien bestehen auf diesem Gebiet nicht, sondern es herrscht ein permanenter Kampf um die Gestaltung einer neuen Weltwirtschaftsordnung zwischen Industrienationen, die zum Konservativismus neigen, und Entwicklungsländern mit progressiven Bestrebungen[11]. In der Praxis herrscht ein gewisser Pragmatismus, der in einem Geflecht von Verträgen Ausdruck findet, mit denen man Investitionen gewährt, diese abzusichern sucht, aber auch faktisch unkompensierte finanzielle Entwicklungshilfe leistet[12].

143

Auch diejenigen Staaten, die radikal ein **sozialistisches Regime errichteten**, haben sich darauf berufen, daß die **neue Gesellschaftsordnung** das Festhalten an alten Verpflichtungen nicht zulasse. Eine völlig neue Eigentumsordnung, etwa diejenige

144

---

10 Dazu *H. D. Treviranus*, Die Konvention der Vereinten Nationen über Staatensukzession in Verträge, ZaöRV, Bd. 39, 1979, S. 266 ff.; *A. U. Rehmann*, Succession of Newly Independent States in bilateral and multilateral Treaties, Indian YIL, Bd. 25, 1985, S. 67 ff.
11 *Verdross/Simma* (Fn. 7), Rdn. 506 f., mit umfangreichen Hinweisen auf Literatur und Dokumentation in Fn. 2.
12 Ausführlich *R. Dolzer*, Eigentum, Enteignung und Entschädigung im geltenden Völkerrecht, 1985, S. 35 ff.

des **Staatskapitalismus**, stehe Vereinbarungen entgegen, die unter dem des **Privatkapitalismus** eingegangen worden seien. Da in kommunistischen Staaten die Gesellschaftsordnung die Basis des Staates bildet und die Rechtsordnung nur als Überbau der Gesellschaftsordnung zu entsprechen hat, bzw. die Rechtsordnung keinen eigenständigen Wert darstellt, ist diese Auffassung folgerichtig[13]. Da jedoch jeder Staat frei ist, seine eigene Ordnung zu gestalten und also auch ein privatkapitalistisches System zu pflegen, kann die **sozialistische Ordnung nicht Allgemeingültigkeit** beanspruchen, und dritte Staaten haben daher diese Berufung auf die Änderung des Regimes als escape-Klausel zurückgewiesen. Der Behauptung der Sowjetunion, sie sei nach der Oktoberrevolution an Verträge nicht mehr gebunden, die das Zarenreich abgeschlossen hatte[14], wurde energisch widersprochen und spätere, entsprechende Argumentationen wurden ebenfalls zurückgewiesen. Hiermit sollten nur einige Ausblicke auf die heutigen Probleme der Staatensukzession gegeben werden, deren zukünftige rechtliche Behandlung von sozialen, politischen und wirtschaftlichen Entwicklungen abhängen wird.

§ 6 Staatenverbindungen

1. Überblick

145 Immer schon haben **Staaten dazu geneigt**, sich – zu welchem Zweck auch immer (Verteidigung, Ausdehnung des Wirtschaftsraumes, Koordination der Außenpolitik, Vereinigung von Religions- oder Ideologiegemeinschaften) – **zusammenzuschließen**. Viele, wenn nicht die meisten dieser Modelle und Typen sind in neuerer Zeit verschwunden und haben so nur noch aus historischer Sicht Bedeutung, was vor allem für diejenigen Staatenverbindungen gilt, deren Entstehung mit der Regierungsform der Monarchie verbunden war.

146 Eine stichwortartige Zusammenstellung der häufigsten früheren und heutigen Staatenverbindungen ergibt etwa das folgende Bild: Personalunion; Realunion; Protektorat; Kondominium; Kolonie; Mandatsgebiet; Staatenbund; Bundesstaat; Internationale Organisationen; Supranationale Organisationen. Darüber hinaus sind spezielle Staatenzusammenschlüsse zu nennen, die wegen ihrer Eigenart in keines der klassischen Schemata eingeordnet werden können: Britisches Reich; Französische Gemeinschaft; regionale Organisationen, z.B. Nordischer Rat und Arabische Liga, bei denen die gefestigten Merkmale internationaler Organisationen nur rudimentär vorhanden sind.

147 Der selbstverständlich immer ein wissenschaftliches Wagnis bleibende Versuch der Begriffsbestimmungen führt zu den folgenden Charakterisierungen, die, wie jede Typisierung, sich häufig scharfer Abgrenzung entziehen und auch Mischformen zulassen.

---

13 Vgl. § 4, Fn. 10.
14 Vgl. § 4, Fn. 9.

Die **Personal- und Realunionen** entstanden vorwiegend durch **monarchische Erbfolge**. Der Fürst wurde so zum Staatsoberhaupt zweier oder mehrerer vorher selbständiger Staaten[1]. Die Personalunion bestand also in der Vereinigung monarchischer Souveränitäten in einer Person. Geht man von der Feststellung aus, daß das klassische Staatsoberhaupt entscheidende Funktionen im Staat ausübte, dann zeigte sich, daß auch die **Verbindung von Staatsämtern** stattfand. Das leitet über zu dem Begriff der Realunion, denn diese ist dadurch gekennzeichnet, daß die Verfassungen zweier Staaten die Einrichtung einer oder mehrerer **gemeinsamer Institutionen** vorsehen[2]. Heute haben diese Kombinationen im wesentlichen nur noch historische Bedeutung, denn die meisten der noch bestehenden Monarchien haben republikanische Strukturen angenommen, und die Einrichtung gemeinsamer Institutionen beruht heute meist auf der Gründung internationaler Organisationen. 148

Der Begriff des **Protektorats** wird nicht einheitlich verwendet. Für die klassische Staatslehre bedeutet er, daß ein Staat, ohne Aufgabe seiner Rechtspersönlichkeit, sich einem anderen Staat für bestimmte Belange, etwa die Außenpolitik oder die Finanz- oder Wirtschaftspolitik, unterordnet und zwar meist auf **vertraglicher Grundlage**. So entstehen ein Oberstaat und ein Unterstaat, beide unter **Wahrung ihrer unterscheidbaren Völkerrechtssubjektivität**[3]. Man könnte bestreiten, daß bei abstrakter Begriffsbestimmung ein solches Protektorat ein **Staat im Sinne des Völkerrechts** ist, da u.U. ein Maß an Souveränität aufgegeben ist, das mit dem geforderten Bestand an **effektiver Staatsgewalt** nicht mehr in Übereinstimmung steht. Aber die recht pragmatische Staatenpraxis hat hier eine Ausnahme anerkannt. 149

Der Begriff des **protectorate** wird aber im Rahmen des **British Commonwealth** auch hinsichtlich von Gebieten verwendet, die man eher als **Kolonien** bezeichnen könnte, denen man aber ein großes Maß an Selbständigkeit (self-government) eingeräumt hat; der Unterschied zur **Kronkolonie** ist kaum bestimmbar[4]. Das Staatsoberhaupt dieser Gebilde war und ist der englische König. Die Krone wird dann durch einen Gouverneur oder Hochkommissar repräsentiert, und im Zweifel gilt britisches Gesetzesrecht mit Vorrang vor dem Recht, das durch das **local government** erzeugt ist. Ein Völkerrechtssubjekt ist dieses britische protectorate nicht. 150

Nach langen Jahren der Dekolonisierung, vorwiegend unter nachdrücklicher Veranlassung durch die Vereinten Nationen, hat der Begriff der **Kolonie** an Interesse verloren[5]. Soweit Rudimente noch vorhanden sind, werden sie mit der unbestimmten Bezeichnung **abhängige Gebiete** charakterisiert; ein großes Maß an Selbstverwaltung ist ihnen regelmäßig eingeräumt, und ihrer Forderung nach Ausübung des Selbstbestimmungsrechts müßte gefolgt werden, wenn sie das wünschen, was aber durchaus nicht immer der Fall ist. 151

---
1 Historische Beispiele bei *F. Berber*, Lehrbuch des Völkerrechts, 2. Aufl. 1975, S. 136.
2 Vgl. *F. Berber* (Fn. 1), S. 137, mit historischen Beispielen.
3 *G. Hoffmann*, Protectorates, in: EPIL, Bd. 3, 1997, S. 1153 ff., mit historischen und aktuellen Beispielen.
4 Zur Besonderheit der Kronkolonie s. *F. Berber* (Fn. 1), S. 150, 159.
5 *A. Bleckmann*, Decolonization, in: EPIL, Bd. 1, 1992, S. 927 ff.

§ 6 *Staatenverbindungen*

152 Auch die **Dominien des britischen Reiches** (British Empire, später British Commonwealth) sind aus der Verselbständigung von Kolonien hervorgegangen. Lange Zeit standen sie recht strikt unter der Oberhoheit der Krone und waren britischer Gesetzgebung unterworfen, bis dann im Jahre 1931 durch das **Statut von Westminster**[6] die Übernahme britischer Gesetze von ihrer Einwilligung abhängig gemacht wurde. Die **Kriegserklärung** zu Beginn des Zweiten Weltkrieges wurde noch von der britischen Krone auch für die Dominien abgegeben, während diese die **Kriegsbeendigung selbständig** erklärten[7]. Heute ist die Krone als formelles Staatsoberhaupt nur durch einen Generalgouverneur repräsentiert, der regelmäßig die Staatsangehörigkeit des betreffenden Staates innehat und die Entscheidungen der dortigen Regierung respektiert. Diejenigen Dominien, Kronkolonien und Protektorate, die sich zu **Republiken** gewandelt haben (z.B. Indien, Ghana, Nigeria) sind zwar Mitglieder des British Commonwealth geblieben und nehmen an dessen lockerer Organisation teil, können aber per definitionem **nicht** einen **Monarchen als Staatsoberhaupt** ansehen; eine beträchtliche Inkonsequenz in dieser Frage zeigte sich als die Südafrikanische Union wegen ihrer neuen Regierungsform als Republik aus dem Commonwealth verwiesen wurde[8].

153 Es ist heute unbestritten, daß die Beziehungen zwischen Großbritannien und den Mitgliedern des Commonwealth und diejenigen zwischen diesen Mitgliedern, die sog. **inter se-Beziehungen**, von denjenigen zwischen **souveränen Staaten** in ihrer Eigenschaft als Völkerrechtssubjekte **nicht** mehr unterscheidbar sind[9], wenn man davon absieht, daß in Fragen der Staatsangehörigkeit Großbritannien bereit war, den Status eines british subject auch Staatsbürgern von Mitgliedstaaten des Commonwealth zuzuerkennen; aber auch insoweit wurden wieder Einschränkungen vorgenommen, da die Immigration überhandnahm.

154 Nach dem Zweiten Weltkrieg wurde der Versuch unternommen, das **französische Kolonialreich** in ein Gebilde ähnlich dem British Commonwealth zu verwandeln[10]. Diese Bestrebungen schlugen fehl, wenn auch ein starker Einfluß der französischen Kultur in den sog. francophonen und früher von Frankreich abhängigen Staaten bestehen blieb, etwa auf dem Gebiete der Erziehung, der Kunst und Literatur und auch der Gestaltung der Rechtsordnung.

2. Staatenbund und Bundesstaat

155 Die klassische Unterteilung zwischen diesen beiden Arten der Staatenverbindung besteht darin, daß die Bildung eines **Staatenbundes die Souveränität seiner Mitglieder unangetastet läßt**; sie sind Staaten i.S. ihres eigenen Verfassungsrechts und i.S. des Völkerrechts. Im **Bundesstaat** hingegen besteht eine **einzelstaatliche völ-**

---

6 Zum Statute of Westminster eingehend *W. Morvay*, Souveränitätsübergang und Rechtskontinuität im Britisch Commonwealth, 1974, S. 25 ff.
7 *Mosler/Doehring*, Die Beendigung des Kriegszustandes mit Deutschland nach dem Zweiten Weltkrieg, 1963, S. 54 ff.
8 Dazu *D. P. O'Connell*, International Law, 2. Aufl. 1970, Bd. 1, S. 351.
9 *D. P. O'Connell* (Fn. 8), S. 391 ff.
10 *R. Freudenberg*, Französische Gemeinschaft, in: Wörterbuch des Völkerrechts, Bd. I, 1960, S. 57 ff.

kerrechtliche **Souveränität** nicht mehr, sondern nur diejenige des Zentralstaates. Das gilt jedenfalls für die äußere Souveränität, während die Verfassung des Zentralstaates, des Bundes, den Mitgliedern eine begrenzte, verfassungsrechtliche Eigenständigkeit belassen kann. Der Zusammenschluß in einer **supranationalen Organisation** – das sei hier nur angemerkt – verbindet beide Merkmale, diejenige des Staatenbundes und die des Bundesstaates.

Der Unterschied **zwischen Staatenbund und Bundesstaat** ist in der Rechtslehre aber auch in **Zweifel gezogen** worden[11]. So wurde gesagt, der Begriff Bundesstaat sei im Grunde eine Antinomie, ein Widerspruch in sich selbst, denn seine Mitglieder könnten keine Staaten sein, da ihre Autonomie wegen des höheren Ranges der Bundesverfassung aufgegeben sei, und im Grunde seien sie so doch nur Verwaltungseinheiten. Ein prinzipieller Unterschied zum Einzelstaat sei nicht vorhanden, weil Inhaber der letzten, entscheidenden Kompetenz doch immer der Zentralstaat sei. Soweit aber doch eine Autonomie der Mitgliedstaaten bleibe – ein echtes Selbstentscheidungsrecht – handele es sich wiederum um einen Staatenbund. 156

Ähnliche Gedanken wurden auch von Carl Schmitt geäußert[12]. Für ihn bestand das wesentliche Kriterium in der Feststellung, ob nun ein **Bund** bestehe oder nicht. Im ersten Falle sei ein **staatsrechtliches Band** zwischen den Mitgliedern der Staatenverbindung vorhanden, im zweiten – nur – ein **völkerrechtliches**. Der eigentliche Test, der über das Maß der Autonomie Aufschluß gebe, bestehe in der Frage nach dem **ius ad bellum**. Soweit von den Mitgliedern der Staatenverbindung aus Rechtsgründen, die der gemeinsamen Verfassung zu entnehmen wären, auf das **Recht zu eigenständiger Selbstverteidigung verzichtet** werde, sei nur der Bund als Rechtssubjekt im Sinne der Souveränität anzusehen; jede andere Unterscheidung sei unfruchtbar. Hierin kommt ein Gedanke zum Ausdruck, der von Carl Schmitt in anderem Zusammenhang intensiv betont wurde: Souverän ist, wer über die Letztentscheidung, insbesondere im Ausnahmezustand, verfügt, und der Krieg kann und muß als ein solcher gelten. 157

Für die **deutsche Rechtsentwicklung** ist festzustellen, daß die Kontroversen über die Abgrenzungen der Begriffe Bundesstaat und Staatenbund in und nach der Zeit der Reichsgründung von 1871 entstanden und bis heute ihre Aktualität bewahrt haben[13]. Die deutschen, bisher unter souveränen Fürsten lebenden Staaten wollten trotz der Reichsgründung doch ein **gewisses Maß an Souveränität gewahrt wissen**, was auf staatenbündische Merkmale hinweist, auch wenn die Fürsten als Repräsentanten ihrer Staaten handelten; aber dennoch wollten auch sie die Gründung eines **souveränen Reichs**. 158

---

11 *M. v. Seydel*, Zur Lehre von den Staatenverbindungen, in: Staatsrechtliche und Politische Abhandlungen, 1893, S. 1 ff.
12 *C. Schmitt*, Verfassungslehre, 3. Aufl. 1928, Neudruck 1957, S. 363 ff.
13 Dazu *R. Herzog*, Allgemeine Staatslehre, 1971, S. 401 f., der eine ausreichende Beachtung von „Mischformen" vermißt; vgl. auch *E. R. Huber*, Bismarck und der Verfassungsstaat, in: Nationalstaat und Verfassungsstaat, 1965, S. 202 ff., über die Kontroverse betreffend die „verfassungsmäßigen" oder „gesetzmäßigen" Grundlagen der Reichsverfassung *S. Oeter*, Integration und Subsidiarität im deutschen Bundesstaat. Untersuchungen zur Bundesstaatstheorie unter dem Grundgesetz, 1996.

§ 6 *Staatenverbindungen*

159 Von der Beantwortung der Frage, welche Souveränität als originär oder als derivativ anzusehen war, welche primär und welche sekundär sein sollte, hing es ab, ob man das **Deutsche Reich als Staatenbund oder Bundesstaat** betrachtete; letztlich waren die bundesstaatlichen Merkmale die stärkeren. Die gleiche oder zumindest ähnliche Frage kann man für andere Staaten auch stellen. Die Verfassung der **Sowjetunion** enthielt die Bestimmung, daß jede Unionsrepublik das Recht hat, aus dem russischen Staatsverband zu sezedieren[14]. Die Ukraine und Weißrußland haben, darüber hinaus, eine eigenständige Mitgliedschaft in den Vereinten Nationen als Staaten zuerkannt bekommen, obwohl sie bei Gründung der Vereinten Nationen als Teile des Bundesstaats Sowjetunion anzusehen waren. So sind auch hier Merkmale beider Typen von Staatenverbindungen vorhanden.

160 Eine die Staatenpraxis berücksichtigende und auch der Rechtsdogmatik genügende Auffassung kann zu dem folgenden Schluß führen: In einem **Bundesstaat** – und dabei soll nicht übersehen werden, daß es keinen einheitlichen Typ dieser Staatenverbindung gibt – **liegt die Souveränität in den Händen des Zentralstaats**; insoweit sind seine **Mitglieder nicht mehr Staaten i.S. des Völkerrechts**. Dennoch behalten die Mitglieder ein „souveränes" Mitbestimmungsrecht, insoweit sie an der Änderung des Rechtssystems des Gesamtstaates beteiligt sind, auch wenn sie dabei überstimmt werden können. So sind Verfassungsänderungen des Zentralstaates z.B. in den USA oder in der Bundesrepublik Deutschland nur mit Mehrheitsentscheidungen der Bundesmitglieder zulässig[15]. Auch im Bundesstaat verbleibt so ein **Rest an Eigenständigkeit** den Mitgliedern, wenn auch die Ausübung dieser Rechte nur eine solche **zur gesamten Hand** ist und jedes Mitglied majorisiert werden kann. Das gilt vielfach auch für die Bundesgesetzgebung. Im **Staatenbund** andererseits bleibt die **innere und äußere Souveränität der Mitglieder voll erhalten**. Ihre Pflichten beruhen nicht auf der Aufgabe von Kompetenzen, sondern sind „obligatorischer" Natur; ihre Mißachtung ist Vertragsbruch, nicht „Revolution" durch Gehorsamsverweigerung.

Der Staatenbund hat als bes. Typ der Staatenverbindung heute kaum noch Bedeutung; es ist die internationale Organisation, die ihn ersetzt hat. Hierauf ist zurückzukommen.

3. Bundesstaat

161 Ein sicherlich in erster Linie politisch wichtiges Faktum, das auch in den Rechtsordnungen meist nachdrücklich zum Ausdruck kommt, besteht darin, daß der **Bundesstaat ein gewisses Maß an Homogenität** der Staatsstrukturen und der Wertordnungen seiner Mitglieder fordert und daß **ohne sie der Bestand einer solchen Gemeinschaft gefährdet ist**. Ein hervorragendes Beispiel hierfür bildete der sog. Ostblock.

---

14 Verfassung der UdSSR v. 1977, Art. 72: „Jeder Unionsrepublik bleibt das Recht auf freien Austritt aus der UdSSR gewahrt".
15 Vgl. Art. 79, Abs. 2 GG, wonach Zweidrittel der Stimmen auch des Bundesrats erforderlich sind; gem. Art. V der Verfassung der USA bedarf deren Änderung der Mehrheit von Dreiviertel der Staaten.

Man konnte diese Staatengemeinschaft sicherlich nicht als Bundesstaat i.S. einer strengen Dogmatik qualifizieren, aber jedenfalls seit dem Ende des Zweiten Weltkrieges bis zur Auflösung des Warschauer Paktes als einen solchen faktischer Natur. Das erweist u.a. die lange Zeit geltende sog. **Breschniew-Doktrin**[16]. Als Ungarn 1956 und die Tschechoslowakei 1968 den Versuch unternahmen, einen **eigenen sozialistischen Weg** einzuschlagen, war die Homogenität des Sowjetblocks objektiv gefährdet. Die Reaktion der Sowjetunion und der anderen Mitglieder des Ostblocks war folgerichtig, wenn auch völkerrechtswidrig i.S. der Vorenthaltung des Selbstbestimmungsrechts, das dem Staatsvolk eines souveränen Staates zusteht, soweit es nicht freiwillig durch Vertrag eingeschränkt ist. In einem **Staatenbund** wäre in einem solchen Fall bestenfalls der **Ausschluß** des von der politischen Homogenität abweichenden Staates aus dem gemeinsamen Verband die angemessene Reaktion; in einem Bundesstaat sind – wenn die Zentralverfassung das vorsieht – auch Zwangsmaßnahmen zulässig[17]. So war der Warschauer-Pakt formell ein Staatenbund, zeigte aber faktisch Merkmale eines Bundesstaates. Hier war nur zu zeigen, wie stark Homogenitätsforderungen sich durchsetzen können.

Bestimmte **Homogenitätsgarantien sind allenthalben in den Verfassungen der Bundesstaaten zu finden**. Die Verfassung der USA garantiert die republikanische Staatsform ihrer Mitgliedstaaten[18]. Der Deutsche Bund von 1815 sah in Art. 13 der Wiener Bundesakte die Verpflichtung zur Einrichtung von Landständischen Verfassungen vor, und die Wiener Schlußakte von 1820 garantierte den Bestand der Monarchie als Staatsform[19]. Die Verfassung des Deutschen Reiches von 1871[20] anerkannte die konstitutionelle Monarchie.

162

Die Schweizerische Verfassung von 1874 garantierte die Demokratie in den Kantonen[21]. Die Verfassung der Sowjetunion schon von 1936 sagt in ihrem Art. 13, daß der Bundesstaat aus „sozialistischen Sowjetrepubliken" gebildet sei. Die Verfassung Österreichs von 1945 schreibt den einzelnen Ländern die Staatsorganisation auch in Einzelheiten vor[22]. Das Grundgesetz der Bundesrepublik Deutschland, folgend der Weimarer Reichsverfassung, trifft in Art. 28 Vorsorge dafür, daß die Grundstrukturen der Länder – Republik, Demokratie, Gewaltenteilung – übereinstimmen[23]. Auch im britischen Rechtskreis zeigt sich das gleiche. So regelte die

163

---

16 *T. Schweisfurth*, zu Art. 30 der Verfassung der UdSSR v. 1977 in: Handbuch der Sowjetverfassung, Bd. I, 1983, S. 412.
17 Vgl. Art. 37 GG, wonach die Bundesregierung mit Zustimmung des Bundesrats die notwendigen Maßnahmen treffen kann, „um das Land im Wege des Bundeszwanges zur Erfüllung seiner Pflichten anzuhalten".
18 Verfassung der USA, Art. 4, Sec. 4. „The United States shall garantee to every State in this Union a Republican Form of Government ...".
19 Dazu *E. Forsthoff*, Deutsches Verfassungsrecht der Neuzeit, 2. Aufl. 1961, S. 84 ff.
20 *E. R. Huber*, Deutsche Verfassungsgeschichte seit 1789, 2. Aufl. Bd. 3, 1963, S. 774: „Das Reich war Demokratie und Monarchie zugleich"; vgl. auch *ders.* (Fn. 13), S. 189.
21 Bundesverfassung der Schweizerischen Eidgenossenschaft v. 1874, Art. 6.
22 Bundesverfassungsgesetz Österreichs v. 1920/1973, Art. 95 bis 107.
23 Art. 28, Abs. 1 GG: „Die verfassungsmässige Ordnung in den Ländern muß den Grundsätzen des republikanischen, demokratischen und sozialen Rechtsstaats im Sinne dieses Grundgesetzes entsprechen"; dazu *M. Nierhaus*, in: Grundgesetz, Kommentar (Hrsg. M.Sachs), 3. Aufl., 2003, zu Art. 28,

§ 6 *Staatenverbindungen*

Verfassung von Kanada von 1867 schon im Einzelnen die Verfassungen der Mitglieder des Bundesstaates[24]. Sollte eine entsprechende Homogenitätsverbürgung nicht ausdrücklich in der Bundesverfassung zu finden sein, kann sie stillschweigend unterstellt werden, denn sie gehört zum Wesen des Bundesstaates.

164 Das ist auch zu bedenken, wenn man die Wiedervereinigung der beiden deutschen Staaten betrachtet, wie die Verfassung der Bundesrepublik sie als Staatszielbestimmung enthielt. Die Vereinigung eines liberal-demokratischen Staates, der das Mehrparteiensystem als Grundlage seiner Verfassung anerkennt, mit einem sozialistischen, das Einparteiensystem bejahenden Staat, wäre mangels einer Grundharmonie weder politisch noch rechtlich funktionsfähig gewesen, falls entsprechende Spekulationen zur Bildung eines deutschen Bundesstaates, wie sie manchmal angestellt wurden, tatsächlich formal hätten realisiert werden sollen.

165 Während der **Staatenbund** ein heute kaum noch interessierender Typus der Staatenverbindungen ist – er ist weitgehend **ersetzt** durch die moderne Einrichtung der **internationalen Organisationen** – hat der **Bundesstaat seine Bedeutung beibehalten**. Als Beispiele seien nur genannt: USA; Rußland; Bundesrepublik Deutschland; Indien; Österreich ; Australien; Kanada; Jugoslawien; Südafrika; Brasilien; Argentinien. Auch gibt es Staaten, die sich zwar formell nicht als Bundesstaaten darstellen, aber doch eine relative **Selbständigkeit von Regionen** zulassen, wie Italien und Spanien. Selbst ein klassischer Einheitsstaat, wie z.B. Frankreich, neigt heute in mancher Hinsicht zur **Dezentralisierung**, was daran liegen mag, daß die Bevölkerung eine zu starke Anonymisierung der Verwaltung und eine zu große Entfernung der Entscheidungsinstanzen von dem die Entscheidung betreffendem Gebiet als Belastung empfindet. Doch befindet der heutige Bundes- oder Regionalstaat sich in einem schwer auflösbaren Spannungszustand. Den Bestrebungen zu horizontaler Gewaltenteilung steht die Tatsache gegenüber, daß erhebliche Sachverhalte nicht mehr nur regional geregelt werden können. Das gilt nicht nur für technische Fragen, z.B. Umweltschutz, Flugverkehr oder Fernmeldewesen, sondern auch im kulturellen Bereich, etwa für die Standardisierung von Ausbildungsanforderungen oder die Harmonisierung von Ausbildungskapazitäten. Es wird eine der schwierigsten Aufgaben eines bundesstaatlich oder bundesstaatähnlich organisierten Europas sein, die **Balance zwischen Allgemeinregelungen und Regionalautonomie** herzustellen.[25]

166 Gleichermaßen wesentlich ist die Feststellung, daß es **keinen einheitlichen Typus des Bundesstaates gibt**. Gemeinsam ist all diesen Staaten, daß ihre Mitglieder trotz des Bestehens einer Zentralgewalt über ein gewisses Maß an Autonomie, garantiert durch die Bundesverfassung, verfügen; aber das gilt auch für die Gemeinden in vie-

---

Rdn. 1 ff., insbes. Rdn. 17 ff., wonach diese Homogenitätsgarantie auch für die Gemeinden und Kreise gilt.
24 British North America Act (1867), Teil V (Provincial Constitutions) Art. 58 ff.
25 Mit Rücksicht auf die deutsche Bundesstaatlichkeit heißt es im Gesetz zur Einheitlichen Europäischen Akte v. 19. 12. 1986, BGBl. II, 1986, S. 1102, Art. 2: „Die Bundesregierung unterrichtet den Bundesrat ... über alle Vorhaben der Europäischen Wirtschaftsgemeinschaft...".

len Einheitsstaaten[26], z.B. in Frankreich. Im Bundesstaat drückt sich diese Autonomie dadurch aus, daß den **Mitgliedern**, bzw. ihren Vertretungen, **ein Mitwirkungsrecht** bei manchen Entscheidungen des Zentralstaates eingeräumt ist, wie das schon für die Verfassungsänderung erwähnt wurde. Im übrigen sind die Bundesstaaten sehr unterschiedlich organisiert, was weitgehend auf historischen Gründen beruht. Eine exemplarische Gegenüberstellung nur einiger Unterschiede des Bundesstaatsrechts der Bundesrepublik Deutschland und der USA mag das verdeutlichen.

In beiden Staaten ist die **Gesetzgebungszuständigkeit** zwar recht klar zwischen Bund und Mitgliedstaaten aufgeteilt, aber ihre Gegenstände sind jeweils unterschiedlich[27]. So zählen Zivilrecht und Strafrecht in den USA zu den von den „States" zu regelnden Materien, während die gleichen Rechtsgebiete in der Bundesrepublik zur Regelungszuständigkeit des Bundesgesetzgebers gehören. Die **Aufteilung der polizeilichen Befugnisse** zeigt das umgekehrte Bild. Während in den USA die Bundespolizei recht starke überregionale Kompetenzen innehat, gehört in der Bundesrepublik das Polizeirecht, bis auf wenige Ausnahmen, zur Zuständigkeit der „Länder". Die originäre Zuständigkeit der Staaten der USA in Sachen des Zivil-und Strafrechts wird dadurch ausgeglichen, daß der Bund doch auch hier unter Berufung auf die **commerce clause** eingreifen kann[28], wenn **überregionale** Regelungen notwendig werden. Unter den gleichen Notwendigkeiten kann in der Bundesrepublik eine sog. **Rahmengesetzgebung des Bundes** ausgeübt werden[29], die aber Detailregelungen den Ländern überlassen muß und deren Gegenstände in der Bundesverfassung genannt sein müssen. Die **Bundesgerichte** in den USA und die Staatengerichte wenden alles für sie geltende Bundesrecht und Staatenrecht an. Die **Gerichte der Bundesrepublik** wenden **alles geltende Recht an**, gleichgültig ob Bundes- oder Landesrecht. Nur die oberen Bundesgerichte wenden unmittelbar nur Bundesrecht an, wenn auch häufig als Maßstab für die Prüfung, ob Landesrecht dem höherrangigen Bundesrecht widerspricht. Dieses Bild ist sicherlich stark vereinfacht, was für beide Rechtsordnungen gilt, aber es sollte auch nur zeigen, wie gefährlich es wäre, von typischen Strukturen des Bundesstaates zu sprechen. Auch in auswärtigen Angelegenheiten zeigen sich fundamentale Unterschiede. Während die deutsche Verfassung den **Ländern** die Möglichkeit eröffnet, **Verträge mit dritten Staaten** zu schließen[30] – wenn auch nur mit Genehmigung der Bundesregierung –, ist eine solche Vertragsschließungsbefugnis in den USA ausschließlich dem Bund vorbehalten[31].

Hieran schließt sich die Frage, ob nicht auch in einem **Bundesstaat** den **Mitgliedstaaten** eine, wenn auch begrenzte **Völkerrechtssubjektivität** zukommen kann.

---
26 Art. 28, Abs. 2 GG: „Den Gemeinden muß das Recht gewährleistet sein, alle Angelegenheiten der örtlichen Gemeinschaft in eigener Verantwortung zu regeln..."; Verfassung der Französischen Republik v. 28. 9. 1958, Teil XI, Art. 72 ff.
27 Art. 70 bis 75 GG; Art. I. sec. 7 ff. der Verfassung der USA.
28 Art. I, sec. 8 (3) der Verfassung der USA.
29 Art. 75 GG gibt dem Bund das Recht, Rahmenvorschriften zu erlassen über: Öffentlichen Dienst; Hochschulwesen; Presse und Film; Naturschutz und Landschaftspflege; Raumordnung und Wasserhaushalt; Meldewesen; Kulturgüterschutz.
30 Art. 32, Abs. 3 GG.
31 Art. I sec. 10 (1) der Verfassung der USA.

§ 6 Staatenverbindungen

Das hängt von der jeweiligen Bundesverfassung ab. Überwiegend sind wohl die sog. **auswärtigen Angelegenheiten dem Bund reserviert**; darin liegt gerade einer der wesentlichen Gründe für die Errichtung eines Bundesstaates. Aber – wie schon gezeigt – kann ein **begrenztes Vertragsschließungsrecht** den Einzelstaaten eingeräumt sein, durch dessen Ausübung sie zumindest zu quasi-Völkerrechtssubjekten erhoben werden. Ähnlich wie in der Bundesrepublik können auch die Schweizerischen Kantone Verträge mit fremden Staaten schließen, soweit Bundesrecht nicht beeinträchtigt ist[32]. Doch sicherlich kann man von einer **Völkerrechtssubjektivität der Mitglieder in einem Bundesstaat nicht** in einem **umfassenden** Sinne sprechen, denn immer bleibt die Letztentscheidung, die sog. **Kompetenz-Kompetenz**, in der Entscheidungszuständigkeit des Bundes. Wenn so den Mitgliedstaaten des Bundesstaates immerhin eine, wenn auch begrenzte Vertragsschließungsbefugnis im Rahmen der internationalen Beziehungen zugebilligt werden kann, trifft doch die **Haftung immer den Bundesstaat**, wenn eine seiner Unterorganisationen auf den Ebenen des Völkerrechts unrechtmäßig handelt[33]. Auch hiermit erweist sich, daß nur der Bund ein Völkerrechtssubjekt im strikten Sinne darstellt.

169 Ist für einen **dritten Staat zweifelhaft**, ob er mit einem Bundesstaat konfrontiert ist oder mit einem, die Souveränität der Einzelstaaten nicht einschränkenden Staatenbund, oder auch einer internationalen Organisation, gibt es relativ klare Prüfungsmaßstäbe. Das Vorhandensein einer **einheitlichen diplomatischen Vertretung** und das Bestehen einer **einheitlichen Staatsangehörigkeit** sind, abgesehen von vielen verfassungsrechtlichen Merkmalen (ein Staatsoberhaupt, eine einheitliche Militärstruktur u.a.m.), internationale Merkmale entscheidender Natur.

170 Eine in den inneren Rechtsordnungen der Staaten immer wieder diskutierte Frage ist es, inwieweit die **Mitglieder eines Bundesstaates ihre Autonomie gegenüber dem Zentralstaat bewahrt haben**, und, wenn das weitgehend der Fall ist, ob sie als Staat im Staate zu qualifizieren sind. Die Frage ist nicht nur akademischer Natur, sondern von ihrer Beantwortung könnte es abhängen, ob bei **Unklarheit der Verfassung** des Bundesstaates über die Kompetenzverteilung zugunsten der Einzelstaaten oder des Bundes zu entscheiden ist, d.h. wer nun **im Zweifel Inhaber der Kompetenz** ist.

171 So heißt es in der Verfassung der Schweiz[34], die Kantone seien „souverän", soweit sie nicht durch die Bundesverfassung in ihrer Autonomie beschränkt seien. Das deutsche Bundesverfassungsgericht hat in vielen Entscheidungen den staatlichen Charakter der deutschen Länder betont[35]. Eine Beantwortung dieser Frage der zwei-

---

32 Bundesverfassung der Schweizerischen Eidgenossenschaft v. 1874, Art. 9.
33 Dazu der Entwurf der International Law Commission über Staatenverantwortlichkeit, YILC 1980, Bd. II, Teil 2, S. 30 ff., Art. 7; so auch in der letzten Fassung v. 12. 12. 2001 (Anlage zur Res. der GV 56/83), Art. 4, Abs.
34 Bundesverfassung der Schweizerischen Eidgenossenschaft v. 1874, Art. 3: „Die Kantone sind souverän, soweit ihre Souveränität nicht durch die Bundesverfassung beschränkt ist...".
35 *K. Doehring*, Staatsrecht der Bundesrepublik Deutschland, 3. Aufl. 1984f, S. 114 ff.; s. vor allem BVerfG v. 23. 10. 1951, BVerfGE 1, 14 (34): „Die Länder sind als Glieder des Bundes Staaten mit eigener – wenn auch gegenständlich beschränkter – nicht vom Bund abgeleiteter, sondern von ihm anerkannter staatlicher Hoheitsmacht".

felhaften Zuständigkeit, d.h. der Frage danach, ob dann, wenn die Gesamtverfassung keinen klaren Hinweis liefert, eine **Vermutung für die Inhaberschaft der Kompetenzen** besteht, kann abstrakt nicht gegeben werden; man ist darauf angewiesen, daß ein oberstes Bundesorgan sie entscheidet, etwa ein Verfassungsgericht des Bundes, und, wie die Erfahrung zeigt, kann sie unter bestimmten politischen Einflüssen recht verschieden ausfallen, nämlich etwa einer historischen Interpretation folgen oder auch von Verfassungsgewohnheitsrecht bestimmt sein. Wie man aber auch immer die Grenzen der Autonomie der Bundesstaatsmitglieder ein- und abgrenzt, es ist immer doch die **Bundesverfassung**, die zu **interpretieren** ist, und es sind doch immer die Bundesorgane, die eine Entscheidung fällen. Von wirklicher, souveräner Staatsqualität der Mitglieder des Bundesstaates kann daher nicht gesprochen werden; es geht immer nur um das **Maß der belassenen Autonomie** unter einer Oberherrschaft des Bundes. Davon zu trennen ist die Feststellung, daß meist die Zentralverfassung ohne qualifizierte Zustimmung der Mitgliedstaaten nicht geändert werden kann[36]; insoweit besteht dann eine Souveränität dieser Mitgliedstaaten zu gesamter Hand. Das gilt auch für supranationale Organisationen, weshalb richtig gesagt wird, daß die Nationalstaaten der Europäischen Gemeinschaft trotz begrenzter Souveränitätsübertragung doch „Herren der Verträge" geblieben sind[37], wobei immer zu beachten ist, daß das nicht für den einzelnen Mitgliedstaat zutrifft, sondern nur für die Gemeinschaft der Staaten und also zu gesamter Hand.

Ein Unikum in diesem Sinne bildete allerdings die **Sowjetunion**. Zwar bestanden eine einheitliche Staatsangehörigkeit, einheitliche diplomatische Vertretungen, einheitliche Streitkräfte, und vieles mehr erwies den Bestand eines **Bundesstaates**, aber doch bestand das formelle Recht der Unionsrepubliken, jederzeit die Bundesmitgliedschaft aufzuheben[38] – insoweit also Souveränität –, und darüber hinaus hatten die Ukraine und Weißrußland eigenes Stimmrecht als Staaten in den Vereinten Nationen, in denen nur Staaten Mitglieder sein können[39]. Hier zeigen sich dann wieder **staatenbündische Merkmale**.

172

Bei aller Unterschiedlichkeit der Bundesstaaten der Welt scheint doch **ein Merkmal für alle** zu gelten. Das **Recht zur Kriegsführung** – heute nur rechtmäßig zur Verteidigung ausübbar – steht **nur dem Bund** zu, also dem die volle Völkerrechtssubjektivität innehabenden Zentralstaat. Auch kann ein **Streit unter den Mitgliedern des Bundesstaates nicht zum internationalen Krieg** führen, sondern bleibt innere Angelegenheit des Gesamtstaates. Eine Einschränkung gilt hier nur für die Ausübung des Selbstbestimmungsrechts eines Volksteils, für eine Situation also, die einen extremen Sonderfall darstellt und deren Vorliegen sich nach Völkerrecht und nicht nach Verfassungsrecht bestimmt.

173

---

36 Vgl. Fn. 15.
37 Dazu *H. P. Ipsen*, Europäisches Gemeinschaftsrecht, 1972, S. 211 ff.; *M. Herdegen*, Europarecht, 5. Aufl., 2003, Rdn. 89 ff.
38 Vgl. Fn. 14.
39 Charta der VN, Art. 4, Abs. 1: „Mitglieder der Vereinten Nationen können ... Staaten werden...".

§ 7 Internationale Organisationen

174 Die Staatenzusammenschlüsse zu **internationalen Organisationen** haben, wie schon bemerkt, in neuerer Zeit den Typus des **Staatenbundes ersetzt**, wenn auch nur in begrenzter Art, denn der Staatenbund kann, aber muß seine Zwecke nicht definieren, während das bei der internationalen Organisation zwingend erforderlich ist. Die Begriffsmerkmale der internationalen Organisationen – governmental organization im Unterschied zur non-governmental organization, deren Mitglieder Privatpersonen oder private, nationale Verbände sind – bestimmen sich wie folgt: Die **Mitglieder sind Staaten**, deren Souveränität trotz Mitgliedschaft erhalten bleibt und die durch ihre Regierungen vertreten werden; sie werden durch **völkerrechtliche Verträge gegründet**; sie verfügen über **permanent operierende Organe**; ihre **Zwecke** sind in ihrem Statut klar um- und begrenzt; internationale **Rechtspersönlichkeit** ist ihnen nur für die Ausübung dieser Zwecke zuerkannt; abgesehen von den Vereinten Nationen ist kein Staat verpflichtet, ihre internationale Rechtspersönlichkeit anzuerkennen, es sei denn, er ist ihr Mitglied[1] und hat damit seine Anerkennung ausgedrückt.

175 Jedes dieser Merkmale der internationalen Organisationen bedarf subtiler Betrachtungen. So wie im Rahmen eines Staatenbundes, dessen Mitglieder nur durch völkerrechtlichen Vertrag miteinander verbunden sind, erzeugen auch die **Verträge zur Gründung einer internationalen Organisation ausschließlich völkerrechtliche Vertragspflichten**. Das Gleiche gilt für **Beschlüsse** der Organe der Organisation, auch wenn sie als bindend bezeichnet werden, wie das z.B. gem. Art. 25 der Charta der VN der Fall ist[2]; auch diese **Bindung** nämlich erzeugt **nur eine Vertragspflicht**, der ein Staat bona fide nachzukommen hat, d.h. der Beschluß bedeutet keinen Befehl unmittelbar an die Staatsorgane des verpflichteten Mitgliedsstaates und ersetzt nicht dessen selbständige Ausführung des Beschlusses. Anders ist das nur bei supranationalen Organisationen.

176 Welche **Organe der Organisation** permanent funktionsfähig sein müssen, kann abstrakt nicht festgestellt werden, da aufgrund der **völkerrechtlichen Vertragsfreiheit** die Verfassung der Organisation weiten Gestaltungsmöglichkeiten zugänglich ist. Die Mehrheit der internationalen Organisationen hat als Organe eine **Vollversammlung** der Vertreter der Mitgliedstaaten eingerichtet, die naturgemäß nicht ständig tagt, daneben einen **engeren Rat**, u.U. bestehend aus Regierungsvertretern nur weniger ausgewählter Staaten, und ein **Generalsekretariat**, das ständig er-

---

1 Zur Definition der internationalen Organisation s. *H. F. Köck/P. Fischer*, Das Recht der Internationalen Organisationen, 3. Aufl. 1997, S. 57; *E. Klein*, Die Internationalen Organisationen als Völkerrechtssubjekte, in: Völkerrecht (Hrsg. W. Graf Vitzthum), 2. Aufl., 2001, S. 305 ff. zur Rechtsstellung Internationaler Organisationen.
2 Art. 25 der VN-Charta: „Die Mitglieder der Vereinten Nationen kommen überein, die Beschlüsse des Sicherheitsrats im Einklang mit der Charta anzunehmen und durchzuführen"; zum Umfang der Bindungswirkung dieser Bestimmung s. *Verdross/Simma*, Universelles Völkerrecht, 3. Aufl. 1984, Rdn. 159; *J. Delbrück*, in: The Charter of the United Nations (Hrsg. B. Simma), 2. Aufl., 2002, Bd. 1, zu Art. 25, Rdn. 16 ff.

reichbar ist und die laufenden Geschäfte erledigt[3]. In einzelnen Fällen verfügen die Organisationen über eine eigene **Gerichtsbarkeit**, deren Entscheidungen die Staaten bei Streitigkeiten über Anwendung und Auslegung des Organisationsstatuts binden, aber **keine unmittelbare Rechtswirkung** im innerstaatlichen Recht der Mitgliedstaaten erzeugen[4], wobei der **Gerichtshof der Europäischen Gemeinschaft eine Ausnahme** bildet. Welche Art von Beschlüssen (Resolutionen, Empfehlungen, Einzelfallentscheidungen, Anordnungen für alle Mitgliedstaaten etc.) die Organe fassen können, hängt von der Kompetenzverteilung durch das Organisationsstatut ab. Regelmäßig wird bei der Beteiligung der Staaten an der Bildung der Organe der Grundsatz der **Gleichheit der Staaten** beachtet, aber Ausnahmen sind durchaus feststellbar und nicht suspekt, da sie auf freiwillig eingegangenen Verträgen beruhen[5].

Die Vertragsbeendigung bzw. der **Austritt aus der Organisation** unterliegt den Regeln des allgemeinen Völkerrechts, d.h. er richtet sich in erster Linie nach dem Statut der Organisation und – soweit dieses keine Einzelheiten enthält – nach den Regeln der Wiener Vertragskonvention[6]. So kann es zu **Kündigungen des Vertrages** kommen, oder zur Vertragsbeendigung aus wichtigem Grunde, gegebenenfalls unter Berufung auf die **clausula rebus sic stantibus** oder die **Unmöglichkeit der Zweckerreichung**. Die Vertragsverletzung durch ein Mitglied berechtigt regelmäßig die übrigen Mitglieder noch nicht zur Vertragsbeendigung[7], es sei denn, der Gründungsvertrag verlöre so seinen Sinn und Zweck. 177

Die klare Bezeichnung der **Zwecke der Organisation**, wie sie sich aus deren Statut zu ergeben hat, ist in mehrfacher Hinsicht von entscheidender Bedeutung. Die Zwecke der Organisation sind wesentlich für die **Auslegung des Vertrages** dann, wenn dieser Unklarheiten enthält (primäres Recht) und für die Auslegung von Beschlüssen, falls diese der Klarheit ermangeln (sekundäres Recht). Dabei ist zu beachten, daß zwar ein völkerrechtlicher Vertrag, jedenfalls ein gegenseitiger Vertrag, üblicherweise **restriktiv** zu interpretieren ist[8], d.h. ihm nicht mehr an Verpflichtungen entnommen werden darf als er klar erkennen läßt. Bei der Auslegung des Statuts einer internationalen Organisation oder ihrer Beschlüsse folgt man dagegen überwiegend dem Grundsatz der **extensiven Interpretation**, d.h. einer solchen, die im Zweifel der Funktionsfähigkeit der Organisation und der Erreichbarkeit ihrer Zwecke entspricht[9]. Die Ziele der Organisation sind hier also entscheidend; man spricht 178

---
3 *R. L. Bindschedler*, International Organizations, in: EPIL, Bd. 2, 1995, S. 1289 ff.; *J. Kokott/K. Doehring/T. Buergenthal*, Grundzüge des Völkerrechts, 3. Aufl., 2003, Kap. 5, S. 33 ff.
4 Z.B. Internationaler Gerichtshof, Art. 92 ff. der Charta der VN.
5 Dazu die Zusammensetzung des Sicherheitsrats der VN (Art. 23 ff. der Charta), wonach die fünf ständigen Mitglieder über besondere Rechte verfügen.
6 Wiener Übereinkommen über das Recht der Verträge v. 23. 5. 1969 (BGBl. 1985 II, S. 926), Art. 54 ff.
7 Wiener Vertragskonvention (Fn. 6), Art. 60, Abs. 2.
8 Dazu *Verdross/Simma* (Fn. 2), Rdn. 780 mit Hinweisen auf die Rechtsprechung Internationaler Gerichte; s. auch *F. Berber*, Lehrbuch des Völkerrechts, 2. Aufl. 1975, S. 482; *K. Doehring*, Völkerrecht, 2. Aufl., 2004, Rdn. 387 ff.
9 *F. Berber* (Fn. 8), S. 479; *K. Doehring*, Völkerrecht, (Fn. 8), Rdn. 387 ff.

§ 7 *Internationale Organisationen*

von einer Auslegung, die den **effet utile** herbeiführt[10], ein Begriff, der speziell im Rahmen des Europarechts entwickelt wurde.

179 Die Organisationszwecke sind weiter dann wesentlich, wenn es darum geht, ob die **Organe ihre Kompetenzen** eingehalten haben, denn gehen ihre Aktivitäten über die Zwecke hinaus, handeln sie völkerrechtswidrig, was Rechtsfolgen für die Haftung der Organe und auch der Organisation erzeugen kann. Auch können Beiträge für die Tätigkeit der Organisation dann verweigert werden, wenn diese für organisationsfremde Zwecke verwendet werden sollen[11]. Daß die Unmöglichkeit der Zweckerreichung zur Aufkündigung des Organisationsvertrages berechtigen kann, wurde schon erwähnt.

180 Obwohl es Vorläufer der Rechtsentwicklung auch auf diesem Gebiet gab, kann man den **Völkerbund**, gemessen an den dargelegten Merkmalen, als die erste internationale Organisation von Bedeutung bezeichnen. Vor seiner Gründung wurde die Konstruktion von internationalen Organisationen auch als Spekulation z.T. rigoros abgelehnt[12], da sie der **Souveränität der Staaten** widerspreche. Die Souveränität wurde lange Zeit nicht nur als **Befehlsunabhängigkeit** von anderen Rechtssubjekten betrachtet, sondern weitgehend auch als **Ordnungsunabhängigkeit**, was bedeutet, daß jeder Staat allein darüber entscheidet, was für ihn als Recht gilt, eine Auffassung, die einer gefestigten Ordnung der internationalen Beziehungen rigoros entgegensteht. Der Völkerbund war der erste Versuch, diesen Zustand durch Errichtung einer Staatenorganisation zu verändern. Heute übersteigt die Zahl der internationalen Organisationen diejenige der Staaten in der Welt.

181 Hinsichtlich **supranationaler Organisationen** sind die Begriffsmerkmale differenzierter zu sehen. Derzeit handelt es sich dabei nur um die drei **Europäischen Gemeinschaften**[13], die sich dann zur Europäischen Union im Jahre 1992 zusammenschlossen. Auch bei ihnen bleibt zwar die Souveränität der Mitgliedstaaten erhalten, ist aber doch wesentlich eingeschränkt, worin gerade der Sinn der Supranationalität besteht, wobei bisher unklar blieb, ob diese Konstruktion als mehr bundesstaatlich oder eher staatenbündisch zu qualifizieren ist.

182 Diese Besonderheit drückt sich nämlich in zweifacher Hinsicht aus. Zum einen sind bestimmte **Organe von nationaler Weisung unabhängig**. Während die nationalen Vertreter z.B. in den Vereinten Nationen (Generalversammlung, Sicherheitsrat) den Weisungen ihrer nationalen Regierungen folgen dürfen oder auch müssen, wenn die

---

10 *Verdross/Simma* (Fn. 2), Rdn. 718; *M. Herdegen*, Europarecht, 5. Aufl., 2003, Rdn. 200 f.
11 Darum ging es im Gutachten des IGH im Streit um Ausgaben durch die VN v. 20. 7. 1962, ICJ Rep. 1962, S. 151 ff.
12 So *E. Kaufmann*, Das Wesen des Völkerrechts und die clausula rebus sic stantibus, 1911, S. 136, der „universalistischen Tendenzen" nur insoweit Wirkungen zubilligt als sie im Herrschaftsstreben der Staaten ihren Ausdruck finden, nicht aber in einer Organisation, die eine Gleichberechtigung der Staaten zum Ziel hat.
13 Vertrag zur Gründung der Europäischen Gemeinschaft für Kohle und Stahl (EGKS) v. 18. 4. 1951; Vertrag zur Gründung der Europäischen Wirtschaftsgemeinschaft (EWG) v. 25. 3. 1957; Vertrag zur Gründung einer Europäischen Atomgemeinschaft (EURATOM) v. 25. 3. 1957; Vertrag über die Europäische Union v. 7. 2. 1992 (BGBl. 1992, II, S. 1251).

einzelne Regierung es so will, sind die Mitglieder der Kommission der Europäischen Gemeinschaft nicht nur von Regierungsweisungen der Staaten ihrer Staatsangehörigkeit frei, sondern es ist ihnen ausdrücklich untersagt, solche Weisungen auch nur entgegenzunehmen[14]. Das gilt natürlich nicht für den Ministerrat der Gemeinschaften, da dieser sich aus Vertretern der Staatsregierungen zusammensetzt. Da die wichtigsten Entscheidungen durch den Ministerrat getroffen werden, insbesondere der Erlaß von Rechtsvorschriften[15], und nicht durch die Kommission, ist die Unabhängigkeit dieses Organs nicht von fundamentaler Bedeutung; immerhin kann aber auch der Ministerrat nicht ohne Vorschlag der – unabhängigen – Kommission und Mitwirkung des Europäischen Parlaments rechtsetzend tätig werden, soweit der Vertrag das bestimmt[16].

Es ist ein zweites Merkmal der Supranationalität, das für ihre Rechtsnatur ausschlaggebender ist. Anders als in anderen internationalen Organisationen bewirken die gesetzesähnlichen **supranationalen Rechtsakte eine unmittelbare, automatische Bindung nicht nur der Mitgliedstaaten, sondern auch ihrer Behörden, Gerichte und auch der Staatsbürger**[17]. Diese Rechtsakte wirken so als seien sie von den nationalen Staatsgewalten der Mitgliedstaaten selbst erlassen, bedürfen also **keiner Transformation** aus internationaler Bindung in nationales Recht, wie das bei Beschlüssen der Organe internationaler Organisationen regelmäßig der Fall ist, auch wenn sie die Staaten bindend verpflichten. Auf den Gebieten also, die nach den Gemeinschaftsverträgen der Zuständigkeit der Europäischen Gemeinschaften überantwortet sind, ist die **Hoheitsmacht der Staaten aufgegeben bzw. an die Organe der supranationalen Gemeinschaften übertragen**, und deren Rechtsakte ersetzen das bisher nationale Recht im Hinblick auf Verbindlichkeit und unmittelbare Anwendbarkeit. Man kann daher, anders als bei anderen internationalen Organisationen, hinsichtlich des Gemeinschaftsrechts von einem **partiellen Bundesstaat** sprechen, in dem Bundesrecht neben und im Konfliktsfall über dem Recht der Einzelstaaten rangiert. Ein weiteres Anwachsen der übertragenen Materien könnte zu einer **Aushöhlung nationaler Souveränität** führen und die Feststellung nicht mehr zulassen, daß die einzelnen Mitgliedstaaten noch Staaten i.S. des Völkerrechts sind. Quantität könnte in Qualität umschlagen[18]. Ob eine solche Entwicklung zu begrüßen wäre, ist eine politische Frage; hier war nur die Rechtswirkung zu zeigen.

183

Insgesamt ist festzustellen, daß die Steigerung des Bestandes von internationalen Organisationen, die Erweiterung ihrer Entscheidungsbreite und Bindungswirkun-

184

---
14 Vertrag zur Einsetzung eines gemeinsamen Rates und einer gemeinsamen Kommission der Europäischen Gemeinschaften v. 8. 4. 1965, Art. 10, Abs. 2.
15 Art. 202 ff. EGV.
16 Art. 249 ff. EGV; *R.Streinz*, Europarecht, 6. Aufl., 2003, Rdn. 436 f., zum Grundsatz der „enumerativen Einzelermächtigungen".
17 Art. 249 EGV; s. dazu *R.Streinz* (Fn. 16), Rdn. 349 ff.
18 *K. Doehring*, Internationale Organisationen und staatliche Souveränität, Festgabe für Ernst Forsthoff zum 65. Geburtstag, 1967, S. 105 ff.; *G. Ress*, Souveränitätsverständnis in den Europäischen Gemeinschaften als Rechtsproblem, in: Souveränitätsverständnis in den Europäischen Gemeinschaften (Hrsg. G. Ress), 1980, S. 11 ff., wonach ein Anwachsen der europäischen Kompetenzen den „Staat herkömmlicher Art ablösen" könnte (S. 16).

gen ihrer Beschlüsse das **Wesen der staatlichen klassischen Souveränität verändert** und in ihrer Bedeutung verringern kann; darauf ist bei Behandlung des Begriffs der Souveränität zurückzukommen (§ 12). Die Gefahr einer solchen Entwicklung liegt allerdings darin, daß die Verantwortlichkeit eines Souveräns für Schutz und Wohlstand der ihm anvertrauten Menschen abnimmt, bzw. anonymisiert wird; der einzelne Mensch könnte sich noch entfernter von Entscheidungsinstanzen befinden, sich in gewisser Weise verloren fühlen, worauf wohl auch manche Bestrebungen zur Lokalisierung und Regionalisierung der öffentlichen Gewalt, bis hin zum – z.T. utopischen – Wunsch nach sog. Basisdemokratie beruhen. Ein Spannungsverhältnis zwischen dem Ideal der Demokratisierung i.S. einer Volksbeteiligung und demjenigen einer umfassenden Verwaltung von Großräumen ist nicht zu übersehen.

§ 8 Staatszwecke und Staatsrechtfertigung

185 Immer wieder sind in der Rechtsgeschichte und in der Staatsphilosophie die Fragen gestellt worden, **warum man des organisierten Staates bedarf und ob der Staat einem bestimmten Zweck zu dienen habe**[1]. Beide Fragen sind auch miteinander verbunden worden: rechtfertigt nur ein bestimmter Staatszweck den Bestand des Phänomens „Staat"? Die Frage, warum man denn des Staates bedürfe, kann sowohl empirisch als auch theoretisch beantwortet werden. Offenbar haben sich die Menschen selbst immer unter einem **Organisationszwang** gesehen, und es ist theoretisch evident, daß ohne Organisation Individuen nicht als Gemeinschaft leben können, und ebenso, daß sie in einer immer enger werdenden Welt ohne Organisation nicht überleben können. Selbst Anarchisten bedürfen einer Geschäftsordnung, d.h. irgendwelcher rudimentärer Regelungen. Die Frage nach der Rechtfertigung des Staates kann nur bedeuten, ob sich aus dem **besonderen Zweck**, dem ein Staat dienen soll, eine **bestimmte Art des Staates** ergibt. Selbst der Marxismus, der nach der Erreichung einer bestimmten idealen Gesellschaftsordnung das Absterben des befehlenden Staates proklamierte[2], hat dieses utopische Ziel niemals ernstlich verfolgt und verfolgen können, was heute wohl auch Spät- oder Neomarxisten zugeben.

Die Frage aber, welchen besonderen Zwecken ein Staat dienen solle, ist unendlich vielfältig beantwortet worden.

---

1 Zur Rechtfertigung der Staatsmacht *R. Zippelius*, Allgemeine Staatslehre, 14. Aufl., 2003, S. 122 ff. mit entsprechenden Literaturhinweisen; *H. C. Link* und *G. Ress*, Staatszwecke im Verfassungsstaat – nach 40 Jahren Grundgesetz, in: VVDStRL, Bd. 48, 1990, S. 7 ff. und S. 56 ff.; *P. Pernthaler*, Allgemeine Staatslehre und Verfassungslehre, 2. Aufl., 1996, S. 111 ff.
2 Zur Theorie vom „Absterben des Staates" *P. Pernthaler*, (Fn. 1), S. 32 f.; s. auch *H. Krüger*, Allgemeine Staatslehre, 1964, S. 665.

1. Historischer Überblick

Die nachfolgende Darstellung ist notwendigerweise selektiv, da eine erschöpfende Zusammenstellung aller geistesgeschichtlichen Vorstellungen und Modelle wegen ihrer nahezu unendlichen Vielfalt speziellen Untersuchungen vorbehalten bleiben muß[3]. Platon (427–347) und Aristoteles (384–322), Lehrer und Schüler, sahen den Sinn des Staates in der Herstellung einer menschlichen Gemeinschaft, in der die **Förderung von Tugend und Gerechtigkeit** wesentlich deren Sinn erfülle. Platon ging – deduktiv – von einer Idee eines solchen Staates aus; aus ihr leitete er die Notwendigkeit einer bestimmten Staatsgestaltung ab. Aristoteles, dessen Gedanken den Naturwissenschaften näher standen, machte – induktiv – die Beobachtung des Wesens der Menschen zum Ausgangspunkt seiner Überlegungen zur Staatsgestaltung[4]. Bis heute sind diese beiden Methoden als Alternativen der Staatsbetrachtungen wesentlich geblieben. So steht vor der Entscheidung über die Art des Staates diejenige über das Wesen des Menschen; soll er sich tugendhaft und gerecht verhalten (normativ – deduktiv)? Kann und wird er sich so verhalten (empirisch – induktiv)? Das Ideal strebt nach Vollendung; der auf Erfahrung beruhende Gestaltungswille strebt nach dem Machbaren.

Die Auffassung von Cicero (108–43), wonach das „wahre Gerechte" auch die einzige „Vernunft" sei, stellt eine Synthese her, die dann den Sinn des Gemeinwesens bestimmt[5]. Die feste **Verbindung von Gerechtigkeit und Vernunft** antezepiert das spätere **Vernunftnaturrecht**, das sich, wenn auch vergeblich, um den Nachweis bemühte, daß der Gebrauch der Vernunft folgerichtig zur Gerechtigkeit führe, wobei man übersah, daß diese Begriffsverbindung jedenfalls eine allgemeingültige Definition der Gerechtigkeit voraussetzt; diese aber ist bis heute nicht gelungen und kann niemals gelingen, weil es keine unbestreitbare Generalanweisung für das gibt, was die Menschen wollen sollen. Nur wenn alle das Gleiche wollen, könnte die ratio auch dieses Phänomen bestimmen. Aber der Egoismus der Individualität läßt das nicht zu, und selbst der Altruismus versucht letztlich das Wollen des anderen zu regieren, d.h. durch das eigene, altruistische Wollen zu ersetzen.

Das wurde von den Staatsdenkern erkannt, die den archimedischen Punkt dann im außermenschlichen Bereich, in der Transzendenz suchten und hierdurch zu einer Staatsauffassung gelangten. So ging es Augustin (354–430) um den **Gottesstaat** (civitas dei). Der Staat solle die Gebote Gottes durchsetzen[6]. Danach kommt es auf den Willen der Menschen nicht mehr an. Eine Verbindung wieder zur **Vernunft** stellte Thomas von Aquin (1225–1274) her. Er bediente sich in gewisser Weise eines Tricks, wenn auch eines gläubigen, denn er setzte die natürliche Vernunft des

---

3 Aufschlußreich, *K. Hespe*, Zur Entwicklung der Staatslehre in der deutschen Staatsrechtswissenschaft des 19. Jahrhunderts, 1964.
4 Dazu die Einführung von *A. Bergsträsser* und *D. Oberndörfer*, Klassiker der Staatsphilosophie, 1962, S. 11 zu Platon und S. 34 f. zu Aristoteles, mit Auszügen der Werke und Übersetzung.
5 In der von *Bergsträsser/Oberndörfer* (Fn. 4) vorgelegten Übersetzung (Res publica, III, 22) heißt es (S. 64): „Es ist aber das wahre Gesetz die richtige Vernunft, die mit der Natur in Einklang steht...".
6 Vgl. dazu den übersetzten Auszug aus der Civitas Dei (XI, 1) bei *Bergsträsser/Oberndörfer* (Fn. 4), S. 70.

Menschen den Geboten Gottes gleich[7]. Die Vernunft sei göttlich, Gottes Produkt, und ihr Inhalt sei wiederum durch Gotteserkenntnis zu ermitteln; so sei es eine **natürliche** und von Gott gebotenen Eigenschaft des Menschen, in **Gemeinschaft** zu leben. Man kann sich fragen, ob rein methodisch gesehen hierin ein Unterschied zum Leben etwa unter dem Koran besteht, der ebenfalls die letzte Auskunft über alles Recht und damit über das Wesen des Staates geben soll.

189 Einem mehr weltlichen und auch letztlich der Vernunft zugewandten Ideal widmete sich Marsilius von Padua (1290–1343)[8]. Die **Friedensbewahrung** sei der **Zweck** des Staates. Dieser sei nur zu erreichen, wenn diejenigen die Gesetze verfassen, die ihnen dann unterworfen sind. Es geht um eine – wenn man von der Antike absieht – frühe Proklamation **demokratischer** Staatsgestaltung. Die Befriedung des Zusammenlebens der Menschen als Staatsziel wird dann später, wenn auch mit ganz anderen Konsequenzen, von Thomas Hobbes betont.

190 Nicht um Befriedung sondern um **Machtentfaltung** des Fürsten geht es Nicolo Machiavelli (1469–1527). Hierin sah er den Sinn des Staates; aber bei diesem Techniker der Macht ist nicht recht zu entdecken, welchem Zweck nun die Macht, über sich selbst hinausweisend, dienen soll[9]. Auch Jean Bodin (1529–1596) sah die Macht des Königs als wesentlich für die Staatsgestaltung an (suprema potestas – Souveränität), doch anerkannte er auch, daß es nicht in der Macht des Fürsten stehe, „göttliche und natürliche Gesetze außer Kraft zu setzen ..."[10]. Er meinte, nur so könne die natürliche Gemeinschaft der Menschen gefördert werden. Vielleicht war seine Sicht durch das Negative bestimmt, denn der König, von den Ständen, Adel und Kirche bedrängt, konnte für das Gemeinwohl machtlos nicht sorgen. In dieser Art stärker politisch dachte auch Thomas Hobbes (1588–1679). Der **Mensch werde des Menschen Wolf** bleiben (homo homini lupus), wenn nicht ein starker Monarch die Gegensätze bändige[11]. Auch ging es nicht so sehr um den dem Staat vorgeordneten Sinn des menschlichen Lebens als vielmehr um die Technik, die zentrifugalen Wünsche der Egoisten im Gemeinwesen zu bändigen.

191 Mehr substantiellen Inhalt gewann die Staatsbetrachtung durch John Locke (1639–1677), nach dessen Auffassung politische Gemeinschaften zur **Überwindung des Urzustandes** nötig seien, denn anders könne Schutz des Lebens und des Eigentums nicht gesichert werden[12]. Doch gelangte er so, im Gegensatz zu Hobbes, zum Ziel

---

7 In der Einleitung zu den Auszügen aus den Werken von Thomas von Aquin heißt es bei *Bergsträsser/Oberndörfer* (Fn. 4), S. 82 einprägsam: „Am ewigen Gesetz göttlicher Vernunft nämlich, daß den ganzen Kosmos durchwaltet, haben alle Völker und Menschen in der Erkenntnis des Naturgesetzes teil"; zur Gemeinschaftslehre s. *F. Ermacora*, Allgemeine Staatslehre, Bd. I, 1970, S. 78 ff.
8 Defensor Pacis, 1324, I, 12, 3.
9 Gut formuliert heißt es bei *Bergsträsser/Oberndörfer* (Fn. 4), S. 106: „Religion und Glaube interessierten Macchiavelli lediglich unter dem Gesichtspunkt der Erhaltung und Vermehrung der Macht".
10 Vgl. *Bergsträsser/Oberndörfer* (Fn. 4), S. 150, mit übersetzten Auszügen aus „Les six livres de la République".
11 Zum Konzept der „Rettung aus dem Elend des Krieges aller gegen alle durch die Furcht vor einer höheren Gewalt" s. *Bergsträsser/Oberndörfer* (Fn. 4), S. 173 f. mit Auszug und Übersetzung (Leviathan, II, 17); vgl. vor allem *R. Zipelius* (Fn. 1), S. 134 ff.
12 *R. Zippelius*, Geschichte der Staatsideen, 9. Aufl., 1994.

des Machtabbaues des Staates, wie seine frühe Zuneigung zum System der **Gewaltenteilung** zeigt. Diese wurde dann als System von Montesquieu (1683–1755) perfektioniert; es sollte die Tyrannis abgebaut werden, die Machtkonzentration, die der Gemeinschaft Schaden bringe[13].

Obwohl es auch bei den Technikern der Macht bzw. des Machtabbaus sicherlich um höhere Ziele ging, die Förderung des Gemeinwesens und seine Befriedung, sind **ethische Ziele** in reinerer Form und **als Staatszweck** dann wieder bei Jean-Jaques Rousseau (1719–1788) zu finden[14]. Der Staat habe die Aufgabe, die **Freiheit des Einzelnen** zu gewährleisten, die ursprünglich vorhanden gewesen, dann aber verloren gegangen sei. Diese Freiheit, als Ideal, könne im Kollektiv nur zu gesamter Hand bestehen. Der **Wille der Einzelnen** (volonté de tous) werde eingebracht in den **Allgemeinwillen** (volonté générale). Dieser contrat social verbürge die freie Entwicklung des Menschen. Diese Anschauung, die eine der geistigen Grundlagen der französischen Revolution bildete, beeinflußte intensiv die späteren Staatsdenker.

Kant, der die Gewaltenteilung als wesentlich für jedes Staatswesen ansah und der die französische Revolution als Staatsereignis begrüßte[15], überhöhte den Freiheitsbegriff Rousseau's durch die Forderung, daß ihr Gebrauch **sittlichen Grundsätzen** zu folgen habe[16]. Sein Ziel war es, ratio und emotio in Übereinstimmung zu sehen, und so Gebundenheit und Freiheit zu versöhnen. Ob es ihm gelang, den Zweck des Staates in der Vollendung des Sittlichen nachzuweisen, mag wiederum dahinstehen, denn der Inhalt dieses Ideals wird vielleicht schlüssig aber nicht zwingend aufgezeigt werden können.

Hegel folgte einem ähnlichen Gedanken[17]. **Nur im Staat könne der Mensch sich vollenden**, was dann als Staatszweck angesehen werden muß. Sein dialektischer Denkprozeß scheint zu der Folgerung zu gelangen: These – individuelle Freiheit; Antithese – gesellschaftliche Gebundenheit; Synthese – der Staat, in dem sich die Freiheit als Gebundenheit und die Bindung als Bedingung der Freiheit erweisen. Eine Antwort auf die Frage, wozu nur die Freiheit verwendet werden darf, und wozu nur die Bindung auferlegt werden darf, ergibt auch die Dialektik nicht endgültig.

Die **Positivisten** des ausgehenden 19. Jahrhunderts, haben – aus juristischer Sicht und beeinflußt von der Auffassung, wonach nicht der Staat, sondern die Gesellschaft für die Wohlfahrt der Menschen zu sorgen habe – die Frage nach dem Staatszweck kaum mehr gestellt. Daß die **Nation** per se einen **Wert** darstellte, war nicht bestritten; aber die Geltung der Rechtsordnung wurde letztlich mit ihrer Effektivität begründet, wie es Erich Kaufmann noch 1911 so eindrucksvoll erläuterte[18]. Die

---

13 Dazu die Einleitung von *E. Forsthoff* (Hrsg.) zu Montesquieu, Vom Geist der Gesetze, 1967, S. 17 ff.
14 *F. Pohlmann*, Politische Herrschaftssysteme der Neuzeit, 1988, S. 85 ff.
15 Dazu *Th. Tsatsos*, Zur Geschichte und Kritik der Lehre von der Gewaltenteilung, Sitzungsberichte der Heidelberger Akademie der Wissenschaften, Jg. 1968, 6. Abhandlung, S. 45 ff.
16 *F. Pohlmann* (Fn. 14), S. 111.
17 Zum „Dialektischen Ansatz" *R. Zipelius* (Fn. 1), S. 36 f.
18 So spricht *E. Kaufmann*, Das Wesen des Völkerrechts und die clausula rebus sic stantibus, 1911, S. 135, vom Staat als „Machtorganisation" und S. 153 vom siegreichen Krieg als „Bewahrung des Rechtsgedankens".

ethische Komponente dieser Auffassung bestand in der Überzeugung, daß letztlich der Stärkere nur deshalb sich durchsetzen werde, weil er diese seine Stärke größerer sittlicher Kraft verdanke, eine Auffassung, die im Zeitalter der Massenvernichtungswaffen naiv erscheint.

196 Doch schon im ersten Drittel des 20. Jahrhunderts erlebten die Fragen nach der Staatsrechtfertigung eine Renaissance. Die marxistische, besser gesagt **kommunistische Staatsauffassung**, die sich in der Oktoberrevolution 1917 durchsetzte, sah die Aufgabe des Staates in der Herstellung der **klassenlosen Gesellschaft**. Die „sozialistische Gerechtigkeit" unterstellte jedes Individualinteresse dem Kollektivinteresse; sie war das Ethos des Staates[19]. Die Entwicklung zeigt dann, daß, trotz aller Erwartungen, diese Gleichheit nicht zur Glückseligkeit führte, sondern zur Verarmung, zum Freiheitsverlust des Einzelmenschen und zur **Klassengesellschaft der Funktionäre**. Es währte immerhin nahezu 70 Jahre, bis die Illusion dieser weltlichen Ersatzreligion offenbar wurde.

197 Der nur 12 Jahre während Nationalsozialismus Adolf Hitlers hatte staatstheoretisch eine ganz ähnliche Basis[20]. Nicht Tugendförderung, Moral oder transzendentale Werte bestimmten die Aufgabe des Staates, sondern **Rasse, Blut und Boden** als zu fördernde, letzte Werte. Diesen Werten nun war alles zu unterstellen bis hin zum Leben des Einzelmenschen. „Du bist nichts – dein Volk ist alles" war so gemeint, daß unter „Volk" die germanische Rasse zu verstehen war, denn ihr wurden die höchsten, wertvollsten Eigenschaften zugeschrieben, wenn auch mit großer Naivität und unter Berufung auf primitiv-moralische und plakative Tugenden. Neu an dieser Entwicklung der ideologischen Staatsauffassung des Marxismus und des Nationalsozialismus war aber gar nicht so sehr die Betonung bestimmter Werte – auch Spießbürger haben sie begriffen –, sondern ihre radikale, konsequente Durchsetzung. Das hatte es im wesentlichen in der Geschichte nur bei der Durchsetzung von Religionen gegeben, auch wenn diese oft Vehikel der weltlichen Machtausdehnung waren.

198 Dieser Überblick sollte zeigen, wie vielfältig und unterschiedlich Staatszwecke definiert wurden, aber auch, daß immer wieder versucht wurde, die Aufgabe der Staatsmacht zu rechtfertigen, über den Staat hinausweisende Werte zu schützen und zu fördern. Nur selten ist die Staatsmacht um nur ihrer selbst willen bestehend charakterisiert worden, selten also l'art pour l'art. Auch Könige und Diktatoren haben ihre Macht rechtfertigen wollen, und auch Demokraten sahen in der Mehrheitsentscheidung ein Mittel zur Erreichung höherer Ziele, zumindest desjenigen der Gerechtigkeit, basierend auf Gleichheit.

2. Rationale Unauflöslichkeit

199 Wenn sich so zeigt, daß nahezu **alle** behaupteten Staatszwecke ihren Ausgang von **ethischen Werten** im weitesten Sinne nehmen und kaum eine Staatsgewalt so frivol

---

19 Dazu F. Ermacora (Fn. 7), S. 143 ff.
20 F. Ermacora (Fn. 7), S. 176.

war, ihren Bestand mit nichts anderem als ihrer Existenz zu rechtfertigen, ergibt sich die Frage, ob denn **einer** der zahlreichen Antworten **Vorrang** zuzubilligen ist. Hierüber kann jedoch keine Logik Aufschluß geben und auch keine Erfahrung. Der Versuch, eine logisch-zwingende Antwort über den Vorrang eines Wertes zu geben, übersähe, daß der Wert einer ethischen Entscheidung **niemals beweisbar** sein kann; eine solche Beweisbarkeit wäre eine contradictio in adjecto. Das Wesen des Wertes besteht in seiner Akzeptanz durch diejenigen, deren Wollen diesen Wert bejaht. Der Wert kann bestimmen, was man soll, aber nicht sich selbst beweisen. Ethik und Religion sind auf Glauben an Werte angewiesen. Der **Gottesbeweis und der Ethikbeweis entziehen sich der ratio**. Aber das Gleiche gilt auch für die Versuche, Werte empirisch zu beweisen. Die sog. ökonomische Gesetzlichkeit als eine der Säulen des Marxismus war, wie sich herausstellte, im Grunde ein Glaubenssatz. Ebenso stand es mit den Werten von Rasse, Blut und Boden, deren Durchsetzungskraft man versuchte nachzuweisen, aber das doch nur weil man an sie glaubte.

Nur dann, wenn über das **Ziel des Wollens** im Sinne der Verwirklichung irgendeines Wertes Klarheit und Einigkeit besteht, kann – mit allem Vorbehalt – die Ratio mit ihren Mitteln der **Logik und Empirie** darüber Aufschluß geben, mit welcher Methode dieses akzeptierte Ziel am ehesten zu erreichen ist, etwa die politische Gleichheit der Staatsbürger, der Schutz der gemeinsamen Religion, der Schutz von Freiheit und Eigentum, die klassenlose Gesellschaft oder die Rasse. Eines allerdings scheint allen staatstheoretischen Wertungen gemeinsam zu sein.

Es ist die ständige Frage danach, inwieweit ein grundsätzlich akzeptiertes Staatsziel Allgemeingültigkeit fordern kann, d.h. die Frage danach, ob **Allgemeinbelange Vorrang haben vor Individualinteressen**, oder ob bei Anerkennung von allgemeinen Staatszielen dem Individuum noch Raum gegeben wird zur Entfaltung eigener Interessen. Hierin liegt der wesentliche Unterschied zwischen liberalen Demokratien und sog. Volksdemokratien. Soll die Allgemeinheit schutzwürdiger sein als das Individuum, oder umgekehrt? Es geht dabei um die große Schwankungsbreite der Staatsgestaltung, welchen besonderen Zwecken sie auch unterstellt sei. Das staatstheoretische Dilemma besteht darin, daß wiederum die ratio nicht die Antwort zu geben vermag. **Nicht** einmal die **Regierungsform** des Staatswesens **verbürgt die Balance zwischen Allgemeininteressen und Individualschutz**. So kann die Demokratie in den Händen einer radikalen Mehrheit für die Minderheit zur Tyrannis werden, obwohl sie doch das System der Freiheit verbürgen sollte. Theoretisch ist denkbar, daß ein Diktator oder Monarch die Rechte des einzelnen wirksamer schützt als die Demokratie, denn warum sonst bedürfte man in ihr doch der unabhängigen Gerichtsbarkeit, die vielfach den König durch den „Richterkönig" ersetzt.

Die Verbände im Staat, wie schon die Stände Frankreichs z.Zt. von Bodin, können eine Macht erlangen, die auch in einer Republik die Freiheit des Einzelnen gefährdet und den Ruf nach zentraler Staatsmacht auslöst. Daher ist die Suche nach der „richtigen", d.h. bestimmten Werten dienstbar zu machenden Staats- und Regierungsform immer gepaart gewesen mit der **Einkalkulierung menschlicher Schwächen**; dem positiven Ziel des Staatszweckes stellte man die negativen seiner Behinderung gegenüber. Wer den Menschen für gut hält, propagiert stärker die Freiheit des Einzelnen, die dann Gutes erzeugen wird. Wer den Menschen, zumindest partiell, für böse hält, will ihn unter starker Staatsmacht bändigen[21]. Die **Demokratie** geht regelmäßig von der **Fiktion gleicher und guter Fähigkeiten** des Menschen aus; wie könnte man sonst die Mehrheitsentscheidung rechtfertigen, bei der viele Dumme wenige Kluge überstimmen könnten? Die **Monokratien** und Aristokratien gehen von der **größeren Weisheit Weniger** aus; was sonst sollte die Herrschaft eines Diktators rechtfertigen? Nahezu niemand, vielleicht abgesehen von Theokraten, bestreitet, daß der Staat zum Wohl der Menschen funktionieren soll, aber doch sind Opfer des Menschen bis zur Existenzaufgabe für den Staat verlangt worden. Wenn aber doch Einigkeit darüber besteht, daß der Staat für den Menschen da ist, auch wenn der Mensch ihn schützen soll, damit das Staatsvolk insgesamt geschützt wird, und wenn sich so erweist, daß der Mensch das oberste Schutzgut darstellt, wäre zu fragen, **wofür denn der Mensch nun da ist**, welches der Sinn seines Lebens ist, denn darin könnte sich dann ein letzter Staatszweck erweisen. Aber auch diese Antwort ist niemals allgemeinverbindlich und abstrakt gegeben worden und kann nicht gegeben werden, es sei denn, sie folge aus einem Glaubenssatz, der aber nur für den Gläubigen gilt. So kann die ratio den Staatszweck nicht erklären, d.h. die objektive Wissenschaft ist hier am Ende; sie kann nur Folgen zeigen, nicht die Prämisse bestimmen[22].

3. Der Staat als reine Lebens- und Gefahrengemeinschaft

203 Mit einer gewissen ethischen Bescheidenheit hat man versucht, den Staatszweck darauf zu reduzieren, daß man den Sinn und das Wesen des Staates gerade in seiner **Nichtidentifikation mit einem bestimmten ethischen Ziel** sehen sollte; der Staat genüge seiner Aufgabe, wenn er sich nur als eine **Lebens- und Gefahrengemeinschaft** erweise, die den Bürgern die Freiheit lasse, alle anderen Werte in ihrem Leben als dessen Sinn erfüllend zu nutzen.

204 Wenn je – was mehr als zweifelhaft ist – ein Staatsmodell eine derartige Liberalität verbürgen wollte, die der Nichtidentifikation mit bestimmten Wertvorstellungen entspricht, könnte der Bestand des Staates nicht garantiert werden; ein Staat, der nicht ein **Mindestmaß gemeinsamer Wertvorstellungen** seiner Bürger zur Grundlage seiner Verfassung macht, ist nicht lebensfähig. Das erweist sich schon an der Erwägung, daß die Staatsgewalt, in solchen Fällen meist repräsentiert durch die Gerichtsbarkeit, der Entscheidung nicht ausweichen kann, welcher von zwei oder mehreren sich unter Umständen **gegenseitig ausschließenden Wertvorstellungen** der Bürger im Konfliktfall **Vorrang** einzuräumen ist; die Staatsgewalt kann der Entscheidung nicht ausweichen und muß sich dann doch mit irgendeiner Auffassung identifizieren[23].

---

21 Zum Menschenbild als für den jeweiligen Staatsbestand wesentlich *F. Ermacora* (Fn. 7), S. 384 f.
22 Eindringlich hierzu *H. Krüger* (Fn. 2), S. 196.
23 Dazu *M. Herdegen*, Gewissensfreiheit und Normativität des positiven Rechts, 1989, S. 205 f.

Das System der **Demokratie** i.S. der Mehrheitsentscheidung über divergierende Interessen und Wertvorstellungen ist der **Versuch**, der Identifikation eines Staates mit bestimmten Wertvorstellungen dadurch zu entgehen, daß zwar diejenige der Mehrheit sich zunächst durchsetzt, aber doch der gegenteiligen Ansicht oder einer anderen die Chance offen gehalten wird, auch einmal Erfolg zu haben. Aber auch diese Demokratie kann zum einen nicht verhindern, daß **temporär nur eine Wertvorstellung** gilt, die der Mehrheit, und daß für diese Zeit der Staat sich mit ihr identifiziert, zum anderen setzt dieses System voraus, daß man das **Mehrheitsprinzip als solches für wertvoll hält**. Mit ihm, dem Mehrheitsprinzip jedenfalls, identifiziert sich der Staat, obwohl es selbst der unbeweisbaren Prämisse bedarf, daß die Mehrheit über die Weisheit verfügt, den Interessen der Gesamtheit den besten Dienst zu erweisen; im juristischen Sinne handelt es sich um eine Fiktion, die zutreffen kann, aber nicht muß. Die **Macht der Mehrheit ist keine rationale Rechtfertigung** des Systems, sondern letztlich selbst eine Wertvorstellung, wenn auch im Negativen, denn ihr einziges Positivum ist die Herstellung des Zustandes, daß – nur – die Minderheit ihren eigenen Wertvorstellungen nicht folgen kann. Am Anfang auch dieser Rechtsordnung steht also ein Postulat: die Mehrheitsentscheidung ist immer ein Wert als solcher; beweisbar ist das nicht.

205

Doch ist immer der Versuch gemacht worden, den Staatszweck auf die Rolle des nicht-identifizierten Garanten nur der Lebens- und Gefahrengemeinschaft zu reduzieren. Insbesondere Herbert Krüger hat diesen Gedanken fortentwickelt[24]. Er bezeichnet den Staat als „Gemeinschaft existentieller Verbundenheit". Das menschliche Wesen wolle generell **Existenzerhaltung** und Sicherung. Der Naturzustand befördere nicht etwa individuelle Freiheit, sondern vernichte diejenige der meisten, weil nur der Stärkste Freiheit erringt und erzwingt. Es seien also Opfer an Freiheit nötig um sie für alle zu garantieren. Das bedeute für den Staat, daß er diese Opfer verlangen müsse um für **jeden Zweck offen** zu sein und zu bleiben. Seine Aufgabe sei es, jeden Zweck zu ermöglichen, und ohne ihn, den Staat, könne keiner oder doch nur der vom Stärkeren gewollte erreicht werden. Insofern sei der sich selbst nicht mit einem bestimmten Zweck identifizierende Staat der Garant der Freiheit aller; allein hierin liege sein eigener Zweck.

206

Diese Hinweise sind interessant und wichtig und haben viel Anklang gefunden; fraglich ist, ob sie standhalten. Wenn es den Menschen um die Existenz in Freiheit geht, letztere aber nicht unbegrenzt sein kann, bleibt das wesentliche Problem, **welches Maß an Opfern der Freiheit akzeptiert wird**. Dem einen erscheint nur die Freiheit im Kapitalismus gewährleistet, dem anderen erscheint sie gerade im Sozialismus perfektioniert. Nicht die Existenz schlechthin scheint den Menschen – erfahrungsgemäß – allein wichtig, sondern die Frage, unter welchen Bedingungen die Existenz gewährt wird. Primitive Schlagworte schon weisen das nach, wie etwa „lieber rot als tot", oder „lieber tot als Sklave". Existenz als solche ist auch unter der Tyrannis möglich, und Freiheit ist ein relativer Begriff. Die Verneinung einer spezifischen Art der Existenz ist dem Menschen möglich, es gäbe sonst keine Befrei-

207

---

24 *H. Krüger* (Fn. 2), S. 178 ff.

ungskämpfe, keine Religionskriege und keinen individuellen Selbstmord. Der Staatszweck der Nichtidentifikation als sich allein tragend und nur die Offenheit für alle Zwecke garantierend identifiziert sich mit dem Ideal der Toleranz, ist also wiederum nicht zweckfrei im Sinne der Wertung menschlichen Verhaltens und also nicht für alles offen, nämlich nicht für Intoleranz. Die Konstruktion übersieht, daß dem Ideal der Ausschließlichkeitsanspruch immanent ist; wenn dann der Staat die **zweckfreie Schiedsrichterrolle** übernehmen muß – anders kann er die Existenz nicht sichern –, **identifiziert** er sich mit denjenigen, die vor dem **Ausschließlichkeitsanspruch geschützt** werden wollen. So sind denn auch die Verfassungsgeber der Welt meist einen anderen Weg gegangen. Sie haben bestimmte **Werte postuliert** und deren Schutz zu ihrem **Staatszweck** entweder ausdrücklich oder stillschweigend erklärt. Ein rationaler Nachweis für derartige Entscheidungen war niemals möglich.

§ 9 Regierungssysteme

1. Überblick

208 Da die Staatsform der Demokratie, der heute überwiegend und plakativ propagierten Regierungsform, zu der sich bei aller Unklarheit die meisten Staaten der Welt emphatisch bekennen, in einer speziellen Betrachtung zu behandeln ist, soll im Folgenden ein Überblick über die Variationsbreite gegeben werden, in der sich die staatstheoretischen Spekulationen bewegten.

209 Als klassisch gilt die Einteilung von Aristoteles[1]. Er zeigt drei Regierungsformen als Idealtypen und Entartungen: das **Königtum** und die **Tyrannis**; die **Aristokratie** und die **Oligarchie**; die **Politeia** und die **Demokratie**, welch letztere er als eine Herrschaft nur zum Nutzen der Armen charakterisiert. Er bevorzugte die Politeia, die er als Mittellage zwischen Oligarchie und Demokratie bewertete, und die es ermögliche, die negativen Auswirkungen dieser Regierungsformen auszugleichen. Das Volk sollte in gemäßigter Weise an den Staatsentscheidungen teilnehmen. Ähnliche Bestrebungen zur Einschränkung von Extremen findet man u.a. bei Lord Bolinbroke (1678–1751), der die **reine Monarchie als Despotie** und die **reine Demokratie als Anarchie** wertete; es sollte ein Gleichgewicht der Gewalten herrschen[2], was nicht zuletzt durch das Bestehen einer Opposition garantiert sei. Diesen moderaten Anschauungen entspricht heute in etwa die mittelbare Demokratie des Parlamentarismus, die das Ideal der Herrschaft der Besten (Aristokratie der Abgeordneten) mit der sparsamen Volksbeteiligung (periodische Wahlen) verbindet. Die Grundtypen des Aristoteles wurden alle schon frühzeitig praktiziert. Die Germanen neigten zur unmittelbaren Demokratie; nur im Kriegs- und Notzustand sollte ein

---

1 Übersetzter Auszug aus der „Politik" bei *A. Bergsträsser* und *D. Oberndörfer*, Klassiker der Staatsphilosphie, 1962, S. 44 f.
2 *R. Zippelius*, Allgemeine Staatslehre, 14. Aufl., 2003, S. 324 f.

Prinzeps das Volk führen. Der Orient neigte zur Despotie. Das römische Reich kannte die Republik, die Diktatur und die Aristokratie.

Eine eigene aber wohl simplifizierende Grundeinteilung hat Karl Loewenstein in seiner Verfassungslehre vorgeschlagen³. Er wollte letztlich nur zwischen Monokratien und Demokratien unterscheiden. Doch von der Einherrschaft über die Repräsentation bis zur unmittelbaren Demokratie gibt es fließende Übergänge, die auch qualitative Unterschiede subtilerer Art erkennbar machen. Schon die reinen Formen der Herrschaftsmöglichkeiten erscheinen nur in der Theorie. Eine wirklich **absolute Monarchie** konnte es niemals geben, denn auch ein solcher Monarch mußte Macht delegieren, sei es an einen Kanzler, an ein Kabinett oder einen Polizeipräsidenten. Ebenso hat es eine wirklich **unmittelbare Demokratie** nie gegeben, denn schon ein Ältestenrat, ein Ausschuß oder ein Generalsekretär hat mehr Macht als die einem solchen Organ nicht angehörenden Bürger, bei denen dann noch zu entscheiden wäre, ob sie zu alt sind, ihr Wahlrecht wirklich wahrnehmen zu können, oder noch zu jung.

210

Auch die **Monokratien** haben vielfältige Formen angenommen. So gab es die **absolute** und die **konstitutionelle Monarchie**, die **ständische Monarchie**, das **Wahlkönigtum**, die **kommissarische Diktatur** und die **autokratische Diktatur**. Das Gleiche gilt für Volks- oder Mehrheitsherrschaften, die **unmittelbare und mittelbare Demokratie**, die **repräsentative Demokratie** und das **Rätesystem**, die **parlamentarische** und die **präsidiale Demokratie**. Bei der konstitutionellen Monarchie endlich wußte niemand mehr so recht, ob es sich um Königs- oder Volksherrschaft handelte, da es permanent um einen Kompromiß zweier Subjekte, Volk und Herrscher, ging⁴. Es ist auch gesagt worden, daß sich die moderne Diktatur von der vergangenen absoluten Monarchie zumindest dadurch unterscheiden lasse, daß letztere sich an vorstaatliche Grundsätze gebunden meinte⁵. Das mag für den Rechtskreis des common law zutreffen, und auch die christlichen und „allerchristlichen" Fürsten Kontinentaleuropas sahen sich unter den Geboten solcher lois fondamentales. Aber ähnliches galt und gilt auch für Diktatoren. Hitler sah sich dem Schutz und der Förderung der germanischen Rasse als auch einem ihm vorgegebenen Gesetz verpflichtet, und Stalin diente dem Gesetz des Marxismus. Auch ein Diktator erwartet die Gefolgschaft regelmäßig nur weil ein höheres Prinzip sie fordere. Die wesentlichen Unterschiede der Regierungsformen zeigen sich vielmehr bei der Beantwortung der Frage: **quis iudicabit**? Wo liegt im Staat die Letztentscheidung? Bei dem Fürsten? Bei dem Volk? Inwieweit bei dem Fürsten und dem Volk? Bei beiden? Bei einem Gericht? Bei einem Priester? Bei dem Oberkommando über die Streitkräfte? Bei einer Partei? Will man Unterscheidungen treffen, haben sie sich wohl an diesen Fragestellungen zu orientieren.

211

---

3 *K. Loewenstein*, Verfassungslehre, 1957, S. 26 ff.
4 *H. Krüger*, Allgemeine Staatslehre, 1964, S. 783 f.; es ist daher zweifelhaft, ob eine praesumptio pro rege wirklich bestand, wie *R. Zippelius* (Fn. 2, S. 176) sie annimmt.
5 *R. Zippelius* (Fn. 2), S. 174.

2. Konstitutionelle Monarchie

212 Diese Staats- und Regierungsform ist ein Paradebeispiel für die soeben getroffenen Feststellungen, wonach die Kompetenz zur Letztentscheidung die Unterschiede in der Staatsgestaltung wesentlich charakterisiert. Es ist jedenfalls in der deutschen Staatstheorie niemals endgültig und allgemeinverbindlich geklärt worden, **wer nun in der konstitutionellen Monarchie der Souverän** war. Der König „von Gottes Gnaden" stand einem vom Volk gewählten Parlament gegenüber. Hatte nun der König dem Volk das Mitspracherecht eingeräumt? Oder hatte das Volk dem König Rechte belassen? Die Beantwortung dieser Frage war dann entscheidend, wenn es darum ging, wer im Zweifel, etwa in einer Staatskrise, nun berechtigt war, die abgetretene Macht zurückzunehmen. Der Monarch war geneigt, seine in gewisser Weise transzendent begründete Macht als die originäre zu werten, d.h. also mit einem höheren Rang ausgestattet zu qualifizieren. Die Volksvertretung neigte zu der Auffassung, daß sie über die bessere Legitimation verfüge, vertrat sie doch die Mehrheit der Bürger. Alle geistigen Strömungen der staatstheoretischen Entwicklung laufen hier zusammen; die Ideen von Augustin, von Thomas von Aquin, von Hobbes und von Rousseau. Die weltliche, wenn auch – wie gezeigt – durchaus nicht rationale Begründung der Staatsmacht im Sinne der Demokratie trug dann den Sieg davon, wie die spätere Entwicklung zeigte[6].

213 Besonders klar wurde diese gespaltene Staatsauffassung zur Zeit der konstitutionellen Monarchie im Falle des berühmten **Streites um die sog. Heeresvorlage in Preußen** in den Jahren 1862–63[7]. Dieser Streit klärte letztlich nichts, aber ließ die Kontroverse deutlich aufleuchten. Der preußische Ministerpräsident Bismarck beantragte, in Erwartung militärischer Auseinandersetzungen mit Österreich, die Bewilligung finanzieller Mittel zur Rüstung des Heeres. Der Gesetzgeber lehnte das ab, doch Bismarck handelte dann einseitig, bzw. er bewilligte sich selbst die Gelder. Der Krieg gegen Österreich wurde 1866 siegreich beendet. Man hätte nun meinen können, Bismarck konnte sich auf die Letztentscheidung des Königs berufen, der in der Staatskrise das Recht gehabt habe, diese an sich zu ziehen[8]. Doch er ersuchte trotz evidenten Erfolges dann das Parlament um Idemnität, d.h. um nachträgliche Billigung seines Verhaltens. Das konnte nur den Grund haben, daß er entweder sich selbst der Auffassung nicht sicher war, wonach die Krone zumindest im Staatsnotstand die Letztentscheidung habe, oder aber, daß er eine in gewisser Weise doppelte Sicherung für politisch angebracht hielt. Vor allem aber ist dieser Fall dafür aufschlußreich, daß auch er die Klärung nicht herbeiführte, obwohl theoretisch glänzend dazu geeignet.

214 Die **britische konstitutionelle Monarchie** ist mehr pragmatischen Auffassungen gefolgt. Eine gewisse Gemeinsamkeit der Kompetenzausübung von König und Par-

---

6 Richtig weist *H. Krüger* (Fn. 4), S. 345, daraufhin, daß es sich bei der konstitutionellen Monarchie nicht um einen Gegensatz von Staat und Gesellschaft handelte, sondern um einen solchen „innerhalb des Staates".
7 *E. R. Huber*, Deutsche Verfassungsgeschichte, Bd. III, S. 275 ff.
8 Dazu *E. R. Huber*, Nationalstaat und Verfassungsstaat. Studien zur Geschichte der modernen Staatsidee, 1965, S. 198 ff.

lament wurde akzeptiert (king in parliament)[9]. Theoretisch hatte und hat die Krone ein Vetorecht gegen jedes Gesetz. Der König kann den „royal assent" verweigern, dessen das Gesetz für seine Gültigkeit bedarf; aber er verweigert ihn regelmäßig nicht. Ob die Souveränität des Parlaments sich über diese Verweigerung hätte hinwegsetzen können, mußte nicht geklärt werden. Der Premierminister ist vom Parlament gewählt, von der Krone in sein Amt erhoben, vertritt das Parlament und ist Ratgeber, letztlich adviser, der Krone. Die Inhaberschaft von Kompetenzen und ihre tatsächliche Ausübung werden als durchaus verschiedene Dinge beurteilt und praktiziert. Von einem Gottesgnadentum des Herrschers kann schon deshalb nicht gesprochen werden, weil beide, Parlament und König, als unter der Herrschaft des common law stehend gesehen werden, beide also dem „guten, alten Recht" verpflichtet sind, was u.a. darin zum Ausdruck kommt, daß der Richter das Gesetzesrecht im Lichte des common law zu interpretieren gehalten ist[10].

3. Diktatur

In der Rechtstheorie wird zwischen der **kommissarischen und autokratischen Diktatur** unterschieden[11]. Im ersten Falle wird sie als nur vorläufig angesehen. Der Diktator, oder auch ein diktatorisches Gremium, etwa eine Militärjunta oder das Zentralkomitee im Einparteiensystem, übt als Allein- oder Letztentscheidungsinstanz die Macht im Rahmen eines Auftrages aus, etwa zur Behebung einer akuten Staatskrise oder eines Notstandes. Diese Diktatur begreift ihre Herrschaft als Übergangsregelung, denn sie soll nur dazu dienen, legale Zustände wiederherzustellen. Im zweiten Falle wird die Diktatur als Endstadium, als permanente Herrschaftsform betrachtet, deren Bestand sich selbst rechtfertigt und nicht als Übergang etwa zu einer durch den Diktator herzustellenden Demokratie gedacht ist.

215

So klar diese Abgrenzungen auch erscheinen mögen, in der Staatspraxis verwischen sie sich überwiegend. So kann der **Beginn einer Diktatur kommissarisch** gedacht sein, wie etwa die Übergabe der Macht an Adolf Hitler durch das Ermächtigungsgesetz des deutschen Reichstages im Jahre 1933, da eine formelle Verfassungsänderung des demokratischen Systems nicht erfolgte. Hieraus kann sich dann der Gedanke entwickeln, daß die **Diktatur** als solche die **nun angebrachte Staatsform** der Zukunft sein sollte, z.B. das Führerprinzip des nationalsozialistischen Staates. Ähnliches kann auch für die Diktatur einer Partei gelten, bzw. für ihre Führungsrolle und diejenige ihrer Leitung. Eine kommunistische Partei z.B. kämpft für ihre politischen Ziele im Rahmen eines bestehenden parlamentarischen Systems und begreift sich selbst als eine von vielen Parteien. Erlangt sie dann die Macht, muß sie konse-

216

---

9 *F. Ermacora*, Allgemeine Staatslehre, Bd. 2, 1970, S. 612; *J.H. Kaiser*, Großbritannien (IV Staat und Verfassung), in: Staatslexikon der Görres-Gesellschaft, 6. Aufl., Bd. III, 1959, S. 1054 ff.
10 *C. K. Allen*, Law in the Making, 6. Aufl. 1958, S. 441: „... there is the dominant principle ... that the Common Law is wider and more fundamental than statute, and that, wherever possible, legislative enactment should be construed in harmony with established Common Law principles rather than in an antagonism to them".
11 *R. Zippelius* (Fn. 2), S. 176 ff.

§ 9 *Regierungssysteme*

quenterweise ihrem politischen Ziel, nämlich der Abschaffung des Mehrparteiensystems folgen; täte sie es nicht, wäre sie keine kommunistische Partei i.S. des Marxismus-Leninismus[12]. Auch hier also führt der Weg von einer kommissarischen Diktatur als Mittel zur Erlangung der Staatsmacht in die autokratische Diktatur, d.h. zu einer als endgültig errichteten Alleinherrschaft. Die Geschichte ist wohl reicher an Beispielen, in denen der kommissarische Diktator, obwohl ständig den Übergang zur Demokratie propagierend, dennoch seine Macht nicht freiwillig abgab, als an solchen, in denen die Diktatur ehrlich zur Wiederherstellung eines demokratischen Pluralismus führte. Trotz des für die deutsche Geschichte so verhängnisvollen Regimes Hitlers zeigte sie aber auch erfreulichere Vorgänge. Die Abgabe der Macht der Arbeiter- und Soldatenräte zugunsten der Herstellung einer republikanischen, deutschen Reichsverfassung im Jahre 1919 ist ein Beispiel dafür, daß das Ende kommissarischer Diktaturen nicht nur eine Fiktion sein muß.

217 **Ethische Wertungen** müssen mit diesen Feststellungen **nicht** verbunden werden. Es kann zweifelhaft sein, ob ein Volk die Fähigkeit hat, ohne Diktatur – im weitesten Sinne – und also demokratisch im Sinne westlichen Liberalismus zu leben. Es ist immerhin erwägenswert, ob nicht im Jahre 1933 die Herstellung einer Militärdiktatur durch die deutsche Reichswehr das nationalsozialistische Regime hätte verhindern können. Hätte Reichspräsident v. Hindenburg eine Regierungsbildung unter Beteiligung der Nationalsozialisten verhindert, wäre er selbst – im staatsrechtlichen Sinne – zum Diktator geworden, denn diese nur von ihm zu verantwortende Entscheidung hätte der Verfassung widersprochen. Dennoch hat man ihm sein Beharren in der Legalität vorgeworfen[13], da ein Staatsstreich aus höheren Rechtserwägungen zu rechtfertigen sei. Hier zeigt sich die Unauflöslichkeit einer Antinomie: Inwieweit darf zu undemokratischen Mitteln gegriffen werden, wenn es darum geht, die Demokratie zu schützen oder gar zu retten?

218 Immer wieder zeigt sich auch hier, daß die Herstellung angemessener Staats- und Regierungssysteme nicht nur Ideale einzukalkulieren hat, sondern ebenso menschliche Schwächen und negative Fähigkeiten. Ob ein Staatsvolk, das niemals in seiner Geschichte liberale Demokratie kannte, die Fähigkeit hat, sie zu praktizieren, bleibt Spekulation, man denke nur an die Schwierigkeiten, afrikanischen Staaten demokratische Auffassungen zu vermitteln. Ebenso steht es mit der Frage, ob ein demokratisches Staatsvolk wirklich davor bewahrt ist, auch in der Staatskrise die Diktatur zu vermeiden oder auch nur in Grenzen zu halten. So bleibt etwa kontrovers, inwieweit der Kampf gegen den Terrorismus berechtigt, zumindest für die Zeit dieses Kampfes Freiheitsrechte einzuschränken.

---

12 *G. Schüßler*, in: Staatsrecht der DDR, 2. Aufl. 1984, S. 107 ff., über die „Führungsrolle" der Sozialistischen Einheitspartei.

13 *A. Dorpalen*, Hindenburg in der Geschichte der Weimarer Republik, 1966, S. 421 ff.; *H. Worm*, Legalität und Legitimität – eine fast vergessene „Vortragsnotiz" aus dem Reichswehrministerium, in: Der Staat, Bd. 27, 1988, S. 75 ff., behandelt einen der Versuche, den Reichspräsidenten zum „Staatsstreich" zu veranlassen.

4. Die Vielfältigkeit der Demokratien

Hier mag ein Überblick genügen, denn die Demokratie als Staats- und Regierungsform wird noch eingehender behandelt, ebenso die Republik.

219

Man spricht von der unmittelbaren und der mittelbaren Demokratie, von der repräsentativen, parlamentarischen Demokratie, von der Parteiendemokratie, der Präsidialdemokratie, von Demokratien mit freiem und mit gebundenem Mandat, von demokratischem Rätesystem und von der Volksdemokratie – und alle diese Demokratietypen können in Mischformen auftreten.

Eine auch nur annäherungsweise **unmittelbare Demokratie** – und nur darum soll es hier gehen – ist heute kaum noch vorstellbar, bzw. nur in Rudimenten noch vorhanden, etwa durch Zulassung eines Volksentscheids, einer Volksabstimmung oder von Plebisziten, mit denen eine bestimmte, aktuelle Frage durch das Volk beantwortet werden kann, oder durch die Direktwahl eines Staatspräsidenten bestimmt wird. Auch das seine Unmittelbarkeit behauptende Rätesystem mit seinem Rückgriff auf die Basisdemokratie bleibt letztlich mittelbar, denn der oberste Rat mediatisiert die von den unteren Räten eingebrachten Willensäußerungen; anders käme es zu keinen Entscheidungen, wie es das Bekenntnis der kommunistischen Staaten zum demokratischen Zentralismus auch offen zugibt[14]; auch das gebundene Mandat der Delegierten der Basis-Räte kann das nicht verhindern. Die Vorstellungen also J.J. Rousseau's, beruhend auf seinen Erlebnissen im Stadtstaat Genf, sind jedenfalls in dieser Hinsicht nicht mehr aktuell in einer Zeit der Massendemokratie.

220

Aber nicht nur die technische Undurchführbarkeit der unmittelbaren Demokratie ist für die Propagierung der Mittelbarkeit entscheidend gewesen, auch wenn daran festgehalten wird, daß „alle Staatsgewalt vom Volke" ausgeht[15]. Die **Mittelbarkeit**, d.h. die Ersetzung des Volkes durch ein Parlament, soll bewirken, daß der **Wille des Volkes** in gewisser Weise **gefiltert und gebündelt** wird; nur so sei er umsetzbar in konkrete Entscheidungen, nämlich in Gesetze. Auch werde der Tagesdemagogie, den auf aktuellen Ereignissen beruhenden Emotionen und der Anonymität von Massenentscheidungen, eine Mäßigung auferlegt. Letztlich bedeutet das, daß den **Repräsentanten des Volkes ein Vertrauensvorschuß** gewährt wird, so daß sie berechtigt sind, von dem Tageswillen des Volkes, vielleicht entdeckbar durch Demoskopie, auch abzuweichen, was, theoretisch gesehen, natürlich nur unter dem System des freien Mandates zulässig ist. Hier erweist sich dann auch – theoretisch – der Stolperstein, den sich das Rätesystem mit dem Prinzip des gebundenen Mandats selbst geschaffen hat. Wenn dieses System ernst machen würde mit der von ihm selbst festgelegten Regel, wonach jeder Abgeordnete von seinen Wählern bei politisch nicht genehmem Verhalten wieder abberufen werden kann[16], wäre dieses De-

221

---

14 D. Hösel, in: Staatsrecht der DDR (Fn. 12), S. 252 ff.
15 E.-W. Böckenförde, Mittelbare/repräsentative Demokratie als eigentliche Form der Demokratie, in: Staatsorganisation und Staatsfunktion im Wandel, Festschrift für Kurt Eichenberger zum 60. Geburtstag, 1982, S. 381 ff.; s. aber auch K. Doehring, Repräsentative Demokratie im Zwielicht, in: FS für G. Jaenicke, 1998, S. 917 ff.
16 Verfassung der DDR v. 7. 10. 1974, Art. 57, Abs. 2.

mokratiesystem am Ende seiner Fähigkeiten angelangt, eine konkrete Staatswillensbildung durchzuführen.

222 Der **Idealtyp der mittelbaren Demokratie** – die Abgeordneten sind gem. Art. 38 des deutschen Grundgesetzes „Vertreter" des ganzen Volkes – beruhte letztlich auf dem Gedanken, daß so eine Aristokratie hergestellt wird, denn das Idealbild beruht auf dem Gedanken, daß die besten Staatsbürger die Willensbildung im Staat vornehmen. Oftmals scheinen Zweifel aufzutreten, ob denn wirklich die Abgeordneten den Volkswillen vollziehen. Gerade in neuerer Zeit erheben sich immer wieder Stimmen, die eine **Überbetonung der Mittelbarkeit** kritisieren[17]; der Staatsbürger sei heute zu stark mediatisiert, man müsse dem Wunsch nach Unmittelbarkeit neue Wege eröffnen, und man dürfe nicht übersehen, daß zum einen eine strikte Mittelbarkeit zu einer gewissen Entmündigung des Staatsbürger führe, zum anderen der Wunsch nach Unmittelbarkeit sich selbst Ausdruck verschaffen werde, z.B. durch extensive Inanspruchnahme vom Demonstrationsrecht, vom Recht auf praktizierte Meinungsäußerung oder vom spontanen Versammlungsrecht[18]. Daher seien Verfassungsänderungen zu erwägen, die Plebiszite begünstigen.

223 Manche Verfassungen versuchen dem **Nachteil einer zu mittelbaren Demokratie** dadurch zu entgehen, daß das Staatsoberhaupt direkt vom Volk gewählt wird (z.B. Frankreich, USA). Sinnvoll scheint das nur dann, wenn der Gewählte über gewisse legale Kompetenzen verfügt, die ihn zumindest instand setzen, verhindernd einzugreifen, wenn die politischen Kräfte sich der Kontrolle durch das Volk oder der gegenseitigen Kontrolle im Rahmen der Gewaltenteilung entziehen; wird das notwendig, kann ein vom Volk gewähltes Staatsoberhaupt sich berechtigt auf eine besondere und unmittelbare Legitimation berufen. Hierauf beruhte die Konzeption der **vierten Gewalt** von Benjamin Constant, auch wenn die Legitimation des Königs keine demokratische war[19]. Doch auch dann, wenn das Staatsoberhaupt im wesentlichen nur über moralische und nicht so sehr über legale Macht verfügt, kann die Volkswahl bedeutungsvoll sein, denn seine Ermahnungen bekommen so doch stärkeres Gewicht. Die Bundesrepublik Deutschland ist diesen Weg bei ihrer Verfassungsgebung nicht gegangen. Der Bundespräsident ist von Abgeordneten des Bundes und der Länder gewählt und verfügt über nur wenig legale Befugnisse; das Bundesverfassungsgericht soll diese Befugnisse einer vierten Gewalt wahrnehmen, ist aber politisch niemandem verantwortlich[20].

Mit diesen Überlegungen über die Wirkungen der mittelbaren Demokratie und der Repräsentation auf die Willensbildung durch das Staatsvolk in der Demokratie mag

---

[17] Zur Kritik am Parlamentarismus in seiner Funktion der Mediatisierung des Volkswillens H.-P. *Schneider*, Das Parlamentarische System, in: Handbuch des Verfassungsrechts (Hrsg. E. Benda u.a.), 2. Aufl., 1994, S. 537 ff.; *H.H.v.Arnim*, Das System, 2001, S. 367 ff.

[18] BVerfG zum Demonstrationsrecht als Ausdruck des Willens zur unmittelbaren Demokratie, BVerfGE 69, S. 346 ff., über die Bedeutung der Versammlungsfreiheit in ihrer Eigenschaft als Ausgleich eines „Integrationsdefizits" bei repräsentativer Demokratie. Differenzierungen dann in BVerfGE 90, S. 27 (30); 92, S. 1 ff.

[19] Dazu K. *Doehring*, Der pouvoir neutre und das Grundgesetz, in: Der Staat, H. 3, 1964, S. 201 ff.

[20] H. *Worm*, Die rechtliche Verantwortung der Richter des Bundesverfassungsgerichts, 1988, S. 3 ff., wo richtig zwischen Verantwortung und Verantwortlichkeit unterschieden wird.

es hier sein Bewenden haben. Weitere fundamentale Aspekte der Demokratie werden noch behandelt.

5. Bewertungsmaßstäbe

Ob man der einen oder anderen Regierungsform **Vorzug** einräumen will, ist wiederum keine Frage der ratio, wie das schon im Hinblick auf Staatsrechtfertigungen und Staatszwecke dargelegt wurde. Ob man die eine oder die andere Staats-und Regierungsform für angebrachter hält, kann sich nicht aus dem System selbst ergeben, sondern nur aus den ihnen **voluntaristisch vorgeordneten Zwecken**. Sieht man die Gleichheit der Staatsbürger, insbesondere ihre formale Gleichbehandlung, als ein vordringliches Staatsziel an, wird man sich für irgendeine Variante der Demokratie entscheiden, für die undifferenzierte Mitbestimmung nach formellen Maßstäben. Die Fürsorge für die nicht so leistungsfähigen Mitglieder der Gemeinschaft, die gerade unter der Gleichheit leiden könnte, wäre vielleicht unter der Führung der Besten, der Aristokratie, am ehesten gesichert, wenn die entsprechende Führungsqualifikation auch an ethischen Maßstäben gemessen wird. Wer die Kontinuität des Staates in seiner kulturellen und traditionellen Entfaltung für wesentlich hält, könnte die Regierungsform der Erbmonarchie bevorzugen, da sie zumindest den Souverän der tagespolitischen Unruhe entzieht. Wenn es um schnelle und unter Umständen staatserhaltende Maßnahmen geht, werden diese am ehesten von einem Diktator erwartet werden können, der Rat suchen und dennoch jederzeit entscheiden kann. Auch durchaus negative Gesichtspunkte können maßgeblich sein. Wer Machtkumulation fürchtet, neigt zur Gewaltenteilung. Wer den Interessenzerfall in der Gesellschaft befürchtet, wird eine starke Staatslenkung anstreben, wie Jean Bodin es dem König riet. Wer der Mittelmäßigkeit entgehen will, neigt zu Elitenbildung durch irgendeine Art der Aristokratie. Alles das kann sich im Hinblick auf Motive und Konsequenzen auch mischen.

224

Da Platon in der Herstellung einer Gemeinschaft der Bürger ein **ideelles Ziel** sah, empfahl er für die Wächter des Staates **Individualinteressen** weitgehend **auszuschalten**[21]. Weil Aristoteles das **Maßhalten** für staats- und gemeinschaftsnotwendig hielt, bevorzugte er die Mischform der Politeia[22]. Für Cicero war der Monarchie der Vorrang zu geben, denn sie sei der Aristokratie und der Demokratie vorzuziehen, obwohl es Fragen gebe, deren Entscheidung auch diesen Institutionen überantwortet werden könnten; so sei es weise, die **Verfassung zu mischen**[23]. Auch Thomas von Aquin hatte an der Güte der Staatsform der Monarchie keine Zweifel[24], wogegen Marsilius von Padua die **Demokratie** propagierte, weil der **Friede im Staat** am ehesten gewährleistet sei, wenn die Gesetze von denen gemacht wurden, die sie

225

---

21 *Bergsträsser/Oberndörfer* (Fn. 1), S. 8 ff.
22 *J. Ritter*, Aristoteles, in: Staatslexikon (Görres-Ges.), 6. Aufl., 1957, Bd. 1, S. 575 ff.
23 Übersetzung (De re publica I, 45) bei *Bergsträsser/Oberndörfer* (Fn. 1), S. 67: „Da das so ist, ragt von den drei ersten Verfassungsarten ... die königliche hervor, über die königliche aber selber wird die hervorragen, die ausgeglichen und maßvoll gemischt ist aus den drei ersten Formen des Gemeinwesens."
24 Über das „Königsamt" s. *Bergsträsser/Oberndörfer* (Fn. 1), S. 85 ff.

§ 9 *Regierungssysteme*

dann zu befolgen hätten[25]. Da Nicolo Machiavelli die Macht des Fürsten für ein Essentiale der Staatserhaltung hielt, riet er diesem auf Moral zu verzichten, wenn anders seine Macht gefährdet würde[26]; ihm ging es also um die **Führung** als der besten Regierungsform. Auch wenn dann Jean Bodin die Souveränität des Königs für ein

226 unabdingbares Staatsmerkmal hielt, sah er doch diesen auch als an „**göttliches und natürliches Recht**" gebunden an[27]; allerdings habe hiernach das öffentliche Wohl Vorrang vor dem des Einzelnen. Sehr einflußreich waren dann die entsprechenden Erwägungen von Thomas Hobbes, über die **Vorzüge der Monarchie**. Diese Regierungsform sei derjenigen der Aristokratie und der Demokratie vorzuziehen, und zwar gerade zum Wohl des Volkes[28]. Reichtum, Macht und Ehre des Königs, die er sicherlich anstrebe, seien unabhängig vom Wohlstand des Volkes; so werde er um seiner selbst willen diesen fördern. Die Demokratie leide darunter, daß sie im Grunde eine Sammlung von Einzelinteressen darstelle. Der Monarch könne sich Ratgeber suchen, während in der Demokratie die „Eitelkeit des Volksredners" durchaus nicht das allgemeine Wohl fördere. In der Demokratie gebe es keine Beständigkeit einmal gefaßter Beschlüsse, weil die Mehrheit immer wechseln könne. Auch gebe es keine Möglichkeit der Geheimhaltung von Entschlüssen, auch wenn eine solche geboten erscheine. Ein Monarch könne nicht mit sich selbst in einen Bürgerkrieg geraten. Er könne vielleicht korrupt sein, aber die Demokratie könne Massenkorruption erzeugen. Wer wollte leugnen, daß diese Gedanken aus dem 17. Jahrhundert

227 aktuell geblieben sind? Im gleichen Jahrhundert lehnte John Locke die **absolute Monarchie** energisch ab[29]; sie sei mit dem Gedanken einer politischen Gemeinschaft der Menschen unvereinbar und **übler als der reine Naturzustand**, denn weder die Kontrolle noch Rechtsdurchsetzung seien gewährleistet. Doch Montesquieu sah es dann wieder anders[30], denn es könne doch gelingen, mit dem Mittel der

228 **Gewaltenteilung** auch in der Monarchie eine **Balance zwischen den Leitungsorganen des Staates** herzustellen, auch wenn der Monarch in vielen Fragen ein Vetorecht behalte. J. J. Rousseau lehnte die Monarchie deswegen als Regierungsform

229 ab, weil sie im **Widerspruch zur Freiheit des Menschen** als einer natürlichen und ursprünglichen Eigenschaft stehe; der contrat social der Bürger untereinander gewährleiste die Bildung eines Allgemeinwillens (volonté générale) zum Wohle

230 aller[31]. Der **aufgeklärte Monarch** Friedrich der Große sah sich als „**erster Diener des Staates**" und lehnte die Machttheorie von Machiavelli ab[32]; auch wenn die

---

25 *R. Zippelius* (Fn. 2), S. 138 f.
26 Übersetzung (Il principe XVIII) bei *Bergsträsser/Oberndörfer* (Fn. 1), S. 111: „Ein Herrscher braucht also alle die vorgenannten guten Eigenschaften nicht in Wahrheit zu besitzen; doch muß er sich den Anschein geben, als ob er sie besäße".
27 *Bergsträsser/Oberndörfer* (Fn. 1), S. 150 ff.
28 Über die Vorzüge der Monarchie, Übersetzung (Leviathan, II, 19) bei *Bergsträsser/Oberndörfer* (Fn. 1), S. 178 ff.
29 Übersetzter Auszug (Two Treaties of Government, II, S. 90–91) bei *Bergsträsser/Oberndörfer* (Fn. 1), S. 207 f.
30 *T. Tsatsos*, Zur Geschichte und Kritik der Lehre von der Gewaltenteilung, Sitzungsberichte der Heidelberger Akademie der Wissenschaften, Jg. 1968, S. 32 ff.
31 Übersetzter Auszug (Contrat social, III, 6) bei *Bergsträsser/Oberndörfer* (Fn. 1), S. 280 ff.
32 *R. Herzog*, Allgemeine Staatslehre, 1971, S. 99.

Praxis seiner Staatsführung diesem Ideal nicht entsprochen haben mag, ging es ihm mehr um das Wohl des Volkes als um das des Monarchen. In seiner Sicht hatte der Fürst Lasten auf sich zu nehmen, auch moralische, die dem Volke gerade abgenommen werden sollten. Kant bewunderte und begrüßte die **Entstehung der Demokratie durch die französische Revolution**; doch sei die Volksherrschaft funktional nur mit dem Mittel der Gewaltenteilung eine praktizierbare Regierungsform, denn nur so sei die Herrschaft des Rechts derjenigen der menschlichen Willkür überlegen[33]. Daß der sehr rational argumentierende Arthur Schopenhauer wiederum die Monarchie bevorzugte, mag erstaunen, doch hatte er bemerkenswerte Gründe[34]. Er sah den **Staat als eine Schutzanstalt** für die Menschen an, und aus dieser Sicht suchte er den besten d.h. effektivsten Schutz durch diese Regierungsform. Schon im Tierreich sei eine Art monarchischer Führung der Gemeinschaften allenthalben festzustellen, und der Mensch sei letztlich ein wenn auch hochentwickeltes Tier; gemessen am Tierreich zeige die menschliche Gemeinschaft nur einen graduellen aber keinen prinzipiellen Unterschied. So sei die **Monarchie eine natürliche Regierungsform**. Es gebe keinen Streit um Kompetenzen, und der Monarch könne nur für andere, d.h. für das Volk, etwas erkämpfen, denn für sich selbst könne er nicht mehr erreichen.

231

232

Die positivistischen Denker der letzten Jahrhundertwende haben dann – ihrer theoretischen Anschauung gemäß – nicht mehr allzuviel Wert auf die überpositive Erklärung einer einem bestimmten Staatszweck adäquaten Regierungsform gelegt, bis dann **Marxismus** und **Nationalsozialismus** die Art ihrer Herrschaftsform wiederum aus überpositiven Idealen abzuleiten versuchten, was vordem die klassischen Theokraten auch taten; nur die Prämissen waren verschieden. Hierauf ist bei Betrachtung der Demokratie (§ 17) zurückzukommen.

233

Die Staats- und Regierungsform **irgendeiner Demokratie** erscheint heute als selbstverständliches Phänomen. Das sollte nicht darüber hinweg täuschen, daß ihre begriffliche Spannweite immer noch nahezu alles abdeckt, was über Regierungsformen spekuliert wurde. Von den etwa 190 Staaten der Welt sind es bis heute wenige, deren Regierungsform den Grundsätzen einer liberalen, pluralistischen Demokratie verbunden sind, auch wenn ein Wandel in vordem kommunistischen Staaten sich vollzogen hat; darauf ist zurückzukommen. Hier ging es nur darum, anschaulich zu machen, wie sehr die Entscheidung für eine bestimmte Regierungsform von Anschauungen abhängig ist, die auf irrationalen, besser gesagt pseudorationalen Prämissen beruhen, auch wenn sie nach Postulierung der Prämissen schlüssig erscheinen und subjektiven Gerechtigkeitsvorstellungen entsprechen mögen.

234

---
33 *T. Tsatsos* (Fn. 30), S. 45 f.
34 *A. Schopenhauer*, Die Welt als Wille und Vorstellung, in: Schopenhauer Sämtliche Werke, hrsg. von A. Hübscher, 1949, Bd. 2, S. 682 f.

§ 10 Die Revolution

1. Verfassungsrecht

235 Zur umfassenden rechtlichen Beurteilung revolutionärer Veränderungen in einem Staat – und nur in dieser Hinsicht ist im Folgenden die Revolution betrachtet, nicht für die Belange einer „Weltrevolution"[1] – ist es einmal mehr notwendig, die Innensicht des Staates von seiner Außensicht zu trennen.

236 Der **Revolutionär** versteht sich als der **Gegner des herrschenden Regimes**[2]. Dabei ist es gleichgültig, ob eine neue und vorher noch niemals legalisierte bzw. praktizierte Staats- und Regierungsform erzwungen werden soll, ob eine früher schon einmal praktizierte Staatsgestaltung, deren Legalität vordem bestand, wiederhergestellt werden soll – was rein terminologisch der „Re"-volution durchaus entsprechen würde –, oder ob ein zunächst als umstürzlerisch gedachtes neues Staatsgestaltungsprinzip permanent und dynamisch fortentwickelt werden soll, wie es in der kommunistischen Staatslehre propagiert wurde; daher sprach man auch dort vom Konterrevolutionär, der ein einfacher Revolutionär wäre, hätte die Revolution nicht auch einen Gestaltungsauftrag für die Zukunft für sich in Anspruch genommen, dem zu folgen als ständige Pflicht aufgefaßt wird.

237 Für die Betrachtung des Verfassungsrechts ist allein der Vorgang entscheidend, daß ein **neuer Machthaber** den Versuch unternimmt, sich **illegal** – gemessen an dem bisher bestehenden Rechtssystem – die **Herrschaft im Staate** anzueignen. Daß die neue, in diesem Sinne revolutionär handelnde Macht ihre eigene Staatskonzeption als die nun geltende Verfassung durchsetzen will, ist nicht einmal ein begriffsnotwendiger und in diesem Sinn typischer Vorgang; man könnte ihn für die Oktoberrevolution Rußlands 1917 und für die französische Revolution 1789 feststellen. Häufig aber scheint sich auch die revolutionäre Gewalt selbst nur als einen **Übergang** zu begreifen, nach dessen Abschluß eine **neue Legitimität**, etwa durch eine Volksabstimmung, gefunden werden soll, oder sie sieht sich als Medium, durch das eine **alte Legitimität wiederherzustellen** sei, wie das seinerzeit bei der Revolte der spanischen Offiziere im Jahre 1981 gegen den Parlamentarismus und für den König wohl gedacht war. In diesen Fällen, in denen man von einer **kommissarischen Revolution** sprechen könnte, zerbrechen die Revolutionäre das bestehende System, begreifen sich selbst als „Konkursverwalter" und erklären, man werde eine neue Legitimität der Regierung mit demokratischen Mitteln herstellen. Das war wohl auch im Jahre 1971 die Vorstellung der griechischen Obristen. Vielfach aber kommt es dazu nicht, entweder weil die neuen Machthaber ihre eigene Herrschaft im Grunde und vielleicht in gewisser Weise nachträglich doch für die beste Regierungsform halten, oder aber, weil ein Übergang zur proklamierten Volksherrschaft die Errungenschaften der Revolution wieder in Frage stellen könnte; auch die Behauptung, daß das

---

1 *C. Schmitt*, Die legale Weltrevolution, in: Der Staat, 1978, S. 321 ff.
2 *R. Zippelius*, Allgemeine Staatslehre, 14. Aufl. 2003, S. 158 ff., mit umfangreichen Literaturnachweisen.

Volk noch nicht reif sei für die Selbstbestimmung, wird als Rechtfertigung einer Verzögerung benutzt, so wie etwa im Einparteiensystem des Kommunismus trotz Propagierung der Demokratie dennoch die größere Weisheit der kommunistischen Partei ihre Diktatur legitimierte[3]. In diesem Zusammenhang sei nochmals erwähnt, daß die deutsche Revolution im Jahre 1918/19 ein insoweit seltener Vorgang war als die „provisorische" Revolutionsregierung ihre Macht freiwillig wieder abgab[4].

Der **marxistische Revolutionsbegriff** weist dabei eine Besonderheit auf, die sich aus der Auffassung ergibt, wonach die **Gesellschaftsordnung die Staatsordnung als deren Basis** zu bestimmen hat, d.h. die Rechtsordnung niemals die Gestaltung der Gesellschaftsordnung begrenzen oder einschränken darf. Daher wurde die Machtübernahme Hitlers nicht als Revolution gewertet, denn im Grunde habe die **gleiche Klasse** weiterhin die Macht ausgeübt[5]. Der Marxismus anerkennt einen Zustand nur dann als revolutionär, wenn es um soziale Veränderungen im Sinne des Kampfes für die **klassenlose Gesellschaft** geht. Doch ist das eine Frage der Terminologie, deren Handhabung dem Marxismus immer Schwierigkeiten gemacht hat und zu Mißverständnissen führte.

238

Eine immer wieder interessante Frage ist es, ob eine **Revolution** begriffsnotwendig **illegal** sein muß, d.h. nur dann von ihr gesprochen werden kann, wenn das neue Rechtssystem den völligen Bruch mit dem bisherigen herstellen soll und gegebenenfalls herstellt. Es geht dabei nicht um eine rein akademische Frage oder um eine solche nur der Terminologie, was sich aus den folgenden Überlegungen ergibt. Folgt man der Auffassung, für den Begriff der Revolution und dann auch für ihre Rechtsfolgen sei allein wesentlich, daß das staats- und verfassungsrechtliche **Grundprinzip der Regierungsform verändert wird**, etwa ein Wechsel von der Monarchie zur Republik oder von der Demokratie zur Diktatur, würde eine Revolution auch dann anzunehmen sein, wenn das bisherige Verfassungssystem einen solchen Wechsel formal, z.B. bei Einhaltung des Verfahrens zur Verfassungsänderung zuläßt. So hat Carl Schmitt den Standpunkt vertreten, der Wechsel etwa von der Demokratie zur Diktatur sei immer eine Revolution, auch wenn eine Mehrheit im Parlament die entsprechende Verfassungsänderung legal vollzieht, denn die **Grundentscheidung** einer Staats- und Regierungsform könne **niemals legal geändert** werden selbst wenn die Verfassung ein entsprechendes Verbot nicht ausdrücklich enthält[6]. Folgt man dieser Ansicht, bedarf es zur Revolution u.U. **keiner Gewaltmaßnahme**; sie kann unblutig vollzogen werden. Für diese Auffassung war die Machtergreifung Hitlers eine Revolution, denn er selbst wurde vom Reichspräsidenten als Regierungschef eingesetzt und erhielt dann von der Mehrheit des Reichs

239

---

3 *G. Schüßler*, in: Staatsrecht der DDR, Lehrbuch, 2. Aufl. 1984, S. 109 ff., über „Die führende Rolle der Arbeiterklasse und ihrer marxistisch-leninistischen Partei und die sozialistische Staatsmacht."; vgl. auch Art. 1 der Verfassung der DDR v. 7. 10. 1974.
4 Dazu *E. Forsthoff*, Deutsche Verfassungsgeschichte der Neuzeit, 2. Aufl., 1961, S. 164 ff.; *D. Willoweit*, Deutsche Verfassungsgeschichte, 3. Aufl., 1997, S. 287 ff.
5 Das ergibt sich folgerichtig aus dem Begriff der „proletarischen Revolution" als der allein gerechtfertigten.; *G. Riege*, in: Staatsrecht der DDR (Fn. 3), S. 50; so auch Staatsrecht der bürgerlichen Staaten (Staatsverlag der DDR), 1986, S. 66 ff.
6 *C. Schmitt*, Verfassungslehre, 1928, Neudruck 1957, S. 5.

§ 10 Die Revolution

tages eine Vollmacht durch das sog. **Ermächtigungsgesetz**[7]. Die Verfassung von Weimar enthielt keine Begrenzung des formalen Verfahrens zur Verfassungsänderung. Bei einer anderen Auffassung über das Wesen der Revolution käme man zu der Feststellung, daß die Machtergreifung Hitlers keine Revolution darstellte, denn ein Bruch der Legalität lag unter den genannten Voraussetzungen nicht vor; so ist doch auch die Verfassung von Weimar niemals revolutionär, d.h. formal, außer Kraft gesetzt worden.

240 Ein ganz anderes Bild bot die **Revolution von 1919**. Hier gab es keine legale Verbindung zur Monarchie. Die Auffassung, daß dann, wenn die legale Verfassung auch einen Wechsel zu einer fundamental anderen Regierungsform zulasse, z.B. eine Verfassungsänderung von der Demokratie zur Diktatur bei Einhaltung der Bestimmungen über die notwendige Mehrheit im Parlament, wurde von Gerhard Anschütz vertreten, den man dieserhalb als Positivisten qualifizierte[8]. Eine gewisse Ironie der persönlichen Schicksale der beiden Vertreter dieser divergierenden Anschauungen kann darin gesehen werden, daß Carl Schmitt sich der NS-Revolution zur Verfügung stellte, obwohl sie nach seiner vorher geäußerten Auffassung illegal war, während Gerhard Anschütz sein Amt niederlegte, obwohl gemäß seiner vorher geäußerten Ansicht gar keine Illegalität stattgefunden hatte. Betrachtet man die Verfassungsänderungen in den kommunistischen Staaten Osteuropas in den Jahren 1989/90 so sind das, folgt man der Auffassung von Carl Schmitt, insgesamt revolutionäre Vorgänge, denn das Grundprinzip des Kommunismus wurde aufgegeben und nicht nur abgewandelt. Das Ende der Verfassung der DDR bot in jeder Hinsicht ein exzeptionelles Bild, denn nach jeder Definition fand eine Revolution statt, jedoch keine Gewaltanwendung.

241 Hält man eine Revolution ausschließlich für einen Vorgang, bei dem die **Rechtsgrundlage des neuen Systems nicht mehr auf die Legalität des vergangenen Systems zurückgeführt** werden kann, erhebt sich die Frage, wie es mit der Rechtmäßigkeit fortgeltender Bestimmungen der Rechtsordnung steht. Wenn die **Verfassung die Quelle allen Rechts** ist, müßten mit Wegfall der bisherigen Verfassung auch **alle anderen Rechtsnormen**, etwa die des Zivilrechts, des Strafrechts oder des Verwaltungsrechts **obsolet** geworden sein. Die Praxis zeigt, daß hier die Theorie, auch wenn sie logisch noch so zwingend erscheint, keine Bedeutung hat; sie weicht dem Pragmatismus. Regelmäßig nämlich gilt das „alte" Recht, abgesehen von der Verfassung, fort und wird evtl. dann langsam durch neue Normen ersetzt, die nun der neuen Verfassung entsprechen sollen. Wäre es anders, würde zunächst ein Rechtschaos bestehen.

242 Nach einer gelungenen Revolution wird der **Geltungsanspruch der neuen Verfassung** meist aus ihrer **Legitimität hergeleitet**, d.h. für die heutige, regelmäßig ir-

---

[7] Gesetz zur Behebung der Not von Volk und Reich v. 24. 3. 1933 (RGBl. 1933 I, S. 141); dazu *O. Kimminich*, Deutsche Verfassungsgeschichte, 2. Aufl. 1987, S. 569; *W. Willoweit*, Deutsche Verfassungsgeschichte, (Fn. 4), S. 317 f.
[8] Über die kontroversen Ansichten der Grenzen der Änderung der WRV s. *H. Schneider*, Die Reichsverfassung v. 11. August 1919, Handbuch des Staatsrechts der Bundesrepublik Deutschland, Bd. I, 3. Aufl., 2003, Rdn. 83.

gendeiner Art der Demokratie verpflichtete Staatenwelt aus der Behauptung, die neue Ordnung entspreche dem wahren Volkswillen. Das gilt auch dann, wenn der Wechsel der Regierungsform formal legal vor sich geht und es einer solchen Rechtfertigung eigentlich nicht bedürfte, wie das bei der Machtübernahme Hitlers der Fall war. Daß dennoch eine invocatio bezüglich des Volkswillens für den neuen Machthaber so wünschenswert erscheint, bestätigt in gewisser Weise wiederum die Auffassung von Carl Schmitt, wonach der profunde Wechsel der Staats- und Regierungsform auch mit der Einhaltung der Legalität nicht allein gerechtfertigt werden kann. Die **Berufung auf die Legitimität** scheint einer aus einer Revolution hervorgegangenen Regierung **mehr an Rechtfertigung** zu liefern als eine solche auf die **Legalität**, obwohl es dem Juristen näher läge, sich auf die Kontinuität der Rechtsordnung und also auf die Rechtssicherheit zu berufen.

2. Völkerrecht

Für andere Staaten ist die Revolution in einem Staat eine **innere Angelegenheit**, in die eine Einmischung als **Intervention** rechtswidrig wäre. Die Unterstützung einer Bürgerkriegspartei ist so lange völkerrechtswidrig als die – noch – amtierende Regierung nicht ihre Effektivität wesentlich verloren hat[9]. Dagegen ist ein Staat nicht gehindert, einer in einem Bürgerkrieg sich befindenden Regierung **auf deren Ersuchen Hilfe zu leisten**[10]. Das ist zwar bestritten worden, u.a. mit dem Argument, eine Regierung, die sich in einer solchen Situation nicht selbst helfen könne, erweise durch diese ihre Unfähigkeit, daß sie nicht mehr den Mehrheitswillen des Staatsvolkes repräsentiere[11]. Doch hält diese Auffassung nicht stand. Zum einen kommt es auf die Legitimität der Regierung, wie gezeigt, im Völkerrecht nicht an. Zum anderen kann der Fall eintreten, daß die Aufstände von dritten Staaten unterstützt werden und die angegriffene Regierung keine Vorsorge durch Verstärkung ihrer Polizeikräfte getroffen hatte, eventuell gerade einem freiheitlichen und humanem Staatsideal folgend. Auch wären **Garantieverträge**, deren Ziel es ist, ein bestimmtes Staatswesen zu schützen, unsinnig, wenn dieser Schutz durch die Garantiemächte letztlich nicht gegeben werden dürfte. So wird denn auch überwiegend angenommen, daß einem Hilfsersuchen der amtierenden Regierung entsprochen werden darf. Davon ist die Frage zu trennen, wer im Falle von Garantieverträgen oder Beistandsverpflichtungen über den sog. casus foederis entscheidet. Im Rahmen des Warschauer

243

---

9 *M. B. Akehurst*, Civil War, in: EPIL, Bd. 1, 1992, S. 507 ff., mit Addendum von *S. Oeter*
10 Dazu *Verdross/Simma*, Universelles Völkerrecht, 3. Aufl., 1984, Rdn. 501 ff., wo auf die Resolution des Instituts de Droit International v. 1975 (Fn. 11) Bezug genommen wird, dabei aber unbeachtet gelassen wird, daß die Entschließung durchaus nicht der h.L. entsprach; eingehend hierzu *G. Nolte*, Eingreifen auf Einladung, 1999.
11 *J. Zourek* erklärte auf der Sitzung des Institut de Droit International (Annuaire, Bd. 56, 1975, S. 420), daß eine auch von der noch effektiven Regierung erbetene Hilfe dritter Staaten im Bürgerkrieg dem Selbstbestimmungsrecht des Volkes widersprechen würde, eine Auffassung, die den Bestand jedes friedliebenden Staates in Frage stellen würde, wenn dieser nicht für genügend Polizeikräfte im eigenen Staat sorgt, und die jedes Garantieversprechen substanzlos machen würde. Auch das als Hindernis für Hilfeleistung genannte Gewaltverbot greift nicht ein, denn das Hilfsersuchen geschieht zur Verteidigung der Rechtsordnung.

§ 10 *Die Revolution*

Paktes hatte man diese Entscheidung im Falle der Tschechoslowakei im Jahre 1968 zentral getroffen und es nicht dem betroffenen Staat überlassen, um Hilfe zu ersuchen. Würde ein solcher Fall im Rahmen der NATO oder des Europarates eintreten, würde sicherlich der betroffene Staat das Recht zur Letztentscheidung innehaben.

244 Nach erfolgreicher Revolution pflegen die neuen Regierungen meist zu erklären, daß **bestehende internationale Verpflichtungen eingehalten** würden. Doch erfahrungsgemäß ist das oftmals nicht die Realität. So sind Verpflichtungen zur Einräumung militärischer Stützpunkte einseitig beendet worden, oder Verpflichtungen zur Beachtung von wirtschaftlichen Rechten[12]. Häufig wird als Rechtfertigung darauf hingewiesen, daß fundamentale Veränderungen der Gesellschafts- und Staatsordnung dies notwendig machten; es wird so eine vordergründig vertretbare invocatio der Änderung der Geschäftsgrundlage (clausula rebus sic stantibus) in Anspruch genommen[13].

245 Da die Revolution eine innere Angelegenheit des Staates ist, hat sie **keine Auswirkungen** auf den internationalen **Bestand dieses Staates**; das Selbstbestimmungsrecht des Staatsvolkes garantiert das Recht, die Regierungsform frei von Einwirkungen anderer Staaten wählen zu können[14]. Daher können auch die Anerkennung der neuen Regierung durch dritte Staaten und gleichermaßen ihre Nichtanerkennung keine konstitutiven Rechtsfolgen erzeugen. Die Nichtanerkennung würde nur bedeuten, daß der die Anerkennung verweigernde Staat nicht willens ist, diplomatische Beziehungen zu dem neuen Regime aufzunehmen; dazu ist er aber nach Völkerrecht auch nicht verpflichtet, denn Aufnahme oder Abbruch der diplomatischen Beziehungen sind Akte, die dem in diesem Falle freien Ermessen jedes Staates anheim gegeben sind[15]. Die Nichtaufnahme solcher Beziehungen kann als unfreundlicher Akt gewertet werden, aber nicht als rechtswidriges Verhalten, es sei denn, Verträge würden mißachtet.

---

12 Verträge über militärische Stützpunkte wurden bei Regierungswechsel mehrfach einseitig beendet. Vgl. *H. Rumpf*, Military Bases on Foreign Territory, in: EPIL, Bd. 3, 1997, S. 581 ff.
13 Wiener Übereinkommen über das Recht der Verträge (BGBl. 1985, II, S. 926 ff.), Art. 62, Abs. II, b, wonach die Änderung der Geschäftsgrundlage als Vertragsbeendigung nicht von der Vertragspartei geltend gemacht werden kann, die diese Änderung selbst herbeigeführt hat.
14 *K. Doehring*, Das Selbstbestimmungsrecht der Völker als Grundsatz des Völkerrechts, 1974, zeigt die historische Entwicklung, an deren Anfang das Recht jedes Volkes stand, seine Regierungsform selbst und frei zu wählen; *ders.*, Völkerrecht, 2. Aufl. 2004, Rn. 778 ff., mit Hinweisen auf die Friendly Relations Declaration, 24. 10. 1970, Res. der GV der VN Nr. 2625 (XXV), 3. Grundsatz.
15 *G. Dahm*, Völkerrecht, Bd. I, 1958, S. 314, führt richtig aus, daß eine Pflicht des Staates zur Aufnahme diplomatischer Beziehungen nicht besteht, sondern er eine Ermessensentscheidung treffen könne. Grenzen dieses Ermessens, etwa das Willkürverbot, sind nicht erkennbar, daher handelt es sich um den seltenen Fall eines „freien" Ermessens; hierzu auch *J. Delbrück/R. Wolfrum* (G. Dahm), 2. Aufl., Bd. I/1, 1989, S. 245 ff.

§ 11 Widerstandsrecht

246 Die rechtliche Beurteilung von Handlungen, die sich gegen das Verhalten von Staatsorganen richten, ist vielfach deswegen auf dogmatische Schwierigkeiten gestoßen, weil wesentliche Unterscheidungen im Hinblick auf ein solches Widerstandsrecht unterlassen wurden. So spricht die Verfassung der Bundesrepublik Deutschland von dem Recht zum Widerstand in ihrem Art. 20, Abs. 4, meint aber doch etwas gänzlich anderes als das, was man im klassischen Sinne mit dem Begriff Widerstandsrecht bezeichnet. Es muß nämlich strikt **unterschieden** werden zwischen dem Recht, die **bestehende Verfassung** unter Umständen auch gegen das Verhalten der eigenen Staatsorgane **zu schützen**, und dem Recht, die bestehende Verfassung als Rechtsordnung **anzugreifen**, gegebenenfalls mit dem Ziel ihrer Beseitigung. Im ersten Falle wird ein Recht in Anspruch genommen, das man besser als **Staatsnotwehrrecht** bezeichnen sollte, denn es geht ausschließlich um die Verteidigung der Rechtsordnung, nicht um Angriffe auf diese, im zweiten Falle geht es um die Inanspruchnahme eines **Rechtes contra legem**, genauer gesagt contra constitutionem.

247 Der erste Fall ist relativ einfach zu behandeln. Ein Recht auch des Staatsbürgers, die Verfassung zu verteidigen, ist ihm im Grundsatz immer zuerkannt worden. Streitig konnte nur sein, unter welchen Voraussetzungen eine solche **Staatsnothilfe** von der bestehenden Rechtsordnung zugelassen ist. Selten ist ein solches Recht ausdrücklich im Verfassungstext niedergelegt, obwohl es, z.B. im Rahmen der Strafrechtsanwendung, von der Gerichtsbarkeit durchaus anerkannt wurde[1]. Die Verfassung der Bundesrepublik Deutschland hat dieses Recht nun definiert. Seine Ausübung setzt voraus, daß **kein anderes Mittel** mehr zur Verfügung steht, etwa die Anrufung der Gerichtsbarkeit. Es geht also um die ultima ratio des **Staatsschutzes**. Das Recht darf nur ausgeübt werden um die Verfassung zu schützen, nicht um sie zu verbessern oder zu ersetzen. Es steht nur dem Staatsbürger zur Verfügung, nicht den Staatsorganen selbst, da diese auch für den Fall des Angriffs auf die bestehende Verfassung über klare Kompetenzen verfügen und sich so nicht auf ein Sonderrecht berufen können[2]. In jeder Verfassung ist – sei es geschrieben oder ungeschrieben – die Zuständigkeit der Staatsorgane im Falle des Staatsnotstandes geregelt. Da dieses 248 **Widerstandsrecht gegen Staatsorgane** ausgeübt werden darf, die ihrerseits die Verfassung nicht mehr einhalten oder deren Schutz nicht mehr garantieren wollen oder können, stellt sich die zumindest theoretisch interessante Frage, ob denn auch **gegen die Verfassungsgerichtsbarkeit** bei deren Fehlverhalten ein von der Verfassung garantiertes Widerstandsrecht ausgeübt werden darf, eine Frage, die offenbar bisher nicht gestellt wurde; aber es ist nicht auszuschließen, daß auch Richter eines Verfassungsgerichts politischem Druck weichen oder Terror fürchten müssen und

---

1 RG v. 8. 5. 1929, RGSt 63, S. 290; BGH v. 2. 10. 1953, BGHSt 5, S. 247.
2 Dazu *K. Stern*, Das Staatsrecht der Bundesrepublik Deutschland, Bd. II, 1980, S. 1515; *K. Doehring*, Staatsrecht der Bundesrepublik Deutschland, 3. Aufl. 1984, S. 275 ff.; zur Frage, ob die Positivierung eines staatsschützenden Widerstandsrechts geboten oder überflüssig war, s. die Nachweise bei *M. Sachs*, Grundgesetz, Kommentar (Hrsg. M. Sachs), 3. Aufl., 2003, zu Art. 20 IV, S. 866, Fn. 637.

so entweder inaktiv bleiben oder zu einer der freiheitlichen Verfassung objektiv nicht mehr entsprechenden Entscheidung gelangen. Das Grundgesetz der Bundesrepublik Deutschland sagt zwar, daß das Widerstandsrecht nur ausgeübt werden darf, wenn andere Abhilfe nicht mehr erreichbar ist – und eine solche wird allgemein im Gerichtsschutz gesehen[3] –, aber diese Abhilfe kann nicht nur als formales Rechtsmittel qualifiziert werden, denn der Verfassungsbruch durch Richter ist ein der Geschichte bekanntes Phänomen, auch wenn es selten in Erscheinung tritt[4]. Dennoch ist die Antwort auf die gestellte Frage in negativem Sinne zu geben, jedenfalls für die deutsche Rechtsordnung, die das Widerstandsrecht als positives Recht formuliert hat. Wenn nämlich die gleiche Verfassung, die dieses Recht erteilt, gleichzeitig ein oberstes Gericht einsetzt, dessen Aufgabe gerade darin besteht, die Verfassung endgültig, d.h. authentisch zu interpretieren, bedeutet Widerstand gegen das Verfassungsgericht gleichzeitig auch Widerstand gegen die Verfassung selbst. Da die Verfassung der systematischen Auslegung bedarf, d.h. einer solchen, die Widersprüche vermeidet, muß davon ausgegangen werden, daß das Verfassungsgericht auch über die Grenzen des Widerstandsrechts bindend entscheidet, und so kann es gegen diese Entscheidung nicht wiederum ein Widerstandsrecht geben. Ist die Verfassung selbst das Schutzobjekt, so schließt das auch ihr Entscheidungssystem ein.

249 Nur dann, wenn man das Recht zum Widerstand **nicht dem positiven Verfassungsrecht** entnimmt, sondern dem **Naturrecht** oder dem überpositiven Recht, könnte man es einem Verfassungsgericht als auch dieses bindend entgegenhalten, doch würde das, wie nun zu zeigen ist, die Verfassung zerstören und sich im Rahmen des geltenden Rechts nicht mehr als Rechtsausübung darstellen, sondern als **Revolution** im schon beschriebenen Sinne, denn dem von der Verfassung höchste Entscheidungsinstanz eingesetzten Organ die Kompetenz abzusprechen, bedeutet im Ergebnis, die Verfassung selbst aufzuheben. Diese Feststellung wird für das deutsche Recht noch dadurch bestätigt, daß das Verfassungsgericht sich auf die Kompetenz beruft, bindend den Bestand auch überpositiven Rechts festzustellen[5], was allerdings eine Verkennung der Begriffe Naturrecht und überpositives Recht bedeutet, denn deren Verbindlichkeit soll absolut gelten und kann insofern nicht von der Entscheidung eines Staatsorgans abhängen. Doch dieser logische Widerspruch ist geltendes Recht. Eine Berufung also darauf, daß auch das Gericht den Bestand an überpositiven, der Verfassung noch übergeordneten Normen verkannt habe, hielte im Rahmen des geltenden, positiven Rechts nicht stand. Nur dann, wenn das Verfassungsgericht unverhüllt die Verfassung selbst nicht mehr anwendet, d.h. auch nicht mehr interpretiert, könnte ein Recht gegeben sein, den Staat vor einem die Rechts-

---

3 BVerfG v. 17. 8. 1956, BVerfGE 5, S. 85 (377), wonach „alle von der Rechtsordnung zur Verfügung gestellten Rechtsbehelfe" aussichtslos sein müssen.
4 Zum Delikt der Rechtsbeugung durch den Richter (§ 336 StGB), *K. Lackner*, Strafgesetzbuch mit Erläuterungen, 22. Aufl. 1997, der auch auf die Literatur zur Frage der Rechtsbeugung durch NS-Richter hinweist; eingehend hierzu auch *H. Worm*, Die rechtliche Verantwortlichkeit der Richter des BVerfG, 1988.
5 So schon BVerfG v. 23. 10. 1951, BVerfGE 1, S. 14 (61), wonach selbst die verfassungsgebende Gewalt an „überpositive Rechtsgrundsätze" gebunden sei; seither ständige Rechtsprechung.

ordnung völlig mißachtenden Staatsorgan zu schützen. Da nicht ausgeschlossen ist, daß die Richter des Bundesverfassungsgerichts, gewählt durch das Parlament, u.U. politischer Motivation stärker folgen könnten als juristischer, ist ein Machtmißbrauch möglich.

Hier nun müssen folgerichtig die Betrachtungen über das **klassische Widerstandsrecht contra legem** einsetzen. Mit welchen Rechtsargumenten kann behauptet werden, eine Rechtsordnung insgesamt sei „unrecht"? Die Rechtsgrundlage einer solchen Behauptung kann jedenfalls nicht derjenigen Rechtsordnung entnommen werden, über die geurteilt wird[6]. Würde eine Verfassung den Satz enthalten, **Revolution sei erlaubt**, höbe sie sich auf; sie verlöre den Charakter einer Rechtsordnung per definitionem, wenn sie ihre eigene Verbindlichkeit nicht fordert. Selbst wenn man die Durchsetzung des Rechts nicht für eines seiner Wesensmerkmale hält, ist doch zumindest der Anspruch auf Rechtsbefolgung jedem Rechtsbegriff immanent. Würde also eine Verfassung den Satz enthalten, **Revolution ist verboten**, bekundete sie eine platte Tautologie. Wenn so der zu beurteilenden und bei negativem Urteil mit dem Widerstandsrecht zu bekämpfenden Rechtsordnung selbst ihre Ablehnung nicht entnommen werden kann, müßte das Unwerturteil über die geltende Rechtsordnung sich aus einer anderen Rechtsordnung ergeben. Das allein aber genügt noch nicht. **Diejenige Rechtsordnung**, der das **Unwerturteil** entnommen werden soll, müßte einen **höheren Rang** genießen als die zu bewertende Rechtsordnung, denn nur dann hätte letztere der ersten zu weichen. Bei zeitlicher Aufeinanderfolge von zwei Rechtsordnungen wird die spätere als maßgebend betrachtet, d.h. sie ist diejenige unter deren Verbindlichkeit der Urteilende lebt. So ist es schlüssig zu sagen, daß das NS-Regime nach Maßgabe des deutschen Grundgesetzes von 1949 ein **Unrechtsstaat gewesen** ist. Diese Aussage aber hat keine Bedeutung für den Widerstandskämpfer gegen das NS-Regime, denn damals galt das Grundgesetz noch nicht. Die Richter des Nürnberger Militärgerichtshofs konnten sagen, das NS-Regime war immerhin insoweit eine Unrechtsordnung als es gegen geltendes Völkerrecht verstieß, denn das Völkerrecht galt zur gleichen Zeit wie das NS-Recht und hatte für das zwischen Staaten geltende Recht und so für die von ihm geregelten Rechtsmaterien den höheren Rang[7]. Das Gleiche konnte gegen die Rechtsverbindlichkeit des DDR-Regimes behauptet werden, soweit dieses die es bindenden Regeln des Menschenrechtsschutzes mißachtete.

Nun wurde aber das Verfassungsrecht eines Staates z.Zt. des NS-Regimes nicht vom Völkerrecht als höherem Recht unmittelbar regiert, soweit Rechte des Individuums betroffen sind; das Völkerrecht regelte auch z.Zt. des NS-Regimes nur die Beziehungen der Staaten untereinander. Der Widerstandskämpfer, der sich für sein Verhalten zu rechtfertigen suchte, mußte also nach einer anderen und – am Verfassungsrecht gemessen – **höheren Rechtsordnung** Ausschau halten. Hier nun hat man sich immer wieder auf das **Naturrecht** berufen, auf eine höhere Rechtsordnung, die

---

[6] Hierzu *K. Doehring*, Das Widerstandsrecht des Grundgesetzes und das überpositive Recht, in: Der Staat, Bd. 8, 1969, S. 429 ff., insbes. S. 433 ff.
[7] *H. H. Jescheck*, Nuremberg Trials, in: EPIL, Bd. 3, 1997, S. 747 ff.; *W. Grewe*, Rückblick auf Nürnberg, in: Staat und Völkerrechtsordnung, Festschrift für K. Doehring, 1989, S. 229 ff.

sogenannte **absolute Wertungen** enthalte und dieser ihrer Natur folgend jeder positiven Rechtsordnung und also auch jedem Verfassungsrecht übergeordnet sei[8]. Diese Aussage ist schlüssig, aber setzt gleichzeitig voraus, daß es diese Naturrechtsordnung gibt. Die Existenz einer solchen, absolute Werte enthaltenden überpositiven Rechtsordnung aber kann **nicht bewiesen** werden, sondern besteht nur für den, der an ihren Inhalt glaubt.

252 Der Nachweis für diese Feststellung kann empirisch geführt werden. Die **Rechtskulturordnungen** dieser Welt haben – temporär und parallel – unendlich **verschiedene Rechtswerte** für **absolut** erklärt. Religionskriege und ideologische Kriege sind geführt worden, weil jede Seite die Absolutheit ihrer Wertauffassung und deren Ausschließlichkeitsanspruch behauptete. Auch die Propagierung eines sog. Vernunftnaturrechts hat daran nichts ändern können, denn die Berufung auf die ratio ist untauglich, über den Bestand von Werten zu entscheiden[9]. So soll man nicht töten, aber man darf oder soll es doch, um andere Werte zu schützen, etwa die Nation, den Glauben, die Menschenwürde. Die Ratio gibt erst Auskunft über die anwendbaren Mittel, wenn der zu vertretende Wert postuliert ist. Der Marxismus postuliert als den höchsten Wert die irdische Wohlfahrt jedes Menschen, aber der Koran bestätigt das nicht, sondern fordert Opfer für transzendente Ziele, und das gilt wohl auch für das Christentum.

253 So kann man durchaus sagen, daß **Naturrecht eine Rechtfertigung** zum Widerstand liefern **kann**, aber man muß gleichzeitig feststellen, daß es viele Naturrechtsinhalte gibt, daß von ihnen allen die Absolutheit behauptet wird und daß ihre Postulierung auf der Gewissens- oder Glaubensentscheidung von Individuen oder Kulturgemeinschaften beruht. Einen **generell-absoluten Wert**, der für alle Rechtsordnungen per se verbindlich ist, kann man **nicht** feststellen. Etwas anderes aber bedarf der Feststellung in diesem Zusammenhang. Derjenige, der die Absolutheit eines Rechtswertes behauptet, fordert damit gleichzeitig, daß alle anderen Mitglieder der Rechtsgemeinschaft auch verpflichtet seien, dieser Wertung zu folgen; würde diese Forderung nicht gestellt, ginge es per definitionem auch nicht um einen absoluten Wert. Das kann zu merkwürdigen aber doch logischen Schlußfolgerungen führen. Würde eine Naturrechtsauffassung aussagen, daß alle Naturrechtsordnungen gleichberechtigt seien, dann würde jede andere Naturrechtsauffassung, die ihren eigenen Vorrang, etwa auch aufgrund einer Religion behauptet, zurückgewiesen. Hierin läge dann das Gegenteil von **Gleichberechtigung aller Auffassungen**, denn

---

8 *Th. Tsatsos*, Zur Begründung eines Widerstandsrechts, in: Der Staat, Bd. 1, 1962, S. 166 ff.; das BVerfG (BVerfGE 95, S. 134) läßt auch das strafrechtliche Rückwirkungsverbot dann zurücktreten, wenn es um die Ahndung von Unrecht geht, dessen Schwere kein positives Recht negieren kann (Radbruch'sche Formel).

9 Davon scheint auch das BVerfG auszugehen, wenn es, obwohl den Bestand überpositiven Rechts anerkennend, (Fn. 5) doch feststellt, es bestehe eine „Vielfalt der Naturrechtslehren". Es kann, um ein Beispiel zu nennen, die ratio ebenso gebieten, Individualrechte zu schützen wie den Allgemeinbelangen Vorrang einzuräumen, wobei die ratio selbst keine Auskunft im Konfliktsfall geben kann, sondern nur eine voluntaristische Entscheidung, d.h. das Gerechtigkeitsgefühl des Urteilenden setzt sich letztlich durch. Zum Problem der Rationalisierbarkeit von Entscheidungen s. *R. Zippelius*, Allgemeine Staatslehre, 14. Aufl. 2003, S. 385 f.

nur diejenige, die anderen, exclusiven Auffassungen die Geltung abspricht, soll gelten. So zeigt sich, daß die Berufung auf Naturrecht keine solche sein kann, die den Widerstand gegen eine Verfassungsordnung in dem Sinne rechtfertigt, daß nun allgemein verbindlich festgestellt ist, daß das positive Recht bekämpft werden kann oder gar muß. Ein **Widerstandskämpfer, der seine eigene Naturrechtsauffassung für absolut** und damit für alle anderen Menschen auch verbindlich ansieht, kann seinerseits zum **Tyrannen** werden; zu seiner Rechtfertigung müßte er behaupten, daß das von ihm erkannte Naturrecht diese „Tyrannei" fordert.

Es kann der Widerstandskämpfer sich zwar auf ein Naturrecht berufen, aber er kann nicht fordern, daß seine Auffassung von allen Betroffenen auch als absolut respektiert wird. Der Widerstandskämpfer, der nach einer **Rechtfertigung** aus einer höheren Rechtsordnung sucht, ist wie ein **Glaubender**, der aber den **Gottesbeweis** doch auch erhalten möchte. Er kann sich auf sein **Gewissen** berufen, und er kann der Gewissensantwort einen höheren ethischen Wert zuweisen als der geltenden Rechtsordnung; er kann sich dabei zum moralischen Helden erheben, aber eine Rechtfertigung aus irgendeiner für jedermann verbindlichen Rechtsordnung kann er **nicht** in Anspruch nehmen. Ebenso kann keine positive Rechtsordnung für sich behaupten, sie sei allen Moralordnungen überlegen; ihre Aufgabe ist es gerade, den **Rechtsfrieden** auch dann herzustellen, wenn die ethischen Auffassungen der Mitglieder der Rechtsgemeinschaft divergieren, also eine, an ethischen Idealen gemessen, bescheidene Funktion.

254

Nicht nur die **Unmöglichkeit**, eine für alle Menschen verbindliche Naturrechtsordnung, die Herrschaft also **absoluter Normen**, festzustellen, steht der Rechtfertigung eines Widerstandes entgegen; vielleicht würde man rudimentäre Grundsätze entdecken können, die dem entsprechenden Test noch standhalten. Doch dann folgt die Schwierigkeit zu entscheiden, **mit welchen Mitteln** denn diese Grundsätze durchgeführt werden dürfen. Zum zweiten Mal wird das Naturrecht zum Problem. Ist die Tötung der Schildwache des Tyrannen erlaubt[10]? Oder steht dem das Naturrecht auf Leben der Wächter entgegen, auch wenn der Tyrann selbst dieses Recht – vielleicht – verwirkt hat? War es gerechtfertigt, den Versuch zu machen, Hitler zu töten, wenn das gleichzeitig den Tod eines Flugzeugführers bedeutete, eines Menschen also, der an der Tyrannis nicht beteiligt war[11]? Die Geschichte der Rechtsphilosophie zeigt, daß auf diese Fragen noch niemals eine allgemeinverbindliche oder gar, an der ratio gemessen, zwingende Antwort hat gegeben werden können[12].

255

---

10 *F. J. Stahl*, Rechts- und Staatslehre, 3. Aufl. Bd. II, 1856, S. 544, spricht von einem absoluten Tötungsverbot im Hinblick auf den Tyrannen und seine Schildwache.
11 Besonders aufschlußreich dazu *F. v. Schlabrendorf*, Offiziere gegen Hitler, 1951.
12 *H. Krüger*, Allgemeine Staatslehre, 1964, S. 948: „Der Widerstand selbst läßt sich in den Staat nicht einbauen"; und S. 946: „Ein Widerstandsrecht überantwortet somit die Staatlichkeit dem Gutdünken eines nichtstaatlichen Faktors". Recht rigoros äußerte sich *I. Kant* (Die drei Kritiken, hrsg. v. R. Schmidt, 1952, S. 411 f.): „Der Grund der Pflicht des Volkes, einen ... Mißbrauch der Macht zu ertragen, liegt darin, daß sein Widerstand wider die höchste Gesetzgebung selbst niemals anders als gesetzwidrig, ja als die ganze gesetzliche Verfassung verwirkend gedacht werden muß"; Es wäre interessant zu wissen, wie Kant den Widerstand gegen das NS-Regime oder gegen den Stalinismus beurteilt hätte.

§ 11 *Widerstandsrecht*

256 Oft wird auch wesentlich sein, ob die **Antwort ex ante** oder **ex post** gegeben wird, wie es die Stellungnahmen Gustav Radbruchs zeigen, der die Verbindlichkeit des positiven Rechts so lange verteidigte, bis offenbar sein Gewissen ihn zu einer neuen Antwort veranlaßte, d.h. nachdem der NS-Staat seine ethische Minderwertigkeit, gemessen an abendländischen Wertmaßstäben, offenbarte[13]. Der Ruf nach dem Naturrecht wird immer dann stark ertönen, wenn das **positive Recht dem Gerechtigkeitsideal** des Beurteilers **nicht entspricht**; die Verteidigung des positiven Rechts erfolgt dann, wenn der Beurteiler seine Übereinstimmung mit den eigenen Gerechtigkeitsvorstellungen feststellt und die Zerstörung des bestehenden Rechts durch andere Wertvorstellungen befürchtet. Nur dann, wenn in einem Staat im Grundsätzlichen eine **Homogenität der ethischen Werte** überwiegend anerkannt wird[14], könnte die Spannung zwischen Naturrecht und positivem Recht schwinden, und das Gleiche gilt für die internationale Gemeinschaft der Staaten. Hiervon ist der derzeitige Zustand weit entfernt, und solange das so ist, gilt das Wort Arthur Schopenhauers, daß das positive Recht der „stärkere Sohn" des Naturrechts ist[15], denn es ist immer auch aus einer Rechtsidee hervorgegangen und hat sich – zumindest zeitweise – behauptet. **Die Berufung auf das Recht zum Widerstand** ist der Spiegel des **Zerfalls der Werthomogenität** in einer Gemeinschaft, oder der nicht mehr bestehenden Übereinstimmung der Wertvorstellungen von Herrschern und Beherrschten, wobei als Beispiel die Vorgänge in den ehemals kommunistischen Ostblockstaaten seit 1989 gelten können. Ob dann der Legalität oder der Legitimität der moralische Vorzug einzuräumen ist, entzieht sich einer wissenschaftlichen Antwort der Jurisprudenz.

257 Für die Rechtsordnung des **Völkerrechts** sei aber noch auf das Folgende aufmerksam gemacht. Ein Widerstandsrecht gegen nationales und also auch Verfassungsrecht eines Staates kann insoweit dem Völkerrecht entnommen werden als dieses die Staaten nach heute geltendem Völkerrecht verpflichtet, **zwingende Rechtssätze** des Völkerrechts zu beachten. Zu diesen zwingenden Rechtssätzen zählt seit der Geltung der Charta der Vereinten Nationen, der dann proklamierten Erklärung der allgemeinen Menschenrechte (1948) und vieler Menschenrechtspakte die Beachtung der rudimentären Menschenrechte auch durch den eigenen Staat des bedrohten Menschen. Die brutale Mißachtung von Menschenrechten und auch des Selbstbestimmungsrechts von Menschengruppen bedeutet nach heute geltendem Völkerrecht ein **international crime**. Hiergegen gewährt das Völkerrecht, auch wenn von mancher Seite noch Zweifel geäußert werden, dem Individuum ein Widerstands-

---

13 Über Leben und Werk G. Radbruchs, insbes. über den Wandel seiner Auffassung vom Wertrelativismus zum Naturrecht, *S. J. Schröder*, Gustav Radbruch, in: Deutsche Juristen aus fünf Jahrhunderten, 1976, S. 219 ff.; vgl. dazu *G. Radbruch*, Rechtsphilosophie I, Gesamtausgabe Bd. 1, 1989, S. 323 (Einführung in die Rechtswissenschaft, 1929): „Noch weniger als die Verfassungswidrigkeit seiner Entstehung berechtigt die Ungerechtigkeit seines Inhalts den Richter, vom Gesetz abzuweichen".; dann *ders.*, Vorschule der Rechtsphilosophie, 1948, S. 31, wo ausgeführt ist, daß nun „die Idee eines übergesetzlichen Rechts, an dem gemessen auch positive Gesetze als gesetzliches Unrecht sich darstellen können", wieder erwachse. Dem folgte dann das BVerfG, s. Fn. 8.
14 *K. Doehring* (Fn. 2), S. 185 ff., insbes. 192.
15 *A. Schopenhauer*, Die Welt als Wille und Vorstellung, 4. Buch, Kap. 47.

recht; einer Berufung auf Naturrecht bedarf es nicht, denn das Völkerrecht ist positives Recht[16]. Aus dieser Sicht war auch der Widerstand der Bevölkerung des Kosovo gegen Restjugoslawien gerechtfertigt und somit auch die Nothilfe der NATO 1999.

§ 12 Die Souveränität

1. Vorbemerkung

Kein Attribut eines selbständigen Staates oder auch eines Staatsorgans ist wohl so oft als ein Recht in Anspruch genommen worden, wie das im Hinblick auf die Souveränität der Fall war und ist, und zwar als ein **Abwehrrecht gegen andere Souveränitätspretendenten** und auch ein Recht zur **Durchsetzung von Ansprüchen**. Wieder sind die Innensicht des Staates und die Außensicht, d.h. sein Verhältnis zu anderen Staaten, zu trennen. Diese Aufspaltung könnte künstlich erscheinen, denn in jedem Falle geht es um die Kompetenz der Letztentscheidung, sei es in inneren oder äußeren Angelegenheiten; auch wird die Staatsgewalt als einheitlich begriffen. So war der souveräne Fürst früherer Zeiten Herr der endgültigen Entscheidungen im Staatswesen selbst und über dessen Beziehungen zu anderen Staaten; das gerade machte seine suprema potestas aus. Auch heute noch spricht man von der **Einheit der Staatsgewalt**, auch von ihrer **Einzigkeit**[1]. Sicherlich besteht diese Einheit in den Außenbeziehungen, denn der Staat haftet anderen Staaten für jede Betätigung seiner Staatsorgane, gleichgültig ob die Regierung, die Gesetzgebung oder die Gerichtsbarkeit gehandelt hat[2]. Ob diese souveräne Einheit im Staatsinneren besteht, kann zweifelhaft sein, zumindest unter dem Gesichtspunkt der Gewaltenteilung, denn ihr Sinn wird gerade darin gesehen, daß die Letztentscheidung nicht monopolisiert wird und so ausnahmslos alle Kompetenzen betrifft.

258

2. Verfassungsrecht

Von dem Erfinder der inneren Souveränität des Staates, Jean Bodin, soll hier nicht nochmals im einzelnen die Rede sein; es ging seinerzeit um die **Macht des Königs** gegenüber Ständen, Adel und Kirche[3], während die heutige Staatenwelt sich nahezu

259

---

16 So erklärte der Entwurf der International Law Commission über die Verantwortlichkeit der Staaten (ILM, Bd. 37, 1998, S. 442 ff.) die Verletzung fundamentaler Menschenrechte als international crime und ihre Respektierung als eine zwingende Norm des Völkerrechts (Art. 19); leider wurde diese Aussage in der letzten Fassung der ILC nicht mit gleicher Klarheit wiederholt (26. 7. 2001, UN-Doc. A/CN. 4/L.602/Rev.1).

1 *H. Krüger*, Allgemeine Staatslehre, 1964, S. 847 ff. (Die Einzigkeit der Staatsgewalt); *H. Quaritsch*, Staat und Souveränität, Bd. 1, 1970, S. 266 ff. (Einheit, Einzigkeit der Staatsgewalt; dazu eingehend *G. S. Schuppert*, Staatswissenschaft, 2003, S. 157 ff.
2 *Verdross/Simma*, Universelles Völkerrecht, 3. Aufl. 1984, Rdn. 1270 ff.; ILC, Draft Articles on State Responsibility, Art. 4, Abs. 1 (26. 7. 2001, UN-Doc. A/CN. 4/L. 602/Rev. 1); *K. Doehring*, Völkerrecht, 2. Aufl., 2004, Rdn. 831.
3 *H. Quaritsch* (Fn. 1), S. 39 ff. (Die Souveränität als Begriffsschöpfung Bodin's).

§ 12 *Die Souveränität*

ausnahmslos zu irgendeiner Art der **Volksherrschaft** bekennt, auch wenn das vielfach sich in der Theorie erschöpft[4]. Es könnte daher zweifelhaft sein, ob die Frage nach der inneren Souveränität des Staates noch **sinnvoll gestellt** werden kann, denn alle Staatsgewalt soll vom Volke ausgehen[5], auch wenn sie nicht vom Volke ausgeübt wird. Das gilt jedenfalls für die Staatsform der liberalen Demokratie. Die Staatsorgane sind vom Volke beauftragt und sollen so auch nur die Staatsgewalt des Volkes ausüben. Der Idee der Demokratie zufolge sind also Herrscher und Beherrschte identisch[6], und niemand wird, zumindest in der Theorie, gegen seinen Willen beherrscht. Demzufolge fehlt hier die Polarität, die dem Begriff der Souveränität eigentümlich ist, nämlich in ihrer Eigenschaft der Herrschaftsausübung über andere oder gegenüber anderen, bzw. der Inanspruchnahme der Kompetenz zu endgültiger Entscheidung. Ebenso ist, genau genommen, der **Begriff der Verantwortlichkeit aufgehoben**, der einen Dualismus von Herrschern und Beherrschten voraussetzt. Das Volk ist sich selbst verantwortlich, was im Grunde bedeutet, daß niemandem gegenüber eine Verantwortlichkeit besteht. Daß diese Verantwortungslosigkeit moralischen Bedenken unterliegt, ist eine davon zu trennende Frage; in diesem Sinne ist auch die Präambel des Grundgesetzes der Bundesrepublik Deutschland aufzufassen, wenn dort von einer „Verantwortung vor Gott und den Menschen" die Rede ist. Wegen der klassischen Souveränität des Fürsten und ihrer Kehrseite, der Verantwortlichkeit zumindest in einem moralischen Sinne, haben Alleinherrscher auch immer nach der Rechtfertigung ihrer Herrschaft gesucht und sie im Gottesgnadentum oder einer Ideologie gefunden. Einer solchen **Legitimation** scheint die **Demokratie nicht zu bedürfen**, denn sie beherrscht niemanden. Auch der frühere Souverän, der Fürst, haftete nicht für Unrecht[7] und konnte nicht verklagt werden, aber gerade deswegen konstruierte man seit Beginn des aufgeklärten Absolutismus den Staat als Fiskus und spaltete damit die Einheit der Staatsgewalt wieder auf. Solange der Fürst mit dem Staat identisch war (l'état c'est moi), war auch die **Immunität des Fürsten eine solche des Staates**, womit jede Haftung ausgeschlossen war. War aber der Fürst der „erste Diener" des Staates und also mit diesem nicht identisch, wie der aufgeklärte Absolutismus es sah, konnte nur noch der Fürst Immunität in Anspruch nehmen, während der Staat haftete. Die **Ersetzung der Monarchie durch die Republik** stellte diese Einheit zwischen Herrschern und Beherrschten dann wieder her, und die Frage, wer in einem gewaltenteilenden Staatswesen der Inhaber der Souveränität ist, wer also die Letztentscheidung trifft, stellte sich neu. Das Volk, von dem alle Staatsgewalt ausgehen soll, kann zwar als die Quelle aller Staatsgewalt angesehen werden, aber nicht als Inhaber der Letztentscheidungskompetenz im kon-

---

4 Hierzu *D. Sternberger*, Nicht alle Staatsgewalt geht vom Volke aus. Studien über die Repräsentation, Vorschlag und Wahl, 1971.
5 Art. 20, Abs. 2 GG: „Alle Staatsgewalt geht vom Volke aus"; Verfassung Frankreichs v. 28. 9. 1958, Art. 3, Abs. 1, erklärt, daß die nationale Souveränität beim Volke liege.
6 *C. Schmitt*, Verfassungslehre, 1928, Neudruck 1957, S. 235: „Sie (die Demokratie) schließt es aus, daß innerhalb des demokratischen Staates die Unterscheidung von Herrschen und Beherrschtwerden, Regieren und Regiertwerden eine qualitative Verschiedenheit ausdrückt oder bewirkt".
7 *H. Street*, Liability of the State for Illegal Conduct of its Organs, Great Britain, in: Haftung des Staates für rechtswidriges Verhalten seiner Organe (hrsg. Max-Planck-Institut für ausländisches öffentliches Recht und Völkerrecht), 1967, S. 230 ff.

kreten Falle, denn insoweit ist es schon durch das System der Repräsentation[8] mediatisiert, worüber auch die Fiktion einer Identität von Volk und Parlament nicht hinweghilft[9], denn diese Konstruktion nimmt gerade in Kauf, daß der Wille des Volkes nicht mit demjenigen des Parlaments übereinstimmt. Der Fiktion bedarf man nur, um das Volk regierbar zu machen, aber nicht um den Volkswillen für irrelevant zu erklären, was sich an dem Gebot periodischer Wahlen zeigt.

Wer aber hat nun in dem **gewaltenteilenden Staat diese Letztentscheidungskompetenz**? Es kann dabei nicht darum gehen festzustellen, daß jedes Staatsorgan in irgendeiner Weise vom Volk zumindest mittelbar inthronisiert ist, oder demokratisch legitimiert ist, etwa das Parlament durch Volkswahl, die Regierung durch Parlamentswahl oder auch durch Volkswahl, die Justiz durch Parlament und Regierung oder durch beide gemeinsam, das Verfassungsgericht, wenn vorhanden, wiederum durch das Parlament. Es geht letztlich darum, ob in einer konkreten Situation ein **Staatsorgan unkorrigierbar** durch den eigentlichen Souverän, das Volk, entscheiden kann und so sich im Einzelfall als der **wahre Souverän** erweist. Eine genaue Sicht zeigt, daß es ein einzelnes und für alle Situationen als wahrer Souverän handelndes Staatsorgan nicht gibt, sondern verschiedene Zuständigkeiten für staatliche Letztentscheidungen mehreren Staatsorganen obliegen. Der Begriff der Einheit der Staatsgewalt als Charakteristikum der innerstaatlichen Souveränität ist demnach zweifelhaft geworden. Es gibt eine **Einheit der Staatsgewalt**, nämlich das Volk, aber keine **Einheit der Staatsgewaltsausübung**.

Die **Legislative** entscheidet zwar endgültig über den Inhalt eines Gesetzes, aber sie kann von einem **Verfassungsgericht** korrigiert werden. Besteht ein solches Gericht nicht, hat das Parlament zwar diese Letztentscheidung inne, aber ob das Gesetz im Sinne des Parlaments ausgeführt wird, entscheidet die Regierung, es sei denn sie unterliegt wiederum der Kontrolle eines Verfassungsgerichts. Wenn das nicht der Fall ist, kann zwar die politische Sanktion des Parlaments, die Abwahl also der Regierung stattfinden, aber sie kann auch nicht mehr ungeschehen machen, was schon durchgeführt wurde, und ebenso können nicht immer Unterlassungen durch späteres Handeln korrigiert werden. Ist, falls vorhanden, nun das Verfassungsgericht der Souverän? Auch das ist zweifelhaft, denn seine Kompetenzen können vom Gesetzgeber verändert werden, wenn auch u.U. nur durch Verfassungsänderung, und regelmäßig wird es auch nur auf Antrag tätig. Ein solcher verfassungsändernder Eingriff des das Volk vertretenden Parlaments kann wiederum nicht alles ungeschehen machen, was das Verfassungsgericht vorher veranlaßte, und wieder erheben sich **Zweifel an der Letztenscheidungskompetenz nun des Parlaments**, oder doch zumindest an ihrer **Effektivität**.

---

8 Zum Begriff der Repräsentation *C. Schmitt* (Fn. 6), S. 208 ff.; s. auch *F. Ermacora*, Allgemeine Staatslehre Erster Teilband, 1970, S. 517, über die politische Repräsentation.
9 Zum Verhältnis von Repräsentation und Identität *C. Schmitt* (Fn. 6), S. 204 ff.; *ders.*, Legalität und Legitimität, 1932, führt S. 28 aus: „In der parlamentarischen Demokratie wird der Wille des Parlaments mit dem Willen des Volkes identifiziert"; s. auch *W. Mantel*, Repräsentation und Identität, Forschungen aus Staat und Recht, Bd. 29, 1975, S. 110 f.

§ 12   *Die Souveränität*

263   Diese Gegenüberstellung von konkreten Zuständigkeiten zu Letztentscheidungen im rechtlichen und im faktischen Sinne sollten zeigen, daß im Staatswesen der gewaltenteilenden Demokratie eine **Einheit der Staatsgewalt nicht mehr in funktionalem Sinne besteht**. Das bedeutet, daß der Souverän für die inneren Angelegenheiten des Staates nicht mehr vorgezeigt werden kann. Gegenseitige Kontrolle und gemeinsame Balance lassen keinen Raum für **nur eine suprema potestas**, die vom Volke ausgeht, aber ebenso von ihm beherrscht wird, wie der Zauberlehrling es gegenüber dem Besen versuchte. Dabei soll nicht verkannt werden, daß für einzelne Materien, wie z.B. die sog. auswärtige Gewalt, Letztentscheidungskompetenzen recht klar verteilt werden können, und zwar in dem Sinne, daß alle anderen Staatsgewalten ihr zuzuarbeiten haben[10].

264   **Staatsnotstandsregelungen** sind der Versuch, diesen Zustand der verteilten Kompetenzen zu überbrücken. Aber nur dann, wenn durch sie, wie in Frankreich, eine Art von **Diktatur** ermöglicht wird[11], ist für den Fall der Staatskrise der Souverän erwiesen; auch unter der Geltung der Reichsverfassung von 1919 sprach man von der „Diktaturgewalt" des Reichspräsidenten[12]. Die Betrachtungen hierüber aber sollen zurückgestellt werden, da dem Staatsnotstand ein besonderer Abschnitt gewidmet ist (§ 21). Nur so viel sei hier noch angemerkt: Die bekannte Feststellung von Carl Schmitt, daß Souverän ist, wer über die Entscheidungskompetenz im Ausnahmezustand verfügt[13], kann – vielleicht – eine faktische Lage charakterisieren, aber keine allgemeingültige Rechtsauskunft sein, denn eine Verfassung kann die Gewaltenteilung auch für den Staatsnotstand einrichten und aufrechterhalten, wie das Grundgesetz der Bundesrepublik Deutschland es vorsieht[14]. Davon ist die Frage zu trennen, wie nun das eine oder das andere System sich praktisch, d.h. im Sinne seiner Effektivität, auswirkt, denn sicherlich können auch positive Regelungen versagen.

3. Völkerrecht

265   Die Frage, welches Staatsorgan nun **Inhaber der Souveränität** aus der Sicht des **Völkerrechts** ist, hatte bisher keine Rolle gespielt. Es war und ist der Staat, sei es in früherer Zeit in seiner Personifizierung durch den Monarchen (l'état c'est moi) oder später als juristischer Person. Aus **internationaler Sicht ist die Einheit der Staatsgewalt unzweifelhaft**. Das erweist sich allein schon an der Feststellung seiner Haf-

---

10   *T. Stein*, Amtshilfe in auswärtigen Angelegenheiten, 1975, S. 18 ff., der ausführt, es bestehe nach dem Grundgesetz der Bundesrepublik Deutschland eine generelle Kompetenzvermutung zugunsten des Bundes.
11   Verfassung Frankreichs v. 28. 9. 1958, Art. 16, wonach der Präsident der Republik dann, wenn die regelmäßige Ausübung der öffentlichen Gewalt nicht mehr möglich ist, alle erforderlichen Maßnahmen ergreifen kann.
12   Zu Art. 48 der Reichsverfassung von 1919 *C. Schmitt* (Fn. 6), S. 27 und 111; *ders.*, Legalität und Legitimität, 1932, S. 70 ff.
13   Zum Verständnis von Souveränität und Entscheidungsbefugnis im Ausnahmezustand *H. Quaritsch* (Fn. 1), S. 363 mit Hinweisen auf die Ausführung insbes. von *H. Krüger* und *C. Schmitt*.
14   *K. Doehring*, Staatsrecht der Bundesrepublik Deutschland, 3. Aufl. 1984, S. 270 ff.; zu den Art. 115a–115l, *G. Robbers*, in: Grundgesetz, Kommentar (Hrsg. M. Sachs), 3. Aufl. 2003.

tung, denn diese tritt, wie schon erwähnt, für völkerrechtswidriges Handeln aller Staatsorgane ohne Rücksicht darauf ein, wer nun für den Staat gehandelt hat, die Regierung durch Exekutivakte, die Legislative durch ihre Gesetze oder die Gerichtsbarkeit durch ihre Entscheidungen[15]. Selbst dann, wenn ein Staatsorgan seine verfassungsmäßig ihm eingeräumte Zuständigkeit überschritten hat, **haftet der Staat als Ganzes**, mit wenigen Ausnahmen in den Fällen der evidenten Unzuständigkeit[16], die hier nicht näher zu behandeln sind. Davon zu trennen ist die Frage, welches Staatsorgan durch seine Handlung den Rechtsschein erzeugt, daß der Staat sich als gebunden betrachtet. Hierüber gibt das nun kodifizierte Vertragsrecht Auskunft[17].

Dagegen ist eine andere Frage, die wiederum im Verfassungsrecht keine besondere Rolle spielt, nun von Bedeutung. Während nämlich im innerstaatlichen Recht eine **Vermutung für die sog. Allzuständigkeit** der Staatsgewalt besteht, eine Vermutung also dafür, daß sie jeden Sachverhalt, durch welches Organ auch immer, regeln darf und gerade hieran sich das Ausmaß ihrer Souveränität mißt, besteht im **Völkerrecht** eine solche Vermutung **nicht**; eine Staatsgewalt darf nicht das regeln, was in den Bereich der Souveränität eines anderen Staates fällt. Aber so klar war auch diese Grundregel nicht immer[18]. **266**

Etwa bis zum ersten Weltkrieg wurde zumindest theoretisch die **Souveränität** des Staates auch in seinen äußeren Beziehungen weitgehend als **unbegrenzt** angesehen, obgleich evident ist, daß unter dieser Prämisse eine Rechtsordnung nicht bestehen kann, wenn man mit ihr einen Zustand meint, in dem alle Rechtssubjekte gleichen und gemeinsamen Regeln unterworfen sind. Es ist daher auch in dieser Zeit, und auch noch danach, immer wieder die Frage gestellt worden, ob denn das Völkerrecht als eine Rechtsordnung bezeichnet werden kann. Zwar wurden Verträge geschlossen, deren Unverbindlichkeit den Begriff des Vertrages wieder aufgehoben hätte und deren Einhaltung daher erwartet wurde. Aber doch wurde der **Souveränität** des einzelnen Staates ein **Monopol der Letztentscheidung** bei Auseinandersetzungen mit anderen, ebenfalls monopolistisch mit Souveränität ausgestatteten Staaten zugebilligt[19]. **267**

Das berühmte Wort nemo contra deum nisi deus ipse hätte sich abwandeln lassen: nemo contra supremam potestatem nisi potestas ipsa. Es bestand so ein unaufgelöster Konflikt zwischen Verbindlichkeit und Unverbindlichkeit von Regeln. Es be- **268**

---

15 Vgl. Fn. 2.
16 *W. K. Geck*, Die völkerrechtliche Wirkung verfassungswidriger Verträge, 1963, der darlegt, daß nur offenkundige Verfassungsrechtsverletzungen völkerrechtlich relevant seien, *P. Reuter*, Introduction au droit des traités, 1985, S. 23 ff.
17 Wiener Übereinkommen über das Recht der Verträge v. 23. 5. 1969, Art. 7, Abs. 2, wonach Staatsoberhäupter, Regierungschefs und Außenminister keiner Vollmacht zum Abschluß von Verträgen bedürfen mit der Rechtsfolge, daß verfassungsrechtliche Unzuständigkeit im konkreten Fall völkerrechtlich irrelevant ist.
18 Eingehend zur gesamten Frage nach Inhalt und Grenzen der völkerrechtlichen Souveränität der Staaten *H. Steinberger*, Sovereignty, in: EPIL Bd. 4, 2000, S. 500 f.
19 Über die unbegrenzte Souveränität des Staates *E. Kaufmann*, Das Wesen des Völkerrechts und die clausula rebus sic stantibus, 1911.

§ 12 *Die Souveränität*

stand **kein Verbot des Angriffskrieges**, obwohl ein solcher oftmals gerechtfertigt wurde, was, genau genommen, sich nur auf seine moralische Wertung hätte beziehen können[20]. Bestand so eine **Koordinationsordnung zwischen den Staaten** und keine Subordinationsordnung unter für alle geltende Regeln, konnten auch vertragliche Pflichten einseitig aufgekündigt werden. Daneben bestand aber auch durchaus eine Respektierung der Souveränität des anderen Staates im Hinblick auf seine inneren Angelegenheiten.

269 Chefrichter Marshal des Obersten Gerichtshofs der USA führte in der Entscheidung „The Antelope" im Jahre 1825 aus, keine Nation könne der anderen ein bestimmtes Verhalten vorschreiben, und so sei der Sklavenhandel zulässig, wenn ein Staat ihn in seinem eigenen Territorium erlaube[21]. Da trotz dieser starken Betonung der staatlichen Souveränität, ihrer prinzipiellen Omnipotenz, **Verträge** geschlossen wurden, stellte sich immer auch die Frage, ob eine solche Bindung die Souveränität nicht doch beeinträchtige, falls sie als einseitig nicht mehr auflösbar gedacht war. Sicherlich ist es auch Inhalt souveräner Freiheit, diese durch Selbstbindung einzuschränken, wie ja auch die Selbstbeschränkung des Staates als Grundlage der Rechtsordnung gedacht war (G. Jellinek; P. Laband). Bedenken bestanden nur dagegen, auf diese Weise **endgültig auf die Autonomie zu verzichten**, da dann von der Souveränität nichts übrig bleibt. Aus dieser Sicht erschien es suspekt, daß ein Staat durch seine Eingliederung in eine internationale Organisation, u.U. sogar unter Aufgabe von Hoheitsrechten, sich seiner Staatlichkeit entäußern könnte. So schrieb Erich Kaufmann noch im Jahre 1911: „Universalistische Tendenzen und Perioden sind in der Geschichte so notwendig wie nationale, aber sie können immer nur bestehen im Herrschaftsstreben einer Macht über andere, nie in einer auf Gleichberechtigung aufgebauten Organisation der Welt"[22]. Das war konsequent gedacht, wenn auch nicht gerade prophetisch gesehen, wenn man bedenkt, daß dreissig Jahre später die **Gleichberechtigung der Staaten** als eines der tragenden Prinzipien der Organisation der Vereinten Nationen angesehen wurde[23]. Damals aber stimmte diese Sicht wohl noch, auch wenn sie sich auf die faktische Ungleichheit bezog und nicht auf eine solche rechtlicher Art. Hegel hat in der Mitte des 19. Jahrhunderts die These vertreten, daß ein menschenwürdiges Dasein nur im souveränen Staat vorstellbar sei. Über diese Zeit sagt Ernst Rudolf Huber: „Der aufs höchste seiner Möglichkeiten getriebene Nationalstaat sah die eigene Nation als einen absoluten Wert"[24]. Wenn Georg Jellinek um die Jahrhundertwende die Souveränität definierte als „die Fähigkeit eines menschlichen Verbandes zu ausschließlicher rechtlicher Selbstbe-

---

20 Art. 231 des Friedensvertrages von Versailles, RGBl. 1919, S. 686 (984); dazu *F. Berber*, Lehrbuch des Völkerrechts, Bd. 2, 2. Aufl. 1969, S. 20, nach dessen Ansicht die Zuerkennung einer Kriegsschuld weder „rechtlich noch sachlich" vertretbar gewesen sei.
21 Oberster Gerichtshof der USA, 1825, The Antelope, 10 Weat. 66, S. 22.
22 *E. Kaufmann* (Fn. 19), S. 136.
23 UN-Charta, Art. 2, Ziff. 1, wonach die Organisation auf dem Grundsatz der souveränen Gleichheit aller ihrer Mitglieder beruht; ebenso Art. 1, Ziff. 2, wo der Grundsatz der Gleichberechtigung der Völker und Nationen niedergelegt ist.
24 *E. R. Huber*, Nationalstaat und supranationale Ordnung, in: Nationalstaat und Verfassungsstaat, 1965, S. 276.

stimmung"²⁵, war die **Abgabe dieser Souveränität** an eine internationale Organisation hiermit **unvereinbar**. Wenn heute die Staaten als Mitglieder der Vereinten Nationen anerkennen, daß deren Sicherheitsrat für sie bindende Beschlüsse fassen kann – auch und gerade in Fragen der Friedenssicherung und also im Rahmen des ius ad bellum²⁶ –, ist **dieser Begriff der Souveränität aufgegeben**, auch wenn in der Staatenpraxis die Unterschiede nicht so groß sein mögen; aber noch nie hat das Recht seine volle Befolgung erreichen können.

Für die heutige Betrachtung ist die Feststellung von besonderem Interesse, daß die Frage, zu **welchem Zweck denn Souveränität gefordert wird**, kaum gestellt wurde. So schrieb Erich Kaufmann weiter: „Das Wesen des Staates ist Machtentfaltung, ist der Wille, sich in der Geschichte zu behaupten und durchzusetzen", nur weil der Staat „Machtorganisation" sein wolle, könne er zur obersten Gemeinschaft werden²⁷. Gegenstimmen gab es durchaus auch. Robert v. Mohl stellte fest, daß neben dem Prinzip der staatlichen Souveränität doch auch dasjenige der **internationalen Gemeinschaft** anerkannt werden müsse, einer Gemeinschaft, die auf **Gleichberechtigung** beruhe²⁸. Diese verständliche Einschränkung aber konnte Erich Kaufmann nicht hindern, an der Machtauffassung extrem festzuhalten, wenn er ausführte: „Für das Völkerrecht stellt sich der siegreiche Krieg als die Bewährung des Rechtsgedankens, als letzte Norm heraus, die darüber entscheidet, welcher Staat das Recht hat"²⁹. An diesem Gedanken, der auf dem Vertrauen beruhte, der sittlich Stärkere werde auch faktisch die größere Stärke haben, hat dann wohl auch sein Propagist nach zwei Weltkriegen nicht mehr festgehalten.

270

Prinzipiell entgegenstehende Auffassungen sind aber in entschiedener Weise erst nach dem ersten Weltkrieg stärker betont worden und haben dann zu einer **veränderten Konzeption der Souveränität im Völkerrecht** geführt. Zwar hat man weiterhin vom Völkerrecht als einer Koordinationsordnung gesprochen, weil die Staaten sich gleichberechtigt gegenüberstehen und keiner dem anderen übergeordnet ist. Aber man hat doch eine **Subordination unter für alle Staaten geltende Rechtsregeln** voll anerkannt, insbes. in Bezug auf die Bindungswirkung von Verträgen, deren einseitige Aufkündigung das gesamte Rechtssystem sinnlos machen würde (pacta sunt servanda)³⁰. Sehr klar hat Hans Kelsen das zum Ausdruck gebracht. Wenn man das Völkerrecht als eine Rechtsordnung begreifen wolle, könne Souve-

271

---

25 G. *Jellinek*, Allgemeine Staatslehre, 3. Aufl. 1914, S. 481.
26 UN-Charta, Art. 25, wonach die Beschlüsse des Sicherheitsrates bindende Wirkung haben, wobei zwar umstritten, aber vom Internationalen Gerichtshof bestätigt ist, daß diese Bindung nicht nur Beschlüsse gem. Kap. VII (Friedensbedrohung) betrifft.
27 E. *Kaufmann* (Fn. 19), S. 235.
28 R. v. *Mohl*, Staatsrecht, Völkerrecht und Politik, Bd. 1, 1860, S. 589 ff.
29 E. *Kaufmann* (Fn. 19), S. 153; vgl. dazu F.A. v. d. *Heydte*, Die Geburtsstunde des souveränen Staates, 1952, S. 227 ff., der zeigt, wie schon im Mittelalter der Gedanke, es bestehe eine „die ganze Erde umfassende Völkergemeinschaft als Friedensgemeinschaft", vertreten wurde. Auch H. *Jahrreis*, Die Souveränität der Staaten (1955), in: Mensch und Staat, 1957, S. 315, lehnt die Auffassung ab, der Krieg sei ein Rechtsinstitut des Völkerrechts, denn das gelte ebenso wenig für die Revolution als Institut des Staatsrechts.
30 Wiener Übereinkommen über das Recht der Verträge v. 23. 5. 1969, Art. 26.

§ 12 *Die Souveränität*

ränität – ein Terminus, den er wegen seiner Vorbelastung ablehnt – nur bedeuten, daß jeder Staat nur diesem Recht unterworfen sei, negativ ausgedrückt nicht dem Recht eines anderen Staates[31]. In diesem Zustand drücke sich auch die Gleichheit und Gleichberechtigung der Staaten aus. Diese Souveränitätskonzeption ist heute Allgemeingut geworden, von der Lehre voll bestätigt und in der Staatenpraxis zumindest theoretisch anerkannt. **Souveränität** bedeutet danach **Befehlsunabhängigkeit** – von anderen Staaten –, aber **Ordnungsabhängigkeit** von für alle Staaten geltenden Regeln.

272 Für diese Auffassung bildet denn auch die **freiwillige Souveränitätsabgabe** an internationale Organisationen kein besonderes Problem, denn die Unbegrenztheit der Staatsautonomie ist kein Merkmal des Staates mehr. Diese Souveränität ist freiwillig einschränkbar, verzichtbar, vertraglich

273 abdingbar und nicht einseitig wiederherstellbar. Jedoch entstand nun ein neues Problem. Wird, wenn auch freiwillig und mit dem Mittel des Vertrages, eine solche **Fülle an Hoheitsrechten auf eine Organisation übertragen**, die es nicht mehr zuläßt, daß ein Staat für die wesentlichen Belange seines Staatsvolkes noch selbständig sorgen kann, wird es fraglich, ob so nicht der **Staat aufhört ein Subjekt des Völkerrechts** und also ein Staat i.S. dieser Rechtsordnung zu sein[32], eine Frage, die in der sog. Maastricht-Entscheidung des Bundesverfassungsgerichts wenigstens anklingt, wenn dort der Austritt aus der Europäischen Gemeinschaft im äußersten Falle für zulässig gehalten wird. Von der Rechtslehre ist diese Frage kaum erwogen worden, obwohl das Anwachsen der Zuständigkeiten der Europäischen Union und der Europäischen Gemeinschaft durch den Vertrag von Amsterdam (1997) evident ist. Bezüglich der Mitgliedschaft in den Vereinten Nationen ist sicherlich ein solcher Zustand nicht erreicht; zwar können die Entscheidungen des Sicherheitsrates bindende Wirkungen haben, und man könnte meinen, nur dessen ständige Mitglieder seien wegen ihres Veto-Rechts noch wahrhaft souverän[33], aber diese Beschlüsse können sich nur auf die Fragen der Friedenserhaltung beziehen und regeln so nicht die inneren Angelegenheiten der Staaten unmittelbar.

274 **Anders** steht es bei den – bisher allein bestehenden – **supranationalen Gemeinschaften Europas**, insbes. der Europäischen Gemeinschaft, deren sekundäres Recht durchaus innere Angelegenheiten der Mitgliedstaaten ergreift und deren primäres Recht kein Veto eines Mitgliedstaates mehr zuläßt, soweit das System der Mehrheitsentscheidung vereinbart ist, ein Zustand, den Frankreichs Staatspräsident De Gaulle seinerzeit ablehnte, als er die heute wohl nicht mehr anwendbaren „Luxemburger" Beschlüsse erzwang[34]; der französische Staatspräsident hielt damit

---

31 *H. Kelsen*, Souveränität, Wörterbuch des Völkerrechts, Bd. 3, 1962, S. 281.
32 *K. Doehring*, Internationale Organisationen und staatliche Souveränität, in: Festgabe für Ernst Forsthoff zum 65. Geburtstag, 1967, S. 105 ff.; s. auch BVerfGE 89, S. 155 ff., 190, 205.
33 UN-Charta Art. 27, Abs. 3, wonach die fünf ständigen Mitglieder zustimmen müssen, wenn ein Beschluß des Sicherheitsrates rechtmäßig zustande kommen soll.
34 Zur Rechtsnatur der sog. Luxemburger Beschlüsse *H. Mosler*, Nationale- und Gemeinschaftsinteressen im Verfahren des EWG-Ministerrates. Die Beschlüsse der außerordentlichen Tagung des EWG-Rates in Luxemburg vom 29. Januar 1966, ZaöRV, Bd. 26, 1966, S. 1 ff.

noch immer an einem mehr traditionsgebundenem Begriff der Souveränität fest. Auch wenn man immer wieder die Mitgliedstaaten als die „Herren der Verträge" bezeichnet, sind sie es doch unter dem Mehrheitsprinzip nur zur gesamten Hand. Angesichts der Fülle der Kompetenzen der Gemeinschaft und angesichts der Tatsache, daß deren Ausweitung, z.B. auf das Kommunalwahlrecht von Ausländern[35], ständig gefordert wurde, könnte ein Zustand eintreten, der die Mitgliedstaaten, auch im modernen Sinne, nicht mehr als souverän erscheinen läßt. Die **Souveränität** könnte dann auf die **Gemeinschaft übergegangen** sein, die sich dann als ein bundesstaatliches Gebilde darstellen würde. Gefährlich erscheint nur ein Zwischenstadium in dem weder der Nationalstaat noch die Gemeinschaft die sog. Allzuständigkeit mehr in Anspruch nehmen kann und in dem daher auch die Verantwortung für das Wohlergehen der Bürger nirgends endgültig lokalisiert ist[36].

Für eine Zukunftsbetrachtung und Zukunftsgestaltung sollten aus dieser Entwicklung vertretbare Schlüsse gezogen werden. Der europäische **Nationalstaat** ist durch fortdauernde Integration ganz offenbar **nicht** mehr das, was er einmal war. Die mit seinem früheren Wesen verbundenen Emotionen sind entweder verringert oder ihres Objektes, des **souveränen Staates,** verlustig gegangen. Dabei ist eine Verfluchung der Vergangenheit wegen des einmal bestehenden Nationalismus ebenso unsinnig wie die radikale Abkehr von nationalem Denken und Fühlen. Die Opferbereitschaft und die Bereitschaft zur Pflichterfüllung, deren eine soziale Gemeinschaft unabdingbar bedarf, sind in einer nur noch auf **Sachlichkeit angelegten internationalen Organisation** schwerer erhältlich als in einer an patriotisches Empfinden gebundenen staatlichen Gemeinschaft. Wenn man daher – und das ist eine politische und keine rechtswissenschaftliche Entscheidung – den Nationalstaat zugunsten einer supranationalen Einheit aufgeben will, sollte dafür gesorgt sein, daß letztere doch etwas davon übernimmt, was der Staat dem Staatsbürger als Vaterland bedeutete. Auch der in dieser Lage stärker werdende Lokalpatriotismus, sei es im Baskenland, in Südtirol, im französischen Kanada, in Zypern und vielen anderen ethnisch gebundenen Gemeinschaften, die das Selbstbestimmungsrecht in Anspruch nehmen, erweist, daß staatsbürgerliche Bedürfnisse übersehen werden könnten. Wer den souveränen Nationalstaat abschaffen möchte, sollte nicht Steine statt Brot liefern. Der offenbar vorhandene Wunsch des Menschen nach einer gewissen Geborgenheit in einer homogenen Gemeinschaft ist empirisch nachweisbar, und es ist allemal gefährlich – und nicht nur für die Naturwissenschaften –, natürliche Gegebenheiten zu übersehen. Noch jedenfalls ist das zoon politikon in dieser Hinsicht unverändert geblieben. Doch sei abschließend bemerkt, daß der völkerrechtliche Begriff der Souveränität immer stärker einem Funktionswandel ausge-

---

35 Art. 28, Abs. 1 GG. Zur Frage des Kommunalwahlrechts für EWG-Ausländer *W. de Lobkowicz*, Ein europäisches Kommunalwahlrecht für EG-Bürger, DÖV 1989, S. 519 ff.; kritisch zu dieser Frage *K. Doehring*, Nationales Kommunalwahlrecht für europäische Ausländer in: Europäische Gerichtsbarkeit und nationale Gerichtsbarkeit, Festschrift für Hans Kutscher (1981), S. 109 ff.
36 Zu diesen Fragen auch *R. Grawert*, Der Deutschen supranationaler Nationalstaat, in: FS für E. W. Böckenförde, 1995, S. 125 ff.; *S, Hobe*, Der offene Verfassungsstaat zwischen Souveränität und Interdependenz, 1998; *H. Mosler*, Die Übertragung von Hoheitsgewalt in: HStR, Bd. VII, 1992, § 175, Rdn. 76 ff.

setzt ist. Zwingende Normen des Völkerrechts und ihre Zunahme begrenzen die Freiheit der Staaten stärker als bisher. Auch die Befehlsunabhängigkeit der Staaten ist im Rahmen der Charta der Vereinten Nationen aufgrund der Zuständigkeit des Sicherheitsrats (Art.25) vermindert, und völkerrechtliche Verträge, die ein staatliches Verhalten auch in deren internen Angelegenheiten fordern, beschränken mehr und mehr die Berufung auf den domaine réservé[37].

§ 13 Das Selbsterhaltungsrecht der Staaten

276 Solange es souveräne Staaten gab und geben wird, ein Zustand also besteht, in dem jeder Staat für seine **Existenzerhaltung** selbst zu sorgen hat, und solange nicht eine effektivere Organisation zur Friedenssicherung als diejenige der Vereinten Nationen besteht, wird auch die Frage gestellt und weiter gestellt werden, ob und in welchem Maße der Schutz der eigenen staatlichen Existenz andere Staaten rechtlich und faktisch belasten darf und **welche Mittel zum Selbstschutz** verwendet werden dürfen.

277 Solange **kein striktes Gewaltverbot** im Völkerrecht bestand[1], der Angriffskrieg und der Eroberungskrieg also erlaubt waren, bedurfte es – so möchte man meinen – einer Rechtfertigung zur Inanspruchnahme einer die eigene Existenz schützenden Maßnahme nicht. **Dennoch** haben die Staaten bei Ausübung von Gewalt immer wieder sich bemüht, den Nachweis zu erbringen, daß ihre Sache **gerecht** sei, im hier zu behandelnden Fall also darum, daß ein Recht zum Selbstschutz bestehe. Obwohl es in früherer Zeit, d.h. bis zum Zweiten Weltkrieg, auch eine **Schuld** für die Begehung von Gewaltmaßnahmen im Rechtssinne nicht geben konnte, spielte doch in den Staatenbeziehungen die **Kriegsschuld** eine bedeutende Rolle, wie das Ende des Ersten Weltkrieges zeigt[2]. Wenn dann schon vorher um die Jahrhundertwende begonnen wurde, bestimmte Mittel wegen ihrer brutalen Folgen für den einzelnen Menschen vertraglich zu verbieten[3], erweist sich, daß gewisse Hemmungen trotz theoretischer Freiheit der Staaten durchaus bestanden. So war die Frage doch letztlich nur, inwieweit ein Recht zur Selbsterhaltung die Überwindung dieser Hemmung akzeptabel machen konnte.

---

37 Zum Wandel des Souveränitätsbegriffs in der Entwicklung des Völkerrechts s. die zahlreichen Autoren in *N.Welker* (Hrsg), Sovereignty in Transition, 2003; *J. Kokott*, Die Staatslehre und die Veränderung ihres Gegenstandes. Konsequenzen der Europäisierung und Internationalisierung, in: VVDStRL (erscheint in Bd. 63).

1 Das erste umfassende Verbot, einen Angriffskrieg zu führen, findet sich im Briand-Kellogg- Pakt v. 27. 8. 1928 (*F. Berber*, Völkerrecht. Dokumentensammlung, Bd. II, 1967, S. 1674), wo es in Art. 1 heißt, daß die Vertragspartner den Krieg als Mittel für die Lösung internationaler Konflikte „verurteilen".

2 Friedensvertrag von Versailles v. 28. 6. 1919, Art. 231.

3 Abkommen betreffend die Gesetze und Gebräuche des Landkrieges (IV. Haager Abkommen) v. 18. 10. 1907, Art. 23 (RGBl. 1910, S. 107).

Die Frage danach, ob und inwieweit ein Selbsterhaltungsrecht besteht, ist zu trennen von der Frage, unter **welchen Bedingungen** ein Recht zur **Selbstverteidigung** anzuerkennen ist. Letzteres kommt nur in Betracht, wenn derjenige Staat, gegen den es gerichtet ist, **rechtswidrig** gehandelt hat[4], während ersteres auch gegeben sein kann, wenn der andere Staat sich rechtmäßig verhält oder der das Selbsterhaltungsrecht wahrnehmende Staat **kein anderes Mittel** zur Verfügung hat, seine **Existenz zu schützen** als nur ein solches, das einen anderen Staat schädigt[5]. Das Recht zur Selbstverteidigung gegen rechtswidrige Angriffe eines anderen Staates ist im Grundsatz unproblematisch, denn auch in den innerstaatlichen Rechtsordnungen ist das Notwehrrecht mit Selbstverständlichkeit anerkannt; die **Charta der Vereinten Nationen** bezeichnet es als ein inherent right, als ein naturgegebenes Recht[6]. Das Selbsterhaltungsrecht hingegen ist auch als Entschuldigungsgrund nicht in allen innerstaatlichen Rechtsordnungen akzeptiert; das europäisch-kontinentale Recht enthält zwar diesen Grundsatz überwiegend, nicht aber das common law in gleicher Weise[7].

278

Historische Vorgänge, in denen Staaten ihr rechtswidriges Verhalten unter Berufung auf ein Recht zur Existenzerhaltung haben rechtfertigen wollen, sind zahlreich. Nur einige Beispiele seien genannt. So hat das Deutsche Reich im Ersten Weltkrieg die Neutralität von Belgien und Luxemburg verletzt, da anders der Staat nicht hätte verteidigt werden können. Großbritannien verletzte 1917 die griechische Neutralität mit dem gleichen Argument. Im Zweiten Weltkrieg versenkte Großbritannien französische Schiffe bei Oran um der Vichy-Regierung die Möglichkeit einer entsprechenden Kollaboration mit dem Deutschen Reich zu nehmen und so eine mögliche Gefahr auszuschalten. Die Rechtmäßigkeit derartigen Verhaltens ist überwiegend nicht anerkannt worden; man berief sich auf einen alten Grundsatz der lautet: **Kriegsräson geht nicht vor Kriegsmanier**. Die Haager Landkriegsordnung und die Genfer Konventionen des Internationalen Roten Kreuzes bestätigen diese Auffassung[8]. Dennoch weitete sich die Kriegführung in Richtung auf den **totalen Krieg** aus, durch Bombardierungen von Städten, unbegrenzten Luft- und Seekrieg und letztlich den Abwurf der Atombomben über Japan.

279

Aber diese Feststellungen, daß vieles geschah, was eigentlich nicht hätte geschehen dürfen, reichen zur heutigen Beurteilung der Rechtslage nicht mehr aus. Die Frage wird, insbes. hinsichtlich der Anwendung von **Atomwaffen** und **chemischen Waffen**, immer wieder **neu** gestellt, zuletzt während der Ausarbeitungen der Zusatzprotokolle zu den Genfer Abkommen des Roten Kreuzes von 1977, die wegen der schon angedeuteten Unklarheiten bis heute nur spärlich ratifiziert sind. Auch diese

280

---

4 *Verdross/Simma*, Universelles Völkerrecht, 3. Aufl. 1984, Rdn. 467 ff.; *K. Doehring*, Völkerrecht, 2. Aufl., 2004, § 14.
5 *K.J. Partsch*, Self-Preservation, in: EPIL, Bd. 4, 2000, S. 380 ff. (Self-Perservation in States of Emergency).
6 Art. 51 der Charta der UN erklärt, daß das „inherent right of individual or collective self-defence" so lange besteht, als der Sicherheitsrat nicht die notwendigen Maßnahmen ergreife; *A. Randelzhofer*, in: The Charter of the United Nations (Hrsg. B. Simma), 2.Aufl, 2002, zu Art. 51.
7 Nachweise bei *H. H. Jescheck*, Lehrbuch des Strafrechts. Allgemeiner Teil, 3. Aufl. 1982, S. 396.
8 *O. Kimminich*, Schutz der Menschen in bewaffneten Konflikten, 1979, S. 243.

§ 13   *Das Selbsterhaltungsrecht der Staaten*

Konventionen geben keine klare Auskunft, denn sie enthalten kein ausdrückliches Waffenverbot[9].

281   Der Stand der Meinungen läßt sich etwa wie folgt zusammenfassen. Die Anwendung von in ihren **Wirkungsbereichen nicht kontrollierbaren Waffen**, von solchen also, deren Wirkung nicht auf militärische Ziele begrenzt werden kann und so mit großer Wahrscheinlichkeit auch die Zivilbevölkerung, Hauptverbandsplätze und Krankenhäuser in Mitleidenschaft zieht, gilt dann als **rechtswidrig**, wenn sie als sog. **Erstschlag** erfolgt; sie gilt als **gerechtfertigt**, wenn sie als Abwehr gegen einen solchen Erstschlag der anderen Seite wirken soll, und auch dann, wenn sie das einzige Mittel darstellt, einen rechtswidrigen und über weit überlegene konventionelle Streitkräfte verfügenden Angreifer zu stoppen[10]. Diese Auffassung erscheint vertretbar, hat sich allerdings mit der Schwierigkeit der Definition des Angriffs auseinanderzusetzen.

282
283   In allen denjenigen Fällen, in denen ein Staat sich gegen die Rechtsverletzung eines anderen Staates zur Wehr setzen will, sei es gegen Vertragsbruch oder Delikt, steht das klassische Mittel der **Repressalie** zur Verfügung[11]. Ihre Voraussetzungen und Grenzen sollen hier nicht im Einzelnen dargelegt werden. Nur so viel sei gesagt, daß dieses Recht nach heutiger Auffassung die **Anwendung von militärischer Gewalt** – falls sie nicht den Übergang zur Notwehr bildet – **ausschließt**, wie es der Internationale Gerichtshof im Fall Nicaragua gegen die USA betonte[12]. Gleichzeitig aber liegt in dieser Begrenzung der Grund für eine Funktionsuntüchtigkeit des Völkerrechts, hart beurteilt, für ein Dilemma. Der Rechtsbrecher hat wenig zu fürchten, denn der für diesen Fall vorgesehene Mechanismus der Vereinten Nationen funktionierte bisher nicht oder doch nur sehr begrenzt, und die klassische Selbsthilfe des verletzten Staates bleibt ebenfalls ineffektiv, wenn das Gewaltverbot strikt eingehalten werden soll. **Bevorzugt** sind die **beati possidentes**, auch wenn sie rechtswidrig ihre Position eingenommen haben. Einen Ausgleich für dieses Ungleichgewicht zwischen Gewaltverbot und Selbsthilfe hat das Völkerrecht bisher weder in Theorie noch in Praxis gefunden. Man hat das **Gewaltverbot** für so **unumgänglich** gehalten, daß ihm gegenüber die **Selbsthilfe** und sogar die humanitäre Hilfe zurückzutreten haben, wie die vielfach bestehenden Bedenken gegen das Recht zur humanitären Intervention zeigen[13], wenn auch insoweit eine Änderung des Völkerrechts sich an-

---

9   Nur indirekt kann auf Waffenverbote geschlossen werden, wenn es in Art. 51 Abs. 2 des Zusatzprotokolls I zu den Genfer Konventionen (ZaöRV, Bd. 38, 1978, S. 113) heißt: „The civilian population shall not be the object of attack". Da bei dem Einsatz von Atomwaffen eine territoriale Begrenzung ihrer Wirkungen nicht möglich ist, würden wohl immer Zivilpersonen zu Opfern des Waffengebrauchs. Doch hat auch der IGH eine klare Stellungnahme zur Verwendung von Atomwaffen nicht abgegeben, aber offenbar diese doch als letztes Abwehrmittel nicht ausschließen wollen (Gutachten v. 8. 7. 1996, ILM, Bd. 35, 1996, S. 809 ff.).
10   *O. Kimminich* (Fn. 8), S. 265 f.; *N.C. Ney*, Der Einsatz von Atomwaffen im Lichte des Völkerrechts, 1985, S. 286 ff.; s. auch IGH, Fn. 9.
11   *Verdross/Simma* (Fn. 4), Rdn. 1342 ff.; *K. Doehring*, (Fn. 4), Rdn. 1029 ff.
12   ICJ Rep. 1984, Ziff. 187–201.
13   *O. Kimminich/S.Hobe*, Einführung in das Völkerrecht, 7. Aufl., 2000, S. 302 ff.; zur humanitären Intervention *K. Doehring* (Fn. 4), Rdn. 1008 ff.

zubahnen scheint. Ein Ausgleich könnte darin liegen, daß Wege gefunden werden, den Schutzmechanismus der Vereinten Nationen zu verbessern und darin, die Effektivität der internationalen Gerichtsbarkeit zu stärken. Gewisse positive Anzeichen für eine entsprechende Entwicklung können darin gesehen werden, daß Rußland seine Abneigung gegen die internationale Gerichtsbarkeit in, wenn auch bescheidenem Ausmaß aufzugeben scheint; die Akzeptation eines Seegerichtshofes, vorgesehen in der Seerechtskonvention von 1982[14], die dann erklärte Bereitschaft, eine Gerichtsbarkeit für die Anwendung bestimmter Menschenrechtskonventionen anzuerkennen[15], ermutigen zu einer solchen Prognose. Eine bedeutsame Änderung des geltenden Völkerrechts könnte u.U. darin bestehen, dem Internationalen Gerichtshof die Zuständigkeit zu übertragen, auch Internationale Organisationen, gegebenenfalls die Vereinten Nationen und ihren Sicherheitsrat, als Parteien zuzulassen. Es wäre dann möglich, auch den Mißbrauch des Vetorechts der Ständigen Mitglieder des Sicherheitsrats der VN gerichtlich festzustellen.

Die bedeutsame Frage, ob und inwieweit ein Staat zu **Selbsthilfemaßnahmen**, die andere Staaten belasten, auch dann greifen darf, wenn es **nicht** um die **Abwehr rechtswidrigen Verhaltens** eines anderen Staates geht, sondern nur darum, einem Notstand zu entgehen, wurde von der International Law Commission in ihrer Erklärung über die Staatenverantwortlichkeit behandelt. Dort ist in Art. 25 ausgeführt, ein rechtswidriger Akt liege nicht vor, wenn der Staat in einer Notstandslage, die seine wesentlichen Interessen gefährdet und eine drohende Gefahr für ihn bildet, Maßnahmen ergreift um sich zu schützen und diese das **einzige Schutzmittel** darstellen[16]. Dabei sollen die wesentlichen Interessen anderer Staaten nicht gefährdet werden, zwingende Normen des Völkerrechts, z.B. Menschenrechte und Gewaltverbot, müssen auch dann beachtet werden, und das Selbsthilferecht soll dann nicht bestehen, wenn der Staat die Notstandslage selbst erzeugt hat. Auch ist gefordert, daß so geschädigte **Staaten entschädigt** werden müssen. Die Regelung entspricht in etwa dem, was in gut entwickelten nationalen Rechtssystemen als rechtfertigender Notstand auch im Zivilrecht anerkannt ist. Ob dieses System im Völkerrecht befriedigende Wirkung erzeugt, hängt von der Bereitschaft der Staaten zum internationalen Interessenausgleich ab. Bisher sind die sog. zwingenden Normen des Völkerrechts bei Ausübung einer objektiv berechtigten Selbsthilfe durchaus nicht ausreichend respektiert worden; vielmehr wurde die Behauptung, die gegebene Situation berechtige zur Selbsthilfe, gerade zur Rechtfertigung auch nachhaltiger Rechtsbrüche benutzt, wie das von dem Krieg der USA gegen den Irak von zahlreichen Kritikern behauptet wurde. **284**

---

14 Seerechtskonventionen v. 10. 12. 1982 (U.N.Doc. A/CONF. 62/122), Teil XV, Art. 286 ff., dazu Annex VI.
15 Schreiben des Außenministers der UDSSR an den Generalsekretär der UN v. 28. 2. 1989, AJIL 1989, S. 457.
16 Draft Articles on the Responsibility of State, UN-Doc. A/CN. 4/L.602/Rev.1.

§ 14 Das Selbstbestimmungsrecht der Völker und Nationen

285 Die Berufung auf dieses Recht ist als politische Rechtfertigung von Freiheitskämpfen so alt wie die Menschheit selbst, zumindest seit sie sich zu staatlichen oder quasistaatlichen Einheiten oder Gruppen organisiert hat. Als juristische Rechtfertigung, sich gegen **Fremdherrschaft** zu wehren oder die **Autonomie einer Menschengruppe** zu fordern und u.U. auch durchzusetzen, ist der Begriff viel jünger als man heute oft anzunehmen scheint, wenn er undifferenziert und als politisches Schlagwort gebraucht wird. Solange das Völkerrecht ein **Verbot des Angriffskrieges** im Rechtssinne **nicht** kannte, solange die gewaltsame Eroberung kein Delikt des Völkerrechts darstellte, konnte es ein **Selbstbestimmungsrecht** im heutigen Sinne **nicht** geben, denn wenn es kein Unrecht war, einen anderen Staat oder Teile seines Territoriums und seiner Bevölkerung gewaltsam der eigenen Herrschaftsmacht einzuverleiben, war nur der faktische Erfolg entscheidend; derjenige, der gegen den Usurpator kämpfte, versuchte seine Selbstbestimmung durchzusetzen, aber kein Selbstbestimmungsrecht. So entstand dieses Recht erst parallel zu den ersten Ansätzen eines rechtlichen Gewaltverbotes zwischen den Staaten, also nach Ende des ersten Weltkrieges und nach Gründung des Völkerbundes. Erstmalig als ein

286 Rechtsgrundsatz wurde es von Präsident Wilson im Rahmen seiner 14 Punkte propagiert[1]. Das hatte Auswirkungen, deren erste in der **Anerkennung eines Minderheitenschutzes** durch Verträge und Deklarationen bei der staatlichen Neuordnung Osteuropas lag[2]. Den ethnischen Minderheiten, innerhalb vieler und z.T. neugegründeter Staaten, wurde zugesichert, daß sie ihre Eigenarten (Kultur, Sprache, Religion u.a.m.) bewahren, insbes. nicht wegen dieser ihrer Besonderheiten diskriminiert werden dürften. Vor allem in den sog. Pariser Vorortverträgen waren solche Zusicherungen enthalten, die zwar den Minderheiten kein eigenes subjektives Recht zur Verteidigung ihrer Position einräumten, aber doch deren Schutz durch den Völkerbund auch formal garantierten[3]. Das Minderheitenschutzsystem dieser Zeit hat nicht funktioniert, aber seine Einrichtung war doch ein Zeichen dafür, daß ein gewisses, wenn auch nur **mittelbares Selbstbestimmungsrecht** anerkannt war. Im zweiten Weltkrieg wurde der Schutz der Rechte von Volksgruppen zum partiellen Kriegsziel. Hitler berief sich hierauf bei seiner Okkupation des Sudetenlandes, und die Westmächte verteidigten die Unabhängigkeit der vom Deutschen Reich besetzten und ihrer Staatlichkeit entkleideten Gebiete, das Selbstbestimmungsrecht also des tschechischen und des polnischen Volkes.

287 Dennoch, aber vielleicht auch gerade auf Grund der Erfahrungen aus dieser Zeit, wurde ein Recht auf Selbstbestimmung der Völker und Nationen mit Inkrafttreten

---

1 *A. Rustemeyer*, Wilsons's Fourteen Points, in: EPIL, Bd. 4, 2000, S. 1473 ff.
2 *K. Doehring*, Das Gutachten des Generalsekretärs der Vereinten Nationen über die Fortgeltung der nach dem ersten Weltkrieg eingegangenen Minderheitenschutzverpflichtungen, ZaöRV Bd. 15, 1954, S. 521 ff.
3 *F. Capotorti/R. Hofmann*, Minorities, in: EPIL, Bd. 3, 1997, S. 410 ff.

der **Charta der Vereinten Nationen** verbürgt, nämlich in ihren Zielen (Art. 1, Abs. 2) nun ausdrücklich genannt. Selbst aber zu dieser Zeit der Wiederanfänge einer organisierten Staatengemeinschaft wurde die Inanspruchnahme eines Selbstbestimmungsrechts von vielen Seiten immer noch nur als eine **politische Forderung** betrachtet und nicht als die Berufung auf ein Recht[4]. Doch das änderte sich mehr und mehr, denn nun wurde der Anspruch auf **Dekolonisierung** der abhängigen Gebiete mit dem Recht auf Selbstbestimmung begründet und anerkannt.

Es folgten viele weitere Maßnahmen der Völkergemeinschaft, sowohl faktischer als auch formaler Natur, die den Bestand eines Selbstbestimmungsrechts begründeten, bzw. bestätigten. Es bildete einen wesentlichen Teil der Resolution der UN-Generalversammlung über die Grundsätze der **Friendly Relations** zwischen den Staaten[5]; es wurde in die jeweiligen Art. 1 der **Menschenrechtspakte** der Vereinten Nationen aufgenommen[6]; es ist Teil des **Protokolls der sog. KSZE**[7]; es ist als Ausnahme vom allgemeinen Gewaltverbot in der Resolution der Generalversammlung der Vereinten Nationen über die **Definition des Angriffskrieges**[8] sein Bestand wurde in mehreren Entscheidungen des **Internationalen Gerichtshofes** bestätigt[9]. Hieraus folgt zweierlei: Zum einen ist die z.T. erhobene Behauptung widerlegt, wonach das Selbstbestimmungsrecht sich nur auf die Dekolonisierung bezieht[10]; zum anderen kann nicht mehr geleugnet werden, daß es sich um ein Recht handelt. Die Entwicklung schritt so weit fort, daß heute auch dieses **Recht als zwingend** anerkannt ist, wie es im Entwurf der International Law Commission über die Staatenverantwortlichkeit klar gesagt wurde[11], auch wenn das in späteren Entwürfen nicht wiederholt wurde.

Von jeher war der **Inhalt** des Selbstbestimmungsrechts Gegenstand kontroverser Auffassungen zwischen den westlich-liberalen Staaten und den kommunistischen Staaten. Hierauf ist zurückzukommen, doch zunächst gilt es, das Recht insoweit zu definieren als es weltweit Anerkennung gefunden hat.

So geht es um die Frage, von wem das Selbstbestimmungsrecht ausgeübt werden kann, wer also Träger oder potentieller **Inhaber dieses Rechts** zu sein vermag. Unbestritten steht es dem **Staatsvolk** eines bestehenden, souveränen Staates zu[12].

---

4 Ablehnend gegenüber der Annahme einer rechtlichen Bindungswirkung des Art. 1 der Charta der Vereinten Nationen noch *G. Dahm*, Völkerrecht, Bd. 2, 1961, S. 150, Anm. 7; vgl. auch *D. Thürer*, Self-Determination, in: EPIL, Bd. 4, 2000, S. 364 ff.
5 Res. der GV der VN Nr. 2625 (XXV) v. 24. 10. 1970.
6 Vgl. Internationaler Pakt über bürgerliche und politische Rechte v. 19. 12. 1966, Art. 1, Abs. 1 (BGBl. 1973 II, S. 1534).
7 Bulletin des Presse- und Informationsamtes der Bundesregierung v. 15. 8. 1975, Nr. 102, S. 965 ff., Kap. 1, a, Abs. VIII.
8 Definition of Aggression, Res. der GV der UN Nr. 3314 (XXIX) v. 14. 12. 1974, Art. 7.
9 ICJ Rep. 1971, S. 16 (Namibia); ICJ Rep. 1975, S. 12 ff. (West-Sahara); ICJ 1995, S. 90 (Ost-Timor).
10 *D. Thürer*, Das Selbstbestimmungsrecht der Völker, 1976, S. 150 ff.
11 YILC, 1980 II, S. 32, Art. 19 betr. die Verantwortlichkeit von Staaten für international crime; s. eingehend hierzu *K. Doehring*, Self-Determination, in: The Charter of the United Nations (Hrsg. B. Simma), 2. Aufl., 2002, Bd. I, S. 62.
12 *D. Thürer* (Fn. 10), S. 48; *H. S. Johnson* und *B. Singh*, Self-Determination and World Order, in: Y. Alexander und R.A. Friedländer (Hrsg.), Self-Determination: National, Regional, and Global

Im Grunde scheint es dieser Feststellung nicht zu bedürfen, denn die Einwirkung auf den Willen eines konsolidierten Staatsvolkes, seine inneren oder äußeren Angelegenheiten in bestimmter Weise zu gestalten, wäre eine **völkerrechtswidrige Intervention**. Dennoch behält das Selbstbestimmungsrecht eine gewisse Bedeutung, denn auch vertragliche Verpflichtungen, die eine Einschränkung der außenpolitischen Autonomie des Staates bedeuten, könnten u.U. unter Berufung auf das Selbstbestimmungsrecht gekündigt werden, wenn die Vertragsbindung wegen veränderter Umstände unzumutbar wird und diese Unzumutbarkeit gerade auf einer zu nachhaltigen Beschränkung des Selbstbestimmungsrechts beruht. Ob etwa das Anschlußverbot Österreichs[13] „auf ewig" dem Recht des österreichischen Volkes vorgehalten werden kann, könnte zweifelhaft werden. Das Selbstbestimmungsrecht des Staatsvolkes, seinen einmal erworbenen Status als Inhaber der Souveränität eines selbständigen Staates zu wahren und zu verteidigen, kann auch dann von Bedeutung sein, wenn gefordert würde, eine schon erfolgte Sezession einer Bevölkerungsgruppe aus einem Staatsverband wieder rückgängig zu machen.

291 Im übrigen setzt das Selbstbestimmungsrecht voraus, daß es von einer **Menschengruppe** ausgeübt wird, die objektiv über wesentlich **gleiche Eigenarten** im wörtlichen Sinne verfügt, sei es Sprache, Religion, Kultur oder auch Rasse. Hinzukommen muß der **subjektive Wille** einer solchen Menschengruppe, diese Eigenarten bewahren zu wollen, andernfalls wäre ihre Schutzwürdigkeit nicht gegeben, denn auch im Völkerrecht gilt prinzipiell der Satz volenti non fit iniuria. Träger eines solchen Rechts kann auch nur eine Volksgruppe sein, die auf einem relativ **geschlossenen Territorium** lebt; meist wird es sich um ein Territorium handeln, das sich innerhalb eines Staates befindet, der vorwiegend von Menschen homogener oder von der Minderheit unterscheidbarer Eigenarten bewohnt wird und die die Mehrheit des Staatsvolkes ausmachen. Ist eine derartige Volksgruppe über die Welt verteilt, d.h. nicht mehr geschlossen angesiedelt, und ist so kein Territorium mehr feststellbar, auf dem die Gruppe ihre Gemeinsamkeiten pflegen und verteidigen könnte, besteht auch kein Selbstbestimmungsrecht im hier gemeinten Sinne.

292 Vor Gründung des Staates Israel konnte man daher von einem Selbstbestimmungsrecht der Juden nicht sprechen, auch wenn alle übrigen Merkmale gegeben waren. Leider hat diese Feststellung den negativen Effekt, daß nach **Vertreibung** und Zerstreuung einer ethnischen Minderheitengruppe durch Gewaltmaßnahmen und nach längerer Zeitdauer jedenfalls das Selbstbestimmungsrecht **erlöschen** kann, auch wenn die Vertreibung rechtswidrig war. Darin liegt einer der Gründe, warum das heutige Völkerrecht die **Massenausweisung** für **rechtswidrig** erklärt[14]; zahlreiche Menschenrechtsverträge enthalten ein entsprechendes Verbot[15]. Auch hier aber

---

Dimensions, 1980, S. 349; s. auch *D. Murswiek*, Offensives and defensives Selbstbestimmungsrecht. Zum Subjekt des Selbstbestimmungsrechts der Völker, in: Der Staat, Bd. 23, 1984, S. 523 ff.
13 Art. 4 des österreichischen Staatsvertrages v. 15. 5. 1955 U.N.T.S., Bd. 217, S. 223.
14 *K. Doehring*, Die Rechtsnatur der Massenausweisung unter besonderer Berücksichtigung der indirekten Ausweisung, ZaöRV Bd. 45, 1985, S. 372 ff.
15 So u.a. Art. 4 des Protokolls Nr. 4 zur Europäischen Menschenrechtskonvention v. 4. 11. 1950 (BGBl. 1968 II, S. 423); Art. 22, Ziff. 9 der Amerikanischen Menschenrechtskonvention v. 22. 11.

kann die Effektivität eines Zustandes auf lange Sicht stärker wirken als eine rechtliche Qualifikation im Moment seiner Herstellung, denn die fortbestehende Effektivität eines faktischen Zustandes kann dann, wenn dieser lange Zeit hingenommen und ihm so rechtliche Relevanz zuerkannt wird, die Unrechtmäßigkeit seiner Entstehung heilen[16]. Ob und wie lange die aus Osteuropa vertriebenen Deutschen noch ein Recht auf Selbstbestimmung bzw. ein Recht geltend machen können, wieder in ihrer früheren Heimat ihren Wohnsitz zu nehmen, ein Recht auf Heimat also[17], kann zweifelhaft sein. Das Land ist mehr und mehr vom dortigen Staatsvolk besiedelt, und dieses müßte wiederum vertrieben werden. Aber geklärt ist diese Frage selbstverständlich nicht, da der jetzige Rechtszustand bis heute kontrovers und vertraglich nicht geregelt war. Ein völkerrechtlicher Vertrag kann selbstverständlich konstitutiv eine neue und unangreifbare Rechtslage schaffen.

Wenn so der Träger des Selbstbestimmungsrechts festgestellt ist, muß die Frage beantwortet werden, unter **welchen Gegebenheiten das Recht in Anspruch genommen werden kann**, bzw. welche Ziele unter Berufung auf dieses Recht angestrebt oder durchgesetzt werden dürfen. Zunächst ist hier festzustellen, daß eine ethnische, religiöse oder durch andere Merkmale sich von der Mehrheit des Staatsvolkes unterscheidende Minderheit solange die von jedem Staatsbürger zu fordernde **Loyalität** zu bewahren hat als ihre Behandlung durch die Regierung des Staates, dem sie formell angehören, im wesentlichen derjenigen aller Staatsbürger entspricht; auch von den Angehörigen einer solchen Minderheit kann Treue zum Staat regelmäßig gefordert werden. Nur dann, wenn die Staatsgewalt es der **Minderheit verwehrt**, ihre **Besonderheiten** angemessen zu pflegen, wenn die Minderheitengruppe **brutal unterdrückt** wird und eine die allgemeinen Menschenrechte mißachtende **Diskriminierung** erfolgt, darf diese Minderheit aktiv die Beachtung ihres Selbstbestimmungsrechts verteidigen[18]. Das Ausmaß einer solchen, zum Abwehrkampf berechtigenden Diskriminierung ist sicherlich schwer zu bestimmen, aber die Geschichte der Völker ist reich an Vorgängen, die entsprechende Rechtsfolgen nach sich ziehen können. Hierzu gehören das **Verbot der Religionsausübung** und seine brutale Durchsetzung, das **Verbot der Familiengründung** unter Gruppenangehörigen, die **Vermögenswegnahme** bis zur Grenze der Existenzgefährdung, die **Einsperrung ohne Gerichtsverfahren**, der Versuch des **Völkermordes** oder die Versklavung. Das alles waren Vorgänge, die in der Zeit vor der Entstehung des Gewaltverbots durch die Charta des Vereinten Nationen dritte Staaten zur **humanitären Intervention** berechtigt hätten, ein Gebot, das auch heute noch umstritten ist[19]. So könnte man vielleicht mit aller Vorsicht sagen, daß eine solche Gruppe dann zur

---

1969, Treaty Series No. 36; Art. 12, Ziff. 5 der Afrikanischen Konvention über die Rechte der Menschen und Völker v. 27. 6. 1981, Legal Materials, Bd. 58, 1982.
16 *K. Doehring*, Effectiveness, in: EPIL, Bd. 2, 1995, S. 43 ff.
17 *O. Kimminich*, Das Recht auf Heimat, 3. Aufl. 1989.
18 *K. Doehring*, Das Selbstbestimmungsrecht der Völker als Grundsatz des Völkerrechts, Berichte der Deutschen Gesellschaft für Völkerrecht, Bd. 14, 1973; *ders.* in: The Charter of the United Nations (Fn. 11), S. 61; *ders.*, Völkerrecht, 2. Aufl., 2004, Rdn. 1008 ff.; *F. Mette,*Das Konzept, des Selbstbestimmungsrecht der Völker, 2004.
19 *U. Beyerlin*, Humanitarian Intervention, in: EPIL, Bd. 2, 1995, S. 926.

§ 14 *Das Selbstbestimmungsrecht der Völker und Nationen*

Inanspruchnahme des Selbstbestimmungsrechts auch mit Waffengewalt berechtigt ist, wenn im Sinne modernerer Auffassung die humanitäre Intervention zulässig gewesen wäre. Auch die Resolution der Generalversammlung der Vereinten Nationen über die Definition der verbotenen Aggression spricht für diese Auffassung[20]. Dort ist in Art. 7 festgestellt, daß das **Gewaltverbot nicht gelten** soll, wenn die Gewaltanwendung das **Selbstbestimmungsrecht** in der Form des Befreiungskrieges schützen oder durchsetzen soll[21]. Selbstverständlich ist das eine gefährliche Empfehlung, aber sie ist letztlich nur die Reaktion auf das immer noch weitgehend angenommene Verbot der humanitären Intervention.

296   Ist so der Fall der gerechtfertigten Ausübung des Selbstbestimmungsrechts gegeben, können vielfältige Ziele von ihren Inhabern verfolgt werden. Es kann versucht werden, die sog. **innere Selbstbestimmung** – wieder – herzustellen, d.h. den Versuch zu machen, die Staatsgewalt zur Respektierung der Gruppeneigenarten zu zwingen, u.U. durch Einsetzung eigener Schulen und eigener Kirchen, durch Zulassung eigener politischer Vertretungen durch angemessene Beteiligung an der Staatsverwaltung. Besteht hierfür keine Aussicht, kann die Gruppe den **Anschluß an einen dritten Staat** betreiben, soweit dieser bereit ist, einer solchen Vereinigung zuzustimmen[22].

297   Auch die **Bildung eines Bundesstaates**, zusammen mit anderen Staaten könnte ein zulässiges Ziel sein und letztlich auch die **Errichtung eines eigenen Staates**[23], wie es das Ergebnis etwa der Neuordnung Osteuropas nach dem ersten Weltkrieg war und dasjenige der Dekolonisierung. Es sei aber nochmals betont, daß es um das hier zu behandelnde Selbstbestimmungsrecht in denjenigen Fällen **nicht** geht, in denen das **Ziel der Gruppe die Machtübernahme im Gesamtstaat** ist. So hat der Kampf von Teilen der schwarzen Bevölkerung in Südafrika ebenso wenig mit dem Selbstbestimmungsrecht zu tun wie der Kampf des Volkes gegen das Königtum und den Adel in der französischen Revolution. In beiden Fällen ging und geht es um die Macht im Staat, nicht um das Recht auf Respektierung von Gruppeneigenarten; im Falle Südafrikas sollten diese gerade durch Einrichtung der Apartheid gefördert werden, und die sog. Homelands sollten die Basis hierfür bilden, so daß man eher von einem Zwang zur Ausübung des Selbstbestimmungsrechts sprechen könnte, nicht aber von einer Verweigerung dieses Rechts.

298   Das Selbstbestimmungsrecht im hier beschriebenen Sinne wird, abgesehen vom Fall der Bewahrung schon erreichter Souveränität, immer im **Spannungsverhältnis zur Souveränität** eines schon bestehenden Staates stehen; man denke nur an die Basken, die Franco-Kanadier, die Südtiroler, die Bretonen und an viele Gruppenkämpfe im z.T. die ethnischen Verhältnisse nicht genügend respektierenden, neuge-

---

20 S. Fn. 8.
21 S. auch *H. J. Uibopuu*, Wars of Liberation, in: EPIL, Bd. 4, 2000, S. 1405.
22 Friendly Relations-Declaration v. 24. 10. 1970 (Fn. 5), betr. das Kapitel über das Recht auf Selbstbestimmung, Abs. 4.
23 Zum umstrittenen Recht auf Sezession aus einem bestehenden Staatsverband s. die Äußerung des Generalsekretärs U Thant zum Biafra-Fall, United Nations Monthly Chronicle (Februar 1970), S. 36 und *L. C. Buchheit*, The Secession. The Legitimacy of Self-Determination, 1978, S. 216 ff.

ordneten Schwarzafrika. Ob sich dann das Recht des Staates, seine ungeschmälerte Souveränität zu wahren, letztlich durchsetzen darf, oder das Recht der Gruppe auf Selbstbestimmung, kann nur nach schon gegebenem Maßstab bestimmt werden. Da das Selbstbestimmungsrecht **internationalisiert** ist, kann seine Durchsetzung auch nicht mehr nur als innere Angelegenheit des Staates betrachtet werden, und der Kampf hierfür ist **nicht** mehr **Bürgerkrieg** i.S. des internationalen Rechts[24].

Die größte Schwierigkeit für dritte Staaten allerdings liegt in der modernen Qualifizierung des Selbstbestimmungsrechts als **zwingendes Recht**[25], denn nun wird die Hilfe zu einer Unterdrückung dieses Rechts zu einer verbotenen Unterstützung der Begehung eines **international crime**[26]; die Unterstützung des Selbstbestimmungskampfes könnte dagegen als gerechtfertigte Nothilfe angesehen werden. Würde das System der Vereinten Nationen funktionsfähiger werden, wären diese Probleme nicht vorhanden. 299

Nachdem der Völkerbund das System des Minderheitenschutzes errichtet hatte, meinte man, die Interessen der ethnischen Gruppen befriedigt zu haben. Das war ein Irrtum, der sich als solcher nicht zuletzt durch den Ausbruch des zweiten Weltkrieges erwies. Danach, unter dem System der Vereinten Nationen, hat man gemeint, diese Befriedung durch die **Garantie** allgemeiner und so für Minderheit und Mehrheit geltenden, gleichen **Menschenrechte** zu erreichen. Auch das war ein Irrtum; er beruhte auf der Verkennung der Tatsache, daß die **formale Gleichheit** aller Menschen gerade insoweit eine **Ungleichheit** erzeugt als nun die Minderheit ihre speziellen Eigenarten nicht mehr speziell schützen kann. Eine Aufgabe der Bestrebungen der Minderheiten, ihre Eigenarten zu verteidigen, zeichnet sich nicht ab, auch wenn in manchen Staaten das sog. Nationalgefühl abzunehmen scheint und so eine gewisse Zuwendung zum Begriff des Weltbürgers bemerkbar sein könnte. Wird entsprechender Ausgleich nicht nur der Interessen, sondern auch der Emotionen nicht hergestellt, ist weitere Unruhe zu erwarten. Die Rechtswissenschaft kann auch hier nur die Folgen aufdecken, sie kann aber nicht die Wertungen der Politik ersetzen. 300

Bemerkenswert ist, daß die lange Zeit von kommunistischen Staaten propagierte **Breschnew-Doktrin** an Bedeutung verloren hat. Diese Lehre besagte, daß das Selbstbestimmungsrecht nur zur Errichtung und Bewahrung des Sozialismus rechtmäßig ausgeübt werden könne. Zwar könne kein Staat gezwungen werden, den Sozialismus einzurichten, aber dann, wenn ein Staat sich zu ihm bekannt habe, seien andere sozialistische Staaten berechtigt, ihn auch gewaltsam davon abzuhalten dieses Prinzip wieder aufzugeben[27]. 301

---

24 Zusatzprotokoll I v. 26. 9. 1977 zu den Genfer Konventionen zum Schutze von Kriegsopfern v. 12.8. 1949, Art. 1, Abs. 4 (ZaöRV Bd. 38, 1978, S. 91).
25 *J. A. Frowein*, Jus cogens, in: EPIL, Bd. 3, 1997, S. 65 ff.
26 S. Fn. 11.
27 *K. Doehring*, Völkerrecht, (Fn. 19), Rdn. 294.

B. Besonderer Teil

§ 15 Verfassungsentscheidung für eine bestimmte Staats- und Regierungsform – insbesondere Verfassungsänderung

302 Hinweise in Verfassungstexten, mit denen eine bestimmte Staats- oder Regierungsform für maßgeblich erklärt wird, sind offenbar immer als unabdingbar empfunden worden. Sie finden sich – meist – ausdrücklich in Präambeln der Verfassung, oder in einzelnen Verfassungsvorschriften. Sie können sich aber auch implizit aus dem Verfassungssystem in seiner Gesamtheit ergeben und können dann mit dem Mittel der systematischen Auslegung aufgefunden werden.

303 Wenn eine solche Entscheidung getroffen ist – und sie ist, wenn auch manchmal etwas unklar oder nur rudimentär doch immer zum Ausdruck gebracht – stellen sich zwei gewichtige Fragen. Zum einen geht es um die Feststellung, ob dieser **Staatsgrundentscheidung höhere Rechtswirkung**, höhere Rechtsqualität und höhere Bestandskraft zuzumessen sind als anderen Rechtssätzen, u.U. auch solchen der Verfassung selbst; zum anderen geht es um die Frage, ob diese Grundentscheidungen als **Rechtsquelle** dann verwendbar sind, wenn Unklarheiten oder sogenannte Lücken in der Verfassung zu beseitigen bzw. auszufüllen sind.

304 Insbesondere von Carl Schmitt ist die Auffassung vertreten worden, daß diese Staatsgrundentscheidungen, wenn sie einmal getroffen sind – sei es etwa für die Monarchie, Republik, oder Demokratie einer bestimmten Art – sich **jeder legalen Änderung entziehen**[1]. Damit ist das Folgende gemeint. Auch wenn das formale Verfahren einer Verfassung, das zu ihrer eigenen Änderung zur Verfügung steht, keine entsprechende Grenze nennt, sei eine solche doch dann als **Revolution** zu betrachten, als illegaler Vorgang also, wenn sie zu einer Aufhebung oder Ersetzung der bisherigen Grundentscheidung führen würde; dieser Qualifikation liegt der Gedanke zugrunde, daß es sich bei diesen Grundentscheidungen **nicht** eigentlich um **Rechtssätze** im engeren Sinne handelt sondern um den **politischen Geltungsgrund** der Rechtsordnung insgesamt. Zumindest – so wurde gesagt – müsse in diesem Falle eine Volksabstimmung verlangt werden.

---

1 *C. Schmitt*, Verfassungslehre 1928, Neudruck 1957, S. 24 ff.; die gegenteilige Auffassung jedenfalls für die Reichsverfassung von 1919 vertrat u.a. *G. Anschütz*, Die Verfassung des Deutschen Reiches vom 11. August 1919, 4. Aufl. 1932, zu Art. 76, insbes. S. 404 ff.

Indes scheint diese Sicht zu stark zu generalisieren, wie die Verfassungsrechtsvergleichung zeigt. Rechtstheoretisch schon muß festgestellt werden, daß kein Grund ersichtlich ist, warum eine staatliche Gemeinschaft nicht dazu **frei** sein soll, auch die **Grundlagen ihrer Staatsorganisation** konsensuell zu verändern, **ohne** damit einen **Rechtsbruch** zu vollziehen und sich eine „neue" Verfassung zu geben. Wenn durch Gesetz Hoheitsrechte auch an andere, evtl. internationale Hoheitsträger abgegeben werden können – und niemand bestreitet heute ernstlich diese Zulässigkeit aufgrund z.B. des Art. 24 des deutschen Grundgesetzes[2] – besteht sicherlich auch die rechtliche Zulässigkeit, in geordnetem Verfahren die eigene Ausgestaltung der Hoheitsmacht wesentlich zu verändern. Davon zu trennen ist die Frage, ob die Verfassung selbst und ausdrücklich verbietet, bei dieser Hoheitsrechtübertragung Fundamentalgrundsätze der Verfassung aufzugeben[3]. Immer ist es also die **Verfassungsauslegung**, die allein Auskunft geben kann, und es ist nicht ein extrakonstitutionelles Prinzip.

Richtig ist sicherlich, daß – mit Carl Schmitt – unterschieden werden kann zwischen der **Verfassung als Rechtssystem** und einzelnen, an diesem System nicht essentiell beteiligten **Verfassungsnormen**. So ist – um ein Beispiel zu nennen – die Immunität von Abgeordneten, deren Bedeutung und Aufrechterhaltung immer wieder umstritten ist[4], kein Essentiale einer Staatsgrundentscheidung für eine bestimmte Art der Demokratie; aus ihr können sicherlich nicht, wie etwa aus dem Begriff der Republik oder der Gewaltenteilung, anderen Normen übergeordnete Prinzipien abgeleitet werden. Das bedeutet aber nicht notwendig, daß nur diese eher sekundären Normen der Abänderung zugänglich wären und andere grundlegende Normen nicht. Die Verfassungsrechtsvergleichung zeigt auch, daß die **Kontinuität des Staates** als juristischer Person durch **Fundamentaländerungen** der Verfassung als **nicht** berührt angesehen wird; gerade auch die Völkerrechtsordnung müßte eine solche Zäsur für den Fortbestand des Staates ablehnen, auch wenn das bei dem Übergang vom Zarenreich zur Sowjet-Republik von kommunistischer Seite behauptet wurde[5]. Richtig ist vielmehr, daß auch bei **Revolution die Staatsperson nicht ausgewechselt** wird, und außerdem kann, wie gezeigt, auch die Legalität die Revolution überspielen, wie der Machtwechsel im Jahre 1933 in Deutschland es zeigte, und nicht nur die Revolution die Legalität.

Im Folgenden seien nun einige Beispiele dafür gegeben, in welcher Art die Staaten die Verfassungsentscheidung für eine bestimmte Staats- und Regierungsstruktur zum Ausdruck bringen, und wie sie sich zur Frage der Änderung dieser Strukturen verhalten. Das **Deutsche Reich**, gegründet 1871, hat in klarer Weise die **konstitutionelle Monarchie** zu seiner Grundlage gemacht[6], und zwar in einer – zunächst –

---

2 Hierzu *H. Mosler*, Die Übertragung von Hoheitsgewalt, in: HStR, Bd. VII, 1992, § 175.
3 *K. Stern*, Das Staatsrecht der Bundesrepublik Deutschland, Bd. I, 2. Aufl. 1984, S. 512 ff.; BVerfG v. 23. 6. 1981, BVerfGE 58, S. 1 (40 ff.).
4 *W. R. Beyer*, Immunität als Privileg. Eine verfassungsrechtliche Studie gegen die Abgeordnetenimmunität, 1966; *H. H. Klein*, Status der Abgeordneten, in: HStR, Bd.II, 2. Aufl. 1998, § 41, Rdn. 39.
5 Dazu *W. Fiedler*, Staatskontinuität und Verfassungsrechtsprechung 1970, S. 96, mit Verweisen auf die sowjetische Lehre.
6 *C. Bornhak*, Grundriß des Staatsrechts, 3. Aufl. 1912, S. 159 ff. (Das Kaisertum).

§ 15   *Verfassungsentscheidung für eine bestimmte Staats- und Regierungsform*

die Kompetenz der Krone stark stützenden Form. Nicht das Parlament brachte die Regierung in ihr Amt, sondern der Kaiser. Noch im Jahre 1918 hat man versucht, dieses System legal zugunsten des Parlaments zu ändern, d.h. eine parlamentarische Regierungsform zu begründen[7], aber die revolutionäre Wende zur Republik war so nicht aufzuhalten; letztere konnte ihre Entstehung nicht mehr auf ein vorher bestehendes Verfassungsänderungsverfahren zurückführen, und so erfolgte ein Bruch
308   der Legalität bei Fortbestehen des Deutschen Reiches als Staatsperson. Die **Verfassung von 1919** hätte den gleichen oder einen ähnlichen Vorgang, etwa die Rückkehr zur Monarchie, die von vielen gewünscht wurde, theoretisch legal zugelassen, denn sie enthielt **keine materielle Grenze der Verfassungsänderung**[8]. Das **Grund-**
309   **gesetz der Bundesrepublik Deutschland** wiederum errichtete eine solche **Sperre durch Art. 79 Abs. 3**, der eine Änderung der Verfassungsstruktur (Republik; Demokratie; Gewaltenteilung; Bundesstaat; Rechtsstaat; Sozialstaat) selbst mit einstimmigem Votum des gesamten Parlaments bzw. beider gesetzgebenden Kör-
310   perschaften nicht zuläßt, ein Zustand, von dem auch gesagt wird, er könne u.U. zur Revolution gerade herausfordern, da Änderungen, etwa der Bundesstaatsstruktur, vernünftigerweise eines Tages geboten sein könnten[9]. So zeigt die deutsche Verfassungsgeschichte nahezu alle Möglichkeiten und Grenzen der Verfassungsgestaltung auf. Nur auf das Folgende ist hinzuweisen. Unter der Herrschaft des **Grundgesetzes**, so wie es derzeit lautet, ist das Tätigwerden einer von der verfaßten Gewalt (pouvoir constitué) unterscheidbaren **verfassungsgebenden Gewalt** (pouvoir constitutant) **nicht** vorgesehen und daher unzulässig und also illegal. Das Grundgesetz sollte bisher – nur – im Falle des Art. 146, d.h. bei Inkraftsetzen einer gesamtdeutschen Verfassung, seine Gültigkeit verlieren und damit dann auch die von ihm selbst vorgesehenen Sperrwirkungen. Die Wiedervereinigung der beiden deutschen Staaten erfolgte auf der Grundlage des in Art. 23 GG vorgesehenen „Beitritts" und nicht durch eine gesamtdeutsche Verfassungsgebung gem. Art. 146 GG. Obwohl das sicherlich nicht der überwiegenden Auffassung der Verfassungsinterpreten entspricht, sei doch erwogen, ob es nicht auch mit der derzeitigen Verfassung in Übereinstimmung stünde, ihrem formalen Änderungsverfahren (Art. 79) eine Bestimmung zuzufügen, die den Zusammentritt einer verfassungsgebenden Versammlung erneut ermöglicht[10]. Sollte man das als Umgehung der jetzt bestehenden Sperrklausel (Art. 79, Abs. 3) für unzulässig halten, sei doch darauf hingewiesen, daß gerade die positivierte Staatsgrundentscheidung für eine bestimmte Art der Demokratie (Art. 20: „Alle Staatsgewalt geht vom Volke aus") zu einer solchen, das Staatsvolk

---

7 *C. F. Menger*, Deutsche Verfassungsgeschichte der Neuzeit, 1979, S. 165; *D. Willoweit*, Deutsche Verfassungsgeschichte, 3. Aufl.1997, S. 290.

8 Reichsverfassung v. 11. 8. 1919, Art. 76; dazu *G. Anschütz* (Fn. 1), S. 403.

9 Zur Bedenklichkeit des Entzuges des Föderalismus von jeder Verfassungsänderung *E. Forsthoff*, Der Staat der Industriegesellschaft, 1971, S. 66 f.; zu den „Unabänderlichkeiten der Verfassung" s. auch *K. Doehring*, Staatsrecht der Bundesrepublik Deutschland, 3. Aufl. 1984, S. 130 ff.; eingehend auch *B.-O. Bryde*,in: Grundgesetz-Kommentar (Hrsg. I. v. Münch/P. Kunig), 5. Aufl. 2003 zu Art. 79, Rdn. 25.

10 *K. Doehring* (Fn. 9), S. 131 f.; zu beachten ist aber nunmehr auch die im sog. Einigungsvertrag zwischen der Bundesrepublik Deutschland und der DDR in Art. 4 vereinbarte Änderung des GG und die in Art. 5 vorgesehenen Möglichkeiten einer Verfassungsrevision.

aktivierenden Verfassungsergänzung berechtigen kann. Die Gefahr einer illegalen, bzw. revolutionären und damit nicht mehr rechtlich kontrollierbaren Verfassungsänderung wäre damit vermieden. Die Reichsverfassung von 1919 bedurfte einer solchen zusätzlichen Ausgestaltung nicht, denn mangels einer Grenze der Zulässigkeit der Verfassungsänderung waren verfaßte und verfassungsgebende Gewalt identisch, nämlich vereinigt im insoweit omnipotenten Parlament. Es ist wohl letztlich nur der seinerzeit legale Übergang vom Parlamentarismus zum Führerstaat, der die Väter des Grundgesetzes zu einer solchen Zurückhaltung veranlaßte; ob diese weise war, kann nur die Zukunft zeigen. Der Grundsatz, daß **alle** Staatsgewalt **vom Volke** ausgeht, scheint jedenfalls einer für alle Zukunft verordneten **Unabänderbarkeit** von Verfassungsbestimmungen entgegen zu stehen. Hier zeigt sich das logische Problem, ob dann, wenn die höchste Gewalt sich selbst bindet, und so sich selbst entmachtet, sie noch eine höchste Gewalt darstellt.

Die republikanische **Verfassung Frankreichs** enthält eine formale Zulässigkeit der Verfassungsänderung. Interessant ist dabei in diesem Zusammenhang, daß der Erlaß einer neuen Verfassung im Jahre 1958, mit der die bisher geltende Verfassung von 1946 ersetzt wurde, ihre Legalität nicht von ihrer Vorgängerin ableiten konnte, sondern ihre **Legitimität durch eine Volksabstimmung erhielt**, die **legal nicht** vorgesehen, wenn auch durch eine Resolution des Parlaments vorbereitet war[11]. Auch hier könnte die Annahme einer letztlich doch nicht bestehenden Illegalität nur damit begründet werden, daß die Grundentscheidungen für Republik und Demokratie sich als die stärkeren Normen erwiesen haben. Die jetzt geltende Verfassung Frankreichs sieht denn auch vor, daß, ähnlich wie das für das Grundgesetz der Bundesrepublik Deutschland der Fall ist, die Staatsform der **Republik jeder Umgestaltung** und also auch einer solchen durch Volksabstimmung **entzogen** ist. 311

Da **Großbritannien** keine geschriebene Verfassung besitzt, diese also nur auf überkommenen, ungeschriebenen Regeln und z.T. auf sog. conventions beruht, sind die hier interessierenden Fragen nicht leicht zu beantworten. Die **Grundentscheidung für eine konstitutionelle Monarchie** mit starker Betonung der Macht des Parlaments erscheint klar etabliert. Bestrebungen zur Abschaffung der Monarchie sind immer wieder bemerkbar, wenn auch nicht besonders nachhaltig. Sollte ernsthaft ein solcher Versuch gemacht werden, wäre zu fragen, ob er im Rahmen des geltenden Rechts, d.h. innerhalb der Legalität, bleiben würde. Hält man die oft beschworene **Souveränität der Parlaments für unbegrenzt**[12], erheben sich Bedenken nicht, aber ob sie wirklich als unbegrenzt in diesem Sinne anzusehen ist, kann zweifelhaft sein. Hier ist dann wohl auch die Verfassungstradition von wesentlicher Bedeutung. Auch wenn man die Macht der Krone als immer stärker abnehmend qualifiziert – so wird die Verweigerung des royal assent im Rahmen der Gesetzgebung[13] oder dieje- 312

---

11 *A. de Laubadère*, La Constitution française de 1958, ZaöRV Bd. 20, 1960, S. 506 ff.
12 *G. Jellinek*, Allgemeine Staatslehre, 3. Aufl. (hrsg. v. W. Jellinek), 1922, S. 680 ff.; *P. C. Mayer-Tasch*, Die Verfassungen Europas, 2. Aufl. 1975, zu Großbritannien S. 227: „Jenseits aller Normen steht der Grundsatz der Parlamentssouveränität".
13 Zur Rechtsnatur des royal assent s. *G. Jellinek* (Fn. 12), S. 681, der auf die in der englischen Rechtslehre diskutierte Frage hinweist, ob dieses königliche Recht durch Nichtgebrauch verloren gehen könnte.

§ 15 *Verfassungsentscheidung für eine bestimmte Staats- und Regierungsform*

nige der Ernennung eines vom Parlament nicht gewünschten Premierministers wohl kaum noch in Erwägung gezogen –, wäre die Veränderung des Staates in eine Republik doch wohl als revolutionärer Vorgang zu betrachten, d.h. nicht ohne Legalitätsbruch denkbar. Hier scheint sich Tradition in positives Recht verwandelt zu haben.

313 Die **Verfassung der USA** zeigt keine inhaltliche Begrenzung der Legalität einer Verfassungsänderung[14], abgesehen von dem Verbot, die Rechte der Einzelstaaten bei Mitwirkung im Senat zu beschränken. So müßte theoretisch dem Wunsch einer Dreiviertel-Mehrheit der Mitgliedstaaten der Union in jedem Falle gefolgt werden. Dennoch erheben sich auch hier Bedenken gegen die Unbegrenztheit eines solchen Beschlusses. Es wäre wohl in erster Linie das Prinzip der **Gewaltenteilung**, das sich, auch ungenannt, einer solchen Verfassungsänderung entziehen würde. Ein

314 ähnliches Bild im theoretischen Sinne bot die **Sowjetunion**. Dort war eine Verfassungsänderung durch eine Zweidrittel-Mehrheit jeder Kammer (Unionssowjet und Nationalitätensowjet) zulässig[15]. Eine inhaltliche Begrenzung der Änderung war nicht ausdrücklich genannt. Dennoch war es möglich, daß eine **Aufgabe der Fundamentalprinzipen** der Verfassung, etwa das **Einparteiensystem** oder die Überordnung der kommunistischen Partei über die Staatsorgane, als legal angesehen wurde[16]. Bis zum Zeitpunkt dieser rigorosen Verfassungsänderung hätte wohl kaum ein Betrachter der sowjetischen Rechtsordnung in diesem Falle keinen Bruch der Legalität angenommen.

315 So zeigt sich in vielen Verfassungen und trotz aller inhaltlichen Unterschiede doch ein ähnliches Bild. Immer ist eine **Grundentscheidung für eine bestimmte Staats- und Regierungsform** zu finden; immer aber auch bleibt zweifelhaft und umstritten, ob diese mit formal-legalen Mitteln geändert werden kann. Die Auffassung von Carl Schmitt ist so zwar in gewisser Weise durch die Staatenpraxis widerlegt, denn eine Verfassung kann durch ihre klaren Normen Zweifel über ihren Geltungsbereich ausräumen, aber diese seine Theorie muß doch immer wieder in Betracht gezogen werden, wenn Streit über die Grenzen der Verfassungsänderung angesichts unbestimmter oder nicht vorhandener Vorschriften entsteht.

316 Eine erschöpfende Auskunft über die Grenzen der Verfassungsänderung in der Staatenwelt kann hier nicht gegeben werden; auch ändert sich der Befund permanent durch neue Verfassungsgebungen. Einige Beispiele seien hier noch gegeben. Die Verfassung der **Schweizerischen Eidgenossenschaft**[17], die nunmehr durch eine „Nachführung" aufgrund eines Referendums im Jahre 1998 revidiert wurde, untersagt für den Fall einer Totalrevision (Art. 192 ff.) eine Ausschaltung der zwingenden Regeln des Völkerrechts; die Verfassung der Niederlande[18] und die Verfas-

---

14 Verfassung der USA v. 17.9.1787, Art. V.
15 Verfassung der UDSSR v. 7.10.1977; zu Art. 6 *B. Meissner*, in: Handbuch der Sowjetverfassung (Hrsg. G. Hedtkamp), Bd. I, 1983.
16 S. FAZ Nr. 62/11 D v. 14.3.1990 zur Verfassungsänderung, insbes. Aufhebung des bisherigen Art. 6 der Verfassung v. 7.10.1977.
17 Bundesverfassung der Schweizerischen Eidgenossenschaft v. 29.5.1874, Dritter Abschnitt, Revision der Bundesverfassung, Art. 118 ff. wo nur ein formales Verfahren vorgesehen ist.
18 Grundgesetz des Königreiches der Niederlande v. 25.8.1815, Art. 210, der nur ein Verfahren bestimmt, ebenso die Fassung von 1987, Kap. 8.

sung von **Belgien**[19] sagen über Unabänderbarkeiten nichts. Andere Verfassungen wiederum enthalten derartige Bestimmungen, so, um nur zwei Beispiele zu nennen, die Verfassung von **Italien**, die eine Aufgabe der republikanischen Staatsform verbietet[20], und die gerade erst inkraft getretene Verfassung von **Namibia**, die eine Einschränkung von Grundrechten durch Verfassungsänderung untersagt[21].

§ 16 Die Republik

Der Begriffsinhalt der Republik als einer Grundstruktur des Staates ist relativ wenig in der Rechtswissenschaft behandelt worden[1]. Das hat vielfältige Gründe. Der Übergang von der Monokratie, insbes. von der absoluten Monarchie, zur Demokratie, also der Herrschaft des Volkes durch vom Volk selbst eingesetzte Staatsorgane, wurde als eine so wesentliche Veränderung der Herrschaftsform angesehen, daß daneben eine besondere Berücksichtigung des Begriffs der Republik nicht so dringlich erschien. So sind die Begriffe **Demokratie** und **Republik** häufig als **identisch** angesehen oder doch zumindest insofern synonym verwendet worden als ihnen jedenfalls der Grundsatz der Herrschaft des Volkes durch sich selbst gemeinsam ist. Auch ist der Begriff der Republik dadurch unscharf geworden, daß auch totalitäre Regime ihn für sich in Anspruch genommen haben, wie die Bezeichnung **Volksrepublik** für marxistische Staaten das erweist, und wie es auch für den noch näher zu behandelnden Begriff der Demokratie festzustellen ist. **317**

Folgend der Begriffsbestimmung von Machiavelli wurde vielfach die **Republik als Gegensatz zur Monarchie** klassifiziert[2]. Das ist verständlich, denn in der damals bestehenden absoluten Monarchie (l'état c'est moi) gehörte der Staat – Volk und Territorium – dem Monarchen und nicht den Staatsbürgern, bzw. der Gemeinschaft der Staatsbürger. Machiavelli konnte nicht wissen, daß zum einen die **konstitutionelle Monarchie** diese **volle Identität** von Herrscher und Staat **aufheben** werde, und er konnte nicht wissen, daß im kommunistischen Staat des Einparteiensystems die eine Partei in gewisser Weise die Stelle des Monarchen einnehmen würde. **318**

Heute aber kann der Begriff der **Republik nicht nur die Verneinung der Monarchie** bedeuten, sondern Differenzierungen sind notwendig. **319**

Trotz parlamentarischer Regierungsform kann **Großbritannien nicht** als **Republik** bezeichnet werden[3]; die Engländer lehnen das auch ab, wie es die Entwicklung **320**

---

19 Belgische Verfassung v. 7.2.1831, Art. 131, der nur ein Verfahren bestimmt, ebenso wie die Neufassung v. 7. 2. 1994, Titel VIII.
20 Verfassung Italiens v. 27. 12. 1947, Art. 139, der eine Aufrechterhaltung der republikanischen Regierungsform ähnlich wie die Verfassung Frankreichs garantiert.
21 Verfassung von Namibia, in Kraft getreten am 21. 3. 1990, Art. 130 f.

1 Eingehend zur historischen Betrachtung des Begriffs und zu seiner Positivierung in der Verfassung der Bundesrepublik Deutschland *W. Henke* in: HStR, Bd. I, 2. Aufl. 1995, S. 863 ff.
2 Hierzu *C. Schmitt*, Verfassungslehre 1928, Neudruck 1957, S. 223 f.
3 *K. Löw*, Was bedeutet Republik?, DÖV 1979, S. 819 ff. gibt hierzu entsprechende Hinweise.

§ 16 *Die Republik*

des British Commonwealth zeigt; einige seiner Mitglieder bezeichnen sich selbst als Republik, womit zum Ausdruck gebracht wird, daß die englische Krone nicht mehr als Staatsoberhaupt angesehen wird. Dennoch gibt das britische System zu Überlegungen Anlaß, ob nicht letztlich doch Republik und Monarchie in ihm vereint sind. Die Krone ist theoretisch frei, nur eine ihr genehme Regierung einzusetzen, aber sie macht hiervon keinen Gebrauch, sondern ernennt regelmäßig auf Grund einer constitutional convention den Ministerpräsidenten, den die Volksvertretung mit Mehrheit hierzu designiert. Angesichts dieser Pragmatik besteht in Großbritannien jedenfalls eine bestimmte Art der **Demokratie neben einem Rest an Monarchie**. Nicht recht geklärt scheint, ob diese Art der Demokratie mit dem Begriff der Republik gleichgesetzt werden kann. Wenn es richtig ist, daß in der Republik der Staat dem Volk gehört, fallen hier Theorie und Praxis auseinander, vor allem auch deswegen, weil zum einen die britischen Verfassungsregeln in ihrer Eigenart als Konventionalregeln nicht durchgehend als strikte Rechtsregeln aufgefaßt werden, und zum anderen, weil nicht ausgeschlossen werden kann, daß sie sich, wiederum pragmatisch, verändern.

321 Das leitet zu der Frage über, ob denn gegebenenfalls **Demokratie und Republik gleichgesetzt** werden können. Hiervon aber ist **abzuraten**, und zwar nicht nur aus terminologischen Gründen. Betrachtet man nur die Herrschaftsausübung im Staat und beschränkt man sich auf diese Sicht, scheint eine Differenzierung unnötig[4]. **Demokratie** aber, gemessen an dem Begriffsinhalt der Republik, ist ein eher technischer, **formaler Begriff**, wie wiederum das englische Recht, das Recht etwa einiger nordischer Staaten und allgemein die Staatsform der konstitutionellen Monarchien erweisen. Die Demokratie bestimmt, in welcher Art und in welchem Verfahren das Volk an der Herrschaft über sich selbst beteiligt ist; damit allein ist noch nichts darüber ausgesagt, wer die **Verantwortung für das Staatsganze** trägt. So ist die Demokratie eine Staatsform, die Berechtigungen erteilt, deren Inhalt und Ausmaß von der Art der Demokratie abhängen; in der repräsentativen Demokratie besteht regelmäßig ein freies Mandat der gewählten Abgeordneten, während im Rätesystem ein gebundenes Mandat die Regel ist, um nur ein Beispiel zu nennen.

322 Dagegen meint der Begriff der **Republik** etwas anderes. Er besagt, daß das **Gemeinwesen dem Volk überantwortet** ist. Der Staat gehört dem Volk, das damit **nicht nur Rechte** innehat, sondern vor allem auch **Pflichten übernimmt**[5]. In der

---

4 *H. Krüger*, Allgemeine Staatslehre, 1964, hat keine gesonderte Betrachtung über den Begriff der Republik angestellt, obwohl dessen Elemente sinngemäß behandelt werden; das gleiche ist der Fall bei *R. Herzog*, Allgemeine Staatslehre, 1971, der ebenfalls die Republik nicht gesondert behandelt. Bei *Montesquieu*, Vom Geist der Gesetze (ausgewählt, übertragen und eingeleitet von *E. Forsthoff*, 1967), 2. Buch, 2. Kap. heißt es: „Wenn in einer Republik das ganze Volk die höchste Gewalt innehat, so ist sie eine Demokratie".
5 Hierzu eindringlich *J. Isensee*, Republik-Sinnpotential eines Begriffs, JZ 1981, S. 1 ff.; wenn *W. Henke* (Fn. 1), S. 873, die Republik definiert als einen Staat „in dem die Bürger ... von ihresgleichen" regiert werden, erscheint das nicht ausreichend. Auch *R. Thoma*, Handbuch des Deutschen Staatsrechts, Bd. I, 1929, S. 186 f., wies schon auf die Koppelung von Gemeinwesen und gemeinsamer Verantwortung hin, *M. Sachs*, in: Grundgesetz, Kommentar (Hrsg. M. Sachs) 3. Aufl. 2003, zu Art. 20, Rdn. 9 f., will dem Begriff Republik jenseits seiner Gegenüberstellung zur Monarchie keine eigenständige Bedeutung zuerkennen, weist aber in Fn. 18 auf viele Autoren anderer Auffassung hin.

Die Republik § 16

Republik ist jeder Staatsbürger verantwortlich für das allgemeine Wohl. So ist die **allgemeine Wehrpflicht**, erstmalig institutionalisiert in der französischen Revolution durch Gesetz im Jahre 1793, ein **Ausdruck republikanischer Verantwortung** des Bürgers; es ist Sache aller, den – ihren – Staat zu verteidigen[6]. Die Pflicht des Bürgers als Laienrichter, Schöffe oder Geschworener zur Verfügung zu stehen ist – um andere Beispiele zu nennen – eine Folge republikanischer Staatsauffassungen, nicht so sehr demokratischer, denn mit Volksherrschaft ist sie nicht befaßt, sondern mit Volksverantwortung für die Bewahrung der Rechte des einzelnen. Eine **politische Partei** verläßt nicht den Boden der Demokratie, wenn sie – nur – dem Willen der Mehrheit der Wähler folgt, aber ihre Haltung ist **nicht mehr republikanisch**, wenn sie sich gleichgültig gegenüber den Interessen der **Minderheit** verhält, wenn sie nicht die Sorge um das Staatsganze bewegt, sondern nur diejenige um ihre eigene Partei. **Herrschaft und Verantwortung sind in der Republik identisch**, nicht in der Demokratie. Eine Überbetonung individueller Freiheitsrechte, d.h. Abwehrrechte gegen die Staatsgewalt, kann die Substanz der Republik zerstören, auch wenn dieser Zustand „demokratisch" hergestellt wird.

Daher ist auch der Begriff der **Demokratie** mit demjenigen der **Monarchie** dann **vereinbar**, wenn der Monarch nicht die totale Macht, insbes. im Rahmen der Gesetzgebung, innehat oder an sich ziehen kann wie das Beispiel Großbritannien es zeigt. Der Begriff der **Republik** ist mit dem der **Monarchie unvereinbar**, wenn, wie auch in der konstitutionellen Monarchie, dem Monarchen die Verantwortung selbständig obliegt, sei es auch nur begrenzt.

323

Das gleiche gilt für die **Diktatur** in jeder Spielart, denn ihr Wesen ist es nicht allein, die Herrschaft dem Diktator zu überlassen, sondern dieser übernimmt damit die Verantwortung für das Staatsganze[7]. Ein Diktator kann demokratisch an die Macht gelangen, etwa durch freie Entscheidung der Mehrheit des Volkes, aber er kann **nicht republikanisch die Macht erlangen**, weil das Volk sich seiner eigenen Verantwortung so entledigen würde. Es kann so eine (demokratische) Freiheit bestehen zur Aufgabe der Freiheit, aber es gibt keine (republikanische) Freiheit zur Aufgabe der Verantwortung. Deshalb war die Übergabe der Macht an Adolf Hitler durch Erlaß des sog. Ermächtigungsgesetzes im Jahre 1933 mit der Mehrheit von 400 Stimmen bei einer Abgeordnetenzahl von 500 eine demokratische Entscheidung – auch wenn das bestritten wird –, aber jedenfalls keine republikanische, weil das Parlament, identisch mit dem Volk, sich seiner Verantwortung entledigte.

324

Abschließend ist festzustellen, daß der Begriff **Volksrepublik** entweder eine **Tautologie** ist, oder eine **Lüge**; ersteres, wenn das Volk die Verantwortung behält – was allerdings in der Praxis dieser marxistischen Staatsform gerade nicht der Fall ist –

325

---

6 Wenn *C. Schmitt* (Fn. 2), S. 254, ausführt, „Sowenig wie eine echte Demokratie ohne allgemeines Wahlrecht, gibt es eine echte Demokratie ohne allgemeine Wehrpflicht", wird damit im Grunde eine republikanische Staatsform angedeutet, nicht eine demokratische, denn die Mehrheit könnte beschließen, daß die allgemeine Wehrpflicht aufgehoben wird.
7 Zur Frage der Unvereinbarkeit von Republik und Diktatur *W. Henke* (Fn. 1), S. 868, mit weiteren Nachweisen; vgl. auch *K. Doehring*, Staatsrecht der Bundesrepublik Deutschland, 3. Aufl. 1984, S. 121 f.

und letzteres, wenn im Einparteiensystem die Gesamtheit des Volkes die Verantwortung nicht innehaben kann, weil die alleinbestimmende Partei sie trägt und tragen will.

§ 17 Die Demokratie

1. Grenzen der Definitionsmöglichkeiten

326 Dieser Begriff, der eine besondere Staats- und Regierungsform bezeichnen soll, ist im Vorhergehenden schon mehrfach, wenn auch relativ undifferenziert behandelt und im Rahmen staatsrechtlicher Argumentation benutzt worden. Nun gilt es, ihn in seiner jeweilig **konkreten Gestalt** zu erfassen, denn es wird sich erweisen, daß nur außerordentlich wenige und sehr allgemeine Merkmale auf alle Demokratien der Welt zutreffen, so wenige, daß man zweifeln kann, ob es sich um einen generalisierenden Begriff handelt, dessen Verwendung rechtswissenschaftlich praktikabel ist; jedenfalls die plakative, undifferenzierte Verwendung des Begriffs erzeugt mehr Unklarheiten als daß sie zur Begriffsbildung beiträgt.

327 Die **Herrschaft des Volkes** kann bezüglich der Mitentscheidung des einzelnen Staatsbürgers an der politischen Willensbildung im Staatswesen so modifiziert sein, daß kaum noch **Ähnlichkeiten unter Demokratien** vorhanden sind. Der Gehalt dieser Feststellung erweist sich vor allem dann, wenn man, im Sinne von Negationen, bedenkt, was nicht unabdingbar zum Wesen der Demokratie gehört, obwohl es häufig gerade zu ihren Essentialen gezählt wurde.

328 Eine abstrakte Begriffsbestimmung der **Demokratie** hängt von dem **Grad an Unmittelbarkeit** oder **Mittelbarkeit** der Volksbeteiligung, den eine Verfassung gewährt, **nicht** ab. Die USA sind eine sehr mittelbare Demokratie, denn die Wahlen werden durch Vorwahlen von Wahlmännern bestimmt, deren Abstimmung erst das entscheidende Resultat ergibt[1]. Die Rätesysteme kommunistischer Staaten, die sich als Volksdemokratien bezeichneten oder noch bezeichnen, beruhen oder beruhten auf einer anderen Art der Mittelbarkeit, da die unteren Räte Mitglieder zu den oberen Räten delegieren[2]. Die Schweiz bewahrt dagegen ein beträchtliches Maß an Unmittelbarkeit der Volksbeteiligung, da die Möglichkeit des Referendums garantiert ist[3]. Ähnliche Mischungen finden sich in der deutschen Reichsverfassung von 1919, da dort Volksbegehren und Volksentscheid zugelassen waren[4], und in der Verfas-

---

1 Es ist keine Selbstverständlichkeit, daß eine Verfassung selbst die Einzelheiten des Wahlrechts festsetzt, abgesehen von fundamentalen Wahlgrundsätzen; vgl. aber Verfassung der USA, Art. II, Section 2 ff. (Wahl des Präsidenten).
2 Zum Rätesystem *P. Pernthaler*, Allgemeine Staatslehre und Verfassungslehre, 2. Aufl. 1996, § 59; über das Leitbild der Rätedemokratie *R. Zippelius*, Allgemeine Staatslehre, 14. Aufl. 2003, S. 462 ff.
3 Bundesverfassung der Schweizerischen Eidgenossenschaft v. 29.5.1874, Art. 89, „Nachführung" (1998), Kap. 2.
4 Verfassung des Deutschen Reiches v. 11.8.1919, Art. 73, 74, 75.

sung Frankreichs von 1958[5], die eine direkte Wahl des Staatspräsidenten vorsieht. Das Grundgesetz der Bundesrepublik Deutschland dagegen zeigt wiederum das Bild einer extrem mittelbaren Demokratie, da ein Volksentscheid oder Volksbegehren nicht vorgesehen ist und das Staatsoberhaupt nicht vom Volk, sondern von den gesetzgebenden Körperschaften gewählt wird. Ein ganz wesentlicher Unterschied zwischen den Arten der Volksherrschaft besteht auch darin, daß freies und gebundenes Mandat gleichermaßen als demokratisch gelten können, und sogar behauptet werden kann, daß nur das gebundene Mandat den unverfälschten Volkswillen zur Geltung bringt, das freie Mandat aber ihn fingiert.

Die **Teilung der Gewalten**, bzw. ihr jeweiliges System, ist ebenfalls **kein Maßstab** für den Begriff der Demokratie. Während die USA sie als Grundlagen ihres Staates betrachten, lehnte das Sowjetsystem sie völlig ab. Andere Staaten wiederum modifizieren die Gewaltenteilung in verschiedenster Ausgestaltung; so findet sich das parlamentarische Regierungssystem, das eine gewisse Identität zwischen Regierung und Parlamentsmehrheit erzeugt[6], neben Systemen, die dem vom Volk gewählten Präsidenten weitgehende Entscheidungszuständigkeiten zuerkennen[7].

Auch der Grad der **Unabhängigkeit der Richter** und der Gerichte ist **kein** Kriterium für die Demokratie. Das Gerichtsverfassungsrecht **kommunistischer Staaten** schützte die Unabhängigkeit nur insoweit als erklärt wird, der gewählte Richter sei in seiner amtlichen Tätigkeit weisungsungebunden, doch kann er jederzeit abberufen werden, wenn seine Entscheidungen entweder der Auffassung derjenigen Sowjets, die ihn gewählt haben, nicht entspricht oder, bei höheren Richtern, nicht derjenigen der Abgeordneten[8]. Ein besonderes Verfahren zur Richterabberufung ist teilweise eingerichtet, aber eine solche Amtsenthebung setzt nicht voraus, daß eine bewußte Rechtsbeugung begangen wurde, sondern nur, daß die sozialistische Gerechtigkeit, über deren Inhalt die kommunistische Partei befindet, nicht beachtet wurde. Ein anderes System der Sicherung der richterlichen Unabhängigkeit bietet das britische Recht. Die hohen Richter sind auf Lebenszeit ernannt – erst nach dem zweiten Weltkrieg wurde eine Altersgrenze von 75 Jahren eingeführt[9] –, können nur aufgrund eines gemeinsamen Vorschlages beider Häuser durch die Krone abberufen werden[10] und können ihre Unabhängigkeit gegenüber von außen kommenden Einflußnahmen selbst mit dem Mittel der Bestrafung wegen contempt of court verteidigen. Auch die **Bundesrepublik Deutschland** kennt nur auf Lebenszeit ernannte Richter, die sachliche und persönliche Unabhängigkeit in hohem Maße genie-

---

5 Verfassung der Französischen Republik v. 28. 9. 1958, Art. 6, 7.
6 Art. 63 und 67 GG.
7 Verfassung der USA, Art. III, Amendment XII; Verfassung Frankreichs v. 28. 9. 1958, Art. 10 ff., insbes. Art. 16.
8 Verfassung der DDR v. 7. 10. 1974, Art. 95, wonach Richter von ihren Wählern abberufen werden konnten, u.a. wenn sie „ihre Pflichten gröblich verletzen"; so auch Art. 93, Abs. 3, wonach das Oberste Gericht der Volkskammer „verantwortlich" war; Staatsrecht der DDR, 2. Aufl. 1984, S. 357: „Die Ernennung von unabsetzbaren Richtern ist mit der Volkssouveränität unvereinbar".
9 Judicial Pensions Act 1959, sec. 2, 9 Elizabeth II.
10 Supreme Court Act 1981, S. 11 (3); bezgl. einer Abberufung wegen Unfähigkeit aus medizinischen Gründen s. Supreme Court Act. 1981, S. 11 (8) (9).

§ 17 *Die Demokratie*

ßen[11], abgesehen von der Ernennung auf Zeit der Richter am Bundesverfassungsgericht. Eine sog. Richteranklage gegenüber Bundesrichtern setzt einen Antrag des Parlaments mit qualifizierter Mehrheit voraus, über den vom Bundesverfassungsgericht entschieden wird und der nur Erfolg haben kann, wenn dem Richter die bewußte Verletzung geltenden Rechts nachgewiesen werden kann[12]. Anders steht es in den **USA**. Dort sind nur die Bundesrichter auf Lebenszeit ernannt. Die Richter der Staaten werden auf Zeit gewählt. Das könnte insoweit die Unabhängigkeit des Richters beeinflussen als er geneigt sein könnte, bei seiner rechtsprechenden Tätigkeit die Chance einer Wiederwahl im Auge zu behalten[13]. Eine solche Beeinflussung des Amtes ist bei den Bundesverfassungsrichtern der Bundesrepublik trotz der Erlangung des Amtes durch Wahl wiederum ausgeschlossen, da eine Wiederwahl nicht zulässig ist. Hiermit sollte nur aufgezeigt werden, welch buntes Bild die Sicherung der Unabhängigkeit der Rechtsprechung auch in Demokratien bietet; so kann sie, für sich genommen, kein wesentliches Kriterium für den Inhalt des Demokratiebegriffs hergeben.

334 Auch die sog. **institutionellen Verfassungsgarantien** sind in ihrer Ausgestaltung **uneinheitlich**. In marxistischen Demokratien und in Rätesystemen besteht keine Pressefreiheit derjenigen vergleichbar, die in westlichen, liberalen Demokratien garantiert ist. Aber auch in diesen ist der Schutz der Presse sehr verschieden ausgestaltet. In den USA deckt die Pressefreiheit Verhaltensweisen, die in der Bundesrepublik Deutschland zur Verurteilung wegen Beleidigung führen würden, was jedenfalls für politische Auseinandersetzungen gilt[14].

335 Der **Gerichtshof der Europäischen Menschenrechtskonvention** hat der **Pressefreiheit Vorrang** vor dem **Schutz der Gerichtsbarkeit** zuerkannt, nachdem britische Gerichte das gerade umgekehrt beurteilt hatten[15]. Das Rechtsinstitut des **Beamtenrechts** ist in den marxistischen Demokratiesystemen unbekannt, aber auch nicht in allen liberalen Demokratien anerkannt, wie etwa in Schweden, wo nur Vertragsangestellte den öffentlichen Dienst verrichten[16]. Auch in den USA ist das Berufsbeamtentum nicht in der Weise ausgestaltet, wie das in der Bundesrepublik Deutschland der Fall ist. Das Recht der **Arbeitgeber- und Arbeitnehmerverbände** ist sehr unterschiedlich geregelt, z.T. verfassungsrechtlich verbürgt, z.T. durch die Gesetzgebung ausgestaltet und z.T. rechtlich ungeschützt. Das Gleiche gilt für das Institut des Privateigentums, das Erbrecht und das Familienrecht.

---

11 Die Anstellung auf Lebenszeit gilt jedenfalls für Berufsrichter gem. § 10 des Deutschen Richtergesetzes v. 19. 4. 1972 (BGBl. 1972, S. 713), während Verfassungsrichter nur auf 12 Jahre ernannt werden können (§ 4 BVerfG i.d. Fassung v. 12. 12. 1985, BGBl. 1985 I, S. 2229); die sachliche und persönliche Unabhängigkeit der Richter ist in Art. 97 GG gewährleistet.
12 Art. 98 Abs. 2 GG.
13 Dazu *I. Tischbierek*, Richterliche Unabhängigkeit in den Vereinigten Staaten von Amerika, Diss. Heidelberg 1982, S. 65 ff.
14 *G. Nolte*, Falwell v. Strauss: Die rechtliche Grenze politischer Satire in den USA und der Bundesrepublik, EuGRZ Bd. 15, 1988, S. 25 ff.
15 Europäischer GH für Menschenrechte, EuGRZ, 1979, S. 386 ff. (Sunday Times-Fall).
16 *H. Walter*, Die Sicherung eines loyalen öffentlichen Dienstes in Schweden, in: Verfassungstreue im öffentlichen Recht europäischer Staaten, 1980, S. 291.

So kann man zu dem Schluß gelangen, daß die hier betrachteten Rechtsverhältnisse eher an dem Maßstab des **Rechtsstaatsbegriffs** – der noch zu behandeln ist – gemessen werden können als an demjenigen der Demokratie.   336

Was aber könnte dann als **gemeinsames Merkmal der Demokratien** in der Staatenwelt aufgefunden werden? Man könnte daran denken, diesen Begriff daran zu messen, ob und inwieweit die Tätigkeit von Staatsorganen und auch ihre Amtseinsetzung auf Äußerung des **Volkswillens zurückgeführt** sind. Die Bestimmung des Art. 20 der Verfassung der Bundesrepublik Deutschland scheint das zum entscheidenden Maßstab zu machen, wenn es dort heißt: „Alle Staatsgewalt geht vom Volke aus". Aber selbst hier erheben sich Zweifel an der Allgemeingültigkeit, der Tragweite und des Inhalts eines solchen Demokratiegebotes[17]. Nur einige Fragen seien gestellt, die das erweisen. **Wie oft** müssen **Wahlen** stattfinden, damit dem Begriff der Demokratie genügt ist? Für **wieviel Jahre** darf das Volk seine Vertreter ermächtigen? Wenn es Richter auf Lebenszeit gibt, die „im Namen des Volkes" Recht sprechen, fehlt offenbar diese demokratische Rückkoppelung, die jedenfalls dann gefordert werden könnte, wenn das Gericht, wie der Supreme Court der USA, Gesetzen des Volkes die Gültigkeit absprechen kann[18]. Ähnliches gilt für das Bundesverfassungsgericht der Bundesrepublik Deutschland, denn es ist zweifelhaft, ob die Richterwahl auf 12 Jahre die geforderte demokratische Legitimation noch gewährleistet. Wieder auch ist das Prinzip der Gewaltenteilung so in Frage gestellt, was ganz besonders dann gilt, wenn man den Gerichten das Recht zur Ausübung eines Richterrechts zugesteht, im Extremfall also den Richter zum Gesetzgeber macht.   337

Ähnlich steht es bei der Frage danach, wer denn in einer Demokratie wählen darf und wer gewählt werden kann, damit alle Staatsgewalt vom Volke ausgeht. Es gibt **keinen zwingenden Maßstab für das Wahlalter**, aber seine Herab- oder Heraufsetzung kann für die Feststellung des Volkswillens entscheidend sein. Das Gleiche gilt für die Zulassung von politischen Parteien im Rahmen des Verhältniswahlrechts, d.h. für die sog. Sperrklauseln zur Verhinderung von **Splitterparteien**[19]. Obwohl es evident ist, daß das Gebot der Gleichbehandlung und dasjenige zur Chancengleichheit im Wahlrecht beeinträchtigt sind, findet eine Beanstandung dieser Einschränkungen kaum noch statt.   338

Auch wenn man alle diese Differenzierungen als noch nicht wesentlich ansieht und den Standpunkt vertritt, daß jede, auch eine außerordentlich verdünnte demokratische Legitimation dem Begriff der Demokratie genügt, ist das Problem der Begriffsbestimmung nicht gelöst. Denn – und wie die Geschichte zeigt, geht es dabei nicht   339

---

17 *K. Doehring*, Staatsrecht der Bundesrepublik Deutschland, 3. Aufl. 1984, S. 112 f.; zum Demokratieprinzip des GG *M. Sachs*, in: Grundgesetz, Kommentar (Hrsg. M. Sachs), 3. Aufl. 2003, zu Art. 20, Rdn. 11 ff.; *G. Haverkate*, Verfassungslehre. Verfassung als Gegenseitigkeitsordnung, 1992, S. 330, unterscheidet die „individualrechtlich orientierte Grundrechtsdemokratie" und eine solche, beruhend auf Kollektivfreiheit, eine zwar grundsätzliche, aber verkürzende Unterscheidung.
18 Erstmals US Supreme Court in Marbury v. Madison, 1 Cranch 137, 177 – 2 Law Ed. U.S. 60, 73 (1803).
19 Zur Frage der Ausschaltung von Splitterparteien *S. Magiera*, in: Grundgesetz-Kommentar (Fn. 17), zu Art. 38, Rdn. 94; Bundeswahlgesetz v. 7. 5. 1956, BGBl. 1956 I, S. 383 ff., § 6 Abs. 6; zuletzt BVerfG v. 22. 5. 1979, BVerfGE 51, S. 222 (237); 95, S. 408 (419).

etwa nur um Theorie – der **demokratische Volkswille** kann zu der Entscheidung **bereit** sein, auf **seine eigene Macht zu verzichten**; die Omnipotenz und die souveräne Freiheit des Volkes ist auch dazu frei, ihre Freiheit aufzugeben. Ist dann die unbegrenzte Einsetzung eines Führers, Diktators, Kommissars oder einer Junta – wenn das in Freiheit erfolgte – die Fortsetzung der Demokratie? Der so eingesetzte Machthaber kann mit Recht behaupten, er sei demokratisch legitimiert und vollziehe nur den Volkswillen. Hier scheint dann jede abstrakte Begriffsbestimmung der Demokratie zu versagen, weil die Betätigung des Volkswillens und sein Ergebnis nicht mehr übereinstimmen. Es ist nicht einmal notwendig, in diesem Zusammenhang auf das deutsche Ermächtigungsgesetz im Jahre 1933 zu verweisen[20]. In der französischen Verfassung ist in Art. 16 niedergelegt, daß der Staatspräsident im Staatsnotstand jede ihm angemessen erscheinende Maßnahme treffen kann und auch selbst darüber entscheidet, ob der Fall des Staatsnotstandes gegeben ist[21]. Der Präsident ist auf 7 Jahre gewählt. Ist hier noch eine „demokratische Legitimation" gegeben? Das könnte nur in dem Sinne richtig sein, daß so das Volk – wenn auch durch freiwillige Zustimmung zur Verfassung – seine Macht für diesen Fall aufgegeben hat. Die demokratische Rückkoppelung ist demokratisch aufgegeben und zwar für eine Zeitspanne, die kaum mehr nur als Verdünnung gelten kann.

340 Betrachtet man diese von den Rechtsordnungen gegebenen und fast **grenzenlosen Möglichkeiten** der **Ausgestaltung der Demokratie**, scheint der Schluß gerechtfertigt, daß es eine solche im abstrakten Sinne nicht gibt, sondern **nur nach Maßgabe einer ganz konkreten Verfassung**. Jede Demokratie hat ihre eigene Demokratie. Jede Verfassung bedarf der Interpretation, inwieweit nun die Staatsgewalt vom Volke ausgeht. Daher ist es gefährlich, den Begriff der Demokratie als Argument dann zu benutzen, wenn es nicht um die Interpretation bestimmter Verfassungsnormen geht, sondern wenn man versucht, der Verfassung als solcher, deren Schlüssigkeit sich nur aus ihrer eigenen Ausgestaltung ergeben kann, von außen und durch Benutzung angeblich allgemeiner Begriffe eine bestimmte Gestaltung vorzuordnen.

341 Bestenfalls wäre es noch vertretbar zu sagen, daß – um ein Beispiel zu geben – die Bezeichnung der **Bundesrepublik Deutschland** als „demokratischer" Staat (Art. 20 GG) es **nicht** zuläßt, diesen Staat in eine **totalitäre Diktatur zu verwandeln**. Aber dem ist ohnehin schon durch entsprechende und konkrete Bestimmungen der Verfassung über die Grenzen ihrer Änderung vorgebeugt und durch die jeder Verfassungsänderung entzogenen Bestimmung, daß dieser Staat eine Republik sei (Art. 79 GG); wo das nicht der Fall ist, wie gem. der deutschen Reichsverfassung von 1919, hilft auch die Berufung auf die Demokratie nicht weiter, wie das schon gezeigt wurde.

---

20 Gesetz zu Behebung der Not von Volk und Reich v. 24. 3. 1933 (RGBl. 1933 I, S. 141); zur contradictio von Freiheit und freiwilliger Freiheitsaufgabe H. *Steinberger*, Konzeption und Grenzen freiheitlicher Demokratie, 1974, S. 596.
21 Gem. der Verfassung Frankreichs v. 28. 9. 1958 (Art. 16) muß der Präsident zwar Beratungen mit anderen Staatsorganen führen, entscheidet aber dann allein.

2. Rechtfertigungen und Kritik

Während für die Geeignetheit der repräsentativen Demokratie, im Sinne der westlich-liberalen Staatsauffassung, zur Ermittlung des Volkswillens und damit zur Befriedung jedenfalls der Interessen der Mehrheit der Staatsbürger, eine gewisse Evidenz angenommen wird, ist doch auch die **Kritik an dieser Staatsorganisation** immer nachhaltig vorgebracht worden; schon die Frage, warum denn der Mehrheitswille entscheidend sein soll, ist so leicht nicht zu beantworten[22]. 342

Bereits im Jahre 1923, also nur vier Jahre nach Gründung der ersten deutschen Republik als einer repräsentativen Demokratie, trug Carl Schmitt wesentliche Bedenken vor, denen auch diese Regierungsform ausgesetzt sei[23]. Seine damaligen Darlegungen sind auch heute noch aktuell und in gewisser Weise permanent bestätigt, wobei ihre Skepsis durchaus nicht überbewertet werden soll. So bestehe weitgehend ein Unbehagen gegenüber dem Parlamentarismus, weil dieser letztlich nur die **Herrschaft der Parteien** anstrebe, nicht diejenige des Volkes. Das führe weitgehend zu einer politischen und unsachlichen Personalpolitik, etwa bei der Ernennung von hohen Richtern[24], oder auch des Staatspräsidenten. Die **Regierung** bestehe häufig aus **Amateuren**, wenn, wie oftmals, die Minister nicht wegen ihres Sachverstandes, sondern wegen ihrer politischen Akzeptanz ernannt würden[25]. Die **Parlamentsreden** seien in Gefahr, in **Banalität** abzugleiten, denn nicht ihre Überzeugungskraft innerhalb eines Parlaments, das zur Meinungsänderung veranlaßt werden könnte, sei ihr Ziel, sondern demagogische Effekte. Aus ähnlichen Gründen sei ein **Absinken der parlamentarischen Umgangsformen** zu bemerken, oder auch die schlechte Besetzung des Hauses. Selbst bei sachlich weitgehender Übereinstimmung der Auffassungen werde Obstruktion betrieben, d.h. die **Auffassung des politischen Gegners auch dann bekämpft**, wenn sie sachlich überzeugt. Bemerkenswert sei auch die – im eigenen Interesse der Abgeordneten – großzügig gehandhabte und die Grenzen der Würdelosigkeit berührende **Selbstbewilligung der Diäten** und ebenso die Praxis der Entscheidungen über **Immunitäten** und **Privilegien**. Die eigentliche Tätigkeit der Parlamentarier finde auch gar nicht im Plenum statt, sondern in Ausschüssen, in nicht-öffentlichen Sitzungen und solchen der Fraktionsführer, und so würden Vorentscheidungen getroffen, die einer echten Willensbildung im Parlament keinen Raum ließen. Es erhebe sich letztlich dann auch die Frage, ob nicht das **Parlament nur eine Fassade** für die Herrschaft der Politiker, der Wirtschaft, der Presse, der Parteien, des Kapitals und anderer Interessengruppen sei. Wer 343

---

22 *M. Kriele*, Einführung in die Staatslehre, 6. Aufl. 2003, S. 239: „Demokratie setzt einen Verfassungsstaat voraus, in dem es keinen Souverän gibt", wenn das richtig ist, bleibt doch die Frage, wer diesen Verfassungsstaat legitimiert, was S. 240 richtig erkannt wird.
23 *C. Schmitt*, Die geistesgeschichtliche Lage des heutigen Parlamentarismus, 1923.
24 So ist die Wahl der Richter am Bundesverfassungsgericht schon durch das Gesetz auch politisch vorprogrammiert, da sie durch die gesetzgebenden Körperschaften erfolgt (§§ 5, 6 BVerfGG).
25 In der Bundesrepublik Deutschland jedenfalls erwartet man letztlich nur von dem Justizminister, daß er fachliche Vorbildung in das Kabinett einbringt, und nahezu alle anderen Minister verfügen über eine solche nicht oder doch nicht notwendigerweise, wenn man z.B. bedenkt, daß deutsche Verteidigungsminister vielfach selbst keine militärische Ausbildung erhielten, oder Gesundheitsminister keine ärztliche.

§ 17 *Die Demokratie*

könnte sagen, daß diese Kritik gänzlich unbegründet wäre? Sie zeigt auch heute noch, neben allen modernen Korruptionsskandalen, wo die Schwachstellen des Parlamentarismus zu finden sind.

344 Das leitet über zu einer Betrachtung der tiefer liegenden, geistesgeschichtlichen Grundlagen der Demokratien und ihrer Problematik. Auch hier ist die Betrachtung von Carl Schmitt, obwohl er selbstverständlich nur einer von vielen scharfsinnigen Analytikern ist, doch so plastisch, daß sie wiederholt werden soll[26]. So sei das **19. Jahrhundert die Zeit eines Siegeszuges der Demokratie** gewesen; **Fortschritt und Demokratie** seien **gleichgesetzt** worden. Im Grunde aber habe diese Hochschätzung wesentlich von der Negation der Monarchie ihren Ausgang genommen. Nach diesem Sieg habe sich eine gewisse Leere und Ausfüllungsbedürftigkeit der Demokratie herausgestellt, die mehr als nur eine Organisationsform verlange. Sie sei **frei für jeden Inhalt** gewesen, für militärische oder pazifistische Ziele, fortschrittliche oder reaktionäre, absolutistische oder liberale, zentralistische oder dezentralistische, denn nichts sei ihr vorgegeben, und also war sie für jeden Inhalt frei.

345 Wie aber konnte dann eine Definition der Demokratie gelingen? Sollte ihr Wesen in der Herstellung des allgemeinen Volkswillens durch eine Abstimmung bestehen, d.h. der Herstellung der **Identität von parlamentarischem Gesetz und Volkswillen** und also derjenigen von Staat und Volk? Das sei nur schlüssig, wenn man anerkenne, daß auch der Wille der überstimmten Minderheit nun im Gesamtwillen aufgehe, oder sie, nach dem Konzept Rousseau's, anerkenne, daß **nur die Mehrheit Recht habe**. In Wahrheit aber sei das eine **Fiktion**, denn die Tatsache allein, überstimmt worden zu sein, könne niemanden zwingen, den Willen und die Auffassung der Minderheit für falsch zu halten. Doch **Zweifel** an dieser Fiktion bedeuteten die **Vernichtung des Systems** als solchem. Solche Zweifel könnten immerhin darin bestehen, daß die Minderheit den **wahren Willen des Volkes** – im Sinne eines wohlverstandenen Willens – besser erkenne als die Mehrheit, nämlich dann, wenn das **Volk getäuscht** worden sei, vielleicht durch Propaganda oder andere Art der Bearbeitung der öffentlichen Meinung. Diese Behauptung könne jeder Demagoge aufstellen, was bei genügender Überzeugungskraft dazu führe, daß nur dem Erkenner des wahren Volkswillens das Recht zuerkannt werde, auch gegen die formale Mehrheit zu entscheiden. Schon die Jakobiner hätten das gesehen, und jede Revolutionsregierung und jedes Einparteiensystem nehme dieses Argument für sich in Anspruch.

346 Dem könnte wiederum entgegengehalten werden, für den **radikalen Demokraten**, der bereit ist, die **Mehrheitsentscheidung** ohne Rücksicht auf ihren Inhalt als in jedem Falle endgültig zu qualifizieren, stelle diese einen **Eigenwert** dar, der allein schon in der Tatsache liege, daß der Mehrheitswille herrsche. Hiernach wäre nicht wesentlich was entschieden wird, sondern dass entschieden wird; doch dann wäre auch jeder Minderheitenschutz systemwidrig. Doch auch diese scheinbar klare Entscheidung für den hohen Wert eines rein formalen Systems könne zu absurden Er-

---

[26] S. Fn. 23.

gebnissen führen. Das erweise sich dann, führt Carl Schmitt aus, wenn diese radikale **Demokratie dazu benutzt wird, sich selbst zu beseitigen**. Wenn die Mehrheit beschließt, daß künftig nicht mehr der Mehrheitsbeschluß entscheidend sein soll – wie im national-sozialistischen Regime geschehen –, könne der radikale Demokrat, der zwar der Mehrheitsentscheidung den höchsten Wert beimesse, doch nicht mehr Demokrat bleiben, denn sein höchster Wert ist nun aufgegeben, wenn auch mit den Mitteln, die der Radikaldemokrat selbst empfahl, nämlich mit der Mehrheitsentscheidung. Dieser **Radikaldemokrat**, nun **in die Minderheit verwiesen**, könne, um sein eigenes System zu retten oder wiederherzustellen, nicht mehr Demokrat bleiben, sondern müsse, um die Rückkehr zu seiner Demokratie zu erzwingen, sich u.U. der **Diktatur** bedienen und also sich selbst untreu werden.

Als Carl Schmitt im Jahre 1923 diese scharfsinnige Betrachtung anstellte, konnte niemand wissen, daß diese Situation 10 Jahre später in Deutschland eintreten würde, und daß dieser Demokratieanalytiker zu einer Stütze der Diktatur wurde. Offen blieb nur, ob er mit dem Mittel der Diktatur die Demokratie wiederherstellen wollte; seine damaligen Schriften deuten allerdings nicht in diese Richtung[27]. **347**

Nochmals sei auf die Grundgedanken dieser Betrachtung zurückgekommen, denn sie sind als solche völlig richtig gesehen. Wenn die **Demokratie legitim** sein, d.h. sich selbst rechtfertigen soll, muß sie von der Reife des Staatsbürgers, sei es auch im Sinne einer Fiktion, ausgehen; sie verlöre diese Legitimität, wenn sie anerkennen würde, daß eine dumme oder korrupte Mehrheit eine kluge und dem Gemeinwohl verpflichtete Minderheit beherrscht. Sicherlich kann die Mehrheitsdemokratie als Ziel auch angestrebt werden, wenn das Volk noch nicht über Bewußtseinsschärfe, ausreichende Erziehung und Verantwortungsbewußtsein verfügt; aber praktiziert werden kann diese Volksherrschaft nur mit Akzeptanz der **Fiktion staatsbürgerlicher Reife** und der **Fiktion der Gleichheit staatsbürgerlicher Klugheit**. Diese Fiktion allein könnte das Recht zur Mehrheitsentscheidung legitimieren. Es kann durchaus behauptet werden, daß die Demokratie als System der Mehrheitsentscheidung ihre Rechtfertigung aus naturrechtlichen Vorstellungen beziehen kann, und daß anders Freiheit nicht garantiert bleibt[28], doch muß dann auch diese Auffassung in Kauf nehmen, daß ihre Prämisse, der hohe Wert naturrechtlich fundierter Freiheit, die **Herrschaft auch der Mittelmäßigkeit** oder gar der Dummheit **einzukalkulieren** hat. Mißtrauen in die Demokratie der Mehrheitsentscheidung steht auch dem Glauben daran nicht entgegen, daß sie noch die beste aller Mängel behafteten Staatssysteme ist[29]. **348**

---

27 S. hierzu vor allem *C. Schmitt*, Nationalsozialismus und Rechtsstaat, in: JW 1934, S. 713 ff.
28 Dazu *H. Steinberger*, Fn. 20; s. auch *P. Pernthaler*, Allgemeine Staatslehre und Verfassungslehre, 2. Aufl. 1996, S. 175, der die Rechtfertigung des Mehrheitsprinzips für selbstverständlich zu halten scheint.
29 So stellt auch *R. Herzog*, Allgemeine Staatslehre, 1971, S. 202 f., fest, daß das Ignorieren menschlicher Unzulänglichkeiten in der Demokratie auf einem „moralischen" Gebot beruht; eindrucksvoll zu diesen Fragen *J. H. Ely*, Democracy and Distrust. A Theory of Judicial Review, 1980.

§ 17 *Die Demokratie*

3. Die Ausgestaltungen der Demokratien

349 Im Folgenden geht es darum, die Unterscheidungen aufzuzeigen, die sich bei Betrachtung der verschiedenartig ausgestalteten, demokratischen Regierungssysteme ergeben. Die Unterscheidung zwischen **unmittelbarer und mittelbarer Demokratie** erscheint auf den ersten Blick für die heute bestehenden Staatsorganisationen unergiebig und in gewisser Weise überholt, weil eine **faktische** Unmittelbarkeit der Mitwirkung des Staatsvolkes an der Regierung, wie sie noch im Stadtstaat Genf z.Zt. Rousseau's möglich war, schon aus technischen und anderen sozialen Gegebenheiten ausgeschlossen erscheint. So ist die **Mittelbarkeit heute normal**. Doch ist es interessant zu sehen, wie immer wieder Versuche gemacht werden, wenigstens **Rudimente der Unmittelbarkeit** zu erhalten oder auch zu restaurieren. Das mag darauf beruhen, daß der Idealtyp der Volksherrschaft die Nähe des Bürgers zum Gemeinwesen als eines seiner wesentlichen Kriterien beinhaltet. Je entfernter der Bürger der Möglichkeit persönlicher Einflußnahme gehalten wird, desto schlechter das demokratische Gewissen des Demokratieidealisten. Aus diesen Gründen hat auch immer wieder der Ruf nach **Basisdemokratie** ein Echo dann gefunden, wenn vereinfachendes Denken sich gegen die Autorität des modernen Staates auflehnte. Aber auch die Entwicklung der Europäischen Gemeinschaft gehört zu diesen Denkmodellen, nämlich die Regionalisierungsbestrebungen und das Subsidiaritätsprinzip.

350 Es soll mit Hilfe rechtsvergleichender Betrachtungen gezeigt werden, mit welchen Mitteln Versuche gemacht wurden, die Mittelbarkeit zugunsten der Unmittelbarkeit doch in gewisser Weise abzuschwächen.

351 So enthalten manche Verfassungen den Grundsatz, daß die **Wahl der Abgeordneten unmittelbar** vorzunehmen sei, daß also die Stimmabgabe des Bürger bei der Wahl, deren Ergebnis für die Zusammensetzung des Parlaments entscheidet, nicht durch Zwischenschaltung weiterer Willensvermittler mediatisiert werden dürfe[30]. Die Interpreten der Verfassung der **USA** haben daher auch immer wieder Mühe aufwenden müssen, das dort bestehende Wahlsystem, in dem erst die gewählten Wahlmänner die endgültig entscheidenden Stimmen abgeben, demokratisch zu

352 rechtfertigen[31]. Auch **die Wahl des Staatsoberhauptes oder des Staatspräsidenten**, insbes. dann, wenn er über eine sog. Legalitätsreserve verfügt, wird z.T. durch Volksabstimmung vollzogen und nicht vom Parlament vorgenommen, offenbar weil so das Volk einen unmittelbaren Einfluß auf die Ernennung desjenigen Staatsorgans haben soll, das gegebenenfalls auch der Omnipotenz der Repräsentanten des Vol-

353 kes, dem Parlament Grenzen setzen könnte (z.B. USA, WRV, Frankreich)[32]. Die **Bedenken gegen zu viel Unmittelbarkeit** haben andererseits dieses System in der **Bundesrepublik Deutschland** gerade verhindert; sie beruhten auf der Furcht vor

---

30 So Art. 38 GG, wonach die Abgeordneten in „unmittelbarer" Wahl gewählt werden müssen.
31 S. Fn. 1; *W. M. Daniels* (Hrsg.), Presidential Election Reforms, 1953; zum System eingehend *R. Zippelius*, Allgemeine Staatslehre 14. Aufl. 2003, S. 448 ff.
32 Verfassung der USA, Art. II; WRV v. 11. 8. 1919, Art. 41; Verfassung Frankreichs v. 28. 9. 1958, Art. 6.

Demagogen und der Verführbarkeit des Volkes im Andenken an Adolf Hitler, haben aber ironischerweise so ein Staatsorgan zu bändigen versucht, das ohnehin von der Verfassung mit legalen Entscheidungsbefugnissen kaum ausgestattet ist[33]. Würde daher der Bundespräsident ernstlich einmal, zumindest politisch-moralisch, das Gewicht seines Amtes gegenüber anderen Staatsorganen zur Geltung bringen wollen, was allerdings ernsthaft bisher nicht versucht wurde, könnte er sich auf ein Mandat durch das Volk, im Gegensatz etwa zum Präsidenten Frankreichs, nicht berufen. Manche Staaten haben zwar als Regel die Repräsentation des Volkes durch das Parlament vorgesehen, aber daneben die Möglichkeit belassen, daß schwerwiegende Entscheidungen einem **Plebiszit** (Referendum, Volksbegehren, Volksentscheid) überantwortet werden können (z.B. die Schweiz, WRV, die deutschen Länder)[34]. 354

Eine weitere Möglichkeit, wenigstens bei einem der drei Staatsorgane (Legislative, Exekutive, Justiz) eine gewisse Unmittelbarkeit der Einflußnahme des Volkes zu gewährleisten, wird in manchen Staaten dadurch gefördert, daß **Richter durch Volkswahl** ihr Amt erhalten (z.B. Einzelstaaten der USA, Schweizer Kantone, ehem. Ostblockstaaten). Abgesehen davon, daß ein solches System die Unabhängigkeit der Richter auch dann beeinträchtigen kann, wenn die Abberufung nicht auf gleiche Weise möglich ist (z.B. USA und Schweiz im Gegensatz zu ehem. Ostblockstaaten), bleibt festzustellen, daß die richterliche Tätigkeit keine Rechtsgestaltung bedeutet, sondern Rechtsanwendung und also diese Unmittelbarkeit keine solche ist, die eine Partizipation des Volkes an politischen Entscheidungen bedeutet; Anders allerdings, wenn man der richterlichen Gewalt auch die Kompetenz zur Rechtsschöpfung zugesteht. Dort, wo hohen Gerichten eine direkte Einwirkung auf den Gesetzgeber zugestanden ist (z.B. Supreme Court der USA, Bundesverfassungsgericht der Bundesrepublik Deutschland und anderer Verfassungsgerichte) sind entweder die Richter vom Parlament eingesetzt oder gemeinsam von Legislative und Exekutive ernannt[35]. Andererseits ist erstaunlich wie wenig **Bedenken** gegen die **Rechtserzeugung durch sog. Richterrecht** geltend gemacht werden, denn dieses bedeutet letztlich eine doppelte Loslösung vom Volkswillen, nämlich zum einen durch Modifizierung des gesetzgeberischen Willens, zum anderen durch Rechtsetzung politisch nicht Verantwortlicher. Vor allem wird das bedeutungsvoll, wenn das Verfassungsgericht seine Befugnisse so deutet, daß es zwar verpflichtet sei, die Verfassung zu beachten, aber auch berechtigt, über positives und der Verfassung also übergeordnetes Recht festzustellen und anzuwenden. 355

Betrachtet man das bescheidene Ausmaß dieser **Reste von Unmittelbarkeit**, kann man feststellen, daß die **Mittelbarkeit**, die repräsentative Demokratie, den Normalfall bildet. Die nur mittelbare Mitwirkung des Volkes ist mit den Konzepten der **Repräsentation** und der **Identität** gerechtfertigt worden. Die Identität von Volk und 356

---

33 Dazu *K. Doehring* (Fn. 17), S. 152 f.; *W. Henke*, Die Bundesrepublik ohne Staatsoberhaupt, DVBl. 1966, S. 723 ff.
34 Schweizerische Bundesverfassung (Fn. 3); WRV (Fn. 4); z.B. Verfassung des Landes Baden-Württemberg v. 11. 11. 1953, Art. 60.
35 Verfassung der USA, Art. II, Sec. 2 (2); Art. 94 Abs. 1 GG; Verfassung Frankreichs v. 28. 9. 1958, Art. 56.

Parlament wird fingiert. Das Parlament „ist" das Volk im verfassungsrechtlichen Sinne. Bei Anwendung und Anerkennung dieser Fiktion kann es logisch einen **Gegensatz von Volkswillen zu Parlamentswillen** nicht geben. Sollte es hier – und das ist sicherlich im Laufe einer längeren Wahlperiode der Fall – dennoch faktische Unterschiede geben, sind sie doch unter Anerkennung der Fiktion der Identität rechtlich irrelevant; sie müssen unbeachtet bleiben, will das ganze System nicht seine Grundlage aufheben. Diese **Identität von Volk und Parlament** wird durch die **Repräsentation** hergestellt. Das bedeutet nicht etwa, daß das Volk vom Parlament vertreten wird, sondern es wird durch das Parlament repräsentiert, d.h. im rein geistigen Sinne mit ihm identifiziert und sichtbar gemacht. Repräsentation in diesem Sinne bedeutet, „ein unsichtbares Sein durch ein öffentlich anwesendes Sein sichtbar und gegenständlich zu machen", wie es Carl Schmitt einmal formuliert hat[36]. Dieser rein geistige Vorgang ist auch mit dem Ritual des christlichen Abendmahls verglichen worden, bei dem Brot und Wein nicht Leib und Blut Christi ersetzen, sondern mit diesen identisch sind, bzw. als identisch fingiert werden. Repräsentation bedeutet also nicht die Anerkennung eines Dualismus von Volk und Parlament, sondern gerade das Gegenteil, den Monismus oder die Identität.

357 Die Gründe, warum man sich dieser Fiktion bedient hat und noch bedient, sind vielfältig. So ist gesagt worden, das Ziel der **Feststellung der volonté générale**, des Allgemeinwillens des Volkes im Gegensatz zur volonté de tous, dem Willen aller einzelnen Bürger, könne **nur durch Repräsentation** dieser Art erreicht werden, ebenso wie ihre Aktivierung zu konkretem Handeln[37]. Die Repräsentation sei eine Verfeinerung des Volkswillens, eine Läuterung, eine Entemotionalisierung. In diesem Sinne wird dann auch geltend gemacht, daß es sich um eine Fiktion gar nicht handele, weil es gar keine andere Möglichkeit gebe, die volonté générale zu erzeugen, denn die volonté de tous sei nicht konkretisierbar, sondern ihre Verwandlung in die volonté générale der einzige Weg, den Allgemeinwillen essentiell auf eine faßbare Aussage zu reduzieren.

358 Macht man mit diesem Gedanken der Identität, hergestellt durch Repräsentation, ernst, ergeben sich beachtliche Rechtsfolgen. Die wichtigste Konsequenz liegt in der **Anerkennung des sog. freien Mandats**. Die **Abgeordneten des Parlaments können** – aus Gründen der Logik – gar keine **Weisungen der Wähler** entgegen nehmen, denn sie sind mit diesen identisch, und zum Begriff der Weisung gehört das Vorhandensein von Auftraggeber und Auftragnehmer, also ein Dualismus, der gerade geleugnet wird. Wenn daher die Verfassung einer repräsentativen Demokratie ausdrücklich bestimmt, daß Abgeordnete an Weisungen nicht gebunden und Vertreter des ganzen Volkes sind[38], liegt hierin genau genommen eine zweifach unnötige,

---

36 *C. Schmitt*, Verfassungslehre 1928, Neudruck 1957, S. 209; zum Begriffspaar von Repräsentation und Identität *W. Mantel*, Repräsentation und Identität, 1975, insbes. S. 121–188.
37 *E. W. Böckenförde*, Mittelbare/Repräsentative Demokratie als eigentliche Form der Demokratie, in: Staatsposition und Staatsfunktion im Wandel, Festgabe für K. Eichenberger, 1982, S. 301 ff.; Bedenken gegen eine zu strikte Auffassung bei *K. Doehring*, Repräsentative Demokratie im Zwielicht, in: FS f. Günther Jaenicke, 1998, S. 917 ff.
38 Art. 38, Abs. 1, S. 2 GG.

bzw. falsche Aussage. An Weisungen können sie nicht gebunden sein, weil der sie voraussetzende Dualismus hinwegfingiert ist, und Vertreter des Volkes können sie aus den gleichen Gründen nicht sein; die Fiktion lautet eben, daß sie das Volk sind. Wie schwer diese Fiktion aufrechterhalten werden kann, ist ebenfalls evident. Die Politiker berufen sich als Abgeordnete immer wieder auf einen **Wählerauftrag**, den es aber bei Identität von Abgeordneten und Wahlvolk gar nicht geben kann. Die **Demoskopen** stellen den **wahren Willen** des Volkes fest, obwohl – nach der Prämisse des Systems – dieser nur identisch sein kann mit dem Willen des Parlaments. Daher gibt es auch Rechtsordnungen, die zumindest in der Zeit vor einer Wahl die Veröffentlichung von Ergebnissen der Demoskopie untersagt haben[39]. Auch gibt es Andeutungen, das System des freien Mandats sei doch auch Einschränkungen zugänglich[40], und jede Fiktion steht natürlich immer im Spannungsverhältnis mit der Realität, sonst bedürfte man ihrer nicht. Dennoch – sieht man ab vom Sowjetsystem, in dem das freie Mandat immer abgelehnt wurde – hat sie den Fakten bisher standgehalten; so kann eine liberale, repräsentative Demokratie den **Fraktionszwang**, die Verbindlichmachung also der Stimmabgabe der Abgeordneten einer Fraktion, zwar faktisch nicht verhindern, aber seine Durchsetzung mit Rechtsmitteln kann sie auch nicht zulassen. Der Grundsatz des freien Mandats gilt in allen repräsentativen Demokratien der westlichen Staatenwelt, und es ist unter ihnen kein System bekannt, das die Durchsetzung eines Wählerauftrages oder eines Fraktionszwanges mit Rechtsmitteln gegen den Abgeordneten zulassen würde, während häufig, wie etwa in der Bundesrepublik Deutschland, den Abgeordneten Rechtsmittel zur Verfügung stehen, ihre Freiheit zu eigener Entscheidung zu verteidigen[41].

Sicherlich steht dieses System des freien Mandats immer wieder auch im **Spannungsverhältnis mit der Institution politischer Parteien**, weil diese eine gewisse Parteidisziplin fordern[42], was zu einem verfassungsrechtlich unvertretbaren Zustand führt, wenn Fraktionsvorstände erklären, in einem bestimmten Fall werde die Abstimmung „freigegeben". Diese Spannung kommt dann in ein kritisches Stadium, wenn die Verfassung neben der Freiheit der Abgeordneten auch den Bestand der politischen Parteien und ihr **Recht garantiert**, an der **Staatsgestaltung teilzunehmen**[43]. Der verfassungsrechtliche Status politischer Parteien wird noch gesondert betrachtet, doch ist schon im hier gegebenen Zusammenhang ein Hinweis angebracht. Bisher wurden, grob gesehen **drei Systeme** praktiziert: Mehrere Parteien, aber keine unmittelbare, legale Verbindung zum Parlament (z.B. USA, WRV); mehrere Parteien, deren Mitwirkung an der Willensbildung im Volk und im Parlament

---

39 A. *Lazareff*, Le droit des sondages politiques, 1984.
40 Zum Spannungsverhältnis von Freiheit und Gebundenheit des Mandats R. *Zippelius* (Fn. 31), S. 219 ff.
41 So schon BVerfG v. 7. 3. 1955, BVerfG 2, S. 143, zuletzt BVerfG v. 16. 2. 1983, BVerfGE 62, S. 1 (31 ff.); s. auch BVerfGE 84, S. 304 (322) und 90, S. 286 (342).
42 Zur Parteidisziplin K. *Doehring* (Fn. 17), S. 202 f.; BVerfG v. 14. 7. 1959, BVerfGE 10, S. 4 (14); zur „Freigabe" der Abstimmung s. die bedenklichen Äußerungen politischer Funktionäre in FAZ v. 5. 11. 1997 u. 18. 11. 1997, eine evident rechtswidrige Aufforderung, die sich ständig wiederholt.
43 Art. 21, Abs. 1 GG; zum Verfassungsauftrag BVerfG v. 17. 10. 1968, BVerfGE 24, S. 260 ff.

§ 17 *Die Demokratie*

von der Verfassung ausdrücklich vorgezeichnet ist (z.B. Bundesrepublik Deutschland); Einparteiensystem, das in der Verfassung ausdrücklich vorgesehen ist (z.B. bis vor kurzem UdSSR). Im **ersten** Fall ist ein **Fraktionszwang rechtlich ausgeschlossen**, das Mandat frei und eine nachhaltige Einflußnahme auf die Stimmabgabe des Abgeordneten im Zweifel verfassungswidrig. Im **zweiten** Fall ist **Fraktionszwang ebenfalls illegal**, aber **Parteidisziplin** wird toleriert, so daß Parteiausschluß, allerdings ohne Mandatsverlust, bei wesentlicher Abweichung von der Parteilinie

362 als gerechtfertigt gilt. Im **dritten** Fall ist der **Fraktionszwang selbstverständlich**, denn es besteht gerade kein freies, sondern ein imperatives Mandat. Es sei noch bemerkt, daß im Grunde ein Verfassungssystem, das die politischen Parteien als an der Willensbildung des Staates beteiligt erklärt, im **Widerspruch zu dem Prinzip der Repräsentation** steht, denn die Vermittlung des Volkswillens (volonté de tous) durch Parteien läßt mehrere Willensgruppen unter der Möglichkeit ihrer Modifizierung durch Parteibeschlüsse entstehen, wodurch die ideelle Herstellung nur einer volonté générale behindert ist. Nur ein System, das Parlament und Parteien vonein-

363 ander scheidet, so daß die Parteizugehörigkeit des Abgeordneten – zumindest theoretisch – irrelevant ist, läßt Repräsentation und Identität von Volk und Parlament unberührt. Wie häufig, war hier die Praxis stärker als die Theorie, aber sie war auch nicht konsequent. Wenn nämlich eine Verfassung zu ihrem Prinzip erklärt, daß Parteien den Volkswillen vermitteln sollen[44], müßte es auch einen **Anspruch** des Staatsbürgers darauf geben, in eine **Partei aufgenommen** zu werden. Gäbe es aber diesen Anspruch, würden wiederum die Parteien ihre wesentliche politische Funktion einbüßen, nämlich eine feste Gesinnungsgemeinschaft bilden zu können und dadurch zu einer gewissen Stabilität des Regierungssystems beizutragen. Wenn nur eine Partei existiert, wie lange Zeit im Sowjetsystem, müßte das Recht ihr anzugehören eine Selbstverständlichkeit sein, da anders eine politische Mitwirkung des Bürgers gar nicht möglich ist. Ein solches Recht auf Parteimitgliedschaft besteht aber in keinem der bisherigen Systeme, dagegen meist das **Recht der Partei zum**

364 **Ausschluß von Mitgliedern**[45]. Wegen dieser Ungereimtheiten erschien das System der Weimarer Reichsverfassung von 1919 angemessener, nämlich die **Parteien** als rein **gesellschaftliche**, mit der Staatsorganisation nicht verknüpfte Gebilde zu behandeln. Auch in einem Verein des bürgerlichen Rechts oder in einer Religionsgemeinschaft kann sich politischer Wille bilden, aber der Verein kann nicht Mitwirkungsrecht an der Staatsgestaltung beanspruchen; der Ausschluß eines Mitgliedes bedeutet daher nicht die Entfernung eines Unliebsamen von der Mitwirkung im Staat. Wenn, wie in der Bundesrepublik, die **Wahlkosten** der legalisierten Parteien vom **Steuerzahler** getragen werden, dieser dann keine Partei findet, die ihn aufnimmt und er auch keinen Anspruch darauf hat, daß der Staat ihm finanziell hilft, selbst eine Partei zu gründen, entstehen berechtigte Bedenken dagegen, daß die Verfassung in dieser Art die politischen Parteien verfassungsrechtlich privilegiert. Die **Grundgedanken von Repräsentation und Identität** werden jedenfalls durch die

---

44 *K. Stern*, Das Staatsrecht der Bundesrepublik Deutschland, Bd. I, 2. Aufl. 1984, S. 439 ff.; zu den Aufgaben der politischen Parteien s. *J. Ipsen*, in: Grundgesetz, Kommentar (Hrsg. M. Sachs, Fn. 17), Rdn. 5 ff. zu Art. 21 GG.
45 Gesetz über die politischen Parteien i.d.F. v. 3. 3. 1989 (BGBl. I, 1989, S. 327), § 10 Abs. 4.

sog. **Parteiendemokratie verfälscht**. Niemand ist gehindert, sie aufzugeben, aber man kann mit ihnen so nicht konsequent argumentieren.

Wie **schwierig** es ist, das Prinzip der **Repräsentation mit einer legalisierten Parteiendemokratie in Übereinstimmung** zu bringen, insbes. die Unabhängigkeit des Abgeordneten auch dann als Verfassungsgrundsatz aufrechtzuerhalten, wenn gleichzeitig den politischen Parteien ein Mitwirkungsrecht an der Staatswillensbildung von der Verfassung garantiert wird, zeigt auch die folgende Betrachtung. Das Grundgesetz der Bundesrepublik hat in seinem Art. 21 bestimmt, daß die **Parteien** bei ihrer inneren Ausgestaltung und Organisation **demokratischen Grundsätzen** zu folgen haben. Dieser Vorschrift liegt der Gedanke zugrunde, daß politische Organisationen, denen der Verfassungsauftrag erteilt wird, an der Zusammensetzung des demokratischen Parlaments mitzuwirken, auch selbst den entsprechenden Erfordernissen genügen sollten. Einer der wesentlichsten Grundsätze der Demokratie des Grundgesetzes und aller westlich-liberalen Demokratien – im Gegensatz zum kommunistischen System – besteht nur darin, daß eine **Opposition zulässig sein muß**[46], und daß diese die Chance haben muß, die Regierung zu übernehmen, wenn sie genügend Stimmen erhält. Wenn also bestimmt ist, daß eine Partei „demokratischen" Grundsätzen zu folgen hat, müßte sie gezwungen sein, eine **innerparteiliche Opposition zuzulassen**.

365

Würde das wirklich von der Verfassung verlangt, verlöre die Partei gerade dasjenige Charakteristikum, wegen dessen man sie meint, verfassungsrechtlich privilegieren zu müssen, nämlich die Fähigkeit, einen geschlossenen politischen Gesinnungsblock zu bilden. Gerade damit die Parteien ihre Aufgabe erfüllen können, durch ihre Geschlossenheit dazu beizutragen, eine **stabile Regierung** zu bilden, hatte man ihnen einen besonderen und verfassungsrechtlich geschützten Status zugebilligt. Würde man sie zwingen, eine Opposition in ihren eigenen Reihen zuzulassen, würde man sie also zur Demokratie des Grundgesetzes zwingen, würden sie ihren Sinn verlieren. Sie sollen also gar nicht „demokratisch" in diesem Sinne sein. So zwingt eine Verfassung – noch dazu durch irreführende Formulierung – zu einer politischen Blockbildung, die ohne Frage die Freiheit des Abgeordneten verringert, denn es ist unter diesem System durchaus nicht sicher, daß die Verfassung die **Gewissensfreiheit des Abgeordneten** und evtl. seine Freiheit zum sog. cross-voting noch als ein **schutzwürdiges Gut** der repräsentativen Demokratie qualifiziert. Ist nun derjenige Abgeordnete der Idealtyp, der einer Parteidisziplin folgt? Oder der Abgeordnete, der seine Gewissensfreiheit ernst nimmt? Wenn die „Demokratie" der Parteien eine solche ist, die eine innerparteiliche Opposition nicht zulassen muß, weil man sie, die Partei, im Verfassungsleben sonst gar nicht brauchte, liegt die Annahme nahe, daß der **parteigebundene Abgeordnete auch im Parlament keine Opposition** gegen seine Partei betreiben sollte. Wenn das richtig ist, kann der Satz der Verfassung, „der Abgeordnete ist Vertreter des ganzen Volkes, an keine Weisungen gebunden und nur seinem Gewissen unterworfen" nur noch als Reminiszenz, als inhaltlose Übernahme einer deklamatorischen Tradition verstanden werden. Es geht dabei auch nicht

366

---

46 Zum Recht der Opposition BVerfG v. 23. 10. 1952, BVerfGE 2, S. 1 ff.; BVerfG v. 17. 8. 1956, BVerfGE 5, S. 85 ff.

§ 17 *Die Demokratie*

etwa nur darum, welches Verhalten mit Rechtssätzen durchsetzbar wäre, sondern um die Ethik des Abgeordneten, um seine **politische Moral**, um die man doch in anderen Beziehungen so besorgt ist, was ein Blick in die vom Parlament selbst festgelegten **Verhaltensregel** bestätigt[47].

367 Ist es wirklich **wichtiger**, den Abgeordneten zur **Offenlegung seiner Vermögenslage** zu zwingen, als ihm klar zu sagen, ob nun **Parteidisziplin oder Gewissensfreiheit Vorrang** haben soll? Auch der Wähler sollte wissen, ob er letztlich selbstverantwortliche Persönlichkeiten wählt, oder mit seiner Stimme einer Partei und ihren Kollektivbeschlüssen die Verantwortung überträgt. Hiermit sollte wiederum keine Systemwertung vorgenommen, sondern nur daran erinnert werden, daß Systemklarheit der Rechtssicherheit dient, deren Bestand unverzichtbar ist, wenn man ein government of law als Grundlage der Demokratie wünscht.

4. Wahlsysteme

368 Wenn, wie gezeigt, in den westlich-liberalen Demokratien im Laufe der Entwicklung die Grenze zwischen einerseits der **Repräsentationskonzeption** mit ihrem Ergebnis der Identität von Volk und Parlament und andererseits der mehr oder weniger rechtlich und faktisch vollzogenen Hinnahme der **Parteiendemokratie** unscharf geworden ist, drängt sich die Frage auf, wie denn die verschiedenen Wahlsysteme sich hierzu verhalten. Im wesentlichen geht es um zwei Systeme, die auch kumuliert worden sind[48].

369 Das sog. **Mehrheitswahlrecht**, in reiner Form in Großbritannien durchgeführt, wenn man von der Besonderheit der Europawahlen absieht, sieht die Einteilung des Staates in Wahlkreise vor, in denen letztlich nur jeweils ein Kandidat die Wahl gewinnen kann, auch wenn er nicht die Stimmen der Mehrheit der Bürger erhalten hat, aber doch mehr erhielt als jeweils die einzelnen Gegenkandidaten. So kann z.B. ein Kandidat gewinnen, der 40% der Stimmen auf sich vereinigt, während zwei andere Kandidaten jeweils nur 30% erhielten. Man bezeichnet das als das „relative" Mehrheitswahlrecht. Im **Extremfall** kann das bedeuten, daß das Parlament dann aus Abgeordneten besteht, von denen **keiner die absolute Mehrheit** der Stimmen in seinem Wahlkreis errang und so die absolute Mehrheit der Wähler seines Wahlkreises nicht repräsentiert; im Extremfall sind dann mehr als 50 % der Staatsbürger gänzlich ohne Repräsentation.

370 Das sog. **Verhältniswahlrecht**, in reiner Form praktiziert unter der Geltung der Weimarer Reichsverfassung von 1919[49], kann zu einem solchen und in gewisser Weise fragwürdigen Ergebnis nicht gelangen. Die Parteien stellen Kandidatenlisten auf, und der Bürger kann nur eine Liste, d.h. eine Partei wählen. Das Ergebnis gibt

---

47 *U. Schlosser*, Die Verhaltensregeln für die Mitglieder des Deutschen Bundestages vom 25. 6. 1980 (Anlage 1, Gesch OBT), Diss. Heidelberg 1985; zu den Pflichten des Abgeordneten *S. Magiera*, in: Grundgesetz, Kommentar (Hrsg. M. Sachs, Fn. 17), zu Art. 31, Rdn. 70 ff.
48 *G. Brunner*, Vergleichende Regierungslehre, Bd. 1, 1979, S. 206 ff. über Wahlsysteme.
49 Die WRV v. 11. 8. 1919 enthielt in Art. 22 die verfassungsmäßige Verbürgung des Verhältniswahlrechts.

also das genaue Verhältnis wieder, in dem die Staatsbürger sich für die Parteien entschieden haben. Jede Partei entsendet dann so viel Abgeordnete in das Parlament, wie ihre Partizipation an den Stimmen aller Staatsbürger es ergeben hat; die Mehrheiten spiegeln sich klar wieder, und **Stimmen können nicht verlorengehen**, wie das bei Anwendung des Mehrheitswahlrechts der Fall ist. Der sog. **Zählwert** und der **Erfolgswert** der Stimmen sind identisch. Der Fall, daß das Parlament nicht die Mehrheitsverhältnisse im Volk proportional wiedergibt, ist ausgeschlossen.

Die Konsequenzen dieser verschiedenen Systeme im Hinblick auf Repräsentation und Identität sind beachtlich. Das **Mehrheitswahlsystem** bedarf nicht des Bestandes von **politischen Parteien**, da im Wahlkreis auch ein von Parteien völlig unabhängiger Kandidat eine Chance hat. Der persönlich gewählte Abgeordnete – man spricht daher auch von Persönlichkeitswahl – repräsentiert ganz unmittelbar das Volk und nicht eine Partei, aber alle Abgeordneten zusammen repräsentieren dennoch nicht das Gesamtvolk, weil Teile dieses Volkes notwendig unrepräsentiert bleiben; die **Stimmabgabe** für einen dann **nicht gewählten Kandidaten** war völlig erfolglos. So besteht bei diesem System eine in gewisser Weise hinkende Repräsentation des Volkes. Bei Anwendung des **Verhältniswahlrechts** dagegen ist das **ganze Volk repräsentiert**, zwar nicht durch speziell gewählte Abgeordnete, aber doch durch Parteien, denn nur diese werden gewählt; wer Abgeordneter ist, bestimmt die Partei und nicht der Wähler, und diese Anonymisierung hat zur Folge, daß letztlich nicht das Volk im Parlament repräsentiert wird, sondern die **Parteien**. 371

So zeigt sich, daß **keines der Wahlsysteme dem Idealtyp** der repräsentativen, die Identität von Volk und Parlament fordernden Demokratie entspricht. Das **Wahlrecht der Bundesrepublik Deutschland** hat hier einen **Ausgleich** versucht[50]. Diejenigen Abgeordneten, die direkt im Wahlkreis gewählt werden, erhalten auch bei einer relativen Stimmenmehrheit ein Mandat (sog. Erststimme); daneben können Parteien gewählt werden (sog. Zweitstimme), deren proportionaler Anteil an den Gesamtstimmen im Volk dann die Zusammensetzung des Parlaments nach politischer Zugehörigkeit bestimmt. So ist es auch denkbar, daß unabhängige Abgeordnete gewählt werden, d.h. solche, die keiner politischen Partei angehören. Werden mehr Parteimitglieder durch Persönlichkeitswahl im Wahlkreis (Erststimme) gewählt als der Partei zahlenmäßig aufgrund der Parteienwahl (Zweitstimme) zukommt, wird ein Ausgleich zugunsten der Parteien geschaffen, die zahlenmäßig viele Stimmen, aber wenig Wahlkreise durch Direktmandate erobert (sog. Überhangmandate). Man versucht hier also, die Nach- und Vorteile der beiden Wahlsysteme im Hinblick gerade auf die Repräsentation des Volkes im Parlament auszugleichen. 372

Wieder zeigt sich, daß die reale Konstruktion von Verfassungen, ihre rechtliche Ausgestaltung, zwar – positiv – ein Ideal anstrebt, daß aber – negativ – die Einkalkulierung menschlicher Schwächen zumindest das gleiche Gewicht erhalten hat und wohl auch erhalten muß. Das erweist auch die folgende Überlegung. Könnte man sich darauf verlassen, daß der einmal **gewählte Abgeordnete** nicht nur die **Interes-** 373

---

50 Bundeswahlgesetz der Bundesrepublik Deutschland i.d.F. v. 1. 9. 1975 (BGBl. 1975 I, S. 2325).

sen seiner Wähler vertritt, sondern sich immer auch **republikanisch-moralisch** verpflichtet fühlt, auch **Minderheiten**, die ihn nicht gewählt haben, zu schützen[51] und sich auch für deren Interessen nach objektiver Abwägung einzusetzen, mit anderen Worten sich wahrhaft als **Vertreter des ganzen Volkes** zu sehen und nicht als Vertreter nur seiner Partei oder seines Wahlkreises, dann wäre es nahezu gleichgültig, welchem Wahlsystem man folgt. Dieses Ideal aber, das eigentlich allein den Gedanken der **Repräsentation**, der **Identität** und letztlich der **Republik** trägt, wird kaum angestrebt.

374 Das zeigt sich politisch-atmosphärisch in vieler Hinsicht, wofür Hinweise schon gegeben wurden; cross-voting ist den Parteien suspekt, und Verrat an der Partei wird wie Landesverrat bewertet; so sind auch Aussprüche von Parteipolitikern bekannt, wie etwa: „wo die Partei mich braucht, werde ich tätig werden" – nicht aber, was sinnvoller wäre – wo der „Staat meiner bedarf" werde ich tätig sein. **Abgeordnetenbeeinflussung** durch **Vorteilsangebote** werden eher **politisch** gewertet als **rechtlich**, und die immer wieder zu hörende Äußerung von parlamentarischen Fraktionsvorständen, die Stimmabgabe sei in einem bestimmten Fall – ausnahmsweise – freigegeben, erweist das Gleiche, denn sie könnte – nicht einmal ausnahmsweise – de lege gar nicht gebunden werden, solange man am Rechtsinstitut des **freien Mandats** festhält. Ein System, das auf die Repräsentation verzichtet, hätte es einfacher, aber man würde doch zögern, es noch, auch bei aller Unschärfe der Terminologie, als Demokratie zu bezeichnen, jedenfalls im Sinne westlich-liberaler Tradition. Besser erscheint es wohl, die Parteidisziplin weniger zu betonen, wie die angloamerikanische Praxis es zuläßt[52], den Parteien weniger Macht zuzugestehen, sie nicht als Verfassungsbestandteile zu legalisieren und so dem Repräsentationsgedanken wieder näher zu kommen; in gleichem Maße wie man sich von ihm abwendet, stärkt man den **Staat der Funktionäre**, wie das Beispiel der kommunistischen Staaten zeigte.

5. Strukturen politischer Parteien

375 Parteien in einem untechnischen, allgemeinen Sinne sind sicherlich so alt wie politische Gemeinwesen es sind. **Gruppenbildungen** an Fürstenhöfen haben **Interessendurchsetzung** versucht, und das Gleiche galt in Republiken. Eine andere Frage ist es, wann solche Gruppen zur Institutionalisierung gelangten, und dabei handelt es sich wohl um eine Erscheinungsform des Parlamentarismus, denn die im Raume der Gesellschaft sich bildenden Parteien hatten nun ein spezielles Machtziel, nämlich die Fraktionsbildung in der gesetzgebenden Körperschaft, sei es zur Unterstützung der amtierenden Regierung, oder zur Ausnutzung der Chance, die Regierung abzulösen.

---

51 *I. Isensee*, Mehrheitswille und Minderheit im demokratischen Verfassungsstaat, in: A. Rauscher (Hrsg.), Mehrheitsprinzip und Minderheitenrecht, 1988, S. 109 ff.; *J. H. Ely*, Democracy and Distrust, 1980, S. 135 ff.
52 Zum amerikanischen Parteiensystem *H. Mewes*, Einführung in das politische System der USA, 1986, S. 127 ff.; *K. Loewenstein*, Verfassungslehre, 1957, S. 104 ff.

Welche **inhaltlichen Ziele** die Parteien vertreten haben und noch vertreten, ist in 376
Kategorien nicht erfaßbar. Abgesehen davon, daß jede Partei die Mehrheit mit der
Behauptung erlangen will, daß ihre Ziele die **größtmögliche Wohlfahrt** der Staatsbürger verbürgen würden, bleibt doch immer die Frage, **worin** diese Wohlfahrt besteht. Dabei mischen sich **materielle** Werte mit **ideologischen**. Selten haben Parteien sich als reine Kampfgruppen nur zur Machterlangung begriffen, wie es auch selten wäre, daß ein Fürst oder Diktator nicht behaupten würde, er wolle die Macht nur zum Wohle der Beherrschten. So werden die Akzente bei der Selbstdarstellung auch und manchmal überwiegend der Ideenwelt entnommen. Eine Partei kann das Nationalbewußtsein betonen, oder sie kann den Internationalismus für wertvoller erklären; sie kann sich christlich darstellen oder auch betont areligiös und damit besonders tolerant; sie kann sich der Arbeiterschaft annehmen, um deren angebliche oder auch bestehende Unterprivilegierung einer gerechten Lösung zugänglich zu machen, und sie kann die sog. Kapitalisten fördern, weil nur so das Niveau der Allgemeinheit gehoben werden kann. Pflege der Tradition kann ebenso Inhalt des Parteiprogramms sein wie Progression und Evolution um ihrer selbst willen. Die Überführung der meisten Staatsordnungen der Welt von der Einherrschaft zu irgendeiner Art der Demokratie scheint dazu geführt zu haben, daß überwiegend sog. **konservative** Parteien den sog. **sozialistischen** oder Arbeiterparteien gegenüberstehen, wenn man von dem Beispiel der USA absieht.

Auf eines ist aber in aller Deutlichkeit aufmerksam zu machen. **Ideelle Ziele** werden durchaus eingeschränkt oder gar aufgegeben, wenn sie nicht mehr die Machterhaltung oder Machterringung verbürgen; sie sind offenbar im politischen Kampf durchaus **nicht unverbrüchlich**, auch wenn sie oft so dargestellt werden. Arbeiterparteien können bürgerlich werden und feudalistische oder sog. konservative Parteien können sich volksnahe darstellen, wenn es um die Erhaltung oder Herstellung der Majorität geht. Die **Rechtfertigung** für diese als inkonsequent beurteilbare Haltung ist dann die Feststellung, daß es immer noch besser sei, ein **halbes Ideal** zu bewahren als es völlig untergehen zu lassen. Eine monarchistische Partei, die keinen König mehr inthronisieren kann, möchte wenigstens den Staatspräsidenten mit den Attributen eines Ersatzmonarchen ausstatten[53], und eine sozialistische Partei, die den Gleichheitssatz nicht voll verwirklichen kann, möchte wenigstens die Gewerkschaften so reich machen wie die Unternehmer. Ideale, die nur von Minderheiten vertreten werden, grenzen sich selbst aus, oder es wird versucht, ihnen partielle Geltung in Koalitionen zu verschaffen. Jedenfalls scheint es eine wirkliche **Seltenheit** zu sein, daß eine **politische Partei eher auf die Machtchance verzichtet als auf ihre Ideale**. Auch kann eine solche Alternative zur Spaltung einer politischen Partei führen. 377

In dieser Lage ist es nicht immer leicht, die **Parteidisziplin** aufrechtzuerhalten. Am 378
wenigsten bedürfen wohl die beiden Parteien der USA einer solchen, da gerade sie

---

53 Hierauf u.a. mögen die erfolgreichen Kandidaturen des Feldmarschalls v. Hindenburg zum Reichspräsidenten beruht haben; auch *H. Mewes* (Fn. 52), S. 140, weist darauf hin, daß die amerikanischen Präsidentenwahlen immer mehr zur Wahl eines „überparteilichen Wahlmonarchen" werden.

§ 17 *Die Demokratie*

am wenigsten durch gegensätzliche Ideale getrennt sind[54]. Im Gegenteil verbindet sie die Gemeinsamkeit, sich von Idealen bestimmter Art – etwa dem Grundsatz des cuius regio eius religio – gelöst und diese durch ein auch für das heutige europäische Denken extremes individuelles Freiheitsideal ersetzt zu haben.

379 Während so in den USA die Parteien auch nur lockere Gemeinschaften bilden, denen es offenbar nur darauf ankommt, ihre ihnen als besser geeignet erscheinende Mannschaft an die Regierung zu bringen, steht es schon anders in **Großbritannien**. Dort ist die ideologische Verbindung noch vorhanden, weswegen auch die Parteidisziplin bei den Konservativen und der Labourpartei im wesentlichen gewahrt wird[55]. Während in den USA die Freiheit des Abgeordneten, trotz formeller Bindung im Parteistatut etwa der Demokraten, durchaus toleriert wird, spielen sog. Einpeitscher (Whips) im Unterhaus eine beachtliche Rolle[56]. Zwar hat nur die Arbeiterpartei eine Solidaritätsverpflichtung in ihre Statuten aufgenommen, und der Abgeordnete wird, wie auch in den USA, von einer Verpflichtung zur Parteitreue als entbunden angesehen, wenn er seinem Gewissen folgt, aber ein cross-voting wird

380 doch eher als suspekt angesehen als das in den USA der Fall ist und findet auch seltener statt. Recht anders steht es in **kontinental-europäischen Staaten**. Die Organisationen der Parteien sind straffer. Zwar gibt es keinen Fraktionszwang im rechtlichen Sinne, aber eine politisch-moralisch aufgefaßte Parteidisziplin, die stärker sein kann als ein formeller Zwang. Die Blöcke sind festgefügt, und das bundesdeutsche Parteiengesetz z.B. geht auch davon aus, wenn es fordert, daß die Partei ein Programm präsentieren muß um als solche tätig werden zu können[57], d.h. diejenigen Privilegien erhalten zu können, die nur Parteien und nicht privatrechtlichen Vereinen zugebilligt werden, u.a. die Vorzugstellung, daß Parteien nur durch das Bundesverfassungsgericht verboten werden können.

381 Auf den ersten Blick könnte es befremdlich erscheinen, wenn eine freiheitlich-liberale Demokratie das **Verbot politischer Parteien** für zulässig und gegebenenfalls auch für geboten erklärt, wie das in der Bundesrepublik Deutschland der Fall ist[58]. Doch liegt hierin **kein Widerspruch zum Freiheits- und Gleichheitsprinzip**, wie es diese Demokratien als ihre Grundlagen erklären, sondern im Gegenteil ein besonderer Schutz ihres Systems. Das ergibt sich aus den folgenden Erwägungen. Werden von einer Verfassungsrechtsordnung den politischen Parteien **besondere Privilegien** eingeräumt[59], weil die Verfassung ihre Mitwirkung an der Staatswillensbil-

---

54 *H. Mewes* (Fn. 52), S. 142, meint feststellen zu können, daß die Parteiprogramme (party-platform) nach der Wahl in der Alltagspolitik fast keine Rolle mehr spielen.
55 *K. Loewenstein* (Fn. 52), S. 108; s. auch *P. E. Quint*, Gewaltenteilung und Verfassungsauslegung in den USA, DÖV 1987, S. 568 ff.; *W. J. Keefe*, Parties, Politics and Public Policy in America, 6. Aufl. 1999.
56 *K. Loewenstein* (Fn. 52), S. 108.
57 So fordert das Parteiengesetz (Fn. 45) im § 6, Abs. 1, daß die Partei ein „schriftliches Programm" haben müsse; zum Begriff der politischen Parteien nach der deutschen Verfassung *J. Ipsen* (Fn. 44), zu Art. 21, Rdn. 15 ff.
58 Art. 21, Abs. 2 GG, wonach die Parteien, die darauf ausgehen, die freiheitliche demokratische Grundordnung zu beseitigen, „verfassungswidrig" sind.
59 Zum Folgenden *K. Doehring* (Fn. 17), S. 140 ff.

dung zu einem Verfassungsauftrag erklärt, würden sie ihr eigenes System gefährden, wenn die **mißbräuchliche Ausnützung** dieser Vorrechte unkontrolliert und ohne Rechtsfolgen bliebe. Solche Privilegien können darin bestehen, daß eine Partei nicht wie ein privater Verein wegen rechtswidriger Betätigung von der Exekutive aufgelöst werden kann, etwa wegen Verstoßes gegen Strafgesetze, sondern eine solche Entscheidung dem **Verfassungsgericht** vorbehalten bleibt[60]. Die Privilegien können darin bestehen, daß der Staat finanziell Unterstützung leisten muß, etwa bei der **Erstattung von Wahlkampfkosten**[61], daß die Verwaltung, etwa bei Auskunftserteilung, die Parteien besonders informiert, oder daß die Massenmedien verpflichtet sind, Parteien bevorzugt die Möglichkeit zu geben, die Bevölkerung über ihre Ziele zu informieren. Benutzt dann eine Partei diese **Vorzugsstellung um gegen die Rechtsordnung** zu kämpfen, die ihr diese Rechte gerade garantiert, würde ohne die rechtliche Zulässigkeit eines Verbotes einer solchen Partei die Verfassung eine besondere Handhabung zur **Selbstzerstörung** liefern. So **entsprechen sich Privilegierung und Verbotsmöglichkeiten**.

Dabei geht die Rechtsordnung der Bundesrepublik Deutschland äußerst zurückhaltend mit dem Abwehrmittel des Parteiverbotes um. Zum einen ist nach Auffassung des Bundesverfassungsgerichts die Regierung auch dann nicht verpflichtet, einen Verbotsantrag zu stellen, wenn die Fakten eindeutig ergeben, daß eine Partei mit allen ihr zur Verfügung stehenden Mitteln die freiheitliche Grundordnung zu einer unfreiheitlichen verändern will[62]; der Regierung wird hier ein **Ermessensspielraum** zugebilligt obwohl die Verfassung das Vorhandensein eines solchen gar nicht erkennen läßt. Zum anderen wird ein Verbot vom Verfassungsgericht nicht schon ausgesprochen, wenn die Partei offen das freiheitliche, parlamentarische System ablehnt und erklärt, sie werde den Parlamentarismus dazu benutzen ihn zu beseitigen, sondern nur dann, wenn dieser Wille **aktiv-kämpferisch** betätigt wird[63]. Die rechtliche Möglichkeit eines **Parteiverbotes** wäre **unnötig**, wenn die Parteien nicht in der beschriebenen Art privilegiert würden, denn dann könnten sie auch keine besonderen Rechte ausnutzen, sondern wären, wie jeder private Verein, den allgemeinen Strafgesetzen unterworfen. Das war auch das System der Weimarer Reichsverfassung von 1919 und ist das übliche System in anderen, die Parteien nicht besonders privilegierenden Rechtsordnungen. Daneben gibt es Verfassungen, die ein Parteiverbot dann vorsehen, wenn die Grundlagen des Staates in einem ideellen oder ideologischen Sinne angegriffen werden, z.B. wenn der Staat sich mit einer bestimmten Religion identifiziert und diese bekämpft wird. Die entsprechenden Verhältnisse in einer sogen. Volksrepublik werden noch gesondert behandelt. Die Bestimmung des

382

383

---

60 Art. 21, Abs. 2, S. 2 GG: „Über die Frage der Verfassungswidrigkeit entscheidet das Bundesverfassungsgericht".
61 Parteiengesetz (Fn. 45), §§ 18–22.
62 BVerfG v. 17. 8. 1956, BVerfGE 5, S. 85 (129 f.); gegen eine solche Ermessensfreiheit *K. H. Seifert*, Zum Verbot politischer Parteien, DÖV 1961, S. 81 ff. (85) und ebenso *K. Doehring* (Fn. 17), S. 141; *J. Ipsen* (Fn. 44), Rdn. 170 ff. zu Art. 21, der eingehend die Frage des Ermessens des Antragstellers erörtert.
63 BVerfG (Fn. 62), S. 141; *F. Stollberg*, Die verfassungsrechtlichen Grundlagen des Parteienverbots, 1976, S. 46 f.

§ 17 *Die Demokratie*

Wahlgesetzes der Bundesrepublik, wonach ein **Abgeordneter sein Mandat verliert**, wenn die Partei, der er angehört verboten wird, gibt zu Bedenken Anlaß[64]. Der einmal gewählte Abgeordnete ist „Vertreter des ganzen Volkes" und eben nicht einer Partei. Auch könnte es sein, daß der einzelne Abgeordnete mit der Zuwendung seiner Partei zu einer Haltung, die zum Verbot führte, durchaus nicht einverstanden war und sie vielleicht offen abgelehnt hat. Wieder zeigt sich, daß auch hier der Gedanke der Repräsentation nicht endgültig durchgehalten ist.

6. Die Volksdemokratie

384   Auch nach Auflösung der Sowjetunion bleibt es durchaus zweifelhaft, ob Regierungssysteme und -konzeptionen, die auf Marxismus und Kommunismus beruhen, endgültig als überlebt bezeichnet werden können. Die Nähe des Sozialismus, eines Ideals, das fortbesteht, zum Kommunismus als seiner extremen Perfektion läßt es durchaus möglich erscheinen, daß unter bestimmten politischen und sozialen Bedingungen sich eine Renaissance vollziehen könnte. Aus diesem Grunde soll eine Betrachtung über die Demokratie des Kommunismus weiterhin angestellt werden. Der Begriff der Volksdemokratie bedeutet, ebenso wie derjenige der Volksrepublik, nicht nur terminologisch eine Tautologie, sondern diese Staatsformen haben mit **Volksherrschaft nichts gemein**. Es herrscht nicht das Volk i.S. der Gesamtheit der Staatsbürger, sondern nur der Teil des Volkes, dessen Mitglieder der einen und **alleinherrschenden Partei** angehören, zumindest dann, wenn in der Verfassung, wie bisher in kommunistischen Staaten üblich, diese eine Partei als allein staatsgestaltend bezeichnet ist[65]. Ob ein Staatsbürger dieser einen Partei angehören kann, entscheidet sie selbst durch individuelle Zulassung oder auch durch Ausschluß[66]. Das **Parlament** besteht nur aus Abgeordneten, die dieser Partei **erwünscht** sind, denn sie allein bestimmt über die Auswahl der wählbaren Kandidaten[67]. Selbst wenn der Wähler in die Lage versetzt wird, zwischen zwei Kandidaten zu wählen, sind doch beide von der gleichen, alleinbestehenden Partei benannt, so daß eine Alternative im Hinblick auf politische Ziele nicht gegeben ist.

385   Folgerichtig und insoweit in sich schlüssig lehnt auch dieses System das **freie Mandat** ab und erklärt die Abgeordneten für an **Aufträge gebunden**[68]. Da der Wähler selbst keinen Auftrag geben kann – er kann nur abstimmen –, wird der erste Auftrag zu politischem Verhalten von der **Partei** gegeben. Delegiert der unterste Sowjet im

---

64   BVerfG (Fn. 62), S. 392; BWahlG v. 7. 5. 1956, Neubekanntmachung BGBl. 1972 I, S. 1100 ff. § 49, dazu *K. Doehring* (Fn. 17), S. 202; zum Problem des Mandatsverlustes *J. Ipsen* (Fn. 44), Rdn. 191 ff. zu Art. 21.

65   So die Verfassung der DDR v. 7. 10. 1974 (GBl. 1974, 1, S. 425), Art. 1 Abs. 1; dazu das Programm der SED v. 22. 5. 1976: „Unter Führung ihrer marxistisch-leninistischen Partei verwirklicht die Arbeiterklasse ... die Interessen des Volkes".

66   S. Statut der SED der DDR v. 22. 5. 1976 (Protokoll der Verhandlungen des IX. Parteitages der SED, Bd. 2, S. 145–267 ff.), zur Mitgliedsaufnahme Ziff. 4 und zum Ausschluß Ziff. 6a.

67   Die Kandidatenaufstellung in der DDR erfolgte durch die von der SED beherrschte Nationale Front; dazu *H. J. Brandt*, Die Kandidatenaufstellung zu den Volkskammerwahlen der DDR. Entscheidungsprozesse und Auswahlkriterien, 1983.

68   Allgemein zum Rätesystem *P. Pernthaler* (Fn. 28), S. 187 ff.

reinen Rätesystem an einen höheren Sowjet, erhalten dessen Mitglieder dann den entsprechenden inhaltlichen Auftrag; folgen sie diesem nicht, können sie **abberufen** werden⁶⁹. In einem Parlament, das sich so aus **auftragsgebundenen Abgeordneten** zusammensetzt, kann es naturgemäß weder eine sachliche Diskussion geben, noch könnte eine solche, selbst wenn sie stattfände, einen Abgeordneten zur Änderung seines Abstimmungsverhaltens veranlassen; er darf sich nicht davon überzeugen lassen, daß sein Auftrag unsachgemäß ist, denn er hat auftragsgemäß zu handeln. Aber eine solche Konfliktsituation kann ernstlich auch gar nicht eintreten, wenn alle Aufträge im Rahmen dieses **imperativen Mandats** von der gleichen, alleinbestehenden Partei kommen. Fraktionszwang ist nicht eine Ausnahme, sondern normal.

Folgerichtig ist in diesem System auch die **Ablehnung der westlichen Gewaltenteilung**, wie Lenin sie schon zum Ausdruck brachte⁷⁰. Diese Gewaltenteilung setzt die Möglichkeit z.B. eines Spannungsverhältnisses zwischen Exekutive und Legislative voraus; die Regierung soll über eine gewisse Eigenständigkeit verfügen, wird dabei allerdings von der Legislative kontrolliert, aber diese darf und kann ihrerseits nicht regieren, und die Regierung darf und kann nicht Gesetze erlassen. Derartige Eigenständigkeiten der beiden Staatsorgane können miteinander in Konflikt geraten, so daß dann zu entscheiden ist, wer die Zuständigkeit des anderen Organs nicht ausreichend beachtete. Hierdurch soll eine **Machtkonzentration verhindert** werden. Eine solche Spannungslage ist im System der Volksdemokratie nicht denkbar, denn **alle Macht** ist in den Händen der **allein bestehenden Partei**, aus deren Reihen sich die weisungsgebundenen Abgeordneten zusammensetzen, die dann die Regierungsmitglieder bestimmen; die **wahre Regierung ist das Zentralkomitee der Partei**. Dabei muß erwähnt werden, daß auch in einem parlamentarischen System des Mehrparteienstaates die Gewaltenteilung nur durch das Bestehen mehrerer Parteien in ihrer Funktion erhalten geblieben ist. 386

Darauf ist zurückzukommen, ebenso wie auf die Frage der Geltung von Individualrechten in den verschiedenen Demokratiesystemen. In manchen früheren kommunistischen Staaten sind Veränderungen vorgenommen, die eine Angleichung an das Mehrparteiensystem der liberalen Demokratien herstellen, aber hier kam es nur darauf an, die reine Form der sog. Volksdemokratie darzustellen; sie geht in ihrer Konsequenz so weit, daß nicht nur die **Legislative** ausschließlich aus **Parteifunktionären** besteht, sondern, wie das Beispiel der DDR bisher klar zeigte, daß auch die **Ministerien** einer **direkten Aufsicht** durch die Partei unterstellt sind⁷¹. Die Folge davon ist, daß auch Entscheidungen die von der Verwaltung für sachlich notwendig gehalten werden, von der Partei aus politisch-ideologischen oder machtpolitischen Gründen verhindert werden können. Auf die Stellung der Justiz in diesem System ist in Zusammenhang mit dem Begriff des Rechtsstaates noch einzugehen. 387

---

69 Auch die Abgeordneten der DDR konnten gem. Art. 57, Abs. 2 der Verfassung v. 7. 10. 1974 von ihren Wählern „abberufen" werden.
70 Zur Ablehnung des Systems der Gewaltenteilung der „bürgerlichen" Staaten, Staatsrecht der DDR, 2. Aufl. 1984, S. 266.
71 Zum demokratischen Zentralismus, verbürgt durch die Organisation der Kommunistischen Partei und den entscheidenden Einfluß der Partei auf die Staatsorgane s. auch das Statut der SED (Fn. 66), Ziff. 63, betr. die Parteikontrolle des Staatsapparates.

§ 18 Die Gewaltenteilung

1. Vorbemerkung

388 Eine dogmatische Betrachtung des sog. gewaltenteilenden Staatswesens sollte ihren Ausgangspunkt in der Frage suchen, ob es denn eine Teilung der Staatsgewalt geben kann, wenn „alle" Staatsgewalt vom Volke ausgeht, wie es das Grundgesetz der Bundesrepublik Deutschland fordert[1] und es schon dem Begriff der Republik entspricht. Man kann diese Frage verschieden beantworten, so etwa mit dem Hinweis, daß die **Staatsgewalt** als solche **nicht geteilt** ist, sondern nur ihre Funktionen an bestimmte Organe **zur Ausübung verteilt** sind. Eine andere Antwort könnte lauten, daß die Organe des Staates, die Staatsgewalt ausüben, jeweils letztlich vom Volk ihr Mandat erhalten haben, so daß eine **Rückkoppelung zur Staatsgewalt** des Volkes besteht. An diesen Erwägungen zeigt sich bereits, daß es um zwei wesentliche Vorgänge geht: um denjenigen der Berufung von Staatsorganen in ihr Amt, und denjenigen der Abhängigkeiten der Organe nach Einsetzung in ihre Ämter, sei es unmittelbar vom Volk, oder sei es im Rahmen einer gegenseitigen Kontrolle durch auf Volkswahlen beruhende Organe.

389 Schon Aristoteles, so wird gesagt, habe das Phänomen der Gewaltenteilung beschrieben und analysiert[2]. Er habe unterschieden zwischen der „beratenden" Gewalt, der „verwaltenden" und der „Gerichtsgewalt". Mit der modernen Gewaltenteilung aber wäre das nur in Parallele zu setzen, wenn diese Gewalten jeweils über ein wesentliches Maß an **Eigenständigkeit**, d.h. **Unabhängigkeit voneinander** verfügt hätten, und wenn sie in der Lage gewesen wären, sich gegenseitig in Wahrung ihrer Eigenständigkeit zu **kontrollieren**. Die Gründe für diese Begriffserfordernisse werden noch dargelegt werden. Richtig scheint dann der Nachweis der Althistoriker, daß diese Attribute bei Aristoteles eben nicht vorhanden waren, sondern diese Teilung nur eine **Verteilung der Staatsfunktionen** bedeutete; Aristoteles habe nur Staatstätigkeiten charakterisieren wollen[3], so daß eine Ämterhäufung nicht schon dem System als solchem suspekt gewesen sei, wie die späteren Theorien über die Gewaltenteilung es gerade angenommen haben. Hiernach wäre das kommunistische Rätesystem im Sinne der Funktionenteilung auch in der Begriffsbildung des Aristoteles als Gewaltenteilung einzuordnen. Doch, wie zu zeigen ist, meint der Begriff der Gewaltenteilung im Rahmen der klassischen Staatstheorie etwas anderes.

---

1 *K. Stern*, Das Staatsrecht der Bundesrepublik Deutschland, Bd. I, 2. Aufl. 1984, S. 627 ff.; *E.-W. Böckenförde*, Demokratie als Verfassungsprinzip, in: HStR, Bd. I, 2. Aufl.1995, § 22, Rdn. 26 ff. (Das Volks als Inhaber der Staatsgewalt).
2 Zur „aristotelischen Lehre" *T. Tsatsos*, Zur Geschichte und Kritik der Lehre von der Gewaltenteilung, Sitzungsberichte der Heidelberger Akademie der Wissenschaften, Jg. 1968, S. 13.
3 *R. Zippelius*, Allgemeine Staatslehre, 14. Aufl. 2003, S. 323 ff.; *T. Tsatsos* (Fn. 2), S. 17 ff.

2. Das System

Wie meist, ist auch hier der Gegenstand der Betrachtung viel älter als seine konkrete Benennung. Die Begriffsbildung beruht auf den Konzepten vor allem von John Lokke, Lord Bolinbroke und vor allem von Montesquieu[4], nahm also konkrete wissenschaftliche Gestalt im 17. und 18. Jahrhundert an, obwohl man der Sache nach auch schon die Machtbegrenzung des englischen Königs durch die Magna Charta im 13. Jahrhundert als einen Beginn der Idee der Gewaltenteilung sehen kann, und sicherlich auch noch frühere Regierungsgestaltungen.

390

Der **Zweckgedanke der Gewaltenteilung** ist – nur vordergründig, wie sich zeigen wird – ein negativer; es geht um die **Vermeidung einer Machtkonzentration** bei nur einem Staatsorgan, das dann diese Macht, unkontrolliert, auch mißbrauchen könnte. Eine solche Machtbegrenzung kann vielfältig institutionalisiert werden. Zwar denkt man in erster Linie an die klassische Aufteilung der Staatsgewalt in **Legislative, Exekutive und Justiz**, und diese wird auch der wesentliche Gegenstand der folgenden Betrachtung sein. Aber eine Vermeidung nur der Machtkonzentration bedeuten auch der **Föderalismus** als Machtverteilung zwischen Bund und Einzelstaaten[5], die Verfassungsgarantie für den Bestand einer **Opposition** im Parlament[6], die Garantie des Bestandes von **Grundrechten** als unübersteigbare Schranke für Legislative und Exekutive, die **Verfassungsgerichtsbarkeit** als Kontrolle der Machtausübung aller anderen Staatsorgane, oder auch die verfassungsrechtliche Anerkennung des Bestandes sog. intermediärer Gewalten und institutioneller Garantien im Staat, etwa Arbeitnehmer- und Arbeitgeberverbände, Kirchen und Religionsgesellschaften, Presse, wissenschaftliche Einrichtungen und andere Arten der Selbstverwaltung, z.B. diejenige der Gemeinden.

391

Bei der Betrachtung der klassischen Gewaltenteilung ist der Blick auf das Staatsinnere gerichtet. Aus **historischer** Sicht ging es darum, den **Absolutismus zu bändigen**. Für die Rechte innerhalb der Staatengemeinschaft, also für das Völkerrecht, spielt die verfassungsrechtliche Gewaltenteilung keine Rolle, abgesehen von den wenigen Situationen, in denen das Völkerrecht die Einhaltung des Verfassungsrechts gebietet, etwa wenn in einem Vertrag vereinbart ist, daß seine Ratifikation unter Beachtung des jeweiligen Verfassungsrechts vorzunehmen ist[7]. Im übrigen

392

---

4 C. *Schmitt*, Verfassungslehre, 1928, Neudruck 1954, S. 184, hält Bolingbroke für den „eigentlichen Urheber der verfassungstheoretischen Lehre vom Gleichgewicht der Gewalten"; zu John Locke s. A. *Bergsträsser/D. Oberndörfer*, Klassiker der Staatsphilosophie, 1962, S. 183 ff., mit übersetzten Auszügen aus dessen Werken; s. vor allem *Montesquieu*, Vom Geist der Gesetze, ausgewählt, übertragen und eingeleitet von E. *Forsthoff*, 1967, S. 75 ff. (Drittes Buch: Von den Prinzipien der drei Regierungsformen).
5 Zur Gewaltenteilung durch föderalistischen Staatsaufbau F. *Ermacora*, Allgemeine Staatslehre, Bd. 2, 1970, S. 621.
6 Dazu P. *Badura*, Die parlamentarische Demokratie, in: HStR (Fn. 1), § 23, Rdn.18: „Die parteienstaatlichen Züge des demokratischen Parlamentarismus geben vielfach dem politisch vitalen Gegeneinander von Regierung und Opposition ein größeres Gewicht als dem institutionellen Gegenüber von Parlament und Regierung".
7 Z.B. Vertrag über die Gründung der Europäischen Wirtschaftsgemeinschaft v. 25. 3. 1957, Art. 247, Abs. 1, S. 1: „Dieser Vertrag bedarf der Ratifizierung durch die Hohen Vertragsparteien gemäß ihren verfassungsrechtlichen Vorschriften".

§ 18 *Die Gewaltenteilung*

negiert das Völkerrecht gerade und bewußt die Frage der **Gewaltenteilung** im Staat, denn es macht den Staat für jede Maßnahme einer der Staatsgewalten verantwortlich; völkerrechtliches Unrecht kann von der Legislative, der Exekutive und der Justiz ausgehen, und jeweils haftet der Staat gleichermaßen[8].

393
394 Daß es bei der Gewaltenteilung, als einer Neuordnung der Machtverteilung im Staat, um mehr ging als nur um die Verteilung von Funktionen für die Ausübung der Staatsgewalt, zeigt sich schon darin, daß eine solche **Funktionenverteilung immer schon stattgefunden** hat; auch der Fürst bedurfte der Ritter, aber er ernannte sie selbst oder schloß Lehensvereinbarungen, und er bedurfte der gesetzartigen Anordnung und der Organe, die sie durchführten; aber auch diese Funktionäre ernannte und entließ er selbst, etwa den Kanzler und den Polizeipräsidenten. Erst der Wunsch, daß der Fürst, wenn auch oft nur mittelbar, nicht mehr alles und allein entscheiden sollte, war die Neuerung. Der Grundgedanke schon in der Magna Charta, die den Rittern ein Mitentscheidungsrecht einräumte[9], war auch nicht allein der, daß man der **Despotie** Einhalt gebieten wollte, sondern auch der, daß **König und Ritter** gleichermaßen dem **common law** unterworfen seien, ihre Rechte also gleichermaßen begrenzt waren, und beide verpflichtet waren, das sie gemeinsam beherrschende Recht zu beachten. Wenn alle Staatsfunktionen ihre Rechte und Kompetenzen aus einer ihnen gemeinsam übergeordneten Rechtsordnung (Verfassung oder common law) herleiten, bleibt auch die Verteilung der Funktionen nicht mehr Sache der Einherrschaft (Monarch, Diktator, Einparteiensystem), sondern die Funktionen gewinnen – rechtliche – Eigenständigkeit, und das gerade ist die Besonderheit der Gewaltenteilung als spezieller Ausgestaltung der Verteilung der Kompetenzen im gewaltenteilenden Staatswesen.

395 Seit den Lehren vor allem von Montesquieu[10], der französischen Revolution und der Entstehung der Bundesverfassung der USA[11], trat der Gedanke der **Gewaltenteilung** einen **Siegeszug in der Staatstheorie** insbes. Europas an; er war Teil der Selbstdarstellung einer Staatsordnung, die zum **liberalen Rechtsstaat** wurde. Wesentlich an dieser Konzeption ist das folgende: die Staatsgewalt soll von der Gesetzgebung, der vollziehenden Gewalt und von der Gerichtsbarkeit im Rahmen einer **jeweils garantierten Eigenständigkeit**, also in gegenseitiger Unabhängigkeit, ausgeübt werden. Das aber genügt noch nicht, denn auch die jeweilige Beschränkung auf diese Eigenständigkeit muß bestehen. Hinzukommen muß also die Garantie, daß der **Gesetzgeber nur Gesetze erläßt** und nicht Verwaltungs- oder Regierungs-

---

8 *O. Kimminich/S. Hobe*, Einführung in das Völkerrecht, 8.2004, S. 243; ILC, Draft Articles on State Resposibility, Anlage zur Res. der GV der VN Nr. 56/83, v.12. 12. 2001, Art. 4, Abs. 1.
9 *R. Herzog*, Allgemeine Staatslehre, 1971, S. 359, führt richtig aus, daß die Magna Charta nicht, wie oft behauptet, Grundrechte verbürgte, sondern nur Rechte des britischen Hochadels.
10 Esprit des lois, Buch XI, Kap. 6 (Die Verfassung Englands: Das Prinzip der Gewaltenteilung und Gewaltenkontrolle); s. auch *E. Forsthoff* (Fn. 4), S. 200 ff.
11 Dazu *T. Tsatsos* (Fn. 2), S. 38 ff. (Die französische Revolution und ihre Entwicklung der Gewaltenteilungslehre); zum Verfassungsrecht der USA s. *Lockhart/Kamisar/Schoper/Shiffrin*, Constitutional Law, 6. Aufl. 1986, S. 188 ff. (Distribution of Federal Powers: Separation of Powers), mit Wiedergabe wesentlicher Entscheidungen des Supreme Court; *J. A. Barron/C. T. Dienes*, Constitutional Law, 1986, S. 1 ff.

akte vornimmt oder Urteile erläßt, daß die **Exekutive nur Gesetze vollzieht** und nicht solche erläßt, und daß die **Justiz nur Recht anwendet** und nicht Rechtssätze erzeugt. So sollen die Gewalten zwar eigenständig, aber auf ihre Funktionen auch beschränkt bleiben, denn wäre das nicht gewährleistet, wäre ihre Unterscheidbarkeit und damit gerade ihre begrenzte Funktion abgeschwächt oder gar aufgehoben. Schon in ihrer **Entstehung** sollen diese Gewalten, soweit es möglich ist, von einander unabhängig sein, jedenfalls nach der Auffassung der Väter dieser Lehre. Das gilt sicherlich für Legislative und Exekutive. Das Parlament wird vom Volk gewählt, die Exekutive wird vom König berufen, dessen Macht sich auf die Erbmonarchie gründet, bzw. auf das Gottesgnadentum. Wird die Exekutive von einem Staatspräsidenten berufen, verschwimmt schon das klare Bild, denn der Präsident selbst müßte entweder vom Volk oder vom Parlament eingesetzt werden und hat so keine, von der Legislative exakt getrennte Legitimation. Das gilt auch für die Richterschaft, denn auch diese kann nur entweder vom Volk oder vom König oder Präsidenten, also von der Legislative oder Exekutive mit ihrem Amt betraut werden und also in der Kompetenzbegründung keine wahre Eigenständigkeit innehaben. Aber Montesquieu sah hier nur eine untergeordnete Frage, wohl eigentlich ein Scheinproblem. Er bezeichnete die Justiz als „en quelque façon nul" und als „la bouche de la loie"[12], womit zum Ausdruck gebracht wird, daß die **Rechtsprechung** eben **nicht** zu den Staatsorganen zählt, denen **aktive politische und rechtliche Gestaltung** des Staates obliegt, eine Konzeption, die in dieser Art der Aufgabenabgrenzung mit der Entwicklung in den Staaten des common law nicht übereinstimmt, wie die Rechtsvergleichung auch zeigen wird, und die auch der heutigen Tendenz zur Anerkennung eines Richterrechts, wie es nun auch vom Europäischen Gerichtshof praktiziert wird, nicht entspricht, aber doch systemgerecht bleibt[13]. Daß ein Gericht bei der Rechtsanwendung das Gesetz zu interpretieren hat, vor allem, wenn dieses Gesetz nicht genügend Klarheit bietet, ist unbestreitbar. Das Problem besteht nur darin, daß zwischen Interpretation und Rechtsschöpfung eine graue Zone liegt, so daß Rechtsschöpfung im Gewand der Interpretation sich tarnen kann. In das Idealbild des Montesquieu paßt auch nicht das System der Einsetzung der Regierung durch das Parlament und dessen Kompetenz zu ihrer Abberufung, d.h. also **nicht** die sog. **parlamentarische Regierungsform**, wie sie sich heute vielfach findet, denn diese Abhängigkeit der Regierung schon in ihrer Entstehung und Ablösung widerstreitet dem Grundsatz ihrer Eigenständigkeit. Auch hierauf ist bei der rechtsvergleichenden Betrachtung zurückzukommen.

Zu dem klassischen System der Gewaltenteilung, wonach jede Staatsgewalt eben nur ihre spezifische Funktion auszuüben hat, gehört vor allem auch ein entsprechen-

---

12 In der Übersetzung von *E. Forsthoff* des Buches XI, Kap. 6 (Fn. 4) heißt es, daß Urteilsgründe niemals etwas anderes sein sollten als „eine genaue Formulierung der Gesetze".
13 Zu den Auswirkungen des sog. Richterrechts s. die zu unterschiedlicher Bewertung kommenden Abhandlungen in: Richterliche Rechtsfortbildung, Erscheinungsformen, Auftrag und Grenzen, Festschrift der Juristischen Fakultät zur 600–Jahr-Feier der Ruprechts-Karls-Universität Heidelberg (hrsg. von den Hochschullehrern der Juristischen Fakultät), 1986, zur Rechtsprechung des EuGH *M. Herdegen*, Europarecht, 5. Aufl. 2003, Rdn. 153, der von „kühner Rechtsfortbildung" spricht.

der enger **Begriff des Gesetzes**[14]. Wollte man nämlich jeden Beschluß des Parlaments als Gesetz qualifizieren, wäre es dem Gesetzgeber möglich auch eine Verwaltungsanordnung zu beschließen oder eine Einzelanordnung in der Art eines Verwaltungsaktes zu erlassen und damit in die Zuständigkeit der Exekutive einzugreifen. Nach dieser Auffassung, und um die Eigenständigkeit der vollziehenden Gewalt zu wahren, soll ein **Gesetz abstrakt und generell** sein und ist nicht als Regelung eines Einzelfalles gedacht. Daß damit auch gleichzeitig der Rechtsschutz eines unter Umständen von der Regelung betroffenen Staatsbürgers sicherer ausgestaltet ist[15], war nur eine später sich einstellende Konsequenz, an die in den Anfängen der Gewaltenteilungslehre niemand dachte. Auch dieser klassische, abstrakte und generelle Gesetzesbegriff aber war nicht durchzuhalten, wie die moderne Entwicklung gerade auch in der Bundesrepublik Deutschland zeigt. Man hält es – trotz des Bekenntnisses zum System der Gewaltenteilung[16] – für zulässig und geboten, daß der Gesetzgeber dann sog. **Maßnahmegesetze** zur Regelung einmaliger Situationen erläßt, wenn die zu regelnde Frage von ganz besonderer Bedeutung ist und insbes. das Gebiet des Grundrechtsschutzes berührt[17]. Solche Gesetze sind nicht abstrakter und genereller Natur, denn der Kreis der Betroffenen ist feststellbar, und das Gesetz entwickelt keine Zukunftswirkung, sondern ist mit seinem Vollzug erledigt.

401 Auch der Grundsatz, daß die **Exekutive nur regieren und verwalten** und nicht Rechtsetzungsakte vornehmen soll, ist in der späteren Entwicklung der Gewaltenteilung nicht mehr durchgehalten. Wohl keine Staatsorganisation kann darauf verzichten, der Regierung die Befugnisse einzuräumen, **Rechtsverordnungen** als abstrakte und generelle Regelungen zu erlassen, auch wenn immer wieder versucht wird, dieser Kompetenz Grenzen zu setzen[18].

402 Für unabdingbar wird die **Unabhängigkeit der rechtsprechenden Gewalt** gehalten[19]. Während das im Hinblick auf die spezifisch richterliche d.h. rechtsprechende Tätigkeit unproblematisch erscheint und meist durch die persönlichen (Unabsetz-

---

14 Zum abstrakt-generellen Gesetzesbegriff jedenfalls der deutschen Rechtsordnung s. *E.-W. Böckenförde*, Gesetz und gesetzgebende Gewalt, von den Anfängen der deutschen Staatsrechtslehre bis zur Höhe des Positivismus, 1958.
15 *K. Doehring*, Staatsrecht der Bundesrepublik Deutschland, 3. Aufl. 1984, S. 174.
16 Die Gewaltenteilung als Element des Rechtsstaatsbegriffs wird vom BVerfG in ständiger Rechtsprechung betont, so schon BVerfG v. 1. 7. 1953, BVerfGE 2, S. 380 (403); zur Gewaltenteilung des GG s. *P. Badura*, Staatsrecht, 3. Aufl. 2003, S. 312.
17 Die sog. Maßnahmegesetze wurden vom BVerfG schon frühzeitig als verfassungsgemäß beurteilt, vgl. BVerfG v. 20. 7. 1954, BVerfGE 4, S. 7 ff. (zum Investitionshilfegesetz); dazu auch *E. Forsthoff*, Über Maßnahme-Gesetze, Forschungen und Berichte aus dem öffentlichen Recht, Gedächtnisschrift für W. Jellinek, 1955, S. 221 ff., und *K. Huber*, Maßnahme-Gesetz und Rechtsgesetz, 1963.
18 Gem. Art. 80, Abs. 1 GG muß das zum Erlaß von Rechtsverordnungen ermächtigende Gesetz selbst bereits Inhalt, Zweck und Ausmaß der Rechtsverordnung „bestimmen"; Art. 77 WRV enthielt eine solche Vorbindung nicht. Die Verfassung der USA erlaubt ebenfalls eine „delegation of legislative power" bei der es ausreicht, daß der Kongreß die Zwecke in groben Zügen verbindlich vorschreibt; vgl. *Lockhart* u.a. (Fn. 11), S. 199 ff.
19 Zur Einordnung der richterlichen Unabhängigkeit in das Schema der Gewaltenteilung s. *C. Schmitt* (Fn. 4), S. 192.

barkeit)[20] und sachlichen (Weisungsfreiheit) Gewährleistungen gesichert ist, bleibt das System der **Ernennung der Richter** ein Problem der Gewaltenteilung, denn diese kann nur vorgenommen werden entweder durch die Legislative oder durch die Exekutive oder beide Staatsgewalten gemeinsam, wodurch jedenfalls eine personelle Abhängigkeit von den anderen Staatsgewalten vorhanden ist. Eine dritte Möglichkeit bestünde vielleicht darin, daß die Richterschaft sich durch reine Kooptation ergänzt, aber ein solches System ist, soweit ersichtlich, kaum praktiziert, auch wenn Anklänge hieran festzustellen sind, etwa bei der Richterernennung eine begrenzte Mitwirkung der Richterschaft selbst und evtl. durch ihre Anhörung[21].

Im übrigen bestehen sehr unterschiedliche Systeme. So gibt es die **Richterwahl** durch das Volk oder durch das Parlament[22], die Ernennung durch das Zusammenwirken von Parlament und Regierung und eine solche allein durch die Regierung. Ein **Zusammenwirken von Legislative und Exekutive**, wie sie für Bundesrichter in der Bundesrepublik Deutschland und für Richter am Supreme Court der USA vorgesehen sind[23], erscheint noch am ehesten eine Garantie der richterlichen Unabhängigkeit zu gewährleisten, allerdings auch nur dann, wenn die parlamentarische Opposition im parlamentarischen Führungssystem über eine **Sperrminorität** verfügt, denn sonst bestünde die Gefahr, daß Regierung und Parlamentsmehrheit nur politisch genehme Richter einsetzen. Näheres hierüber ist im Zusammenhang mit dem Rechtsstaatsbegriff und mit der Institution der Verfassungsgerichtsbarkeit zu behandeln. Nur noch darauf ist hier hinzuweisen, daß die Trennung von Justiz und Legislative in vielen Staaten auch dadurch vermindert ist, daß eine Verfassungsgerichtsbarkeit Gesetze annullieren kann. Allerdings kann die Frage gestellt werden, ob ein solches **Verfassungsgericht** mit gerade dieser Kompetenz noch als **Gericht im Sinne der Gewaltenteilung** qualifiziert werden kann[24].

Bei dieser allgemeinen Betrachtung ist noch auf das Phänomen der sog. **vierten Gewalt** hinzuweisen. Es war der französische Staatsrat und Rechtswissenschaftler Benjamin Constant, der zu Beginn des 19. Jahrhunderts und im Anschluß an die

---

20 Zur sachlichen und persönlichen Unabhängigkeit der Richter K. Doehring (Fn. 15), S. 239 ff.
21 Deutsches Richtergesetz (BGBl. 1972 I, S. 713), §§ 55 ff. betr. die Beteiligung eines Präsidialrates, errichtet bei den obersten Gerichtshöfen des Bundes; s. Verfassungsgericht Ägyptens, Verfassung vom 22. 5. 1980, Art. 174 ff.
22 Zur Wahl der Richter am BVerfG der Bundesrepublik Deutschland durch Bundestag und Bundesrat Art. 94 GG und § 6 ff. des Gesetzes über das Bundesverfassungsgericht (BGBl. 1985 I, S. 2229); zur Wahl der Richter der Mitgliedstaaten der USA s. I. Tischbireck, Richterliche Unabhängigkeit in den Vereinigten Staaten von Amerika, Diss. Heidelberg 1982, S. 69 ff. (Richterbestellung durch politische Volkswahl); F. Renda/E. Klein, Verfassungsprozeßrecht, 2. Aufl. 2001, S. 54 ff. zur Richterwahl.
23 Art. 95, Abs. 2 GG; Art. II, sect. 2 (2) der Verfassung der USA.
24 R. Dolzer, Die staatsrechtliche und staatstheoretische Stellung des Bundesverfassungsgerichts, 1971, mit zahlreichen Nachweisen zu dieser Fragestellung; zur Rechtsvergleichung: Verfassungsgerichtsbarkeit in der Gegenwart, Beiträge zum ausländischen öffentlichen Recht und Völkerrecht, Bd. 36, 1962, und Verfassungsgerichtsbarkeit in Westeuropa, Studien und Materialien zur Verfassungsgerichtsbarkeit (hrsg. v. C. Starck und A. Weber), Nr. 30, 1986; so meinte E. Forsthoff, Der Staat der Industriegesellschaft, 1971, ein Verfassungsgericht, das den Gesetzgeber korrigieren könne, bedeute jedenfalls eine Abkehr vom Grundsatz der Gewaltenteilung.

§ 18 *Die Gewaltenteilung*

Lehre von Montesquieu darauf hinwies, daß die drei Gewalten gerade wegen ihrer idealtypischen Unabhängigkeit von einander und trotz gewisser gegenseitiger Kontrollmöglichkeiten doch eines **Koordinators** bedürfen, einer vierten Gewalt, die dafür zu sorgen habe, daß Exzesse der drei Gewalten vermieden würden, und daß ihre Zusammenarbeit gewährleistet sei[25]. So nannte er diese Gewalt den **pouvoir modérateur** oder den **pouvoir neutre**. Aus der Sicht der damaligen Zeit, in der die konstitutionelle Monarchie die vorherrschende Staatsform war oder doch wurde, meinte Constant die Feststellung treffen zu können, daß der König diese vierte Gewalt darstelle. Nur er könne der Koordinator sein, denn seine Macht war weder von derjenigen des Volkes oder des Parlaments abzuleiten, noch von derjenigen der Exekutive; sie beruhte auf Erbfolge bzw. auf Gottesgnadentum. So nahm er eine neutrale Stellung im Staate ein, die ihn zwar nicht ermächtigen sollte, aktiv in die politische Gestaltung des Staates einzugreifen – das war Sache der Gesetzgebung und der Regierung –, deren Aufgabe es aber sei, **mäßigend** zu wirken. Hierzu seien dem Monarchen auch alle notwendigen Mittel gegeben. Einen Exzess des Gesetzgebers könne er durch die Weigerung verhindern, ein Gesetz auszufertigen und zu verkünden, einen solchen der Regierung durch deren Abberufung, und einen willkürlichen Urteilserlaß durch Begnadigung.

406 Dieses Bild stammte, wie auch die Vorstellungen von Montesquieu aus dem **englischen Verfassungsrecht**. Wie sehr diese Grundgedanken gleichermaßen einer systemtreuen Theorie als auch der Staatspraxis entsprachen, zeigte die spätere Entwicklung auch nach der Wandlung der meisten Monarchien in Republiken. So findet sich in wohl jeder gewaltenteilenden Verfassungsordnung in irgendeiner Form diese vierte Gewalt wieder, sei es in Gestalt einer **obersten Gerichtsbarkeit**, die Gesetze für verfassungswidrig und damit für unanwendbar erklären und Regierung und Justiz kontrollieren kann (Supreme Court der USA und Bundesverfassungsgericht der Bundesrepublik Deutschland), oder in demjenigen eines **Staatspräsidenten**, der als Staatsoberhaupt über eine sog. Legalitätsreserve verfügt und „Herr des Ausnahmezustandes" ist (Frankreich, WRV)[26]. Überraschenderweise am geringsten ausgeprägt ist die Institution einer vierten Gewalt gerade in Großbritannien, dessen Rechtsordnung man sie gerade entnahm, denn dort besteht zwar eine entsprechende Kompetenz der Krone, den royal assent einem Gesetz zu versagen, oder die Regierung abzulösen, aber sie ist so lange nicht mehr ausgeübt worden, daß man wohl von einer entgegenstehenden Verfassungskonvention sprechen kann. Kompensatorisch, und das ist bezeichnend für die Grundwahrheit der Lehre von Constant, wirkt nun mehr und mehr die Zunahme der Kompetenz des Appelate Comittee des House of Lords als oberstes Gericht[27]. Auch hier zeigt sich, wenn auch nur in

---

25 *B. Constant*, Cour de Politique constitutionnelle, nouvelle édition par J.-P. Pagés 1836, Bd. I, T. 1, S. 1 ff.; s. auch *K. Doehring*, Der pouvoir neutre und das Grundgesetz, in: Der Staat, Bd. 3, 1964, S. 201 ff.
26 Verfassung Frankreichs v. 28. 9. 1958 (Art. 16); WRV v. 11. 8. 1919 (Art. 48).
27 Dazu *G. Marshall* und *D. C. M. Yardley*, Constitutional Jurisdiction in the United Kingdom, ZaöRV, Bd. 22, 1962, wo es S. 546 nach Schilderung exemplarischer Fälle heißt: „It can be seen, therefore, that methods of statutory interpretation are employed by the courts to uphold the rights of individuals as well as to justify executive action".

Andeutungen, daß offenbar ein unabweisbares Bedürfnis in der klassischen Dreigewaltenteilung besteht, einen **Schiedsrichter** im Hintergrund zu haben[28].

3. Rechtsvergleichung

Die Grundkonzeption der Gewaltenteilung wird auch in der jetzt bestehenden Staatenwelt immer wieder als Argument in Anspruch genommen, vor allem wenn es darum geht, im Streit über Kompetenzen der Staatsorgane den Raum ihrer Zuständigkeiten im Verhältnis zueinander abzugrenzen, und dann, wenn die konkreten Verfassungsvorschriften keine klare Antwort hierüber geben. Wie vorsichtig aber mit einer solchen Argumentation umzugehen ist, ergibt sich daraus, daß die Gewaltenteilung in den einzelnen Verfassungen sehr verschieden ausgestaltet ist und immer wieder die Frage gestellt werden muß, ob nun im Zweifel die **spezielle Regelung einer Verfassung ein allgemeines Prinzip verdrängt**, oder ob sie diesem zu **unterstellen** ist. Die Antwort könnte davon abhängen, ob der Grundsatz der Gewaltenteilung in einer Verfassung ausdrücklich genannt ist, wie das in der Verfassung Frankreichs der Fall ist[29], oder ob sich der Grundsatz, ungenannt, aus der Art der Funktionsverteilung ergibt[30]. Im ersten Fall könnte man den Vorrang des Prinzips, im zweiten Fall den Vorrang der konkreten Regelung annehmen. Aus diesen Gründen ist es geboten, die Ausgestaltung der Gewaltenteilung in den Verfassungsordnungen im einzelnen zu betrachten. Gefährlich ist aber allemal, den Begriff rein plakativ zu verwenden, ohne ihn zu definieren, wie das auch oft bei Berufung auf den Begriff des Rechtsstaats geschieht.

407

Will man im Hinblick auf die Gewaltenteilung die bestehenden Rechtsordnungen kategorisieren, bietet sich eine Einteilung in fünf Staatstypen an: (1) Manche Staaten haben ein **Präsidialsystem** eingerichtet. Der Regierungschef ist vom Parlament weitgehend unabhängig, d.h. entweder vom Volk gewählt oder von einem Staatsoberhaupt – zumindest theoretisch frei – ernannt (Beispiel: USA, WRV, Frankreich)[31]. (2) Eine andere, wenn auch sehr verwandte Struktur haben die konstitutionellen Monarchien, in denen die **Regierung faktisch vom Parlament** eingesetzt wird, aber – **theoretisch** – der **Monarch** auch diese Amtsübernahme **ablehnen** oder selbständig die Regierung ernennen könnte (Beispiel: Großbritannien)[32]. (3) Volle Abhängigkeit der Regierung vom Parlament besteht in denjenigen Staaten, in denen das Parlament – für den Staatspräsidenten bindend, falls ein solcher in der Verfas-

408

---

28 So heißt es auch in der Verfassung Frankreichs v. 28. 9. 1958 in Art. 5, Abs. 1: „Der Präsident der Republik wacht über die Beachtung der Verfassung. Er sichert durch seinen Schiedsspruch die ordnungsgemäße Tätigkeit der öffentlichen Gewalt sowie die Kontinuität des Staates" (Übersetzung von *P. C. Mayer-Tasch*, Die Verfassungen der nicht-kommunistischen Staaten Europas, 2. Aufl. 1975, S. 191).
29 Art. 16 der Erklärung der Menschen- und Bürgerrechte v. 26.8.1789, gem. Präambel der Verfassung v. 28. 9. 1958 Teil des geltenden Verfassungsrechts.
30 Vgl. dazu Art. 20, Abs. 2 GG.
31 Verfassung der USA, Art. II, sect. 1 (2 ff.); Art. 53 WRV; Art. 8 der Verfassung Frankreichs.
32 *K. Loewenstein*, Verfassungslehre 1957, S. 196 f. (Bestellung der Regierung); *N. Wilson*, The British System of Government, 1963.

§ 18 *Die Gewaltenteilung*

sung vorgesehen ist – den Regierungschef bestimmt, also in den sog. **parlamentarischen Demokratien** (Beispiele: Bundesrepublik Deutschland, Italien, Schweiz)[33]. (4) Wieder in dieser Hinsicht anders ausgestaltet ist die Gewaltenteilung in der **supranationalen Organisation Europas,** d.h. in der Europäischen Gemeinschaft, in der der Erlaß von Rechtsnormen und deren Exekution sich in den Organen weitgehend verbindet[34]. (5) Am weitesten entfernt von der klassischen Gewaltenteilung ist das **Rätesystem** der ehem. oder noch **kommunistischen Staaten**, die das System nachdrücklich ablehnen. Im folgenden sollen einige der bedeutsamsten Verfassungsordnungen im Hinblick auf die Gewaltenteilung vorgestellt werden.

409 Von der Verfassung der **USA** wird gesagt, sie habe in besonderem Maße das System der Gewaltenteilung bewahrt, und man halte es dort für eine ihrer wichtigsten Grundlagen[35]. Das ist weitgehend richtig, auch wenn einige Einschränkungen zu vermerken sind. **Parlament und Regierung** wahren ihre gegenseitige Eigenständigkeit dadurch, daß beide Organe durch **getrennte Volkswahlen** berufen werden[36], daß das Parlament die Regierung nicht durch ein Mißtrauensvotum aus dem Amt entfernen kann und daß zur Amtsenthebung des regierenden Präsidenten aus Gründen der Rechtsverletzung eine Entscheidung des Supreme Court notwendig ist[37]. Der **Präsident** kann auch **nicht** das **Parlament auflösen** oder Neuwahlen fordern, etwa wenn er über keine Mehrheit verfügt, die seine Gesetzesvorlagen akzeptieren würde. Diese recht strikte Trennung von gesetzgeberischer Gewalt und Regierungsgewalt hat naturgemäß zu manchen Kontroversen geführt, denn es ist dem Parlament nicht möglich, einen mißliebigen Präsidenten durch einen anderen zu ersetzen und so durch eine politische Sanktion eine Änderung herbeizuführen. Umstritten

410 war daher aus diesen Gründen immer die Frage, ob der Präsident über sog. **implied powers** verfügt, über Kompetenzen, die, obwohl ungeschrieben, dann genutzt werden können oder müssen, wenn anders der Staat in eine Krise geriete[38]. Die Berufung auf ein solches Recht zur Ausschöpfung aller präsidentiellen Macht erfolgte dann, wenn der Präsident keine Mehrheit im Kongress fand, aber dennoch meinte handeln zu müssen.

411 Die **richterliche Gewalt** bewahrt ihre Eigenständigkeit einmal dadurch, daß die Ernennung der Mitglieder des Supreme Court vom Präsidenten und vom Senat vor-

---

33 Artt. 63 und 67 GG; Art. 92, Abs. 2 und Art. 94 der Verfassung Italiens v. 27. 12. 1947; ehem. Art. 96, Abs. 1 der Bundesverfassung der Schweizerischen Eidgenossenschaft v. 29.5.1874, woran die sog. Nachführung der Verf. vom 18. 4. 1999 gem. Art. 175 nichts geändert hat, denn weiterhin ist eine Abwahl der einmal eingesetzten Regierung während ihrer Amtszeit nicht vorgesehen.
34 Vgl. dazu Abschnitt 2 (Befugnisse des Rats), Art. 145 ff. des Vertrages zur Gründung der Europäischen Wirtschaftsgemeinschaft v. 25. 3. 1957; s. seit 1. 5. 1999 (Vertrag von Amsterdam), Art. 249 ff. EGV.
35 *K. Loewenstein* (Fn. 32), S. 110, gibt die eindrucksvolle Stellungnahme von Thomas Jefferson zum System der Gewaltenteilung gem. der Verfassung der USA wieder.
36 Art. II, sect. 1 (2 ff.) der Verfassung der USA (Wahl des Präsidenten) und Art. I, Sect. 2 (1 ff.) (Wahl des Kongresses).
37 Art. II, sect. 4 der Verfassung der USA (Impeachment-Verfahren).
38 *A. H. Kelly* und *W. A. Harbison*, The American Constitution, 6. Aufl. 1983, S. 299 ff.; eingehend zur verfassungsrechtlichen Stellung des Präsidenten *J. A, Barron/C. T. Dienes* (Fn. 11), S. 88 ff.

genommen wird³⁹. So kann weder die Exekutive noch die Legislative allein handeln. Zum anderen sind die Bundesrichter auf Lebenszeit berufen, was ihre Unabhängigkeit im Amt garantiert, während die Richter der Staaten auf Zeit gewählt werden, eine Methode, die einer strikten Gewaltenteilung nicht entspricht, da die Wahl zur Abhängigkeit führen kann. Auch die **Kompetenz des Supreme Court** stimmt mit dem Idealbild der Gewaltenteilung, wie Montesquieu sie auffaßte, **nicht** recht überein. Obwohl die Verfassung über die Frage, was zu gelten hat, wenn ein Gesetz des Kongresses ihren Anforderungen nicht entspricht, keine Auskunft gibt, hat der Supreme Court die Zuständigkeit für sich in Anspruch genommen, ein **Gesetz wegen Verfassungswidrigkeit für unanwendbar** zu erklären⁴⁰. Diese sog. judicial review begrenzt die Kompetenz der Legislative, ein Zustand, der einer Gewaltenteilungslehre widerspricht, die von der Alleinzuständigkeit des Gesetzgebers zum Erlaß abstrakter Normen ausgeht.

Starke Ähnlichkeiten bestehen zwischen der **Verfassung Frankreichs** von 1958 und der **WRV von 1919**. Jeweils wacht ein vom **Volk gewählter Staatspräsident** über die Kompetenzen von Exekutive und Legislative in der Art einer vierten Gewalt⁴¹. Die Regierung wird von ihm berufen und ist daher – zumindest theoretisch – vom Parlament unabhängig. In beiden Verfassungen ist vorgesehen, daß der **Staatspräsident** im **Staatsnotstand** selbständig alle Maßnahmen treffen kann, die er zur Existenzerhaltung des Staates für notwendig hält⁴². **412**

Die Befugnisse der **Gerichtsbarkeit** sind im Vergleich zu den USA schwächer ausgestaltet. Die WRV kannte keine Verfassungsgerichtsbarkeit, die ein Gesetz hätte für unanwendbar erklären können, und der Bestand eines sog. **richterlichen Prüfungsrechts** war umstritten⁴³. Die französische Verfassung richtete zwar eine Verfassungsgerichtsbarkeit ein (Conseil Constitutionnel)⁴⁴, aber ihre Befugnisse sind auf eine **präventive Kontrolle** beschränkt. Ist ein Gesetz erlassen, hat der französische Richter es anzuwenden⁴⁵. Eine besondere Eigenständigkeit der Exekutive kommt in beiden Verfassungen dadurch zum Ausdruck, daß Regierungsakte, die wesentlich politische, insbes. außenpolitische Materien betreffen, keiner Kontrolle durch eine andere Staatsgewalt unterliegen (act de gouvernement; gerichtsfreier Hoheitsakt)⁴⁶. **413**

---

39 Art. II, Sect. 2 (2) der Verfassung der USA.
40 *P. G. Kauper/F. X. Beytagh*, Constitutional Law, Cases and Materials, 5. Aufl. 1980 § 1, S. 5 ff.
41 S. Fn. 28.
42 S. Fn. 26.
43 Abgelehnt von *G. Anschütz*, Die Verfassung des Deutschen Reiches vom 11. 8. 1919, Kommentar, 14. Aufl. 1932, zu Art. 70, mit der Wiedergabe der gegensätzlichen Auffassungen.
44 Titel VII, Art. 56 ff. der Verfassung Frankreichs v. 28. 9. 1958.
45 Conseil d'État v. 20. 10. 1989 (Roujanski): „Considérant qu'il n'appartient pas au juge administratif d'apprécier la constitutionalité de la loi...".
46 Zur WRV s. die Auffassung des Reichsgerichts v. 2. 6. 1927, RGZ 117, S. 195 (202), zur Gerichtsfreiheit der Ausübung des diplomatischen Schutzes; der acte de gouvernement als gerichtsfrei ist in Frankreich anerkannt seit der Entscheidung des Conseil d'État v. 1.5.1822, vgl. dazu *H. Rumpf*, Regierungsakte im Rechtsstaat 1955, S. 40 ff., und *K. Doehring*, Die Pflicht des Staates zur Gewährung diplomatischen Schutzes, 1959, S. 78 ff.; zur jüngsten französischen Rechtsprechung Conseil d'État v. 16. 11. 1998, req. n. 161188 (Jurisprudence, II 10 124, 7. 7. 1999, S. 1299).

§ 18 *Die Gewaltenteilung*

414 Anders wieder steht es mit der **Verfassung Großbritanniens** und denjenigen Verfassungen, die dem britischen Vorbild gefolgt sind. Zwar gibt es in Großbritannien keine Verfassungsurkunde, aber die Regeln sind durch lange Tradition gefestigt. Obwohl für die Klassiker der Gewaltenteilung das englische Recht gerade als Modell diente, steht die Rechtstheorie dem Gedanken der Gewaltenteilung näher als die Rechtspraxis, denn sie beruht auf der Macht der Krone, eine Regierung nach ihrem Ermessen zu ernennen, während die Praxis eine **Parlamentsmehrheit** fordert[47]. Da die Krone von ihrer Macht seit langem keinen Gebrauch gemacht hat, kann man von einer sog. **convention** ausgehen, wonach letztlich das Parlament die Regierung bestimmt und diese daher in gleicher Art von der Legislative abhängig ist, wie das im formellen parlamentarischen Regierungssystem der Fall ist. Andererseits ist die einmal eingesetzte Regierung recht frei in ihrer Kompetenzausübung, was vor allem dadurch zum Ausdruck kommt, daß sie selbst über den Zeitpunkt entscheidet, zu dem Neuwahlen stattfinden sollen[48]. So wie die **Krone theoretisch frei ist, eine Regierung zu ernennen**, könnte sie diese auch durch eine neue ersetzen. Aber auch hier ist die Praxis wesentlicher als die Theorie. Die sog. **Souveränität des Parlaments** hat sich pragmatisch als stark erwiesen, auch wenn der Krone **Prärogativen** verbleiben, die allerdings von der Regierung wahrgenommen werden und so im parlamentarischen Regierungssystem auch wiederum auf die Macht des Parlaments zurückverweisen. Die Souveränität des Parlaments läßt den Gedanken an eine Ver-

415 fassungsgerichtsbarkeit nicht zu; der **Richter** hat das **Gesetz** anzuwenden, auch wenn dieses nach seiner Auffassung dem common law oder dem Völkerrecht widerspricht oder mit fundamentalen Individualrechten in Widerspruch stehen könnte[49]. Abgeschwächt wird diese strikte Auffassung dann wieder durch den Umstand, daß die **richterliche Rechtsfortbildung** im Rahmen des ungeschriebenen case law die Rechtsentwicklung lange Zeit bestimmt hat. So ist der Richter sehr frei soweit Gesetzesrecht nicht besteht, und sehr unfrei, wenn und soweit der Gesetzgeber tätig wurde. Es ist immer wieder erstaunlich festzustellen, daß die Gewaltenteilungslehre ihren Ursprung im englischen Recht nahm, aber auch dort keinen reinen Ausdruck findet.

416 Im Gegensatz zum System der USA, in dem die Gewaltenteilung durch, wie gezeigt, recht strikte Trennung von Exekutive und Legislative einen relativ klaren Ausdruck findet, stehen diejenigen Rechtssysteme, in denen Gesetzgebung und Regierung schon in ihrer Entstehung von einander abhängig sind und dann ebenfalls im Rahmen ihrer Betätigung. Das Regierungssystem der **Bundesrepublik Deutschland** zeigt diesen Typus besonders klar. Die **Regierung** wird vom **Parlament ernannt** und kann vom Parlament jederzeit des Amtes enthoben werden, wenn auch nur durch die **Einsetzung einer neuen Regierung** (sog. konstruktives

---

[47] Über die Entwicklung der parlamentarischen Demokratie in England *G. Brunner*, Vergleichende Regierungslehre, Bd. 1, 1979, S. 110 ff.
[48] *K. Loewenstein* (Fn. 32), S. 220 f.
[49] Im Fall The Zamora (1916), 2 A.C., S. 93 ist ausgeführt, daß ein britisches Gericht das Gesetz auch dann anzuwenden habe, wenn es im klar erkennbaren Gegensatz zu Völkerrechtsregeln steht. Das entspricht immer noch dem geltenden englischen Recht.

Mißtrauensvotum)⁵⁰. Dem Staatspräsidenten sind nahezu keine legalen Befugnisse zuerkannt; sie beschränken sich auf das Recht, das Parlament dann aufzulösen, wenn die Regierung einen entsprechenden Antrag stellt und diesen damit begründet, daß ihr ein Vertrauensantrag abgelehnt wurde⁵¹. Da regelmäßig die **Regierung** in ihrer Willensbildung somit **identisch** ist mit der **Mehrheit des Parlaments**, kann man sie auch als einen Ausschuß der Parlamentsmehrheit bezeichnen⁵². Eine Spannung zwischen Parlamentsmehrheit und Regierung ist nicht nur dadurch nahezu ausgeschlossen, sondern würde auch dem System der parlamentarischen Regierungsform widersprechen. Die Möglichkeit also, wie sie in den USA besteht, daß der Präsident als regelmäßig unabsetzbares Staatsorgan sich in Gegensatz setzen könnte zu dem gesamten Parlament, wie das auch geschehen ist, ist nur in Ausnahmefällen gegeben und bedeutet in diesem System eine Staatskrise. Eine **Spannung im klassischen Sinne** kann also nur bestehen zwischen der Minderheit des Parlaments, der **Opposition, und der Parlamentsmehrheit und Regierung** auf der anderen Seite. Dem Minderheitenschutz kommt hierbei dann eine besondere Bedeutung zu, weil die Opposition eben die Funktion erhält, die die klassische Gewaltenteilung dem Gesamtparlament zuschreiben wollte. Diese durchaus begrenzte Macht der Opposition kann selbstverständlich eine volle Regierungskontrolle, wie die klassische Gewaltenteilung sie ehedem forderte, nicht ersetzen, denn letztlich kann die Opposition doch nur destruktiv arbeiten und nicht konstruktiv. Die Gewaltenteilung im Sinne Montesquieu's findet also hier ihr Ende.

417

Einer gewissen **Tyrannis**, wie sie von der **Parlamentsmehrheit** im Zusammenwirken mit der Regierung im Sinne einer Machtkumulation ausgeübt werden könnte, versucht dieses System dadurch zu entgehen, daß es eine **Verfassungsgerichtsbarkeit** einsetzt. Dieser Teil der **Justiz** wird zum **Staatsorgan** und erhält so, jedenfalls gegenüber der Regierung, eben diejenige Machtposition und vor allem Kontrollfunktion, die der Volksvertretung im klassischen Bild überantwortet war. Das führt notwendigerweise dazu, daß entweder nur die Einhaltung der **Rechtsordnung kontrolliert** wird, falls die Verfassungsgerichtsbarkeit sich hierauf beschränkt, oder aber sie sich **politisch orientiert** und politische Entscheidungen treffen muß, wenn sie die ursprünglich als politisch gedachte Kontrolle des Parlaments gegenüber der Regierung ersetzen will. Es ist daher verständlich, daß die Verfassungsgerichtsbarkeit von jeher im Zwielicht zwischen gerichtlicher Tätigkeit und politischer Aktivität steht und auch weiterhin stehen wird⁵³.

418

---

50 Art. 67, Abs. 1 GG; zu Zweifeln an der Zweckmäßigkeit dieses verfassungsrechtlichen Instituts s. *K. Doehring* (Fn. 15), S. 161 mit Literaturnachweisen; s. auch *M. Oldiges*, in: Grundgesetz, Kommentar (Hrsg. M. Sachs), 3. Aufl. 2003, zu Art. 67, Rdn. 15 ff. u.21 ff.
51 Art. 63, Abs. 4 und Art. 68, Abs. 1 GG; dazu BVerfG v. 16. 2. 1962, BVerfGE 62, S. 1 ff.
52 *H. Meyer*, Das parlamentarische Regierungssystem des Grundgesetzes, VVDStRL H. 33, 1975, S. 85 ff.; s. auch *K. Doehring* (Fn. 15), S. 197 (Die Gewaltenteilung des Grundgesetzes); *R. Zippelius* (Fn. 3), S. 332 ff., zur Verschränkung von Exekutive und Legislative in der „heutigen Staatswirklichkeit".
53 Dazu *K. Doehring* (Fn. 15), S. 132 ff. mit entsprechenden Literaturhinweisen zu den kontroversen Auffassungen; *G. Sturm*, in: Grundgesetz, Kommentar (Fn. 50), zu Art. 93, Rdn. 4 ff.

§ 18 Die Gewaltenteilung

419 Versteht man unter dem System der Gewaltenteilung ein solches, das, abgesehen von jeder Rechtseinhaltung, Selbständigkeit und Kontrolle und auch politische Eigen- als auch Mitverantwortung herstellen soll, dann ist im **parlamentarischen Regierungssystem** für diese Art der Aufteilung der Staatsgewalten kaum noch Raum. **Politische Kontrolle** beschränkt sich auf den Vorgang der **Wahl**, denn nur durch die Wahl eines neuen Parlaments werden die bisherigen Inhaber einer vielleicht nicht mehr gewünschten politischen Macht verdrängt. Es ist nur noch das Volk, das in angemessenen Abständen durch die Wahl einer Partei oder einer Koalition politische Änderungen herbeiführen kann. Umso bedeutsamer wird in diesem System das Wahlrecht, nämlich seine Ausgestaltung, seine Garantien und der Wille der Staatsbürger, es in Anspruch zu nehmen, und so mit politischer Sanktion die Regierung zur Verantwortung zu ziehen (responsible government).

420 Da das reine **Sowjet-System** die Gewaltenteilungslehre ab initio ablehnte[54], bedarf es hier keiner besonderen Erläuterung. Selbstverständlich ist auch in einem solchen System eine **Funktionenverteilung** notwendig und vorhanden, und der Grundsatz der Interdependenz der Räte wurde in den kommunistischen Verfassungen auch nicht durchgehalten, jedoch bestand im übrigen eine **durchgängige Abhängigkeit aller Staatsorgane** voneinander. Die Sowjets setzen die Regierung ein, und die Justiz war gleichermaßen durch periodische Richterwahl und die Möglichkeit der Richterabsetzung in voller Abhängigkeit von den politischen Kräften. Dieses ganze System hatte bisher nur deshalb funktioniert, weil hinter allen durch die Verfassung eingesetzten Institutionen nur die eine **politische Partei** stand und ihre Kontrollmacht ausübte, so daß die Einheit des Parteiwillens für die Letztentscheidungen maßgebend war. In diesem System hatte das **Recht zur Kandidatenaufstellung** ebenfalls nur die eine allein bestehende **Partei**[55], so daß auch hier ein Dualismus, eine gegenseitige Kontrolle politischer Kräfte, nicht stattfinden kann. Die oft behauptete Möglichkeit, daß innerhalb des Einparteiensystems sich Flügel bilden, die dann zu einer gewissen Gewaltenteilung führen könnten, hat sich nicht bewahrheitet; ein **politischer Pluralismus** konnte **nicht** entstehen, weil die Kandidaten auch in einen solchen Wettbewerb gemeinsam von der gleichen Partei abhängig sind. Da eine marxistische Partei zentralistisch organisiert ist, hat sie die Möglichkeit, opponierende Kräfte auszuschalten, und sie hat immer von ihr Gebrauch gemacht.

421 Auch im Hinblick auf **internationale Organisationen** und insbes. **supranationale Organisationen** hat man sich immer wieder Gedanken darüber gemacht, ob denn dort Anklänge an die klassische Gewaltenteilung zu finden sind, oder ob nicht gar ein besonderer, neuer Typus der Gewaltenteilung dort verkörpert ist[56]. In den klassischen Organisationen findet sich der Gedanke der Gewaltenteilung nicht. Da die Vertreter in den Räten als **Delegierte der Mitgliedstaaten** auftreten und daher weisungsgebunden sind, kann es innerhalb dieses Systems Spannungen, wie sie zwi-

---

54 So bezeichnet *R. Meister* in: Staatsrecht bürgerlicher Staaten, 1986, S. 97, die Gewaltenteilung als „bürgerlich-demokratische Konzeption, die angesichts der Herausbildung und Entwicklung des staatsmonopolistischen Kapitalismus zur Farce" geworden sei.
55 *G. Seiler*, in: Staatsrecht der DDR, 2. Aufl. 1984, S. 227.
56 *H. P. Ipsen*, Europäisches Gemeinschaftsrecht, 1972, S. 317 ff. (Gewaltenteilung).

schen Staatsregierung und Staatslegislative auftreten können, nicht geben. Gegensätzliche Auffassungen werden von außen durch die Regierungen der Mitgliedstaaten in die Organisation hereingetragen, aber sie entstehen nicht originär unter ihren Organen. Die Entscheidungen internationaler Organisationen beruhen in jedem Falle auf einem wie immer ausgestalteten **Mehrheitsprinzip**, gleichgültig welches Organ sie trifft. Gesetzgebung und Regierung sind dort nicht Gegenspieler. Falls der Sicherheitsrat der Vereinten Nationen eine für die Staaten bindende Entscheidung trifft[57], steht dem keine Kontrolle durch die Generalversammlung gegenüber; Kontrolle besteht nur innerhalb des Sicherheitsrates, wobei sie sich entweder durch Ausübung des Veto-Rechts durchsetzt[58], oder durch Mehrheitsbeschluß erledigt wird.

Etwas anders stellt sich die Rechtslage bei den **supranationalen Organisationen Europas** dar. Zwar besteht auch hier kein Parlament, das die Gesetzgebungsfunktion eines staatlichen Parlaments innehat. Immerhin aber gibt es eine gewisse **Kontrolle**, die das **Parlament gegenüber Rat und Kommission** ausübt; sie ist allerdings spärlich, denn beschränkt auf die Möglichkeit, der Kommission insgesamt das Mißtrauen auszusprechen und sie dadurch ihres Amtes zu entheben[59], in der Möglichkeit, den vorgeschlagenen Haushaltsplan abzulehnen und an der Gesetzgebung mitzuwirken[60]. Zusätzlich ist noch zu bedenken, daß das Parlament mit dem Medium der Gerichtsbarkeit seine Rechte durchsetzen kann[61]. Es könnte dann daran gedacht werden, daß **zwischen Rat und Kommission** eine Art **Gewaltenteilung** herrscht. Aber auch das ist **nicht** der Fall. Der **Ministerrat** vereinigt in sich Rechte eines gesetzgebenden Organs und einer Regierung. Die **Kommission** wäre eher der Verwaltung zuzurechnen, auch wenn ihre Mitwirkung wegen des zu beachtenden **Vorschlagsrechts** gegenüber dem Ministerrat von Bedeutung ist. Letztlich aber entscheidet der Ministerrat, was vielfach zu der Beurteilung führte, daß die Europäischen Gemeinschaften in ihrer Funktion durch nationale Interessen gehemmt sind.

422

Insgesamt läßt sich also feststellen, daß das **Urbild der Gewaltenteilung**, wie Montesquieu und andere es entwarfen, in der Staatenwelt **nur in Ansätzen** und Anklängen noch verwirklicht ist; es wurde durch das Demokratieprinzip – alle Staatsgewalt geht vom Volke aus – zurückgedrängt und durch stärkere Funktion der Opposition und der dritten Gewalt ersetzt. Mit einer gewissen Vorsicht könnte man vielleicht sagen, daß die **Idee** als solche in den **USA** noch am **stärksten** verankert ist, aber sich in gewisser Weise selbst wiederum dadurch beschränkt, daß dem **Obersten Gerichtshof** eine Macht zugestanden wird, die sich **politisch** auswirkt und nicht mehr en quelque façon nul ist. Eine Spannung zwischen Exekutive und Legislative wird also letztlich in den USA auch nicht dadurch aufgehoben, daß das eine Organ sich aufgrund seiner Kompetenzen gegen das andere Organ durchsetzt, son-

423

---
57 UN-Charta, Kap. V, Art. 25; zu den Grenzen dieser Bindung *E. Jimenez de Aréchaga*, United Nations Security Council, in: EPIL, Bd. 4, 2000, S. 1168 ff.
58 UN-Charta, Kap. V, Art. 27, Abs. 3.
59 Art. 201 EGV.
60 Art. 272, 273, 276 EGV; Mitwirkung des Parlaments an der Gesetzgebung Art. 251 EGV.
61 Art. 230 EGV.

dern dadurch, daß der Oberste Gerichtshof der einen oder der anderen Seite recht gibt und damit die Rolle der **vierten** Gewalt übernimmt. Wichtig ist es dann, wer die Richter ernennt, die diese Schiedsfunktion ausüben (dazu § 20).

§ 19 Der Rechtsstaat

1. Begriffsentstehung

424 Es handelt sich bei diesem Begriff um einen deutschen Rechtsterminus, dessen Übersetzung in fremde Sprachen immer Schwierigkeiten bereitet hat; deshalb hat dieser deutsche Ausdruck auch Eingang in die Sprachregelungen anderer Rechtsordnungen gefunden[1]. Übersetzungen sind vielfach versucht worden, aber sie treffen dennoch niemals perfekt den hier zu behandelnden Gegenstand. Im englischen Sprachraum, im common law, spricht man von der **rule of law**, einem Terminus, auf den zurückzukommen ist[2]. Im französischen Sprachraum benutzt man den Begriff **état constitutionnel**. In neuerer Zeit findet man auch den Begriff **état de droit**[3], der lange Zeit als unüblich galt. Für das Verfassungsrecht der USA ist auf die **due-process-Klausel** zu verweisen, dem die Rechtsprechung rechtsstaatliche Elemente, vergleichbar dem deutschen Recht, entnimmt[4].

425 Grobe Charakterisierungen des Rechtsstaatsbegriffs lassen sich allen westlichen, freiheitlich demokratischen Verfassungen entnehmen. So hat man gesagt der Rechtsstaat sei das **government of law and not of men**[5]. Darin einbezogen soll der Gedanke liegen, daß das objektive Recht die Willkür des Rechtsanwenders **nicht** zuläßt, daß in gewissem Umfange der **Gleichheitssatz** gegenüber allen Rechtsunterworfenen gelten soll, und daß das Recht jederzeit seine eigene **Berechenbarkeit** garantieren müsse. Konkretisierungen dieses Konzepts finden sich vielfältig, so etwa in dem Satz nulla poena sine lege, in dem Verbot der Doppelbestrafung, im Verbot der Rückwirkung von Gesetzen und in vielen anderen Vorkehrungen der Rechtswelt, mit denen dem Grundsatz der Berechenbarkeit des Rechts entsprochen werden soll.

426 Sinngemäß wurde der Begriff des Rechtsstaates von Hobbes, Locke, Milton und später auch von Kant schon verwendet[6]. Die Formulierung wird Robert v. Mohl zu-

---

1 So wird der Rechtsstaatsbegriff unübersetzt verwendet u.a. von *J. Stone*, The Province an Function of Law, 2. Aufl. 1950, S. 713, und *P. van Dijk*, Judicial Review of Governmental Action and the Requirement of a Interest to Sue, 1980, S. 1 und 32.
2 *T. C. Hartley* und *J. A. G. Griffith*, Government and Law, 2. Aufl. 1981, S. 7 ff.; *J. Stone* (Fn. 1), S. 260 ff.
3 So sprach Präsident Giscard d'Estaing in einer Rede vor dem Conseil constitutionnel am 8. 11. 1977 von der Notwendigkeit, den „état de droit" zu vervollständigen (*D. Maus*, Textes et documents sur la pratique constitutionnelle de la V. République, 2. Aufl. 1982, S. 640).
4 Amendment XIV (1868), sect. 1.
5 So U.S. Supreme Court in Marbury v. Madison, 1 Cranch 137, 2 L.Ed. 60 (1803).
6 Zum Folgenden, insbes. zur Entstehung des Begriffs, *H. Krüger*, Allgemeine Staatslehre, 1964, S. 776 ff.; *E.-W. Böckenförde*, Staat, Gesellschaft, Freiheit. Studien zur Staatstheorie und zum Verfassungsrecht, 1976, S. 65 (Entstehung und Wandel des Rechtsstaatsbegriffs).

geschrieben. Rechtsphilosophisch wird der Begriff in etwa schon seit Anfang des 19. Jahrhunderts als den **Staat der Vernunft** charakterisierend bezeichnet, im **Gegensatz zur Despotie** oder Theokratie. Auch Adam Müller sprach Anfang des 19. Jahrhunderts schon vom Rechtsstaat, meinte damit aber wohl „Staat" i.S. von „Status". In der zweiten Hälfte des 19. Jahrhunderts sollte der Begriff bedeuten, daß sich der Staat **nur mit dem Recht** zu beschäftigen habe; man sprach auch vom **Nachtwächterstaat**, von einer Beschränkung der Staatsgewalt, die auch im Allgemeinen Landrecht Preußens schon zum Ausdruck kommt, wenn es um die Befugnisse der Polizei geht[7]. Alle anderen, die **Wohlfahrt des Staatsbürgers** betreffenden Fragen sollten der **freien Gesellschaft** zur Regelung überantwortet bzw. überlassen bleiben. Später dann sprach man vom **sozialen Rechtsstaat**, vom **Wohlfahrtstaat** und verknüpfte hiermit eine umfassende Sicht des Staates neben einer staatlichen Pflicht zur Unterlassung von nicht vorhersehbaren Eingriffen. In all diesen Beschreibungen und Begriffsbildungen blieb die Frage nach dem **Staatszweck** weitgehend **offen**, was auch der Grundauffassung des Positivismus entsprach. Der Rechtsstaat als besonderer Staatstypus bedeutete dann, daß der Staat, wenn auch nicht seine Polizei aufgrund einer Generalklausel, zwar alle Zwecke und Ziele verfolgen dürfe, aber doch nur in den **Formen des Rechts**, d.h. durch Erlaß von Normen, wie es auch Friedrich Julius Stahl schon sah[8].

Der Rechtsstaatsgedanke und der Rechtsstaatsbegriff wurden so in einen Gegensatz gesetzt zum **Polizeistaat**, dem Verwaltungsstaat des 18. Jahrhunderts, von dem man behauptete, daß er **Willkür** des Fürsten **unkontrolliert** lasse und eine Begrenzung seiner Macht ausschließe. Aber auch gegen patriarchalische Bevormundungen, gegen die Zulässigkeit, daß der Fürst dem Untertan sein Glück vorschreiben könne, ist der Rechtsstaatsbegriff eingesetzt worden. Dabei ist zu beachten, daß sich im Verlauf des 19. Jahrhunderts Individuum und Gesellschaft immer mehr in der Atmosphäre des **Liberalismus** entwickelten. In dieses Bild paßt es dann, daß der **Staat** nun als **juristische Person** aufgefaßt wurde, denn nur so konnten auch **Rechte gegen den Staat** in Anspruch genommen werden. Weil der Monarch in der allgemeinen Rechtsvorstellung immer noch immun blieb – jedenfalls der absolute Monarch als Quelle allen Rechts konnte selbst als dem Recht unterworfen nicht gedacht werden – wurde der Staat in einem gewissen Dualismus zum Monarchen angreifbar gemacht, da staatliches Unrecht nicht mehr hinnehmbar erschien. Das Ergebnis dieser Entwicklung ist die **konstitutionelle Monarchie** und eben in ihrer Folge der sog. **bürgerliche Rechtsstaat**. Denn nun wurden Gesetze, erlassen von den Repräsentanten des Volkes, als Sperre für die Prärogative des Monarchen betrachtet, was allerdings nur begrenzt galt, denn der Krone blieb immer noch und weitgehend die Letztverantwortung und damit Letztentscheidung vorbehalten. Immerhin schien damit zunächst Wesentliches zum Schutz der Gewaltunterworfenen erreicht. Es sollten nun die **Gesetze** die Rechtsordnung im Sinne einer **abstrakten Ordnung** regeln, während die Exekutive diese Rechtsordnung ausführen und dabei an die Ge-

---
[7] Das ALR, § 10, Teil II, Titel 17, nennt als Aufgabe der Polizei nur die Erhaltung der öffentlichen Ruhe, Sicherheit und Ordnung und die Abwendung von Gefahren.
[8] *F. J. Stahl*, Die Philosophie des Rechts, Bd. 2, 3. Aufl. 1856, § 36.

§ 19   Der Rechtsstaat

setze gebunden sein sollte. Wieder gehörte hierzu ein bestimmter **Gesetzesbegriff**, nämlich das generelle und abstrakte Gesetz, denn wenn das Gesetz hätte konkret sein dürfen, wäre der Exekutive die Eigenständigkeit genommen[9], aber es wäre auch durch Einzelfallgesetz die Gleichheit der Staatsbürger in Gefahr geraten. Das alles ist dennoch bis heute umstritten, denn auch der moderne Staat lehnt zwar das **Einzelfallgesetz** ab, das nur eine bestimmte Person treffen soll, kennt aber doch das sog. **Maßnahmegesetz**, das eine bestimmte Situation regeln soll, auch wenn von ihr nur wenige oder gar nur ein Einzelner betroffen ist. Der Rechtsstaat also, der Staat, in dem die abstrakte Rechtsordnung die Exekutive bindet, sollte dieser zwar noch Raum für eigene Entscheidungen belassen, doch besonders **schwerwiegende Fragen** sollte das **Parlament selbst** regeln[10]. So gehört der Grundgedanke der Gewaltenteilung auch zum Rechtsstaatsgedanken, wie Kant und die französische Revolution es gefordert hatten.

431   Die **Kontrolle** der Staatsmacht durch die **Justiz** ging andere Wege. Für den Begriff des Rechtsstaats schien zunächst die Gerichtskontrolle nicht von ausschlaggebender Bedeutung. Das mag daran gelegen haben, daß im bürgerlichen Rechtsstaat die Tatsache, daß das Volk sich selbst seine Gesetze gab, als ausreichend erschien und bereits als Erreichung des eigentlichen Ziels, der Herrschaft durch das Volk, die die Herrschaft durch den König zumindest begrenzte. Erst in der zweiten Hälfte des 19. Jahrhunderts gewann der Gedanke der gerichtlichen Kontrolle hoheitlicher Gewalt an Bedeutung. Zunächst waren die **ordentlichen Gerichte** auch in Fragen des öffentlichen Rechts zuständig, wie das bis heute im britischen Recht der Fall ist. Alsbald empfand man allerdings, daß die Verwaltungskontrolle besser durch **spezielle Verwaltungsgerichte** garantiert war[11], während man an eine spezielle Verfassungsgerichtsbarkeit zu dieser Zeit noch nicht dachte.

432   Doch war die Verwaltung der Gerichtsbarkeit nicht in jedem Falle unterworfen, sondern Gerichtsschutz war nur dann gegeben, wenn das spezielle Gesetz, das anzuwenden war, den Gerichtsschutz auch speziell nannte. Eine **Generalklausel**, nach der alle Tätigkeit der öffentlichen Hand gerichtlicher Kontrolle unterliegt, gab es damals nicht.

433   Diese kurzen Bemerkungen mögen zeigen, daß es sich um eine **fortwährende Perfektionierung der Gerichtskontrolle** der hoheitlichen Gewalt handelte. Sie führt dann nahezu ungebrochen, wenn man einmal von der Zeit des Nationalsozialismus absieht, zu immer stärkerer **justizförmiger Überwachung der öffentlichen Gewalt**. Unter dem Grundgesetz der Bundesrepublik Deutschland herrscht nun der sog. lückenlose Gerichtsschutz gegen hoheitliches Handeln[12], von manchen auch

---

9   Zum Gesetzesbegriff *E.-W. Böckenförde*, Gesetz und gesetzgebende Gewalt, 2. Aufl. 1981.
10 Man spricht in diesem Zusammenhang von der „Wesentlichkeitstheorie", die das BVerfG jedenfalls dann für relevant erklärt hat, wenn es um Grundrechtsschutz ging (BVerfGE 49, S. 89 (169 ff.) und 57, S. 295 (320 f.)); der Grundgedanke wurde schon vom Supreme Court der USA u.a. im Falle United States v. Grimaud (220 U.S. 506) im Jahre 1911 entwickelt.
11 Für eine gerichtliche Kontrolle der Verwaltung trat *R. v. Gneist* (Verwaltung, Justiz und Rechtsweg, 1869), Der Rechtsstaat, 1872, 2. Aufl. 1879) erfolgreich ein.
12 Art. 19, Abs. IV GG; dazu *R. Herzog*, in: Maunz-Dürig, Grundgesetz, Kommentar, zu Art. 19, Abs. IV, Rdn. 15 als „Teil des Rechtsstaatsprinzips".

als zu intensiv empfunden, so daß man mit einer gewissen Übertreibung heute auch vom **Rechtswegstaat** spricht[13].

Es sei aber noch einmal zurückgekommen auf den sog. **bürgerlichen Rechtsstaat** im Sinne des **Gesetzgebungsstaates**. Es sind im wesentlichen vier Grundsätze, die sich unter diesem Konzept entwickelten und auch heute strikte Geltung beanspruchen. Der erste Grundsatz betrifft das Handeln der Verwaltung, das im Rechtsstaat als Gesetzgebungsstaat nur dann legal ist, wenn die Verwaltung sich für jede ihrer Tätigkeiten darauf berufen kann, daß ein Gesetz sie hierzu ermächtige. Man spricht daher von dem **Grundsatz der Gesetzmäßigkeit der Verwaltung**[14]. Der Vollständigkeit halber sei hinzugefügt, daß selbstverständlich auch die Verfassung als „Gesetz" unmittelbare Kompetenzen der Verwaltung überantworten kann, und daß die Verwaltung gegebenenfalls für ihr Handeln sich unmittelbar auch auf die Verfassung berufen kann. Der zweite Grundsatz betrifft den sog. **Vorrang des Gesetzes**. Er bedeutet, daß die Verwaltung bei ihrem Handeln das Gesetz immer in erster Linie zu berücksichtigen hat, also mit Vorrang vor den Normen einer Rechtsverordnung, einer Satzung oder Verwaltungsanweisung[15]. Der Vorrang soll selbstverständlich in erster Linie die Dignität, die Zuständigkeit des Gesetzgebers schützen, er hat aber auch zum Inhalt, daß der Bürger, zu dessen Orientierung die Gesetze veröffentlicht werden, sich im Klaren darüber sein kann, was die Rechtsordnung im konkreten Fall aussagt. Von diesem Vorrang des Gesetzes ist als drittes Prinzip dasjenige des **Vorbehaltes des Gesetzes** zu unterscheiden. Hier hat man sich von jeher auf etwas schwankendem Boden bewegt; es geht darum, daß im Rechtsstaat, i.S. des Gesetzgebungsstaates, gewisse Materien, insbes. **Eingriffe in Freiheit und Eigentum**, dem Gesetzgeber vorbehalten sind, d.h. daß nur er Eingriffe in diese Rechte regeln darf und ausdrücklich regeln muß, wenn sie legal sein sollen. Es ist nie ganz geklärt worden, und das gilt auch für die heutige Zeit, welche Materien nun dieser sog. Vorbehalt des Gesetzes endgültig umfaßt[16]. Es geht dabei um die gleichen Erwägungen, wie sie zum Gesetzesbegriff selbst angestellt wurden, nämlich um die Frage, wer nun im gewaltenteilenden System für den Erlaß einer Norm zuständig sein solle, die Legislative oder die Exekutive, was im Folgenden nochmals zu erörtern ist.

Die Globalformeln **Freiheit und Eigentum** sind sicherlich **nicht mehr ausreichend**, und daher hat das Bundesverfassungsgericht unter der Herrschaft des Grundgesetzes entschieden, daß besonders wichtige Staatsentscheidungen einem sog. **Parlamentsvorbehalt** unterliegen, daß also bei derartigen Entscheidungen der Gesetzgeber tätig werden muß und die Frage nicht durch eine Rechtsverordnung oder gar unter den Grundsätzen des verwaltungsgerichtlichen Ermessens geregelt

---

13 *I. v. Münch*, in: Grundgesetz-Kommentar (hrsg. v. I. v. Münch u. P. Kunig), Bd. 1, 5. Aufl. 2002, Vorbem. zu den Artt. 1–19, Rdn. 2.
14 Zu dem Grundsatz der Gesetzmäßigkeit der Verwaltung und seinem Bezug zum Rechtsstaatsbegriff *K. Doehring*, Staatsrecht der Bundesrepublik Deutschland, 3. Aufl. 1984, S. 232 f.
15 *E. Schmidt-Aßmann*, Der Rechtsstaat, in: HStR, Bd. I, 2. Aufl. 1995, § 24, Rdn. 62; *F. Ossenbühl*, Vorrang und Vorbehalt des Gesetzes, in: HStR, 2. Aufl., Bd. III, 1996, S. 315 ff.
16 *E. Schmidt-Aßmann* (Fn. 15), Rdn. 63 ff.; s. auch *K. Vogel*, Gesetzgeber und Verwaltung, in: VVDStRL, Bd. 24, 1966, S. 125 ff.

§ 19   *Der Rechtsstaat*

werden darf¹⁷. So hat das Bundesverfassungsgericht, um nur Beispiele zu nennen, entschieden, daß die Schulordnung unmittelbar durch den Gesetzgeber vorgenommen werden müsse, obwohl es hierbei im klassischen Sinne nicht eigentlich um Fragen von Freiheit und Eigentum geht, und es hat entschieden, daß bei Auslandseinsätzen der Bundeswehr das Parlament zuzustimmen habe, obwohl die Verfassung hierüber nichts enthält¹⁸.

439 Der letzte hier zu nennende Grundsatz ist nicht ein Erzeugnis des frühen Rechtsstaatsbegriffs, sondern wurde erst in späterer Zeit entwickelt. Es geht um den Grundsatz des **Gesetzesvorbehalts**. Er bedeutet, daß dann, wenn die Verfassung Grundrechtsnormen enthält, diese Grundrechte nur dann eingeschränkt werden dürfen, wenn die Verfassung ausdrücklich zu erkennen gibt, daß dem Gesetzgeber hierfür ein Raum belassen sei. Dieser Grundsatz konnte selbstverständlich erst dann entstehen als man die **Grundrechte zum Essentiale des Rechtsstaatsbegriffs** zählte, und das war für die deutsche Rechtsordnung recht spät der Fall. Einige Verfassungen der deutschen Länder verfügten über einen Grundrechtskatalog schon z.Zt. als das Deutsche Reich 1871 gegründet wurde. Die Reichsverfassung enthielt keine Grundrechte. Die Verfassung von Weimar aus dem Jahre 1919 umfaßte dann einen Grundrechtskatalog, bei dem jedoch der soeben beschriebene Gesetzesvorbehalt für nahezu alle Grundrechte galt, obwohl man schon damals von sog. polizeifesten Grundrechten sprach¹⁹. Erst das Grundgesetz der Bundesrepublik Deutschland hat mit dem Begriff des Gesetzesvorbehalts dann ernst gemacht und hat die Grundrechte in solche eingeteilt, die einen Gesetzesvorbehalt enthalten, d.h. also dem Gesetzgeber zur Einschränkung offen stehen, und solchen Grundrechten, denen man einen sog. absoluten Charakter zubilligt. Hierauf ist bei Behandlung der Grund- und Menschenrechte zurückzukommen.

440 Es mag erstaunen, wenn man feststellt, daß zum **Rechtsstaatsbegriff** in seiner ursprünglichen Konzeption **Grundrechte** durchaus **nicht** als unabdingbar zählten. Natürlich gab es subjektive Rechte auch damals, weil sich wegen der Gesetzmäßigkeit der Verwaltung das Individuum gegenüber der Staatsmacht auf ausdrücklich eingeräumte Rechte berufen konnte. Aber ein Grundrechtskatalog, der auch den Gesetzgeber binden würde und auch später gebunden hat, wurde nicht als notwendig angesehen, was wohl daran gelegen hat, daß mit der Tatsache, daß das Volk sich selbst die Gesetze gab, eine Willkür der Regierung, der Grundrechte hätten entgegengehalten werden können, zunächst nicht mehr befürchtet wurde. Erst die Erkenntnis, daß bei der **Volksgesetzgebung** die **Mehrheit einen Mißbrauch ihrer Macht** gegenüber der **Minderheit** betreiben kann, machte die Grundrechte dann interessant. Selbstverständlich waren die Grundrechte auch gegen die Regierung gerichtet, aber den souveränen Gesetzgeber durch sie zu binden, war ein neuer Gedanke; auch das Parlament sollte nicht als Despot die volle Omnipotenz haben. Man erkannte, daß die **Macht**, die man den **Fürsten** oder **Tyrannen** genommen

---

17   Vgl. Fn. 10.
18   Zum Schulrecht BVerfG v. 6. 12. 1972, BVerfGE 34, S. 165 (192 f.); zum Einsatz der Bundeswehr BVerfG v. 19. 7. 1994; BVerfGE 90, S. 286 ff., 381 ff.
19   *G. Anschütz*, Die Verfassung des Deutschen Reiches vom 11. August 1919, 14. Aufl. 1932, S. 519.

hatte, an anderer Stelle, nämlich in Form der **Mehrheitsentscheidung, wieder erstand.**

Knapp zusammenfassend sei noch einmal gesagt: Der Rechtsstaat in seinen Anfängen, der bürgerliche Rechtsstaat also, beinhaltete im Sinne einer Grundkonzeption vor allem die **Berechenbarkeit des Rechts**, die **Verläßlichkeit des Rechts** und die **Bindung aller Staatsgewalt an das Recht. Alle** anderen Ausprägungen, die nun betrachtet werden sollen, sind Stufen auf dem Wege zu einer im Grunde doch gewandelten Rechtsstaatsauffassung.

441

2. Fortentwicklung im deutschen Recht

Der Terminus **Rechtsstaat**, entstanden in der deutschen Rechtswissenschaft, hat wohl in keiner Verfassung der Welt eine so spezifische Betonung im Laufe der Entwicklung erhalten, wie das unter der Geltung des **Grundgesetzes der Bundesrepublik Deutschland** heute der Fall ist. Man hat, selbstverständlich in Abkehr von der Zeit des Nationalsozialismus, den Rechtsstaatsbegriff **ständig perfektioniert**, bzw. ihn mit immer mehr Attributen so beladen, daß nicht, wie man hätte erwarten können, schärfere Konturen erzeugt worden wären, sondern, daß er durch **Überladung** in Gefahr geraten ist, inhaltsleer zu werden. Wenn nämlich alles zum Rechtsstaat zählt, was die Rechtsordnung an rechtlichen Sicherungen enthält oder enthalten könnte, gibt es zu diesem Begriff keine Abgrenzung mehr[20].

442

So hat das Bundesverfassungsgericht nahezu **alle rechtlich errungenen Sicherungen** der Rechtsordnung in den **Rechtsstaatsbegriff einbezogen**. Die Elemente des Rechtsstaats sind hiernach: Gewaltenteilung, Grundrechte, Rechtssicherheit, Klarheit der Gesetze, Recht auf Opposition, Pressefreiheit, Rückwirkungsverbot, Kompetenzeinhaltung der Staatsorgane und Sicherungen des Strafverfahrensrecht[21]. Sieht man sich diese Elemente der Rechtsordnung im einzelnen an, so kann man feststellen, daß nahezu alle Begriffe einbezogen sind, mit denen wir die **freiheitlich-demokratische Grundordnung** unserer Verfassung in Verbindung bringen. Das allein wäre sicherlich noch nicht geeignet, dem Rechtsstaatsbegriff die Substanz zu nehmen, wenn auch wohl ihn unhandlich zu machen; wenn alle wünschbaren Rechtsvorkehrungen zum Rechtsstaat zählen, verliert der Begriff seinen spezifischen Charakter und wird konturlos, denn jeder Begriff lebt zumindest zu einem gewissen Teil auch aus seiner Gegenüberstellung zu einem Gegenbegriff. Rechtsstaat in diesem Sinne könnte dann nur noch dem rechtlosen Staat oder dem Unrechtsstaat

443

---

20 Diese Frage wird behandelt von *P. Kunig*, Das Rechtsstaatsprinzip, 1986, der Lehre und Rechtsprechung subtil und kritisch würdigt; eine eindrucksvolle Aufzählung der Einzelelemente des Rechtstaatsbegriffs, die etwa 30 Positionen umfaßt, findet sich bei *M. Sachs*, Grundgesetz, Kommentar (Hrsg. M. Sachs), 3. Aufl. 2003, zu Art. 20, Rdn. 77.
21 Eine Zusammenstellung der Entscheidungen findet sich bei *K. Doehring* (Fn. 14), S. 235, Anm. 10; s. auch *F. E. Schnapp*, in: Grundgesetz-Kommentar (hrsg. v. I. v. Münch), Bd. 1, 5. Aufl. 2001, zu Art. 20, Rdn. 24 ff.

gegenübergestellt werden. Hierin liegt auch der Grund für die außerordentliche Ausweitung des Begriffs[22].

444 Wesentlich an der hier geäußerten Kritik, die sich auf eine Überladung des Rechtsstaatsbegriffs bezieht, ist vor allem die folgende Erwägung. Hätte man den **Rechtsstaatsbegriff nur mit formalen Sicherungen** angefüllt, wäre er noch handhabbar geblieben. Doch hat das Bundesverfassungsgericht versucht – und dem ist die Lehre gefolgt – den Rechtsstaatsbegriff mit dem **Staat der Gerechtigkeit** gleichzusetzen. Nach dieser Auffassung gehört zum Rechtsstaat auch die Verwirklichung materieller Werte, so daß man heute vom sog. **wertgebundenen Rechtsstaat** spricht[23]. Dieser Begriff soll also nicht nur die Verläßlichkeit und Berechenbarkeit des Rechts umfassen, sondern, auch wenn das pathetisch klingt, die materielle Gerechtigkeit insgesamt. Das kann so weit gehen, auch die Grundrechte, etwa den Gleichheitssatz, einem noch über ihnen stehenden und in gewisser Weise **überpositiven Rechtsstaatsbegriff materieller Art** zu unterstellen[24]. So könnte dann der alte Streit zwischen Vertretern des Naturrechts und des Positivismus wieder beginnen, der Streit also darüber, was nun Gerechtigkeit sei, ein absoluter und jeder Rechtsordnung vorgegebener Maßstab, oder das Ergebnis einer ausgeformten und positivierten Rechtsordnung, wobei der Rechtserzeuger, in der Demokratie das Parlament, selbstverständlich auch von Gerechtigkeitserwägungen und entsprechender Wertungen geleitet ist. Nur, als verbindlich sieht der Positivist diese Wertungen erst an, wenn sie durch formelles Verfahren umgesetzt sind in nun für jedermann erkennbares Recht.

445 Die Auffassung, wonach eine überpositive Gerechtigkeitsvorstellung zum Inhalt des Rechtsstaatsbegriffs zählt, scheint im deutschen Recht zu überwiegen. Hier nun setzen die Bedenken ein, denn man kommt in die Gefahr, einer **petitio principii** zu erliegen. Wenn der **Rechtsstaat nur** dann erfüllt ist, wenn die **materielle Gerechtigkeit** eingehalten wird, erhebt sich die Frage, wonach **diese** sich wieder dann richten soll, wenn man vermeiden will zu sagen, die **Gerechtigkeit ihrerseits werde wiederum durch den Rechtsstaat** charakterisiert. Dieser Rückschluß ist ausgeschlossen, wenn man das Konzept des Rechtsstaats nur auf **formale** Sicherungen bezieht, d.h. auf die Rechtssicherheit allein. Soweit nämlich dann über die Gerechtigkeit nach Wertvorstellungen des Gesetzgebers zu entscheiden ist, kann das ohne Bemühung des Rechtsstaatsbegriffs erfolgen; hat der Gesetzgeber seine Wertvorstellungen verwirklicht – und das gerade ist seine Aufgabe – muß man sich hierauf auch verlassen können, und erst dann gewinnt der formale Rechtsstaatsbegriff seine Kraft und Bedeutung. Zählt man aber auch dem Gesetzgeber auferlegte Wertmaß-

---

22 Dazu E. *Schmidt-Aßmann* (Fn. 15), Rdn. 69 ff., über „Einzelne Elemente des Rechtsstaatsbegriffs"; s. auch den wahrhaft umfassenden Katalog rechtsstaatlicher Prinzipien bei K. *Stern*, Das Staatsrecht der Bundesrepublik Deutschland, Bd. I, 2. Aufl. 1984, S. 787 ff.

23 Nachweise für die wohl herrschende Auffassung bei K. *Doehring* (Fn. 14), S. 234, Anm. 8; ständige Rechtsprechung des BVerfG seit der E. v. 24.7.1957, BVerfGE 7, S. 92, wo es heißt, „Zur Rechtsstaatlichkeit gehört ... die Rechtssicherheit und die materielle Richtigkeit oder Gerechtigkeit".

24 Zur Überpositivität des Gleichheitssatzes schon BVerfG v. 5.4.1952, BVerfG 1, S. 208 (243); vgl. auch BVerfG v. 23.1.1957, BVerfGE 6, S. 84 (91) und BVerfG v. 21.5.1968, BVerfGE 23, S. 353 (373).

stäbe zum Inhalt des Rechtsstaats, kann man auf diesen Begriff auch verzichten, denn man bedarf seiner nicht mehr. Das liegt daran, daß erst der **Unterschied zwischen Rechtsfeststellung und Rechtssicherung** den Rechtsstaatsbegriff fruchtbar macht.

Das soll an einem Beispiel erklärt werden. Man stelle sich vor, ein **Gesetz** wird für **nichtig** erklärt, weil die materielle Rechtstaatlichkeit, die Gerechtigkeit also, verletzt ist. Es entsteht nun die Frage nach der **Rechtswirkung dieser Nichtigerklärung**. Man könnte den Standpunkt vertreten, der wertgebundene Rechtsstaat gebiete die Aufhebung aller früheren Entscheidungen, die auf diesem Gesetz beruhten, denn dem **Gerechtigkeitsideal**, dem der wertgebundene Rechtsstaat folgen soll, entspräche diese radikale Verneinung des Unrechts am ehesten. Die Gerechtigkeit könnte so die Aufhebung aller früheren Entscheidungen gebieten, denn auch der Gleichheitssatz wäre am ehesten gewahrt. Der formelle Rechtsstaat aber, die **Rechtssicherheit**, verbietet gerade diese Rückwirkung auf alle Entscheidungen, denn ihre Aufhebung würde Rechtsunsicherheit erzeugen und in gewisser Weise zum Rechtschaos führen. Es ist also die Rechtssicherheit, die einer Aufhebung aller früheren Entscheidungen wegen späterer Nichtigkeit eines Gesetzes entgegensteht. Diese Rechtssicherheit macht auch gerade einen wesentlichen Teil des Rechtsstaatsbegriffs aus; aber diese Rechtssicherheit könnte unter Berufung auf die materielle Gerechtigkeit wiederum angegriffen werden. Wenn nun materielle Gerechtigkeit auch zum Rechtsstaatsbegriff gehört, nämlich den wertgebundenen Rechtsstaat ausmacht, birgt dieser in sich selbst die **Spannung zwischen Gerechtigkeit und Rechtssicherheit**. Einen archimedischen Punkt, diesen Widerspruch aus den Angeln zu heben, gibt es nicht, denn der **wertgebundene Rechtsstaatsbegriff trägt den Widerspruch in sich selbst**. Es kommt dann nur noch darauf an, ob im konkreten Fall das Verfassungsgericht gerade der materiellen Gerechtigkeit oder der Rechtssicherheit den Vorrang einräumt, was zu einer unberechenbaren Einzelfallgerechtigkeit führen kann. Völlig unauflösbar wird dieser Konflikt, wenn man die Rechtssicherheit auch zum Inhalt der Gerechtigkeit des materiellen Rechts zählt[25].

446

Will man, daß die Mißachtung materieller Gerechtigkeit zur Nichtigkeit des Gesetzes führe, könnte einer Aufhebung aller früheren auf diesem Gesetz beruhenden Entscheidungen doch das Prinzip des formellen Rechtsstaats, also dasjenige der Rechtssicherheit, entgegengesetzt werden. Diese **Rechtssicherheit begrenzt dann die materielle Gerechtigkeit**, d.h. die Gerechtigkeit darf niemals so weit gehen, daß sie die Rechtssicherheit zerstört[26]. Auf diese Weise bildet der in der Verfassung

447

---

25 Dazu BVerfG v. 20. 4. 1982, BVerfGE 60, S. 253 (268): „Rechtssicherheit über gehörige Verfahren herbeizuführen ist selbst eine Forderung materieller Gerechtigkeit"; dann werden die beiden Gebote in der gleichen Entscheidung wieder getrennt betrachtet und es heißt (S. 269) widersprüchlich, zwischen dem Gebot der materiellen Gerechtigkeit und dem Anliegen der Rechtssicherheit" besteht zwar ein – im Einzelfall nicht immer auflösbares – Spannungsverhältnis, nicht aber ein unüberbrückbarer Gegensatz". Wie ein nicht auflösbares Spannungsverhältnis überbrückt werden und so seine Gegensätzlichkeit verlieren soll, ist nicht erklärbar.
26 Für die Verläßlichkeit rechtskräftiger Gerichtsentscheidungen ist dieser Grundsatz auch in der Gesetzgebung zum Ausdruck gekommen (vgl. § 79 BVerfGG), nicht aber hinsichtlich der Rechtsanwendung. K. Stern (Fn. 22), S. 785, will eine Synthese zwischen formellem und materiellem Rechts-

verbürgte nur formell zu konzipierende Rechtsstaatsbegriff eine ganz selbständige Grenze der Korrektur eines „ungerechten" Gesetzgebers. Diese, den **Rechtsfrieden** verbürgende Grenze wird aber aufgehoben, wenn der Rechtsstaat als **Wertverwirklichung** dem Rechtsstaat als Verbürgung der **Rechtssicherheit** entgegengehalten werden kann. Es geht dabei nicht nur um ein Wortspiel, sondern der Widerspruch liegt in der Sache selbst. Das kommt insbes. in dem Gegensatzpaar **Sozialstaat und Rechtsstaat** zum Ausdruck, der nun exemplarisch vorgeführt werden soll. Hier ist nur nochmals festzuhalten, daß die Verläßlichkeit und Berechenbarkeit des Rechts nur durch einen formellen Begriff des Rechtsstaats garantiert ist. Ein Rechtsstaatsbegriff, der neben dieser Berechenbarkeit des Rechts, der rule of law also, auch noch die materielle Gerechtigkeit verbürgen soll, wird normativ unverwendbar; man bedarf seiner nicht, oder man gerät in die Gefahr der willkürlichen Entscheidung über den Vorrang seiner sich gegenseitig ausschließenden Elemente.

448 Der **Rechtsstaatsbegriff** kann und sollte auf die **formelle Rechtssicherheit** und ihre Garantie durch unabhängige Gerichte **beschränkt** bleiben, denn die **materielle Gerechtigkeit** wird durch die Beachtung der **Grundrechte**, der institutionellen Garantien und der **Sozialstaatsklausel** bewahrt, durch die einzigen Schranken nämlich, die dem Gesetzgeber auferlegt sind. Die Lehre vom sog. wertgebundenen Rechtsstaat, wie sie sich entwickelte, sollte den Begriff des Rechtsstaates gegen den Begriff des Gerechtigkeitsstaates auswechseln. Da es noch niemandem gelungen ist, einen abstrakten Begriff der Gerechtigkeit zu definieren, würde ein hierauf beruhender Rechtsstaatbegriff ebenfalls undefiniert bleiben müssen und sich jeder normativen Anwendung entziehen. So ist es auch der Fall.

3. Rechtsstaat und Sozialstaat

449 Wie verhält sich das Sozialstaatsgebot zum Rechtsstaatsbegriff, beides enthalten in Art. 20 GG? Der **Sozialstaat**, wie immer man ihn interpretiert, ist im Grunde der Ausdruck einer spezifischen **Gerechtigkeitsvorstellung** innerhalb der Verfassung; diese muß aber wieder ihre Grenze dort finden, wo anders die Berechenbarkeit und Verläßlichkeit des Rechts, also der Rechtsstaatsbegriff im formellen Sinne, angetastet würden. Das kann an einem Beispiel aus dem Funktionsbereich des Art. 14 GG, des Eigentumschutzes, erläutert werden. So wird behauptet, Rechtsstaat und Sozialstaat seien beides Verfassungsverbürgungen, die es gelte, in Übereinstimmung zu bringen; man spricht von einer **Verschmelzung** beider Begriffe[27]. Das Ergebnis wäre, daß sowohl vom Sozialstaat als auch vom Rechtsstaat Abstriche gemacht werden müßten, falls beide in einen Gegensatz geraten[28]. Dieser Gegensatz kann leicht auf-

---

staat herstellen, muß dann aber wohl auch die Gebote im Einzelfall gegeneinander abwägen, wobei jedenfalls die Rechtssicherheit in der Gefahr ist, auf der Strecke zu bleiben.
27 Dazu *K. Stern* (Fn. 22), S. 886 f.; *H. F. Zacher*, Das soziale Staatsziel, in: HStR, Bd. I, 2. Aufl. 1995, § 25, Rdn. 96, spricht sogar von einer „Verschwisterung" des Rechtsstaats- und des Sozialstaatsgebots, sieht aber dann doch die Grenzen der Sozialgestaltung in einem formell aufgefaßten Rechtsstaatsbegriff (Rdn. 97).
28 *E. Forsthoff*, Begriff und Wesen des sozialen Rechtsstaates, in: VVDStRL, Bd. 12, 1954, S. 8 ff.

gezeigt werden. So sagt Art. 14 des Grundgesetzes, daß das Eigentum sozial gebunden ist, d.h. daß der Eigentümer bei Benutzung seines Eigentums auf die Sozialgestaltung Rücksicht zu nehmen hat, u.U. durch Einschränkung seines Eigentumsrechts. Hiergegen ist so lange nichts einzuwenden, als nicht durch diese Sozialbindung des Eigentums dem Inhaber des Eigentums die Möglichkeit genommen wird, sich auf bestehendes Recht zu verlassen, auf wohlerworbene Rechte; eine Eigentumseinschränkung könnte so weit gehen, daß von der Dispositionsbefugnis des Eigentümers nichts mehr übrig bleibt. Der formelle Rechtsstaat, Ausdruck der Verläßlichkeit des Rechts, gebietet, daß man sich darauf verlassen kann, wohlerworbenes Eigentum zumindest in der Wertsubstanz behalten zu dürfen. Ohne dieses Verläßlichkeitsgebot könnte es zulässig sein, die Umverteilung von Gütern in der Sozialordnung dadurch vorzunehmen, daß man dem Reichen etwas nimmt und es dem Armen gibt. Soziale Gerechtigkeit allein könnte das gebieten, der formale Rechtsstaat aber verbietet es, denn die Verläßlichkeit des Rechts wäre aufgehoben. Hiernach ist soziale Umverteilung von Vermögenswerten entweder nur durch Steuererhebung zulässig, oder aber durch volle Kompensation bei evtl. notwendiger Wegnahme des Eigentums. Unzulässig aber wäre es, unter Berufung auf den Sozialstaat Eigentumsnutzung rigoros zu beschränken, oder das Eigentum gänzlich zu entziehen, und das mit der Begründung, daß eine soziale Güterumverteilung notwendig sei. Ersatz dann nicht zu gewähren, könnte „gerecht" erscheinen; man hülfe so den Armen, durch Wegnahme des Vermögens der Reichen. Der **Sozialstaatsbegriff** allein also könnte derartige **Umverteilungen als gerecht** erscheinen lassen, der **Rechtsstaatsbegriff** aber läßt sie nur insoweit zu, als sie voraussehbar, berechenbar und nicht die Rechtssicherheit zerstörend wirken. So haben und behalten Sozialstaat und Rechtsstaat nebeneinander völlig selbständige Funktionen und würden gerade dann dieser Funktionen beraubt, wenn sie **verschmolzen** würden. Niemand wüßte dann mehr, ob im gegebenen Fall sich die materielle Gerechtigkeit i.S. des Sozialstaates oder die Rechtssicherheit i.S. des Rechtsstaats durchsetzen soll. Behalten beide Begriffe aber ihre eigenständige Funktion, dann setzen sich auch beide Gebote gerade dort durch, wo ihre spezifische Funktion sich auswirkt; sie dürfen aber nicht in die Funktion des anderen Gebotes eingreifen. So ist die **Gerechtigkeit i.S. materiellen Rechts dem Sozialstaatsbegriff** zu entnehmen, und es ist **gleichzeitig die Rechtssicherheit im Rahmen des formellen Rechtsstaatsbegriffs** gewährleistet[29]. Ein sog. wertgebundener Rechtsstaatsbegriff läßt diese gegenseitige Begrenzung nicht zu, denn er hebt die Rechtssicherheit schon in sich selbst auf.

Über diese Fragen ist viel gestritten worden; auf der einen Seite wurde behauptet, daß der **Rechtsstaat Vorrang** habe vor dem **Sozialstaat**, der erst durch Gesetzgebung und Verwaltung zu verwirklichen sei[30], und andererseits scheint die herrschende Lehre zu einer **Verschmelzung** der beiden Begriffe zu neigen, wie das gerade ge-

---

29 Eingehend hierzu K. *Doehring*, Rechtsstaat, Sozialstaat und freiheitlich-demokratische Grundordnung, in: Die politische Meinung, Sonderheft, Jg. 23, 1978.
30 E. *Forsthoff* (Fn. 28), S. 32 f.; s. dazu die Gegenposition z.B. von O. *Bachof*, Begriff und Wesen des sozialen Rechtsstaats, VVDStRL, Bd. 12, 1954, S. 37 ff., 44 ff., sowie die Diskussionsbeiträge von H. C. *Nipperdey* u.a.

§ 19 *Der Rechtsstaat*

zeigt wurde. Die hier geäußerte Auffassung erscheint den beiden Verfassungsgeboten, dem Rechtsstaat und dem Sozialstaat am ehesten zu entsprechen, denn sie gebietet eine Begrenzung beider Funktionen, derjenigen des Sozialstaates und derjenigen des Rechtsstaates, und ist so in der Lage, beiden Prinzipien den verfassungsgemäßen Rang zu sichern.

452 Eine ganz andere Frage ist es, wie nun das **Sozialstaatsgebot** des Grundgesetzes **inhaltlich** aufzufassen ist. Mit Sicherheit kann festgestellt werden, daß dieses Gebot zur Sozialgestaltung die **Grundrechte** zu respektieren hat, z.B. den Eigentumsschutz oder die Berufsfreiheit, daß es also nicht zur Einschränkung der Grundrechte verwendet werden darf. Das gilt auch für Art. 2 Abs. 1 GG, der das Recht auf freie Entfaltung der Persönlichkeit garantiert. Diese Feststellung bedeutet, daß der Sozialstaat des Grundgesetzes die gesellschaftliche Entwicklung in Freiheit verbürgt und die Staatsgewalt nur, subsidiär, einzugreifen berechtigt und verpflichtet ist, wenn der Einzelne sich selbst nicht mehr helfen kann. Auch heute noch gilt die Formel des Allgemeinen Preußischen Landrechts, wonach die Aufgabe des Staates zuförderst darin besteht, den Einzelnen instand zu setzen, für seine Wohlfahrt selbst zu sorgen.

4. Rechtsvergleichung

453 Für die Betrachtungen im Rahmen einer allgemeinen Staatslehre ist von besonderem Interesse, wie sich der Rechtsstaatsbegriff in anderen Verfassungsordnungen gestaltet hat, nicht nur im deutschen Recht. Wie schon erwähnt, besteht ganz der gleiche Begriff dort nicht.

454 Das, was im deutschen Recht dem Rechtsstaatsbegriff entnommen oder ihm zugefügt wurde, findet sich im **britischen Recht** im Wesentlichen in den Begriffen der **rule of law**, der **natural justice** und wohl auch des **contempt of court** wieder. Die rule of law bedeutet, daß von einmal festgestelltem Recht nicht abgewichen werden darf, was in etwa dem Begriff der Gesetzmäßigkeit der Verwaltung im deutschen Recht entspricht[31] und die Verläßlichkeit des Rechts garantieren soll. Das common law enthält so eine Gewährleistung, die weitgehend den in der britischen Verfassung nicht vorhandenen Grundrechtskatalog kontinentaler Rechtssysteme als eine Art Generalklausel ersetzt. Die rule of law verbürgt, daß man sich auf bestehendes Recht verlassen kann und nicht gewärtigen muß, diese werde dann nicht gelten, wenn rechtspolitische Wünsche etwa rückwirkend die Rechtsinhaberschaften aufheben oder in Frage stellen. Dieser rule of law im Rahmen des common law sind Parlament und König gleichermaßen unterworfen, auch wenn theoretisch das Parlament frei wäre, aufgrund seiner Souveränität auch rückwirkend Rechte aufzuheben, oder die Rechtsgestaltung dem freien Ermessen der Exekutive zu überantworten.

---

31 Bedenken gegen einen zu weiten Ermessensspielraum der Verwaltung werden daher auch auf die rule of law gestützt; vgl. dazu *J. Stone* (Fn. 1), S. 261 f.; ebenso *T. C. Hartley/J. A. Griffiths* (Fn. 2), S. 7: „It is dangerous to give wide discretionary powers to a Government for the powers may be abused ...".

Das Prinzip beruht im Grunde auf Rechtstradition, und ob es fortbesteht, ist eine Frage der Spekulation. Das Verlassen dieses Prinzips würde jedenfalls eine nahezu revolutionäre Änderung im britischen Rechtssystem bedeuten; es ersetzt weitgehend eine geschriebene Verfassung.

Ganz Ähnliches gilt für den Begriff der **natural justice**[32]. Es geht dabei um Prinzipien des Verfahrensrechts, vor allem um das rechtliche Gehör, das Recht auf den gesetzlichen Richter, die Waffengleichheit der Prozeßparteien u.a.m. Auf der Basis des Grundgedankens der natural justice sind frühzeitig im common law Rechtsbehelfe erzeugt worden, die in etwa den gleichen Grundsätzen entsprechen, wie sie im deutschen Recht aufgrund des Verwaltungsverfahrensgesetzes und der Verwaltungsgerichtsordnung heute gelten. Man kann mit Rechtsmitteln Verwaltungsverhalten erzwingen, eine Verwaltungsentscheidung aufheben lassen, die Untätigkeit der Verwaltung rügen, die Feststellung treffen lassen, daß eine Verwaltung zu einem bestimmten Verhalten nicht berechtigt ist u.a.m.. Das alles geschieht dann durch die ordentliche Gerichtsbarkeit und nicht durch spezielle Verwaltungsgerichte, was aber an dem Schutz des Bürgers gegen eine willkürliche Verwaltung nichts ändert. Diese natural justice hat nichts mit dem überkommenen Begriff des Naturrechts zu tun, sondern der Hinweis bezieht sich wohl nur darauf, daß die genannten Sicherungen als ganz natürliche Wesensmerkmale des rechtlichen Verfahrens anzusehen sind. Insbesondere hier finden sich starke Anklänge an einen rein formellen Rechtsstaatsbegriff. **455**

Da dieses common law im Sinne der Beachtung der **rule of law** und der **natural justice** durch **unabhängige Gerichte geschützt** ist, hat man diesen das besondere Recht zuerkannt, sich gegen Eingriffe in ihre Tätigkeit in höherem Maße abzusichern als das im kontinentalen Recht überwiegend der Fall ist. Der Schutz der Unabhängigkeit der Gerichte soll letztlich das common law schützen, nicht die Gerichtsbarkeit als Selbstzweck. Unbotmäßigkeit gegen das Gericht, Mißachtung des Gerichts, Presseveröffentlichungen im schwebenden Verfahren sind Delikte, die als gegen die Freiheit der Rechtsprechung verstoßend angesehen werden[33]. Die Gerichte ahnden dieses Verhalten mit strengen Strafen, Maßregelungen und Verhaltensauflagen. Sehr enttäuschend wurde es daher in England empfunden als der Gerichtshof der Europäischen Menschenrechtskonvention im bekannten Sundy-Times-Fall die freie Meinungsäußerung der Presse beeinträchtigt sah, weil ein englisches Gericht sich dagegen wendete, daß diese Zeitung über ein schwebendes Verfahren berichtete und ihr Erscheinen einige Zeit untersagte[34]. Würde man diesen strikten Gerichtsschutz des britischen Rechts durch die Ahndung des contempt of court auf das deut- **456**

---

32 T. C. Hartley/J. A. Griffiths (Fn. 2), S. 330 ff.; C. K. Allen, Aspects of Justice, 1958, S. 7 ff.
33 Zu diesem Grundsatz des britischen Rechts, der im Recht der USA nicht mit gleicher Strenge beachtet wird, C. K. Allen (Fn. 32), S. 48.
34 Sunday Times-Fall, E.d. Gerichtshof der EMRK 30, S. 37 und EuGRZ 1979, S. 386 ff.; kritisch hierzu J. A. Frowein, in: Frowein/Peukert, Europäische Menschenrechtskonvention, EMRK-Kommentar, 2. Aufl. 1996, zu Art. 10 Rdn. 35; C. K. Allen (Fn. 32), S. 48: „It is a firmly held and strictly enforced conviction among us that nothing can be more prejudicial to justice than newspaper or other comment upon a trial sub judice".

§ 19   Der Rechtsstaat

sche Recht übertragen, würden sich alsbald Bedenken wegen zu starker Einschränkung der anwaltlichen Freiheit, z.B. des Strafverteidigers erheben.

457   Trotz dieser starken Funktion der rule of law und des mit ihr verbundenen Gerichtsschutzes sind nicht alle hoheitlichen Akte in Großbritannien der Justiziabilität zugänglich. So ist die **act of state-Doktrin** anerkannt, wonach Eingriffe in die Prärogative der Krone, vor allem in den auswärtigen Beziehungen, von der Justiz bezüglich ihrer Rechtmäßigkeit nicht geprüft werden können[35]. Immerhin hat man den Eindruck, daß die Gerichtsbarkeit immer stärker diesen Freiraum der Exekutive einengt. Auch gibt es Bestrebungen, die Prärogativrechte der Krone, ausgeübt durch die Regierung, durch Gesetzgebung einzuschränken; ein Gesetzesentwurf im Jahre 1999 hatte allerdings bisher keinen Erfolg.

458   In den **USA** bietet sich folgendes Bild. Das, was im deutschen Recht als Inhalt des Rechtsstaatsbegriffs betrachtet wird, findet sich in erster Linie in der sog. **due-process-Klausel** des 14. amendments der amerikanischen Verfassung. Es hat lange Zeit gebraucht, diese Klausel im heutigen Sinne zu interpretieren und auszugestalten. Es heißt in der amerikanischen Verfassung, daß kein Staat – gemeint sind die Mitglieder der Union – irgendeine Person ihres Lebens, ihrer Freiheit und ihres Eigentums berauben darf, „without due process of law"[36]. Der Wortlaut deutet zunächst nur daraufhin, daß diese Klausel ein **ordentliches Verfahren garantiert**, vergleichbar etwa dem englischen Gebot einer natural justice, und hier nicht eine Garantie materieller Gerechtigkeit einbezogen ist, und so ist sie auch wohl zunächst konzipiert worden[37].

459   Im amerikanischen Recht ist dann das Gleiche geschehen, was das Bundesverfassungsgericht im Hinblick auf den Rechtsstaatsbegriff der deutschen Verfassung intendiert hat. Man hat die sog. due-process-Klausel nun in ständiger Rechtsprechung als **Garantie auch materieller Gerechtigkeit** interpretiert[38]. Das amerikanische Recht stößt damit auf die gleiche Schwierigkeit, in der sich das heutige deutsche Recht befindet; sie besteht darin, daß Verfahrenssicherungen zugunsten der Rechtssicherheit mit einer Formel vermischt werden, die Vorstellungen materieller Gerechtigkeit beinhaltet, so daß die Grenzen materieller Gerechtigkeit nicht mehr unbedingt durch die Verläßlichkeit des Verfahrensrechts errichtet werden. Auch hier wäre immer wieder zu fragen, ob denn nun im Einzelfall mehr der materiellen Gerechtigkeit oder der Rechtssicherheit gefolgt werden soll. Die Väter der amerikanischen Verfassung haben sicherlich ebenso wenig daran gedacht, daß das materielle Recht und also die Gerechtigkeit gegen den Volkswillen geschützt werden müsse,

---

35   *E.C.S. Wade*, Act of State in English Law: Its Relations with the International Law, in: British Yearbook of International Law, 1934, S. 100 ff.; einer der bekanntesten Fälle ist China Navigation Co., Ltd. v. Attorney-General (1932) 2. K.B.D. 197, 213.

36   Verfassung der USA, Amendment XIV (1868), sect. 1: „... nor shall any State deprive any person of life, liberty or property, without due process of law ...".

37   So spricht *J. H. Ely*, Democracy and Distrust. A Theory of Judicial Review, 1980, S. 15 von dem „procedural intendment of the original Due Process Clause".

38   *J. H. Ely* (Fn. 37), S. 14 ff.; *B. Lockhart/V. Kamisar/J. H. Choper/S. H. Shiffrin*, Constitutional Law, 7. Aufl. 1991, S. 382 f. und 389 f; eingehend hierzu auch *J. A. Barron/C. T. Dienes*, Constitutional Law, 1986, S. 114 ff.

wie zunächst das auch im deutschen Recht der Fall war. In beiden Rechtsordnungen hat man gemeint, wenn das Volk sich das Recht selbst gibt, kann Ungerechtigkeit im materiell-rechtlichen Sinne nicht geschehen, denn Herrscher und Beherrschte sind identisch, und alles komme nur darauf an, daß der Einzelne sich auf die Äußerungen des Gesetzgebers nun endgültig soll verlassen können. Aber auch im amerikanischen Recht ist offenbar dann das Gefühl stärker geworden, die materielle Gerechtigkeit könnte darunter leiden, daß eine **Mehrheit rücksichtslos gegen eine Minderheit** vorgeht[39]. Gerade das aber soll im deutschen Recht die Sozialstaatsklausel verhindern, während man im amerikanischen Verfassungsrecht eine solche Spezialklausel nicht zum Ausdruck gebracht hat. Somit ist im amerikanischen Recht beides, Gerechtigkeit und Rechtssicherheit, in der due-process-Klausel vereinigt worden. Viele moderne Kritiker des amerikanischen Rechts haben das auch klar gesehen, und diese **Verschmelzung** hat zu erheblichen Rechtsunsicherheiten geführt, wie sie in einer schwankenden Rechtsprechung des Supreme Court immer wieder zum Ausdruck kommen.

Gerade weil die Grenze zwischen materieller Gerechtigkeit und Rechtssicherheit so durch die Verfassung nicht genügend definiert ist, gewannen und gewinnen die Entscheidungen des **Supreme Court** auf diesem Gebiet ständig an Bedeutung, so daß man vielleicht sagen könnte, was nun im Einzelfall an Gerechtigkeit und Rechtssicherheit von der Rechtsordnung geleistet wird, hängt von der Rechtsprechung dieses Gerichts ab. Das soll nicht übertrieben klingen, aber bei nüchterner Betrachtung ist die Lage doch so, daß es immer schwerer wird vorauszusagen, wie dieses oberste Gericht entscheiden wird[40]. Da so letztlich die Gerechtigkeitsentscheidung trotz aller Souveränität des Parlaments durch den Supreme Court getroffen wird, gewinnt der **Gerichtsschutz** für das materielle Recht und durch **Rechtsfortbildung** ebenso an Bedeutung, wie das durch die Entscheidungen des deutschen Bundesverfassungsgericht zum Ausdruck kommt. Allerdings sind in den USA die Rechtsmittel erheblich geringer ausgestaltet. Der Supreme Court ist der Gefahr entgangen, ähnlich wie das Bundesverfassungsgericht mit übermäßig zahlreichen Klagen befaßt zu sein, denn er entscheidet gegebenenfalls selbst, ob eine Klage grundsätzliche Bedeutung hat, und nur dann hält er sich für verpflichtet, eine Entscheidung zu erlassen[41]. Der Supreme Court ist auch in der Lage, den Erlaß einer Entscheidung mit dem Hinweis abzulehnen, daß es sich bei der Frage um eine sog. **political question** handelt[42]. In diesem Falle wird erklärt, die Frage sei von so hoher politischer Bedeutung, daß der Regierung nicht vorgegriffen werden solle, wobei der Grundgedanke auch der Gewaltenteilung zum Ausdruck kommt. Ob es sich um eine political que-

---

39 Eingehend hierzu *J. H. Ely* (Fn. 37), S. 135 ff. (Fascilitating the Representation of Minorities).
40 Aufschlußreich ist die verfassungsrechtliche Diskussion in den USA über die Frage, ob die Methode der Textinterpretation oder eine solche, die übergeordnete Werte einbezieht, für den Supreme Court maßgeblich sein sollte; vgl. dazu *W. B. Lockhart* u.a. (Fn. 38), S. 498 ff., im Hinblick auf das Recht zum Schwangerschaftsabbruch, über das uneinheitlich entschieden wurde.
41 So die United States Supreme Court Rules, Rule 17: „A Review ... will be granted only when there are special and important reasons therefore ...“; dazu *W. B. Lockhart* u.a. (Fn. 38), S. 61 ff.
42 Die wesentlichen Merkmale einer political question wurden vom Supreme Court in der Entscheidung Baker v. Carr, 396 und S. 186 (1962), entwickelt.

§ 19 *Der Rechtsstaat*

stion handelt, entscheidet allerdings der Supreme Court selbst. Das System ähnelt also in dieser Hinsicht demjenigen Großbritanniens bzgl. der act of state-Doktrin. Der Supreme Court räumt mit der Möglichkeit, eine Entscheidung wegen ihres politischen Charakters nicht zu erlassen, der Exekutive ebenfalls einen Prärogativraum ein, wie das im früheren deutschen Recht durch Anerkennung eines gerichtsfreien Hoheitsaktes auch der Fall war, jedoch nicht mehr nach in Kraft treten der Verfassung von 1949.

463 Diejenigen Staaten, die vom **britischen** Recht bzgl. ihrer Verfassung beeinflußt sind, folgen diesem weitgehend. Dabei handelt es sich in erster Linie um die **nordischen Staaten** und **dekolonisierte Staaten** der dritten Welt, die vordem dem British Empire angehörten. Andere Staaten folgen dem System des sog. kontinentalen Rechts. Man kann aber wohl sagen, daß die Rechtsordnung **Frankreichs** im Hinblick auf den Rechtsstaatsbegriff weder mit dem deutschen Recht kongruent ist, noch mit dem britischen Recht. Auf der einen Seite erwartet man auch von dem état constitutionnel, bzw. dem **état de droit**, daß er die Verläßlichkeit des Rechts verbürgt. Andererseits wird die **Souveränität des Parlaments** als ein so hochrangiger Wert der Verfassung betrachtet, daß der Gesetzgeber kaum gehindert werden kann, zugunsten einer materiellen Gerechtigkeit die Verläßlichkeit des Recht einzu-

464 schränken. Es gibt in Frankreich **kein richterliches Prüfungsrecht**, das die Auswirkung eines Gesetzes im Hinblick auf den Grundsatz der Verläßlichkeit des Rechts einschränken könnte[43], auch wenn man meint, die Verfassung selbst enthalte einen solchen Grundsatz. Die Gefahr allerdings, daß hier Verläßlichkeit des Rechts und Gerechtigkeit wiederum in einen unüberbrückbaren Gegensatz geraten oder durch Verschmelzung ihre Bedeutung verlieren, ist in gewisser Weise dadurch gebannt, daß das französische Verfassungsgericht, die **Cour Constitutionnelle**, vor Erlaß eines Gesetzes die Kompetenz hat, dieses auf seine Verfassungsmäßigkeit hin zu überprüfen, andererseits aber auch an der Unüberprüfbarkeit eines act de gouvernement festgehalten wird[44]. Man sieht, in welch breiten Variationen der Rechtsstaatsbegriff in den großen Rechtsordnungen dieser Welt auftritt, wie schwierig es aber deshalb auch wird, ihn zu einem internationalem Gebot zu deklarieren.

465 Die **marxistische Rechtsauffassung**, also in erster Linie diejenige, die nach 1917 in der Sowjetunion galt, hatte den **Rechtsstaatsbegriff** als für ihre Rechtsordnung verwendbar komplett **abgelehnt**. Wahrscheinlich lag gerade hierin der fundamentale Unterschied zur Rechtsauffassung westlicher Demokratien. Ein Rechtsstaatsbegriff, der zum Inhalt hätte, das Individuum gegen die Gemeinschaft und also gegen die Staatsgewalt zu schützen, hatte im kommunistischen System bisher keinen

---

43 Dazu die richtige Feststellung von *K. Oellers-Frahm*, Demokratieverständnis und Verfassungsgerichtsbarkeit in der Bundesrepublik Deutschland und in Frankreich, in: Staat und Völkerrechtsordnung, Festschrift für Karl Doehring, 1989, S. 696: „Das Rousseau'sche Ideal von der letztverbindlichen volonté générale war hier stets vorherrschend und hat die Justiz allein auf die Anwendung, nicht aber die materielle Prüfung von Gesetzen beschränkt".
44 Verfassung der französischen Republik v. 28. 9. 1958, Titel VII, art. 61 (1), zur präventiven Prüfung der Verfassungsmäßigkeit von Gesetzen; zum act de gouvernement s. die Entscheidungen des Conseil d'État v. 16. 11. 1998, req. no. 161188 u.161189.

Raum⁴⁵. Eine Spannungslage zwischen dem Individualinteresse, bzw. Individualrechten und Staatsinteresse, kann es nach diesem System nicht geben. Das Gemeinschaftsinteresse des Kollektivs geht in jedem Falle vor, und sein Inhalt wird im Einparteiensystem durch die kommunistische Partei bestimmt, die in den Verfassungsordnungen ausdrücklich hiermit beauftragt war. Individualrechte, falls man von solchen sprechen kann und nicht nur an die Pflichten denkt, müssen jeweils im Einklang mit der gesellschaftlichen Basis stehen. **Grundrechte gegen die sog. sozialistische Gerechtigkeit bestanden nicht.**

Das zeigte auch die Ausgestaltung aller Grundrechtskataloge der kommunistischen Verfassungen, in denen fast in jedem Falle auf das sozialistische System verwiesen wurde. Die freie Meinungsäußerung etwa konnte nur insofern betätigt werden als sie mit den Zielen des Sozialismus in Übereinstimmung steht⁴⁶. **Recht** wurde also **nicht als Sperre für politische Ziele** angesehen, wie das in westlichen Demokratien der Fall ist, sondern als Mittel zur Durchsetzung der kommunistischen Gesellschaftsordnung. Welcher Durchsetzungsmethoden diese Gesellschaft im Einzelfalle gerade bedarf, bestimmte die politische Partei. Das gilt natürlich auch für Verfahrensfragen, so daß auch ein Rechtsstaatsbegriff in rein formalem Sinne, als Sicherung also der Rechtssicherheit und der Berechenbarkeit des Rechts, keinen Eigenwert erhalten kann. Unter Umständen sind in diesem System **Parteibeschlüsse mit Vorrang vor den Gesetzen** anzuwenden, wenn das den kommunistischen Zielen mehr nützt als die Gesetzesbefolgung. Es ist daher zweifelhaft, ob der fundamentale Unterschied der Rechtssysteme zwischen sog. sozialistischen und liberal-demokratischen Staaten noch im sozialen Raum gefunden werden kann, denn auch in westlichen Demokratien, und nicht nur in solchen, die von sozialdemokratischen Parteien geführt werden, spielt die soziale Gerechtigkeit eine wesentliche Rolle. Der Grundunterschied zwischen beiden Systemen lag sicherlich im Begriff des Rechtsstaats. Weder Rechtssicherheit noch durch berechenbare Gesetze verbürgte materielle Gerechtigkeit können sich dann durchsetzen, wenn dem kommunistischen Gerechtigkeitsideal Vorrang zuerkannt wird. Eine Verläßlichkeit des Rechts kann es in diesem Sinne nicht geben. Diese Systeme scheinen sich zwar aufgelöst zu haben, jedenfalls wenn man an Osteuropa denkt, aber inwieweit Rechtsstaatsgedanken weltweit realisiert werden, ist noch nicht abzusehen.

5. Rechtsstaatlichkeit internationaler Organisationen

Einiges ist noch über den Rechtsstaatsbegriff und seine Funktion im Rechtssystem **internationaler Organisationen** auszuführen. Immer wieder ist die Frage gestellt worden, ob der Grundsatz im beschriebenen Sinne auch für die „Verfassung" sol-

---

45 Staatsrecht der DDR, Lehrbuch, 2. Aufl. 1984, S. 181, wonach die Grundrechte den Bürgern nicht eine angeblich „staatsfreie Sphäre" i.S. der bürgerlichen Lehre sichern sollen.
46 So hieß es in der Verfassung der Sowjetunion v. 7. 10. 1977 in Art. 50, Abs. 1: „In Übereinstimmung mit den Interessen des Volkes und zur Festlegung und Entwicklung der sozialistischen Ordnung wird allen Bürgern die Freiheit des Wortes, der Presse, der Versammlung, der Kundgebungen, der Straßenumzüge und Demonstrationen garantiert".

§ 19 *Der Rechtsstaat*

cher auf völkerrechtlichen Verträgen beruhender Rechtssubjekte Geltung hat. Für die **Europäische Gemeinschaft** ist das deswegen von Bedeutung, weil dann, wenn Hoheitsrechte von der Bundesrepublik auf die EG übertragen werden, doch die Grundprinzipien der deutschen Verfassung auch weiterhin Beachtung erfordern; überwiegend wird die Auffassung vertreten, daß die **Übertragung von Hoheitsrechten nicht von der Beachtung sog. unabänderbarer Verfassungsgrundsätze**

469 dispensieren kann[47]. Käme man zu dem Ergebnis, daß die Europäische Gemeinschaft die Rechtsstaatlichkeit i.S. des Grundgesetzes nicht ausreichend schützt, könnte die deutsche Gerichtsbarkeit durch Nichtanwendung des Europarechts darauf reagieren, und zwar mit der Begründung, daß die Übertragung der Hoheitsrechte gegen zwingendes Verfassungsrecht verstößt und so letzteres im Zweifel sich durchzusetzen habe, denn man habe nicht mehr an Hoheitsmacht übertragen als die Verfassung zulasse. Sieht man, wie es hier vorgeschlagen wird, den wesentlichen Bestand der Rechtsstaatlichkeit in der Voraussehbarkeit des Rechts, seiner Verläßlichkeit und Berechenbarkeit, können die angedeuteten Zweifel durchaus verneint werden. Das Verfahren zur Erzeugung des europäischen Rechts ist so gestaltet, daß ein Unterschied zu entsprechenden Grundsätzen des deutschen Verfassungsrechts nicht festgestellt werden kann; die Rechtsnormen werden beschlossen, verkündet und haben erst dann verbindliche Wirkung. So ist die Verläßlichkeit des Rechts formal garantiert.

470 Bedenken können sich allerdings dennoch in gewisser Weise ergeben, was an einem Beispiel erläutert sei. Wenn es im EG-Vertrag heißt, daß **Richtlinien** des Ministerrats **keine unmittelbare verbindliche Wirkung** für die Staatsbürger der europäischen Staaten haben, sondern erst der Ausgestaltung und Umsetzung durch die nationale Rechtsordnung bedürfen[48], könnte bei dieser klaren Aussage des sog. primären Rechts nicht angenommen werden, daß Richtlinien u.U. ebenso wie Verordnungen doch auch unmittelbare Wirkung erzeugen, nämlich in all ihren Einzelheiten schon durch ihren Erlaß das Individuum berechtigen oder verpflichten. **Dennoch** hat der Gerichtshof der Gemeinschaften diese **unmittelbare Wirkung von Richtlinien** für die Staatsbürger der europäischen Staaten dann angenommen, wenn ihr Inhalt vollzugsreif ist und insofern eine nähere Regelung durch das nationale Recht der Mitgliedstaaten entbehrlich erscheint[49]. Wie schon bemerkt, sollte hiermit nur ein Beispiel für die Rechtserzeugung durch den Europäischen Gerichtshof gegeben werden, die sich hierfür in ständiger Praxis auf den sog. effet utile beruft, der eine richterliche Rechtsfortbildung rechtfertige. Hier nun könnte Rechtsunsicherheit, gemessen an dem formalen Rechtsstaatsbegriff, eintreten, denn der Wortlaut des

---

47 Zur Lehre und Rechtsprechung *R. Streinz*, in: Grundgesetz, Kommentar (Hrsg. M. Sachs), 3. Aufl. 2003, zu Art. 24, Rdn. 27 ff.; BVerfG v. 29. 5. 1974, BVerfGE 37, S. 279, und v. 12. 10. 1993, BVerfGE 89, S. 155, dessen Leitsatz 1 schon auf die Bedeutung des Art. 79, Abs. 3 GG hinweist.

48 Art. 249, Abs. 3 EGV: „Die Richtlinie ist für jeden Mitgliedstaat, an den sie gerichtet wird, hinsichtlich des zu erreichenden Zieles verbindlich, überläßt jedoch den innerstaatlichen Stellen die Wahl der Form und Mittel".

49 Zur Rechtsprechung des Gerichtshofs der Europäischen Gemeinschaften s. *M. Herdegen*, Europarecht, 5. Aufl. 2003, Rdn. 183 ff.

EWG-Vertrages kann nicht klarer sein. Das Ergebnis dieser Entscheidung des Europäischen Gerichtshofs ist nur dann zu rechtfertigen, wenn man nicht nur das Gesetzes- und Verordnungsrecht und u.U. auch noch das Gewohnheitsrecht als Rechtsquellen i.S. des Rechtsstaatsbegriffs wertet, sondern auch die sog. **richterliche Rechtsfortbildung**[50]. Eine Wirkung richterlicher Entscheidungen i.S. einer solchen zumindest begrenzten Rechtserzeugung wird weitgehend anerkannt, und es wird behauptet, daß ohne eine solche gerichtliche Kompetenz Lücken im Recht nicht gefüllt werden könnten[51]. Andererseits aber ist zu Bedenken, daß die richterliche Rechtsfortbildung ganz spezifisch in einen **Gegensatz zum Rechtsstaatsbegriff** treten kann, weil nicht voraussehbar ist, wie nun die Gerichtsbarkeit die angebliche Lücke im Recht füllen wird. Besteht die Tätigkeit der Gerichte in solchen unklaren Fällen nur darin, das Recht zu interpretieren, ist der Rechtsstaatsbegriff respektiert, denn ohne Auslegung ist oftmals ein zunächst klar erscheinendes Gesetz nicht anwendbar, und zum anderen muß sich die Auslegung immer im Rahmen des Gesetzeszwecks halten, wobei der Rechtsstaatsbegriff verlangt, daß dieser erkennbar ist. Das Bundesverfassungsgericht hat durchaus in anderem Zusammenhang darauf hingewiesen, daß unklare Gesetze, d.h. solche, bei denen der Gesetzeszweck nur schwer oder nicht mehr erkennbar ist, als eine Verletzung des Rechtsstaatsbegriffs zu gelten haben[52].

471

Folgt man der hier angedeuteten Auffassung, dann könnte das **Europarecht** in zweifacher Hinsicht mit dem deutschen **Rechtsstaatsbegriff in Konflikt** kommen. Zum einen könnte eine europäische Rechtsnorm an einer solchen Unklarheit leiden, daß der Gesetzeszweck nicht mehr erkennbar ist; zum anderen könnte die im Grundsatz zugelassene richterliche Rechtsfortbildung durch den Europäischen Gerichtshof Rechtslücken schließen, deren Ausfüllung **nicht** mehr auf einen **erkennbaren Normzweck** zurückgeführt werden kann, oder sogar contra verbum erfolgt. Diese Bedenken sind vor allem deshalb geltend zu machen, weil im Rahmen des Europarechts immer wieder gesagt wird, der Gerichtshof dürfe und müsse u.U. das Mittel der sog. **evolutiven Rechtsanwendung** und Rechtsauslegung benützen, und er wirke so als ein **Motor** der Fortentwicklung der Europäischen Gemeinschaften[53]. Rechtspolitisch mögen gute Gründe für eine solche dynamische Rechtsanwendungstätigkeit des Gerichtshofes bestehen, aber mit dem Rechtsstaatsbegriff stünden sie im Extremfalle nicht mehr in Übereinstimmung. Auch im Europarecht muß gelten, daß die **Rechtserzeugung** erkennbar durch die **kompetenten Organe** erfolgt, und daß die erzeugten Normen nur mit dem Inhalt gelten, den ihnen der Rechtserzeuger gegeben hat. Nur so ist die Verläßlichkeit und Berechenbarkeit des

472

473

---

50 *H. Steinberger*, Aspekte der Rechtsprechung des Bundesverfassungsgerichts zum Verhältnis zwischen europäischem Gemeinschaftsrecht und deutschem Recht, Festschrift für Karl Doehring (Fn. 43), S. 963 ff., behandelt die Frage der Zulässigkeit richterlicher Rechtsfortbildung aus der Sicht des BVerfG.
51 *T. Oppermann*, Europarecht, 2. Aufl. 1999, Rdn. 184, spricht von „kühn vorwärtsweisenden" Entscheidungen, wobei nicht ganz klar wird, ob Zustimmung oder Kritik gewollt ist.
52 So schon BVerfG v. 23. 10. 1951, BVerfGE 1, S. 14 ff. (95), und seither in ständiger Rechtsprechung; s. auch *H. Schneider*, Gesetzgebung, 3. Aufl. 2002, Rdn. 66.
53 Zur Problematik der Kompetenzgrenzen des EuGH s. *M. Herdegen* (Fn. 49), Rdn. 200 f.

§ 19 *Der Rechtsstaat*

Rechts gewährleistet. Man kann sich auch nicht damit beruhigen, daß die Richter in ihrer Tätigkeit unabhängig sind und daß gerade dieser Zustand den Rechtsstaat perfektioniert. Es ist nämlich gerade die **Unabhängigkeit der unabsetzbaren Richter**, der die Staatsbürger dann **ohne politische Kontrolle** ausgeliefert sind. Regierungen, die Rechtserzeugung vornehmen, können gestürzt werden, unabhängige Richter aber müssen hingenommen werden. Es ist kein erträglicher Zustand i.S. des Rechtsstaats, wenn es in einem konkreten Fall nur noch darauf ankommt, vor welchen Richter die Rechtsfrage gebracht wird. Die politische Einstellung des Richters, die bei der Rechtserzeugung durch Richterrecht zum Ausdruck gebracht werden kann, darf im Prozeß der Normanwendung keine Rolle spielen. Bemerkenswert ist in diesem Zusammenhang, daß die Richter des Europäischen Gerichtshofs von den nationalen Regierungen vorgeschlagen und vom Ministerrat ernannt werden. So ernennt der Kontrollierte selbst seinen Kontrolleur.

474 Zählt man mit einer modernen Auffassung zum Rechtsstaatsbegriff **nicht** nur die **Berechenbarkeit** und **Voraussehbarkeit** des Rechts, sondern **auch** die **Wertgebundenheit des Rechts**, fällt auf, daß die Europäischen Gemeinschaften bisher über **keinen Grundrechtskatalog** verfügen, wenn auch in den Verhandlungen über eine Verfassung der Europäischen Union ein Grundrechtskatalog vorgesehen ist; doch dieser ist noch nicht in Kraft getreten. Man fragt sich daher, wo die so oft geforderte Wertgebundenheit des Europarechts dann zu finden ist. In einem allgemeinen Sinne kann man natürlich feststellen, daß die Rechts- und Kulturwerte der Mitgliedstaaten der Europäischen Wirtschaftsgemeinschaft eine große Homogenität aufweisen. Wie gezeigt, besteht eine solche Wertkongruenz in groben Zügen auch im Hinblick auf den Rechtsstaatsbegriff. Wo aber die Grenzen der Kompetenzausübung der europäischen Organe dann liegen soll, wenn man dem government of law bestimmte Wertungen vorordnet, bleibt unklar. Der Vertrag zur Gründung der Europäischen Union hat zwar ausdrücklich betont, daß diese die Menschenrechte der EMRK „achten" werde, aber eine klare Bestimmung zur Normanwendung besteht nicht. Der Europäische Gerichtshof hat in dieser Lage versucht, sich damit zu helfen, daß er die **Europäische Menschenrechtskonvention als Grundrechtskatalog auch im Rahmen des EG-Rechts** für anwendbar erklärt hat[54]. Obwohl hiergegen starke Bedenken bestehen, weil dann auch die Auslegung dieser Europäischen Menschenrechte durch den Menschenrechtsgerichtshof in Straßburg maßgebend für den Gerichtshof der EG werden müßte, d.h. der Gerichtshof in Luxemburg insoweit und ohne entsprechende Bestimmungen im EG-Vertrag seine Entscheidungskompetenz nicht behielte, wäre dieser Zustand noch hinzunehmen, wenn gesichert wäre, daß der **Gerichtshof der Menschenrechtskonvention** eindeutigen Rechtsnormen folgen würde.

475 Aber auch dieser Gerichtshof benutzt das Mittel der richterlichen **Rechtsfortbildung** mit dem verständlichen Zweck, der Menschenrechtskonvention einheitliche Anwendung zu garantieren[55]. Würde diese Rechtsfortbildungskompetenz extensiv

---

54 So u.a. in dem Urteil v. 28. 10. 1975, Rs. 36/75.
55 *J. A. Frowein*, European Convention on Human Rights, in: EPIL, Bd. 2, 1995, S. 188 ff., zur Interpretation der EMRK.

ausgenützt, wie z.B. das Urteil des Straßburger Gerichtshofs im sog. Sunday-Times Fall zeigt[56], ergeben sich Zweifel im Hinblick auf den Rechtsstaatsbegriff in eben der gleichen Weise, nur auf einer anderen Ebene. Der Luxemburger Gerichtshof beruft sich dann auf die Menschenrechtskonvention Europas und diese wiederum wird im Wege der richterlichen Rechtsfortbildung durch den Europäischen Menschenrechtsgerichtshof gehandhabt. Hier hat man dann auch starke Bedenken, ob nicht das **government of law** wiederum in das **government of men** umschlägt, in einen Zustand also, der durch den Rechtsstaatsbegriff gerade vermieden werden soll. In jedem Falle wäre richterliche Zurückhaltung in all diesen Fällen das Mittel, das dem Rechtsstaat nützlich wäre, nur ist eine solche nicht erzwingbar und könnte nur das Ergebnis einer geläuterten Rechtskultur sein. Ob eine solche gepflegt wird, hängt weitgehend davon ab, mit welcher Art von Persönlichkeiten die Richterbank besetzt wird.

§ 20 Verfassungsgerichtsbarkeit

1. Systematische Betrachtung

Während aus der klassischen Sicht der Gewaltenteilung und auch der Demokratie eine **Überwachung der Legislative** durch die Gerichtsbarkeit als **systemwidrig** angenommen werden müßte, hat das Institut der Verfassungsgerichtsbarkeit trotz aller Bedenken und traditioneller Hemmnisse einen dauernd fortschreitenden Siegeszug in den Demokratien der westlichen Welt angetreten, und auch bisher kommunistische Staaten vollzogen nun die Einrichtung einer solchen Institution. Großbritannien aber hat bisher die Souveränität des Parlaments für so wesentlich gelten, daß ein System der Normenkontrolle nicht akzeptiert ist, jedenfalls nicht in formalisiertem Verfahren. 476

Wieder muß es zunächst um eine Definition gehen, denn die Verfassungsgerichtsbarkeit bedarf der rechtlichen Charakterisierung ohne welche eine Diskussion über ihre Nützlichkeit substanzlos wäre. Um **Verfassungsgerichtsbarkeit** im hier zu behandelnden Sinne geht es dann, wenn eine von den anderen Staatsgewalten unabhängige und weisungsungebundene Instanz die **Kompetenz** erhält, die **Tätigkeit aller Staatsorgane im Hinblick auf ihre Verfassungsmäßigkeit zu kontrollieren** und für alle Staatsorgane, einschließlich der ordentlichen Gerichtsbarkeit, verbindlich zu entscheiden, ob die Normen der Verfassung eingehalten sind. Ein Verfassungsgericht in diesem Sinne hat die Letztentscheidung darüber, ob ein Gesetz des Gesetzgebers vor der Verfassung standhält, ob eine Entscheidung der Exekutive sich im Rahmen der Verfassung hält und ob eine Gerichtsentscheidung die Normen der Verfassung beachtet hat. Dabei ist es gleichgültig, ob diese Letztentscheidung durch ein spezielles Verfassungsgericht vorgenommen wird, oder durch ein oberstes Gericht der bestehenden ordentlichen Gerichtsbarkeit. Es kommt nur darauf an, 477

---

56 S. Fn. 24.

§ 20 *Verfassungsgerichtsbarkeit*

daß dieses für die Auslegung der Verfassung zuständige oberste Gericht durch seine Entscheidungen **endgültig alle anderen Staatsorgane und Staatsbürger bindet**.

478 In Deutschland war das Reichsgericht in seiner Eigenschaft als **Staatsgerichtshof** gemäß Art. 19 der Verfassung von 1919 als ein erster Ansatz in diesem Sinne zu qualifizieren. Der Staatsgerichtshof konnte allerdings nur Streitigkeiten zwischen dem Bund und den Ländern und den Ländern untereinander entscheiden oder dann,
479 wenn andere Zuständigkeiten für Verfassungsstreitigkeiten innerhalb eines Landes nicht gegeben waren[1]. Erst mit der Gründung der Bundesrepublik Deutschland wurde für das **deutsche** Recht die **Verfassungsgerichtsbarkeit** als eine die Kompetenz aller anderen Staatsorgane überwachende Institution eingerichtet. Heute kann man sich fragen, warum dieses Staatsorgan, die Verfassungsgerichtsbarkeit als vierte Gewalt, so spät entstanden ist, denn sie übt nun schon unter dem deutschen Recht ihre Funktionen seit mehr als 50 Jahren aus. Aber die Gründe dafür, daß man so lange gezögert hat, eine Verfassungsgerichtsbarkeit einzurichten, waren schwerwiegend, und die Diskussion über ihr Wesen, ihre Grenzen und ihre Zweckmäßigkeit wird wohl niemals beendet sein.

480 Der Institution einer Verfassungsgerichtsbarkeit stand zunächst das **Konzept der klassischen Gewaltenteilung entgegen**. Gesetzgebung und Exekutive sollten sich gegenseitig kontrollieren, aber nicht durch eine dritte Instanz kontrolliert werden[2]. Die Gewaltenteilungskonzeption Montesquieus hätte eine solche Funktion der Gerichtsbarkeit nicht zugelassen, wie das schon beschrieben wurde. Der Exekutive war auch im Laufe der Fortentwicklung der Lehre von der Gewaltenteilung und also unter dem Regime der konstitutionellen Monarchie eine gewisse Restimmunität zuerkannt worden, ein Bereich also, in dem auch der Gesetzgeber keine Entscheidungsbefugnis hatte[3]. Diese Prärogative des Monarchen oder seiner Regierung hätte durch eine Verfassungsgerichtsbarkeit ihre Funktion verloren. Der Einrichtung einer Verfassungsgerichtsbarkeit stand auch seinerzeit die Auffassung über die nur begrenzte Rechtswirkung von Grundrechten entgegen. Diese waren zwar verbürgt, aber zunächst zweifelte niemand daran, daß der Gesetzgeber als das souveräne Organ des Volkswillens, wenn er das für notwendig hielt, jedes Grundrecht einschränken durfte[4]. Eine Kontrolle der Grundrechtseinhaltung durch den Gesetzgeber erschien weder notwendig noch zweckmäßig, denn das Parlament als vornehmstes Staatsorgan in Rahmen der Gewaltenteilung hätte seine auf das Volk zurückzuführende Legitimation in gewissem Umfang eingebüßt.

---

1 Über die Zuständigkeiten des Staatsgerichtshofs für das Deutsche Reich s. *G. Anschütz*, Die Verfassung des Deutschen Reiches vom 11. August 1919, 14. Aufl. 1932, zu Art. 19; *H. Schneider*, Die Reichsverfassung vom 11. August 1919, in: HStR, Bd. 1, 2. Aufl. 1995, Rdn. 69.
2 Wobei nicht außer Acht gelassen werden soll, daß schon *Benjamin Constant* (Cours de Politique constitutionnelle, nouvelle édition par *J.-P. Pagés*, 1836, T. 1, S. 1 ff.) eine solche Kontrolle, wenn auch nicht durch ein Gericht, sondern durch den Monarchen, dringend empfohlen hatte.
3 *E. R. Huber*, Das Kaiserreich als Epoche verfassungsrechtlicher Entwicklung, in: HStR, Bd. I, 2. Aufl. 1995, § 2, Rdn. 26 ff.
4 Keinem unbeschränkten Gesetzesvorbehalt unterlagen nur wenige Grundrechte der WRV v. 1919; dazu *G. Anschütz* (Fn. 1), Vorb. zu Art. 109, S. 517 ff.

Dennoch wurde auch in der Zeit der Weimarer Republik permanent erwogen, ob **481** nicht doch die Einrichtung einer Verfassungsgerichtsbarkeit wünschenswert wäre, insbes. nachdem das **Reichsgericht** im Jahre 1925 **nicht nur ein formelles, sondern auch ein materielles Prüfungsrecht** für sich in Anspruch genommen hatte[5]. Die Auffassungen bekannter Staatsrechtslehrer standen sich bei diesen Erwägungen nahezu unversöhnlich gegenüber[6]. Vor allem Carl Schmitt lehnte das Konzept einer Verfassungsgerichtsbarkeit energisch ab, während Hans Kelsen sich für diese Institution einsetzte. Die beiden Gelehrten haben in dieser Kontroverse wohl alle Gründe zusammengetragen, die als relevant betrachtet werden könnten. Die Argumente beider Seiten sind heute so aktuell wie sie immer waren, und die Erwägungen über die Zweckmäßigkeit und auch die Rechtmäßigkeit einer Verfassungsgerichtsbarkeit in der Gewaltenteilung werden niemals aufhören. Es ist nicht nur die Institution als solche, die zu immer neuen Überlegungen anregt, sondern es sind dann letztlich auch die Kompetenzgrenzen dieses Organs, die ständig wieder diskutiert werden und geprüft werden müssen. So decken sich die weiten Zuständigkeiten des Bundesverfassungsgerichts nicht mit den erheblich engeren des Supreme Court der USA, der insbes. das Institut der sog. abstrakten Normenkontrolle nicht kennt, sondern die Verfassungsmäßigkeit eines Gesetzes nur im Rahmen eines konkreten Rechtsstreits prüft.

Nach Auffassung von Carl Schmitt **zerstört die Institution der Verfassungsge-** **482** **richtsbarkeit die Flexibilität der Verfassung**[7]. Hierzu ist das Folgende zu sagen. Man kann durchaus annehmen, daß es seinen guten Sinn hat, wenn die Verfassung in manchen Hinsichten unklar bleibt. Es kann dann den aktiven Verfassungsorganen überlassen bleiben, die Verfassung auszugestalten. An dieser rechtsschöpferischen und eigenständigen Tätigkeit könnten aber die Verfassungsorgane gehindert sein, wenn ein Kläger vor dem Verfassungsgericht die endgültige und alle anderen Staatsorgane bindende Auslegung der Verfassung fordert und diese dann, vielleicht vorzeitig, praktiziert wird. In diesem Zusammenhang spielt der von Carl Schmitt gerne verwendete Begriff des **dilatorischen Formelkompromisses** eine entscheidende Rolle[8] und ist in der Tat beachtlich. Man kann annehmen, daß die Autoren der Verfassung, zusammengesetzt aus Mitgliedern verschiedener politischer Richtungen, dennoch häufig eine gemeinsame Formel für einen Rechtsbegriff und seine Rechtsfolgen finden, obwohl jede Seite in einer Art der reservatio mentalis eine andere Auslegung dieser Formel bezweckt und wünscht. Eine solche **Formel kann dann beide Auffassungen decken**, obwohl in der Sache die Kontroverse weiter besteht. Man hat also einen **Kompromiß** vor sich, dessen Auflösung nur hinausgeschoben ist, d.h. späterer Verfassungsauslegung und vor allem Verfassungspraxis überlassen wird. Man muß eine solche in gewisser Weise unklare Formulierung bei

---

5 Reichsgericht v. 4. 11. 1925, RGZ 111, S. 323.
6 Zur Kontroverse Schmitt-Kelsen s. *R. Marcic*, Verfassungsgerichtsbarkeit und Reine Rechtslehre, 1966, S. 74 ff.; *H. Laufer*, Verfassungsgerichtsbarkeit und politischer Prozeß, 1968, S. 275 ff.
7 *C. Schmitt*, Verfassungslehre 1928, Neudruck 1954, S. 118.
8 *C. Schmitt* (Fn. 7), S. 34: „Es kann wie erwähnt, politisch klug und vernünftig sein, in solcher Weise die Entscheidung zu vertagen"; ebenso *ders.*, Das Reichsgericht als Hüter der Verfassung, 1929, in: Verfassungsrechtliche Aufsätze aus den Jahren 1924–1954, 1958, S. 82.

der Verfassungsschöpfung durchaus nicht etwa für ein juristisches Unglück halten, sondern es könnte im Gegenteil begrüßenswert erscheinen, daß die Unklarheit besteht, denn sie ermöglicht es, bei späteren und vielleicht anders gestalteten Umständen beweglich zu bleiben und eine den neuen Zeitläuften entsprechende Auslegung zu finden. Dieser **positive** Effekt geht naturgemäß durch die Tätigkeit einer Verfassungsgerichtsbarkeit **verloren**, denn das Gericht kann nicht einer Entscheidung ausweichen, wenn seine Kompetenz durch einen Antrag in Anspruch genommen wird und die Rechtsordnung dem Verfassungsgericht keine Möglichkeit läßt, untätig zu bleiben. Die Entscheidung eines Verfassungsgerichts ist dann die **endgültige Auslegung der Verfassung**, an die alle Staatsorgane gebunden sind, und ihr Fortbestand verhindert u.U. notwendige Verfassungsentwicklungen. Zwar könnte das Verfassungsgericht selbst von seiner bisherigen Auffassung abweichen, aber es hat dazu keine Gelegenheit, wenn ein entsprechender Antrag nicht vorliegt und so eine frühere Entscheidung ihre Bindungswirkung behält.

483 Gerade auch unter diesem Gesichtspunkt ist es denkbar, daß die **Verfassungsgerichtsbarkeit politisiert** wird. Jede Fortentwicklung der Verfassung und jede Entscheidung über ihren konkreten Inhalt kann zu einem politischen Vorgang werden, der sich grundlegend von der normalen Tätigkeit der Justiz unterscheidet, nämlich der Rechtsanwendung zur Streiterledigung eines Einzelfalles, und sie kann zur Rechtschöpfung führen. So meinten auch die Gegner dieser Institution, daß sie die **Justiz politisiere**, aber andererseits auch die **Politik juridifiziere**, und hierbei habe die Politik nichts zu gewinnen, aber die Justiz alles zu verlieren; eine politisierte Justiz sei keine **richterliche** Tätigkeit mehr, und eine Politik, die ihre Grenzen von der Gerichtsbarkeit vorgeordnet bekomme, könne nicht mehr ausreichend reagieren. Letztlich wurde geltend gemacht – und das mag einer der entscheidendsten Gesichtspunkte für ihre Ablehnung gewesen sein –, die **Verfassungsgerichtsbarkeit verschleiere die politische Verantwortung**, denn die Macht zur Letztentscheidung erweise in jedem Falle, wer der eigentliche Souverän sei; die Souveränität dürfe und könne in einer Demokratie nicht bei der Gerichtsbarkeit liegen, denn gerade diese sei die einzige Institution im Staat, die wegen ihrer Unabhängigkeit und der von ihr erwarteten Neutralität niemandem verantwortlich sei. Hier auch liegt wohl der bedenkenswerteste Gesichtspunkt, denn die Regierung kann abgelöst werden und das Parlament kann durch Neuwahlen ersetzt werden, aber die Justiz behält ihre unabhängige und unangreifbare Position in jedem Falle, denn sonst würde eine der Säulen der Gewaltenteilung ihren Sinn verlieren. Eine **unabsetzbare Gerichtsbarkeit, die politische Entscheidungen fällt, aber politisch nicht verantwortlich ist**, erinnert an einen Monarchen oder Diktator.

484 Diese gesamte Auffassung geht selbstverständlich von einem Bild der Gewaltenteilung aus, das als klassisch bezeichnet werden muß. An dieser Gewaltenteilung gemessen ist die Auffassung völlig folgerichtig, und wenn sie später nicht standgehalten hat, liegt das eben daran, daß man das **Konzept der klassischen Gewaltenteilung verlassen** hat.

Einen entgegengesetzten Standpunkt vertrat Hans Kelsen, und ihm folgend viele andere[9]. Es wurde gesagt, die Institution der Verfassungsgerichtsbarkeit sei **folgerichtig**, wenn man von dem Bild der **Normenhierarchie** ausgehe[10]. Wenn die Verfassung den höchsten Stellenwert einnehme, Gesetz und Verordnung dieser Verfassung entsprechen müßten, um nicht ungültig zu sein, müsse auch eine Entscheidungsinstanz bestehen, die diesen **Stufenbau der Rechtsordnung** überwache. Man ging also offenbar von der Notwendigkeit der Effektivität einer solchen Kontrolle aus, denn ein Gesetzgeber, der nicht korrigiert werden kann, könnte in seiner Ermessensfreiheit nicht begrenzt werden.

485

Zu dieser nun schon klassischen Kontroverse läßt sich ergänzend auch das Folgende sagen. Wenn man jede Möglichkeit irgendeiner Prärogative der Exekutive ablehnt, so wie es Art. 19, Abs. 4 GG mit der Garantie des lückenlosen Gerichtsschutzes heute bestimmt, muß **diejenige Staatsgewalt auffindbar sein, die endgültig darüber entscheidet**, wie weit nun die verfaßte Regierungsmacht reicht, denn sowohl absichtliche als auch absichtslose Willkür sind nicht ausschließbar. Diese Letztentscheidung und Regierungskontrolle könnte natürlich beim Parlament liegen, aber dieses könnte die Funktion einer Kontrollinstanz nicht ausüben, da im parlamentarischen Regierungssystem **Exekutive und Parlamentsmehrheit** hinsichtlich des politischen Willens **identisch** sind; die **Opposition wäre schutzlos**. Diese Machtkonzentration wäre gefährlich, weil unkontrolliert und so der Versuchung willkürlicher Verfassungshandhabung ausgesetzt. Ebenso wäre nicht zu erwarten, daß die Regierung im parlamentarischen System sich in einen Gegensatz zu der sie tragenden Parlamentsmehrheit setzt. Wenn man daher wünscht, daß die verfaßten Staatsgewalten ihre Kompetenzen strikt einhalten, und zwar im formellen als auch im materiell-rechtlichen Sinne, bedarf es einer vierten Instanz, die das Verfassungsrecht authentisch interpretiert und den anderen Staatsgewalten, einschließlich der Justiz, eine abstrakte Entscheidung liefert. Wenn man also Kontrolle will, kann diese nur entweder bei einem Monarchen liegen, wie Constant das wollte[11], oder bei einem, allen Staatsgewalten übergeordneten und unabhängigem Gremium, d.h. einem Verfassungsgericht. Dieses vermag eben das auszuüben, was die **vierte Gewalt** des Constant als Kompetenz innehaben sollte. Der Legislative kann der Erlaß eines Gesetzes verweigert werden, eine Willkür der Exekutive kann verhindert werden und auch die Justiz kann zur Einhaltung der Grenzen der Verfassung gezwungen werden. Im Bilde von Constant sah das sicherlich etwas anders aus, denn die Macht des Monarchen lag darin, dem Gesetz schon die Ausfertigung und Verkündung zu verweigern, die Regierung abzusetzen, die Richter zu entlassen und so zwar nur verhin-

486

487

488

---

9 *H. Kelsen*, Die Justiz, Bd. VI, 1930/31, S. 588 ff.; daß die Verfassungsgerichtsbarkeit entgegen der Auffassung von C. Schmitt, „echte Gerichtsbarkeit" ausübe, betonte *H. Kelsen* auch in: VVDStRL, Bd. 5, 1929, S. 56.
10 Hierzu *C. Starck*, Vorrang der Verfassung und Verfassungsgerichtsbarkeit, in: Verfassungsgerichtsbarkeit in Westeuropa, Teilband I, 1986, S. 11 ff.; s. auch *F. Ermacora*, Allgemeine Staatslehre, 2. Teilband, 1970, S. 759 ff. zur historischen Entwicklung der Verfassungsgerichtsbarkeit und zu den dogmatischen Kontroversen; *E. Benda/E. Klein*, Verfassungsprozeßrecht 2. Aufl. 2001, S. 4 ff. (Verfassungsgerichtsbarkeit zwischen Politik und Recht).
11 Vgl. Fn. 2.

dernd und nicht politisch aktiv, aber doch noch mäßigend Souveränität auszuüben. **Wer also die Verfassungsgerichtsbarkeit als Staatsorgan ablehnt, muß wissen, daß die parlamentarische Regierungsform dann gefährlich wird**; nur ein Präsidialsystem, in dem der Staatspräsident als vierte Gewalt wirken kann, böte eine gewisse Gewähr dafür, daß der Grundgedanke der Gewaltenteilung geschützt bleibt. Daher sprach man auch vom Reichspräsidenten als dem „**Hüter der Verfassung**", einer Funktion, die man nun der Verfassungsgerichtsbarkeit zuordnet. Es ist daher verständlich, daß man unter der Geltung der Weimarer Verfassung, also einem Präsidialsystem, eine Verfassungsgerichtsbarkeit für nicht notwendig hielt. So erklärt sich auch, daß unter dem Präsidialsystem der USA die Zuständigkeit des Supreme Court, gemessen an derjenigen des Bundesverfassungsgerichts, vergleichsweise eng ist.

489 Doch die alte und klassische Kontroverse über die Verfassungsgerichtsbarkeit besteht fort und scheint in gewisser Weise unlösbar zu sein, d.h. mit zwingenden Argumenten nicht behebbar. Das liegt an einem, in gewisser Weise unlösbaren Problem. Es geht heute vor allem darum, ob man dem **Verfassungsgericht** reine oder doch überwiegende **Gerichtsqualität** i.S. bloßer Rechtsanwendung zuspricht, oder ob man sie auch als politisches Staatsorgan sieht, dem Zweckmäßigkeitsentscheidungen nicht verschlossen sind[12]. Zweifel können darüber bestehen – und sie sind wohl unausräumbar – ob **beide Qualifikationen** denn eigentlich **trennbar** sind. Mißt das Verfassungsgericht ein Gesetz oder auch einen Verwaltungsakt etwa am verfassungsmäßig verbürgten Gleichheitssatz, erhebt sich alsbald die Frage, wie denn dieses Gebot aufzufassen ist. Der Gleichheitssatz verbietet es, Differenzierungen vorzunehmen, die willkürlich erscheinen könnten, und er gebietet es, Differenzierungen vorzunehmen, deren Unterlassung wiederum willkürlich wäre[13]. Die **Grenzen** aber eines solchen **Willkürverbotes** sind niemals endgültig und abstrakt fixierbar, sondern beruhen auf **Wertungen**, die in gewisser Weise subjektiv bleiben müssen. Ebenso ist es mit dem sog. Übermaßverbot, etwa bei der Frage, ob ein Mittel, das die Staatsgewalt benutzt, erforderlich war, oder einen Exzeß bedeutete. Das spielt u.a. im Polizeirecht ein besondere Rolle, auf einem Gebiet also auf dem die Staatsgewalt befehlend tätig ist, und immer wieder taucht die Frage auf, ob die Gefahr für die Sicherheit und Ordnung schon so groß ist, daß eingegriffen werden müßte, und ob der dann vorzunehmende Eingriff verhältnismäßig sei. Auch hier ist die **subjektive Wertung entscheidend**, und eine abstrakte Feststellung, die zwingend jedermann überzeugen müßte, ist kaum erreichbar. Wer mehr law and order will, wird die Grenzen anders ziehen müssen als derjenige, der dem laisser-faire zuneigt[14]. Vor allem bei der Gefahrenabwehr, die präventiv vorgenommen werden muß, spielt die Pro-

---

12 Hierzu *H. Worm*, Die rechtliche Verantwortlichkeit der Richter des Bundesverfassungsgerichts, 1988, S. 3 ff., nach deren Ansicht aber die Möglichkeit, unzulässig politische Macht auszuüben, den Gerichtscharakter der Institution nicht verändern kann; s. *E. Benda*, Fn. 10.
13 So das BVerfG in ständiger Rechtsprechung seit E. v. 23. 10. 1951, BVerfGE 1, S. 14 (52), u. BVerfGE 94, 241 ff. (260); zum problematischen Normcharakter dieses Willkürverbots *K. Doehring*, Staatsrecht der Bundesrepublik Deutschland, 3. Aufl. 1984, S. 292 ff.
14 Sehr klar kommt die Zwiespältigkeit der Bewertung z.B. bei der Beurteilung der Reichweite des sog. Demonstrationsrechts zum Ausdruck; dazu BVerfGE 69, S. 315 (342 ff.); 82, S. 236 ff.; 92, S. 1 ff.

gnose eine entscheidende Rolle, wobei in besonderem Maße die subjektive Wertung ausschlaggebend ist.

Eine weitere Frage erhebt sich. Es kann darum gehen, inwieweit ein Verfassungsgericht in eine Verfassungsauslegung das einbeziehen soll, was man als **Staatsräson** bezeichnet. So kann ein Verfassungsgericht zu der Überzeugung gelangen, daß ein Zustand erreicht ist, in dem die Anwendung der bestehenden Normen die Existenz des Staates nicht mehr sichern kann. So stand etwa der Reichspräsident von Hindenburg vor der Frage, ob er Adolf Hitler als Kanzler einsetzen und damit der Legalität folgen sollte, oder ob er zur Rettung des Staates hätte von der Verfassung abweichen dürfen[15]. Auf diese Frage kann keine allgemeine Antwort gegeben werden, denn sicherlich kann auch einer **politischen Führung nicht zugemutet werden, sehenden Auges den Staat aus Normtreue der Vernichtung anheim zu geben**, aber es geht dann eben um eine politische Frage und nicht um eine Rechtsfrage, um Erwägungen also, die der politisch unverantwortlichen Gerichtsbarkeit üblicherweise nicht überlassen werden können.

490

Kommt man so zu dem Ergebnis, daß es nahezu ausgeschlossen ist, einer bestehenden **Verfassungsgerichtsbarkeit nur Rechtsfragen** zur Entscheidung zu überlassen, beruhigt man sich damit, daß die Mitglieder des Verfassungsgerichts, ebenso wie Parlament und Regierung, **demokratisch legitimiert** sind, denn sie werden von demokratisch verfaßten Staatsorganen in ihr Amt eingesetzt. Die demokratische Legitimation der Verfassungsrichter entspricht dann dem Grundsatz, daß alle Staatsgewalt vom Volk ausgehen muß, und in Fällen, in denen die Richter politischen Entscheidungen nicht entgehen können, handeln sie eben als politisches Staatsorgan und nicht als Gericht im engeren Sinne. Eine volle Beruhigung der Kontroversen bringt aber auch dieses Bild nicht. Es käme nämlich dann darauf an, wie lange nun die Verfassungsrichter ihr Amt ausüben. Der Zeitraum könnte so groß sein, daß die demokratische Legitimation unzulässig **verdünnt** erscheint; wäre die Amtsdauer kurz, könnten Bedenken bezüglich der Unabhängigkeit der Richter bestehen.

491

Weiter kann von Bedeutung sein, wie das **Verfahren zur Wahl der Verfassungsrichter** ausgestaltet ist. Ernennen die zuständigen Gremien, etwa das Parlament, die Verfassungsrichter mit einfacher Mehrheit, könnte es geschehen, daß die Richterbank völlig einseitig besetzt ist[16]. Über eine gewisse Zeit bestehen hiergegen keine Bedenken, denn die demokratische Legitimation könnte doch gerade bedeuten, daß die Richterbank den Mehrheitsverhältnissen im Parlament entspricht. Sind aber die Richter lange Zeit im Amt, könnte ein neues Parlament mit einer Richterbank konfrontiert sein, die sich aus Partizipanten einer längst vergangenen Mehrheit zusam-

492

---

15 Die später am Reichspräsidenten von Hindenburg geübte Kritik beruht u.a. auf dem Vorwurf, dieser habe die Gefahr schon erkannt und dieser Erkenntnis dennoch nicht nachgegeben. Diese Sicht übergeht aber etwas schnell die fundamentale Frage nach der Pflicht zur Einhaltung der Legalität. S. dazu u.a. *R. Grawert*, Die nationalsozialistische Herrschaft, in: HStR, Bd. I, 2. Aufl. 1995, § 4, Rdn. 3.

16 Daher bestimmt zwar nicht schon das Grundgesetz der Bundesrepublik Deutschland aber doch das Gesetz über das BVerfG (BGBl. 1985, I, S. 2229) in § 6 Abs. 5, daß ein Richter nur gewählt ist, wenn er Zweidrittel der Stimmen des Wahlgremiums erhält; in Fragen der Richterwahl s. *E. Benda* (Fn. 10), Rdn. 129 ff., der zwar das bestehende System des deutschen Rechts kritisch betrachtet, aber einen Systemwechsel kaum in Betracht zu ziehen scheint.

mensetzt. Man sieht, hier eine klare und befriedigende Lösung zu finden, ist nicht leicht. So ist es erstaunlich, daß die Frage, welches System der Richterwahl der Funktion eines Verfassungsgerichts in der gewaltenteilenden Demokratie am ehesten angemessen wäre, kaum diskutiert wird, obwohl die Methoden der Richterernennung weltweit durchaus unterschiedlich sind.

2. Rechtsvergleichung

493 Die Verfassungsgerichtsbarkeit zeigt in den Staaten, die über eine solche Institution verfügen, sehr unterschiedliche Gestalt.

494 Es erscheint angebracht, im Hinblick auf die Rechtsvergleichung mit dem Recht der **Bundesrepublik Deutschland** zu beginnen, denn dieses verfügt über eine Verfassungsgerichtsbarkeit, wie sie in keinem anderen Staat der Welt so subtil ausgestaltet und mit so viel Macht ausgerüstet ist[17]. Auf wesentliche Gesichtspunkte wurde im Vorhergehenden schon hingewiesen. Das Bundesverfassungsgericht kann gegen Entscheidungen der **Exekutive** im Verfahren des sog. **Organstreits**, aufgrund einer **Verfassungsbeschwerde** und anläßlich der **Präsidentenanklage** vorgehen[18]. Im Organstreitverfahren ist zu entscheiden, ob die Exekutive ihre Kompetenzen eingehalten hat, was auch für Streitigkeiten zwischen Teilen der Exekutive gilt; mit der Verfassungsbeschwerde kann bei drohender Grundrechtsverletzung jede Exekutivmaßnahme vor das Verfassungsgericht gebracht werden[19]; bei der Präsidentenanklage ist zu entscheiden, ob der Bundespräsident Verfassung oder Gesetz verletzt hat. Der Schutz gegen verfassungswidriges Verhalten der Exekutive ist lückenlos, denn selbst die Richtlinienbestimmung durch den Bundeskanzler ist der Kontrolle hinsichtlich ihrer Beachtung der Verfassung nicht entzogen[20].

495 In gleicher Weise steht die **Gesetzgebung unter lückenloser Kontrolle** durch das Bundesverfassungsgericht. Die **abstrakte Normenkontrolle** ist das Mittel, mit dem Bundes- und Landesexekutiven und auch eine Parlamentsminderheit prüfen lassen können, ob ein in Kraft getretenes Gesetz vor der Verfassung standhält[21]. Die **Verfassungsbeschwerde** steht dem Staatsbürger zur Verfügung, der meint, durch ein Gesetz in seinen Grundrechten verletzt zu sein[22]. Im Rahmen der sog. **inzidenten Normenkontrolle** ist jedes Gericht berechtigt und gegebenenfalls verpflichtet, ein Gesetz dem Verfassungsgericht zur Prüfung dann vorzulegen, wenn die Richter der Überzeugung sind, das Gesetz widerspreche den Normen der Verfassung[23].

---

17 *G. Robbers*, Die historische Entwicklung der Verfassungsgerichtsbarkeit, JuS, Jg. 30, H. 4, 1990, S. 257 ff.
18 Art. 93, Abs. 1, Ziff. 1 GG (Organstreit); Art. 93, Abs. 1, Ziff. 4a GG (Verfassungsbeschwerde); Art. 61 GG (Präsidentenanklage).
19 Zum Verfahren im Organstreit BVerfGG (Fn. 16), §§ 63–67, und zum Verfahren der Verfassungsbeschwerde §§ 90–96.
20 So schon BVerfG v. 17. 8. 1956, BVerfGE 5, S. 85 (128).
21 Art. 93, Abs. 1, Ziff. 2 GG und BVerfGG (Fn. 16), §§ 76–79.
22 Das folgt zwar nicht unmißverständlich aus § 93, Abs. 1, Ziff. 4a GG, ist aber dann in § 93 Abs. 2 BVerfGG (Fn. 16) klargestellt.
23 Art. 100 GG und §§ 80–82 BVerfGG (Fn. 16).

Auch die **ordentliche Justiz** steht jederzeit unter der Kontrolle des Verfassungsgerichts. Nicht nur, daß jeder Richter mit dem Mittel der **inzidenten Normenkontrolle** dem Verfassungsgericht die Frage nach der Rechtmäßigkeit eines Gesetzes vorlegen muß, sondern auch der Umstand, daß jedes Urteil jedes Gerichts von der unterlegenen Partei mit dem Mittel der **Verfassungsbeschwerde** dem Verfassungsgericht vorgelegt werden kann, wenn schlüssig behauptet wird, die Entscheidung habe Grundrechte verletzt[24], vervollständigt die Prüfungsmöglichkeit.

496

Aufgrund der Tatsache, daß die Verfassung der Bundesrepublik die **politischen Parteien**, wie beschrieben, in gewisser Weise staatsorganschaftliche Positionen einräumt und sie weitere Privilegien gegenüber Vereinen genießen, war es folgerichtig, dem Bundesverfassungsgericht die Zuständigkeit zu geben, eine **Partei zu verbieten**, wenn sie aktiv die Verfassungsordnung bekämpft[25]. Auch ist es vorgesehen, daß das Verfassungsgericht Personen, die Grundrechte zum Kampf gegen die freiheitlich-demokratische Grundordnung mißbrauchen, die weitere Ausübung dieser Rechte untersagen kann[26].

497

Es versteht sich fast von selbst, daß das Verfassungsgericht auch zuständig ist, **Streitigkeiten zwischen Bund und Ländern** oder solche zwischen Ländern zu entscheiden[27]. Der Staatsgerichtshof des Deutschen Reiches hatte, wie schon bemerkt, seinerzeit nur eben diese Zuständigkeiten.

498

Mit diesem Überblick sollte gezeigt werden, daß das Verfassungsgericht der Bundesrepublik Deutschland eine wahrhaft umfassende Kontrolle über alle anderen Staatsgewalten auszuüben vermag. Der einzige Unterschied zu entsprechenden Befugnissen des Monarchen der konstitutionellen Monarchie im Sinne einer vierten Gewalt, wie Benjamin Constant sie beschrieben hat, liegt darin, daß das Bundesverfassungsgericht **nur auf Antrag** tätig werden kann. Sicherlich ist es denkbar, daß ein solcher Antrag nicht gestellt wird, auch wenn die Situation der Klärung des Verfassungsrechts bedürfte[28]. Aber wahrscheinlicher ist es wohl, daß sich im Bedarfsfall ein Kläger finden wird, und diese Erwartung hat sich bestätigt. Die große Zahl der Verfassungsbeschwerden, die das Bundesverfassungsgericht bisher entgegenzunehmen hatte, zeigt, daß ein Klägermangel nicht besteht. Anders als der Supreme Court der USA, von dem noch zu handeln ist, kann das Bundesverfassungsgericht allerdings nicht selbst auswählen, ob es eine Frage zur Entscheidung annimmt, oder ob es sich der Entscheidung entzieht, weil eine **politische und keine Rechtsfrage** vorliegt, oder im Hinblick darauf, daß eine Grundsatzentscheidung in diesem Falle nicht notwendig sei. Das Bundesverfassungsgericht muß entscheiden, wenn eine

499

---

24 Art. 93, Abs. 1, Ziff. 4a und § 90, Abs. 2, BVerfGG (Fn. 16).
25 Art. 21, Abs. 2 GG; BVerfGG (Fn. 16), §§ 43–47; Gesetz über die politischen Parteien (BGBl. 1989, I, S. 327), § 32; zu den Voraussetzungen des Parteiverbots BVerfG v. 17. 8. 1956, BVerfGE 5, S. 85 ff.
26 Art. 18 GG; dazu *W. Schmitt Glaeser*, Mißbrauch und Verwirkung von Grundrechten im politischen Meinungskampf, 1968.
27 Art. 93, Abs. 1, Ziff. 3 und 44 GG; BVerfGG (Fn. 16), §§ 68–72.
28 Zur Frage der Ermessensfreiheit des Antragstellers z.B. bei Parteiverbot BVerfG v. 29. 10. 1974, BVerfGE 40, S. 287 ff. (291); für eine Pflicht zur Antragstellung *K. Doehring* (Fn. 13), S. 139 ff. mit weiteren Literaturnachweisen; s. auch *E. Benda* (Fn. 10), Rdn. 1136.

§ 20 *Verfassungsgerichtsbarkeit*

formell zulässige Klage erhoben ist, obwohl immer wieder erwogen wird, ob nicht das System der USA auch für das Recht angemessener wäre.

500 Ihren **Ursprung** nahm die Institution der Verfassungsgerichtsbarkeit, jedenfalls insoweit als es um die Kontrolle der Legislative ging, in den **USA**. Zunächst ging man auch dort von dem Grundsatz aus, daß das Parlament als oberstes Staatsorgan auch das letzte Wort bei der Frage der Gültigkeit der Gesetze haben sollte. Erst Anfang des neunzehnten Jahrhunderts hat der Supreme Court der USA sich selbst in einer berühmten Entscheidung die Kompetenz zuerkannt, die Gesetze am Maßstab der Verfassung zu prüfen, da anders der **Vorrang der Verfassung** nicht gesichert sei[29]. Der Supreme Court ist das oberste Gericht in allen Streitigkeiten, ist nicht ein spezielles Verfassungsgericht, sondern entscheidet auch in Fragen des Zivilrechts, des Strafrechts und des Verwaltungsrechts. Zwei wesentliche Unterschiede sind, ge-

501 messen an den Zuständigkeiten des Bundesverfassungsgerichts der Bundesrepublik Deutschland, hier zu vermerken. Zum einen besteht dort **nicht** das Rechtsmittel einer sog. **abstrakten Normenkontrolle**. Das bedeutet, daß der Supreme Court **nur** dann eine Prüfung der Gesetze vornehmen kann, wenn in einem üblichen Rechtsstreit die Frage auftritt, ob das anzuwendende Gesetz der Verfassung entspricht. Zum zweiten ist festzuhalten, daß der Supreme Court dann das **Gesetz nicht formell außer Kraft setzt**, sondern gegebenenfalls nur für den konkreten Fall seine **Unanwendbarkeit** erklärt[30]. Unter dem Grundsatz der stare decisis befolgen die unteren Gerichte in späteren Fällen, in denen das gleiche Gesetz Anwendung haben könnte, die Entscheidung des Obersten Gerichtshofs, so daß faktisch das Gesetz nicht mehr existent ist. Würde es dennoch wieder angewendet, wäre die unterlegene Partei berechtigt, den Supreme Court anzurufen. Diese Art der Kontrolle durch den Supreme Court bedeutet also eine solche der **Legislative** und gleichzeitig der **Justiz**[31].

502 Eine Kontrolle der Verfassungsmäßigkeit des Verhaltens der **Exekutive** ist deshalb durch den Supreme Court jederzeit möglich, weil dieses Gericht auch als oberstes Verwaltungsgericht handelt. Anders als das bei dem Bundesverfassungsgericht der Fall ist, wäre der Supreme Court allerdings in der Lage, eine Entscheidung im Ein-

503 zelfall nicht zu erlassen, wenn er den Standpunkt vertritt, daß die Frage **hochpolitischer Natur** ist, oder es nicht um eine Rechtsfrage grundsätzlicher Natur geht. Eine Kontrolle der Verfassungsmäßigkeit der Urteile unterer Gerichte ist selbstverständlich immer zulässig, denn der Supreme Court entscheidet als letztes Instanzgericht. Auch hier geht es natürlich immer darum, daß auch ein Kläger vorhanden ist, der den Supreme Court anruft. Verglichen also mit dem Bundesverfassungsgericht ist

503 die Zuständigkeit des Supreme Court enger, andererseits hat man nicht den Eindruck, daß diese Kontrolle nicht gleichermaßen effektiv wäre. Eine **Anklage des**

---

29 Marbury v. Madison, 1 Cranch 137, 2 L.Ed. 60 (1803); Kommentierungen zu dieser Entscheidung bei *W. B. Lockhart/Y. Kamisar/J. H. Choper/S. H. Shiffrin*, Constitutional Law, 7. Aufl., 1991, S. 8 ff.

30 *P. G. Kauper*, Judicial Review of Constitutional Issues in the United States, in: Verfassungsgerichtsbarkeit in der Gegenwart, Beiträge zum ausländischen Recht und Völkerrecht, 1962, S. 604 ff. (610 f.).

31 *P. G. Kauper* (Fn. 30), S. 611.

Präsidenten ist in der Verfassung der USA vorgesehen, so daß auch in dieser Beziehung eine Kontrolle einsetzt. Es handelt sich um das sog. **Impeachment-Verfahren**[32]. **Streitigkeiten unter Staatsorganen** kommen nur dann vor den Supreme Court, wenn sie zwischen Parlament und Präsident entstehen, denn die Bundesregierung und Bundesverwaltung sind hierarchisch gegliedert, und Rechte der Minister gegen den Präsidenten im Sinne der Möglichkeit eines Organstreits, wie das Grundgesetz es vorsieht, bestehen im Verfahrensrecht nicht.

504

Die **Ernennung der Mitglieder des Supreme Court** erfolgt durch den Präsidenten mit Zustimmung des Senats[33]. Auf diese Weise ist gesichert, daß an der Richterernennung sowohl **Exekutive** als auch **Legislative** beteiligt sind, denn der Senat als zweite Kammer repräsentiert zumindest die Wähler der Einzelstaaten. So ist auch hier eine gewisse demokratische Legitimation gesichert. Dennoch bestehen und bestanden oft politische Kontroversen darüber, wer nun zum Richter an diesem obersten Gerichtshof ernannt werden soll. Immer wieder haben die Präsidenten der USA versucht, ihnen politisch genehme Richter zu Mitgliedern des Supreme Court zu ernennen. Oftmals ist das gelungen, oftmals aber auch entwickelten sich die ernannten Richter durchaus nicht zu Gefolgsleuten des Präsidenten.

506

Daß die Verfassungsgerichtsbarkeit, sei sie ausgeübt durch ein spezielles Gericht oder durch die ordentliche Gerichtsbarkeit, in **Großbritannien** niemals eine Rolle gespielt hat, liegt nicht nur daran, daß dort eine geschriebene Verfassung fehlt, sondern vor allem daran, daß zu einem der obersten Grundsätze des Staatswesens die **Souveränität des Parlaments** zählt, die theoretisch unbegrenzt ist[34]. Zwar billigt man auch der Krone, bzw. der Regierung, eine Prärogative zu, d.h. einen Raum, in dem die Exekutive die letzte Entscheidung innehat, aber zum einen ist die Regierung von der Mehrheit des Parlaments abhängig, und zum anderen hat man die Krone auch immer als Teil des Parlaments, als king in parliament, aufgefaßt.

507

In diesem Bilde ist für ein **richterliches Prüfungsrecht kein Raum**. Der britische Richter hat das Recht anzuwenden, das das Parlament ihm liefert. Am ehesten wäre noch daran zu denken, daß es eine Instanz geben könnte, die im Rahmen der Gewaltenteilung die Macht der Legislative gegenüber der Prärogative der Krone abgrenzt. Aber ein solcher Organstreit ist nicht als besonderes Verfahren vorgesehen. Wird diese Frage einmal problematisch, entscheidet das **House of Lords als oberstes Gericht** im konkreten Fall, ob die Prärogative überdehnt wurde, und auch dieses oberste Gericht würde letztlich einem klaren Ausspruch des souveränen Parlaments folgen. Die Richtermacht, auch im Sinne einer richterlichen, mittelbaren Rechtsfortbildung, drückt sich darin aus, daß die Gerichte das ungeschriebene common law auslegen und also dabei Recht anwenden, das nicht vom souveränen Parlament gesetzt wurde. Aber auch in Großbritannien nimmt das Gesetzesrecht ständig zu, so daß für die Anwendung des common law immer weniger Raum ist, womit dann

508

---
32 Art. II, Sect. 4 der Verfassung der USA.
33 Art. II, Sect. 2 (2) der Verfassung der USA.
34 *T. C. Hartley* und *J. A. Griffith*, Government and Law, 2. Aufl. 1981, S. 8 ff.; grundlegend zur Souveränität des Parlaments und damit des Ausschlusses auch jeden Rechtsmittels gegen die Gesetzgebung *A.V. Dicey*, Introduction to the Study of the Law of the Constitution, 10. Aufl. 1959, S. 39 f.

§ 20 *Verfassungsgerichtsbarkeit*

auch die Rechtserzeugung durch die Gerichtsbarkeit im Rahmen des sog. case law abnimmt. Auch das Fehlen eines Grundrechtskatalogs hat dazu beigetragen, daß der Gedanke an die Verfassungsgerichtsbarkeit wohl bisher niemals ernstlich erwogen wurde. Für das britische Recht war es daher zunächst auch eine befremdliche Auffassung, daß der Richter das Europa-Recht mit Vorrang vor dem Parlamentsrecht anwenden soll. Die Anwendbarkeit der Grundrechte der europäischen Menschenrechtskonvention hat aus den gleichen Gründen dem britischen System Schwierigkeit bereitet; britische Spezialgesetzgebung hat diese Bedenken dann überwunden.

509 Auch die **französische Rechtsordnung** hat sich lange Zeit gegen eine Verfassungsgerichtsbarkeit gesperrt. Ebenso wie in Großbritannien wurde die Legislative als oberstes Staatsorgan angesehen, so daß ein Prüfungsrecht der französischen Gerichte nicht in Betracht gezogen wurde. Unter der Verfassung von 1958 dann hat sich der französische Verfassungsgeber dazu entschlossen, eine begrenzte Verfassungsgerichtsbarkeit einzurichten, den **conseil constitutionnel**[35]. Eine exakt bestimmte, geringe Zahl von Antragstellern kann veranlassen, daß dieser Gerichtshof **präventiv** die eingebrachten Gesetzesvorlagen daraufhin prüft, ob sie mit der Verfassung in Übereinstimmung stehen. Während also in der Bundesrepublik Deutschland ein Gesetz erst dann geprüft werden kann, wenn es erlassen ist, d.h. in Kraft gesetzt wurde, hat man in Frankreich den Weg gewählt, den conseil constitutionnel schon vor Inkrafttreten eines Gesetzes einzuschalten. Erklärt er den Entwurf eines Gesetzes für mit der Verfassung nicht übereinstimmend, kann das Gesetz nicht erlassen werden. Man kann durchaus den Standpunkt vertreten, daß diese Einrichtung weiser ist als das System derjenigen Staaten, in denen das **Gesetz** erst **nach Erlaß** geprüft wird, denn Unklarheiten werden ab initio vermieden, und vor allem ist ein Gesetz nach der Prüfung durch den conseil constitutionnel und nach dessen Entscheidung unantastbar. Doch ist natürlich nicht auszuschließen, daß die Verfassungswidrigkeit eines Gesetzes sich erst später herausstellt. So haben beide Systeme ihre Vor- und Nachteile.

510 Die Mitglieder dieses Verfassungsgerichts sind in ähnlicher Weise demokratisch legitimiert, wie die Mitglieder des deutschen Bundesverfassungsgerichts, doch die Richterwahl ist nicht ganz so parteipolitisch ausgestaltet.

511 In **Italien** wurde eine Verfassungsgerichtsbarkeit im Jahre 1947 mit Erlaß der neuen Nachkriegsverfassung eingerichtet[36]. Ihre Funktionen entsprechen in etwa denjenigen des deutschen Bundesverfassungsgerichts. Es besteht die Möglichkeit auch der **abstrakten Normenkontrolle**, allerdings **nicht** diejenige der **Verfassungsbeschwerde**. Eine abstrakte Normenkontrolle sieht auch die **österreichische Rechtsordnung** vor; sie besteht ebenfalls in der **Türkei**, in **Zypern**, in **Kolumbien** und im früheren **Jugoslawien**, wobei die Aufzählung selbstverständlich niemals abge-

---

35 *M. Fromont*, Der französische Verfassungsrat, in: Verfassungsgerichtsbarkeit in Westeuropa (Fn. 10), S. 309 ff.; *C. Eisenmann* und *C.H. Hamon*, La Jurisdiction Constitutionnelle en Droit Français, in: Verfassungsgerichtsbarkeit in der Gegenwart (Fn. 30) S. 231 ff.
36 *T. Ritterspach*, Die Verfassungsgerichtsbarkeit in Italien, in: Verfassungsgerichtsbarkeit in Westeuropa (Fn. 10), S. 219 ff.; *A.M. Sandulli*, Die Verfassungsgerichtsbarkeit in Italien, in: Verfassungsgerichtsbarkeit in der Gegenwart (Fn. 30), S. 292 ff.

schlossen sein kann, denn, wie etwa in **Spanien**, müßten Verfassungswandlungen berücksichtigt werden[37]. Die Zulässigkeit einer inzidenten Normenkontrolle besteht in vielen Staaten, wobei die amerikanische Rechtsordnung als Muster diente.

Eine besondere Art der Verfassungsbeschwerde hat im Raum **Lateinamerikas** immer eine Rolle gespielt; man nennt sie dort das **amparo-Verfahren**, wonach der Staatsbürger das oberste Gericht anrufen kann, wenn er meint, durch die Exekutive in seinen Rechten verletzt zu sein. Dieses amparo-Verfahren besteht in den Rechtsordnungen **Mexikos**, **Argentiniens** und **Kolumbiens**[38]. 512

Eine Verfassungsbeschwerdemöglichkeit findet man, außer in der Bundesrepublik, auch in der **Schweiz**, in **Österreich** und in der **Türkei**[39]. Auch hier kann die Aufzählung nicht abschließend sein, da die konkrete Situation des Staates beachtet werden muß. So hatte die Verfassung Burmas eine Verfassungsbeschwerdemöglichkeit eingerichtet, aber die Verfassung ist seit langer Zeit aus politischen Gründen suspendiert. 513

Selbstverständlich bestand lange Zeit in den **kommunistischen Staaten keine Verfassungsgerichtsbarkeit**[40]. Das ergab sich aus dem System des Marxismus-Leninismus, wonach die Justiz in jedem Falle der Politik unterzuordnen ist. Doch nach dem Zusammenbruch der kommunistischen Regime in Osteuropa gibt es nun ebenfalls das Institut der Verfassungsgerichtsbarkeit. Die Überordnung der kommunistischen Partei über die Staatsorgane, wie sie ehedem bestand, existiert nicht mehr, so daß nun einer Rechtskontrolle nichts mehr im Wege steht. 514

Hinsichtlich der Rechtssysteme der **europäischen supranationalen Organisationen** kann man in gewisser Weise von dem Bestehen einer Verfassungsgerichtsbarkeit sprechen[41]. Der **Gerichtshof der Europäischen Gemeinschaften** nämlich ist zuständig, die von den Gemeinschaftsorganen erlassenen Rechtsvorschriften daraufhin zu prüfen, ob sie mit dem europäischen Recht, d.h. dem EG-Vertrag, in Übereinstimmung stehen. Unter bestimmten Umständen sind auch Einzelpersonen bzw. Unternehmen, berechtigt, Klagen wegen Verletzung ihrer Rechte durch europäische Organe bei dem Europäischen Gerichtshof anhängig zu machen. So vereinigt der Europäische Gerichtshof in sich die Kompetenzen zur **Normenkontrolle** und zur **Individualbeschwerde**. Auch ein sog. **Organstreit** kann im Rahmen des europäi- 515

---

37 Eine Übersicht bei *R. Bernhardt*, Normenkontrolle, in: Verfassungsgerichtsbarkeit der Gegenwart (Fn. 30), S. 727 ff.; zu Spanien *F. R. Llorente*, Die Verfassungsgerichtsbarkeit in Spanien, in: Verfassungsgerichtsbarkeit in Westeuropa (Fn. 10), S. 243 ff.
38 Zum Verfahren in Argentinien *J. A. Barberis*, Verfassungsgerichtsbarkeit in Argentinien, in: Verfassungsgerichtsbarkeit in der Gegenwart (Fn. 30), S. 46 f.
39 Zusammenfassend *H. Alexy*, Verfassungsbeschwerde, in: Verfassungsgerichtsbarkeit in der Gegenwart (Fn. 30), S. 738 ff.
40 Zur strikten Ablehnung der Verfassungsgerichtsbarkeit als „Instrument der herrschenden Klasse" *R. Meister*, in: Staatsrecht bürgerlicher Staaten (DDR), 1986, S. 125; zur Entwicklung der Verfassungsgerichtsbarkeit in den ehem. kommunistischen Staaten Osteuropas *J. A. Frowein/T. Marauhn* (Hrsg.), Grundfragen der Verfassungsgerichtsbarkeit in Mittel- und Osteuropa 1998.
41 *J. Schwarze*, in: Der Europäische Gerichtshof als Verfassungsgericht und Rechtsschutzinstanz, 1983, S. 11 ff., und ebendort *H. P. Ipsen*, Die Verfassungsrolle des Europäischen Gerichtshofs für die Integration, S. 29 ff.

schen Rechts eine Rolle spielen, etwa wenn der Ministerrat und die Kommission oder auch das Parlament im Hinblick auf ihre Kompetenzen verschiedener Auffassung sind; der Gerichtshof hat dann auch entsprechende Entscheidungskompetenzen inne.

516 Es sei auch daran erinnert, daß der **Europäische Gerichtshof für Menschenrechte** ebenfalls entscheiden kann, ob ein nationales Gesetz mit den europäischen Menschenrechten, wie sie in der Konvention niedergelegt sind, in Übereinstimmung steht und auf diese Weise eine Art von Normenkontrolle ausübt. Dieser Gerichtshof hat dann allerdings nicht die Kompetenz, ein solches Gesetz außer Kraft zu setzen, aber zumindest dessen Rechtswidrigkeit wird gegebenenfalls bindend festgestellt[42], und die Mitgliedsstaaten haben die völkerrechtliche Pflicht übernommen, der Entscheidung zu folgen.

517 Man kann so durchaus als Ergebnis dieser Betrachtung die Feststellung treffen, daß die **Macht des Parlaments** als Gesetzgebungsorgan durch die Einrichtung der **Verfassungsgerichtsbarkeit eingeschränkt** wird. Diese, eine Tyrannis der parlamentarischen Mehrheitsentscheidung verhindernde Verlagerung der Kompetenzen überträgt dann die dem Gesetzgeber entzogene Macht auf das Verfassungsgericht, das nun sicherlich der gleichen Gefahr einer Selbstüberschätzung ausgesetzt ist. Es wäre daher ratsam, daß die Verfassungsrichter **Selbstbeschränkung** üben, insbes. im Hinblick auf die sog. **richterliche Rechtsfortbildung**; der hypertrophe Gesetzgeber kann abgewählt werden, die unabhängigen Richter des Verfassungsgerichts aber sind jeder Sanktion entzogen. Daß in einer Demokratie die Entscheidung über die zu beachtenden Rechtswerte nicht von dem Repräsentanten des Volkes getroffen wird, sondern von einem, dem Volk nicht verantwortlichen Richtergremium, widerspricht jedenfalls dem System der Volksherrschaft[43].

§ 21 Das Staatsnotrecht

1. Systematische Betrachtung

518 Jeder Staat kann mit der Situation konfrontiert sein, daß er in eine **Existenzkrise** gerät. Es handelt sich daher um eine sehr alte Frage, wie eine Rechtsordnung auf eine solche Notlage reagieren kann, darf oder soll. Man hat oftmals gesagt, daß die Staatskrise die **Stunde der Exekutive** sei, d.h., daß in einer solchen Situation nur eine starke Regierungsmacht die Lage beherrschen könne, und daß daher die ande-

---

42 Art. 46 EMRK; dazu *J. A. Frowein* und *W. Peukert*, Europäische Menschenrechtskonvention, EMRK-Kommentar, 2. Aufl. 1996, zu Art. 53, Rdn. 3: „Eindeutig ist weiterhin, daß das Urteil des GH einen innerstaatlichen Hoheitsakt nicht aufheben kann".
43 Zur grundlegenden Problematik der Verfassungsgerichtsbarkeit *E. Forsthoff*, Der Staat der Industriegesellschaft, 1971, wo es S. 134 heißt, „Die Verfassungsgerichtsbarkeit ist die eklatante Durchbrechung der Gewaltenteilung...", eine Aussage, die natürlich einen bestimmten, überkommenen Begriff der Gewaltenteilung voraussetzt.

ren Staatsgewalten weitgehend entmachtet seien. Es leuchtet auch ein, daß in der Staatskrise die **normale Kompetenzverteilung**, die u.U. sehr subtil ist, kaum oder gar **nicht** funktionieren kann, und daß daher eine zentrale Lenkung der Staatsgeschäfte gefordert wird. Von besonderem Interesse waren hier die gegensätzlichen Auffassungen insbes. von Gerhard Anschütz und Carl Schmitt unter der Geltung der Reichsverfassung von Weimar. Diese juristische Kontroverse, die bis in die Fundamente des Staatsverständnisses reicht, läßt sich auf eine kurze Formel bringen: Die eine Meinung sagt, in einer **Staatskrise**, in der die Normen des Verfassungsrechts unter Berufung auf ungeschriebenes, überpositives Recht nicht mehr angewendet werden, sei die **Rechtsordnung aufgehoben**; hier ende das Staatsrecht. Dagegen steht die Ansicht, daß gerade in der Staatskrise die **wahre Substanz des Staatsrechts sich endgültig erweise**; hier beginne die Letztaussage des Staatsrechts. Beide Äußerungen, so gegensätzlich sie scheinen mögen, können sich auf eine innere Logik berufen. Anschütz war der Auffassung, daß in der Staatskrise die für diesen Fall vorgesehene Kompetenzverteilung eine abschließende sei[1]. Das bedeutet, daß jenseits dieser Verfassungsregelung kein „Recht" in Anspruch genommen werden könne, sondern daß das Verfassungsrecht als eine abstrakte Regelung in dieser Situation sein Ende finde; ein **naturrechtsähnliches Staatsnotrecht** als Reservekompetenz z.B. des Staatsoberhaupts könne nicht anerkannt werden. Heckel, Schmitt, Kaufmann u.a. näherten sich dem Problem von einer ganz anderen Seite. Nach ihrer Auffassung erweist sich erst im **Staatsnotstand**, wer der eigentliche Inhaber der Macht im Staate ist, wer also der Souverän ist[2]. Wenn also etwa in einer konstitutionellen Monarchie eine Staatskrise entsteht, und wenn man dann den Standpunkt vertritt, daß in einer solchen Situation nicht mehr das Parlament, sondern nur noch der Monarch effektiv zu regieren und die Krise zu beheben in der Lage ist, erweist sich nach der Ansicht insbes. von Carl Schmitt, daß trotz aller Gewaltenteilung zwischen Volksvertretung und Königtum doch der Monarch letztlich der Souverän des Staates sei, also die letztentscheidende Instanz. Aus dieser Sicht ist der Ausspruch verständlich, daß sich erst im Staatsnotstand die Substanz des Staatsrechts im Hinblick auf die letzte Kompetenzverteilung offenbart.

Welcher dieser beiden Ansichten mehr Gewicht beizumessen ist, kann unterschiedlich beurteilt werden; die eine betont die **Geltung des positiven Rechts** und so die Rechtssicherheit, während die andere eher **machtpolitisch** argumentiert. Regelt eine Rechtsordnung die Zuständigkeiten auch für den Fall der Staatskrise sehr subtil, ist zwischen Ausnahmezustand und Normalzustand kein rechtsdogmatischer Unterschied zu sehen; alle Regelungen gehören dem positiven Recht an. Hält diese Regelung aber wegen besonderer Zerstörungskraft der Krise nicht stand, ergibt sich, daß nun und nach Erschöpfung aller Rechtsregeln ein Staatsrecht nicht mehr be-

---

1 *G. Anschütz*, Die Verfassung des Deutschen Reiches vom 11. August 1919, 14. Aufl. 1932, S. 276 f.: „Ein über Art. 48 hinausgehendes, an seine Vorschriften nicht gebundenes, gleichsam naturrechtliches „Staatsnotrecht" des Reichspräsidenten besteht nicht".
2 *C. Schmitt*, Die Diktaturgewalt des Reichspräsidenten nach Art. 48 der Reichsverfassung, VVDStRL 1 (1924), S. 83 f., 95; ebenso *J. Heckel*, Diktatur, Notverordnungsrecht, Verfassungsnotstand, in: AöR 61 (1932), S. 275 ff., insbes. S. 276 f.; *E. Kaufmann*, Zur Problematik des Volkswillens, 1931, S. 14.

§ 21 *Das Staatsnotrecht*

steht, immer gemessen an vorgesehenen Regelungen. Der Rückgriff dann auf **überpositive Berechtigungen** ist im Ergebnis eine Auswirkung der Macht und nicht des Rechts. Regelt eine Rechtsordnung den Staatsnotstand überhaupt nicht, wie das in den USA der Fall ist, wird die Frage i.S. von Carl Schmitt u.a. immer wieder relevant, wer nun die Letztentscheidung hat und sich somit als der eigentliche Staatslenker erweist. Diese Frage kann dann, wenn Regelungen nicht vorhanden sind, nur faktisch und empirisch beantwortet werden, oder aber sie wird, wie in den USA, von einem Obersten Gerichtshof, wenn auch erst nachträglich, entschieden.

521 Es gibt kaum ein Gebiet des Staatsrechts, in dem die Rechtslehre eine so große Vielfalt zeigt[3]. Aus historischer Sicht erschien es lange Zeit selbstverständlich, daß das **Staatsoberhaupt**, sei es der Monarch, oder ein Diktator, die Befugnis zur Letztentscheidung im Staatsnotstand innehabe. Zur deutschen Geschichte sei hier an den Streit um die Heeresvorlage in Preußen in den Jahren 1862/63 erinnert. Nach Auffassung Bismarcks hatte der Monarch die Letztentscheidung, falls das Parlament, z.B. wegen eines drohenden Krieges, den Staat nicht genügend schützt, weil es die Mittel zur Kriegführung verweigere. Dennoch hat Bismarck nach eigenmächtigem Handeln das Parlament um Indemnität ersucht, womit seine eigene Auffassung, die Krone habe die Letztentscheidung, dann doch nicht durchgehalten war[4]. Es scheint durchaus so, daß generelle Aussagen über Rechtsfolgen im Staatsnotstand nur in sehr vager Form gemacht werden können. Jede Verfassung muß mit einer solchen Lage fertig werden können, und es ist nun zu zeigen, wie unterschiedlich Vorkehrungen getroffen wurden, und wie unterschiedlich man sich dem Problem bei der Rechtsgestaltung annäherte.

2. Rechtsvergleichung

522 Will man eine Einteilung der Regelungen über den Staatsnotstand in den Verfassungen der Welt vornehmen, bietet es sich an, **drei Systeme** zu unterscheiden: Es gibt Staaten, die in ihren Verfassungen den Staatsnotstand nicht einmal erwähnen, es gibt solche, die ein grobes System zur Beherrschung der Krise eingerichtet haben und solche, die über sehr subtile Regelungen verfügen. Zur Rechtfertigung der ersten Kategorie wird gesagt, daß jeder ausdrücklich zugebilligte Kompetenzzuwachs zur **Diktatur** führen könne; für die zweite Kategorie wird gesagt, daß im Staatsnotstand nur **grobe Regelungen** zweckmäßig seien, weil subtile Regelungen doch nicht eingehalten würden; **subtile Regelungen** der dritten Kategorie werden damit gerechtfertigt, daß anders Kompetenzanmaßungen stattfinden würden.

---

3 Dazu: Das Staatsnotrecht in Belgien, Frankreich, Großbritannien, Italien, den Niederlanden, der Schweiz und den Vereinigten Staaten von Amerika, Beiträge zum ausländischen öffentlichen Recht und Völkerrecht (Hrsg. Max-Planck Institut für ausländisches öffentliches Recht und Völkerrecht), Bd. 32, 1955; bes. eingehend zum deutschen Recht und zur Rechtsvergleichung *T. Stein*, Grundrechte im Ausnahmezustand, in: Handbuch der Grundrechte in Deutschland und Europa (Hrsg. D. Merten/ H.-J. Papier), Bd. I, 2004, § 24.

4 *E.R. Huber*, Nationalstaat und Verfassungsstaat, 1965, S. 198 ff.

In die erste der genannten Kategorien gehören vor allem die **USA**[5]. Die amerikanische Verfassung erwähnt den Fall der Staatskrise in keinem Artikel. Dennoch hatte der Supreme Court mehrfach zu entscheiden, wer nun in einem faktischen Krisenzustand die Kompetenz habe, u.U. unter Verkürzung der Rechte des anderen Staatsorgans zu entscheiden[6]. Es ging immer darum, ob der **Präsident** dann auch **ohne den Kongress** regieren könne, oder ob der Kongress es nicht hinzunehmen habe, daß der Präsident in der Krise extrem selbständig handelt. Die Rechtsprechung des Supreme Court nähert sich diesen Problemen sehr behutsam und nur tastend, eben weil die Verfassung keine Regelungen enthält. Es ist evident, daß die Regierung auch im amerikanischen Recht u.U. Maßnahmen treffen muß, weil sie die naturgemäß schwerfälligen Entscheidungen des Gesetzgebers nicht abwarten kann. Man geht unter amerikanischem Verfassungsrecht davon aus, daß der Präsident im Staatsnotstand **keine Kompetenzen** an sich ziehen darf, die er im **Normalzustand** nicht hätte, daß er aber **dennoch** die ihm durch Verfassung zugestandenen Kompetenzen in stärkerem Maße in Anspruch nehmen darf, d.h. seine **Macht voll auszuschöpfen** berechtigt ist. Eine solche Aufteilung des Volumens der Kompetenzen ist nur deshalb möglich, weil diese in der Verfassung ebenfalls nur sehr vage angedeutet sind[7].

523

524

Befindet sich der Staat in einer Krise, billigt man zum Teil dem Präsidenten die Inhaberschaft sog. **implied powers** zu, was bedeutet, daß in seinen Normalkompetenzen eine Machtfülle mitangelegt ist, deren Ausnutzung nur im Krisenzustand zulässig sei. Viele amerikanische Präsidenten haben sich auf diese implied powers, auch resulting powers und inherent powers genannt, berufen, wenn sie sich später nach ihren Aktionen für ihr selbständiges Handeln rechtfertigen mußten[8]. Der Oberste Gerichtshof hat dann im Zweifel zu entscheiden, ob das Verhalten des Präsidenten Rechte des Kongresses beeinträchtigt, oder ob der Kongress Selbständigkeiten des Präsidenten hinzunehmen hatte. Der Kongress hat selbstverständlich immer darauf geachtet, daß seine Kompetenzen nicht verkürzt werden, während die Präsidenten häufig sich damit rechtfertigten, daß anders Schaden vom Staat nicht hätte abgewendet werden können. Die **Entscheidung des Supreme Court** kommt selbstverständlich immer erst **nach** der Aktion der Regierung. Sie kann daher nichts mehr abwenden, sondern nur noch feststellen, ob die Regierungshandlung rechtmäßig oder unrechtmäßig war. Diese erst subsequente Entscheidung hat natürlich auch Rechtsfolgen, die beachtlich sind. Wird eine Regierungshandlung wegen Überschreitung der Regierungskompetenzen und trotz Staatskrise für rechtswidrig erklärt, entsteht u.U. die Frage, ob ihre Auswirkungen rückgängig gemacht werden müssen, oder ob für derartige Handlungen Schadensersatz durch den Staat zu leisten ist. Allzu zahlreich sind die Situationen, in denen eine solche Staatskrise in den USA Veranlas-

525

---

5 *K. Doehring*, Die Bewältigung des Staatsnotstandes durch die Staatsorgane der Vereinigten Staaten von Amerika, in: Recht in Ost und West, Sondernummer 1983, S. 42 ff.
6 Besonders aufschlußreich der Steel-Case, Youngstown Sheet and Tube Co. v. Savayer, 343 U.S. 579 (1952); hierzu auch *J. A. Barron/C. T. Dienes*, Constitutional Law, 1986, S. 89 ff.
7 Art. II, Sect. 1 (1): „The executive Power shall be vested in a President of the United States of America"; Sect. 3: „... he shall take care that the Laws be faithfully executed ...".
8 Hierzu *K. Doehring*, Das Staatsnotrecht in den Vereinigten Staaten von Amerika, in: Das Staatsnotrecht (Fn. 3), S. 212 ff., mit Hinweisen auf Literatur und Rechtsprechung in den USA.

§ 21   *Das Staatsnotrecht*

sung zur Kompetenzausweitung gegeben hätte, nicht gewesen. Immerhin waren die USA in zwei Weltkriegen in einer diese Probleme erzeugenden Lage, und auch Wirtschaftskrisen haben die Frage der Grenzen der Macht, der Regierung entstehen lassen, wie es im Jahre 1932 der Fall war. Natürlich ist auch hier an den Vietnam-Krieg zu erinnern, der Veranlassung zur Begrenzung der sog. war powers des Präsidenten gab[9], und im Hinblick auf den Krieg gegen den Irak werden u.U. Rechtsgrenzen noch gerichtlich aufzuzeigen sein.

526   Auch wenn diese Rechtslage unbefriedigend erscheint, weil man sich immer im Ungewissen darüber befindet, ob nun Kompetenzen extensiv ausgeschöpft werden dürfen, hat man in den USA niemals daran gedacht, die Verfassung in diesem Punkt zu verändern bzw. auszugestalten. Für die amerikanische Rechtsordnung hat immer der Art. 48 der deutschen Verfassung von 1919 ein abschreckendes Beispiel dargestellt. Hiernach war der **Reichspräsident** berechtigt in der Staatskrise **Notverordnungen** zu erlassen und ohne oder gar gegen das Parlament zu handeln. Diese Befugnisse wurden als „Diktatur" gewertet, und nachdrücklich ist von amerikanischen Rechtsgelehrten betont worden, daß man solche **Diktaturbefugnisse** in den **USA** auch im Ansatz **nicht** wolle[10].

527   Die Realität entspricht dem nicht ganz, denn es sind durchaus eigenmächtige und wohl die Kompetenz der Regierung überschreitende Maßnahmen getroffen worden, die dann allerdings nachträglich durch die Gerichtsbarkeit für rechtswidrig erklärt wurden. Unter diesem System kann der Regierungschef zwar faktisch handeln, muß aber gewärtig sein, daß er hinterher korrigiert wird. Selbstverständlich ist auch immer wieder betont worden, daß die Regierung zwar ihre Machtfülle voll in Anspruch genommen habe, daß aber dennoch eine Rechtsverletzung nicht vorliege. Es wäre schwer vorauszusagen, wie im einzelnen Fall der Supreme Court entscheiden würde. Die **Verläßlichkeit des Rechts** liegt nur darin, daß nach einer solchen Situation eine **Gerichtsentscheidung** über die Grenzen der Kompetenzen Auskunft gibt. Eine pragmatische Rechtsordnung, wie diejenigen, die auf dem common law beruhen, nimmt eine solche Rechtslage mit einer gewissen Gelassenheit hin. Wer zur Perfektion im Staatsrecht neigt, wird dieses amerikanische System, was im entscheidenden Augenblick schweigt und nur die Instanz bezeichnet, die nachträglich über das Recht entscheidet, als sehr unbefriedigend empfinden, und es ist ernstlich die Frage zu stellen, ob ein solches System mit dem Begriff des Rechtsstaats, wie er im deutschen Recht geprägt wurde, in Übereinstimmung steht.

528   Als Beispiele für Systeme, in denen die Frage des Staatsnotstandes relativ undifferenziert geregelt ist, können die **Reichsverfassung von Weimar** aus dem Jahre 1919 und die **französische Verfassung** von 1958 gelten. Anders als in der Verfassung der USA gibt es dort ausdrückliche Bestimmungen[11]. Will man in einer Verfassung den Notstandsfall rechtlich konkret regeln, d.h. die dann geltende Kompetenzordnung und den Bereich ihrer Eingriffsbefugnisse festlegen, geht es jeweils um

---

9 Hierzu *W. B. Lockhart/Y. Kamisar/J. H. Choper/S. H. Shiffrin*, Constitutional Law, 7. Aufl. 1991, S. 214 ff.
10 *C. L. Rossiter*, Constitutional Dictatorship, 1948, S. 212.
11 Art. 16 der Verfassung Frankreichs v. 28. 9. 1958; Art. 48 der Reichsverfassung v. 11. 8. 1919.

zwei Fragen. Zum einen muß geklärt werden, wer die verbindliche Feststellung über den Tatbestand des Staatsnotstandes abzugeben berechtigt und verpflichtet ist; danach geht es darum, ob und inwieweit eine Veränderung der Befugnisse der Staatsorgane für diesen Fall vorgesehen ist.

Unter der Geltung der Verfassung von Weimar konnte der **Reichspräsident allein** entscheiden, ob eine Notstandssituation eingetreten sei[12]. Nach dieser Entscheidung hatte er die Befugnis, **gesetzesvertretende Notverordnungen** zu erlassen, deren Inhalt von der Verfassung nicht begrenzt war. Selbstverständlich handelte er faktisch in diesen Fällen zusammen mit der amtierenden Reichsregierung, aber formell hatte er die Alleinkompetenz. Derartige Rechtsvorschriften konnten dann von dem Reichstag wieder aufgehoben werden, auch konnte der Notstand nicht zweimal aus dem gleichen Grunde erklärt werden, aber dennoch war mit anderer Begründung die Wiederholung dieser Staatsakte jederzeit möglich. Beträchtliche Zeiträume unter Geltung dieser Verfassung waren dadurch charakterisiert, daß vermittelst Notverordnungen regiert wurde. 529

In der **Verfassung Frankreichs** von 1958 ist bestimmt, daß der **Staatspräsident**, ebenso wie der Reichspräsident des Deutschen Reiches, einseitig und ohne Kontrolle durch die Legislative den **Notstand erklären kann**[13]. Danach hat er die Befugnis, **alle Maßnahmen** zu treffen, die er für geeignet hält, den Notstand zu beseitigen oder zu bändigen. Auch hier ist nur eine subsequente Kontrolle durch das französische Parlament insoweit zulässig als die Maßnahmen wieder aufgehoben werden können. Aber auch hier kann eine Wiederholung der Situation eintreten, denn der Staatspräsident ist frei, erneut eine Lage entsprechend zu beurteilen. Für beide Verfassungen gilt also in gewisser Weise der schon erwähnte Satz, daß der Notstand die Stunde der Exekutive sei. Eine **gerichtliche Mißbrauchskontrolle** hat es unter der Verfassung von Weimar[14] **ebenso wenig gegeben**, wie unter der Geltung der französischen Verfassung, denn eine Verfassungsgerichtsbarkeit, die einen solchen Mißbrauch hätte feststellen können, existierte damals nicht und existiert heute in Frankreich jedenfalls nicht mit der entsprechenden Kompetenz. 530

In beiden Verfassungen – und das sei deutlich hervorgehoben – war und ist zwar die **Notstandskompetenz des Staatspräsidenten** außerordentlich **groß**, in beiden Verfassungen aber beruht die Machtfülle des Staatspräsidenten auf **unmittelbarer Volkswahl**[15]. So ist zwar die Machtfülle der Exekutive ausgeweitet, aber in besonderer Weise demokratisch legitimiert. Im politisch-soziologischen Sinne bedeutet das, daß der Staatspräsident über einen besonderen **Vertrauensvorschuß** verfügt. Es ist interessant zu sehen, daß diese sog. Diktaturbefugnisse in der **amerikanischen Verfassung** ungeschrieben auch bestehen, obwohl sie ausdrücklich von niemandem anerkannt werden, und obwohl letztlich, wenn auch subsequent, der Ober- 531

---
12 G. *Anschütz* (Fn. 1), S. 282.
13 Art. 16, Abs. 1 der Verfassung, wonach der Präsident, wenn auch nach Beratung mit der Regierung, die erforderlichen Maßnahmen „ergreift"; in Art. 48, Abs. 2 der Reichsverfassung heißt es, der Reichspräsident kann die „nötigen" Maßnahmen treffen.
14 G. *Anschütz* (Fn. 1), S. 281.
15 Art. 6, Abs. 1 der Verfassung Frankreichs; Art. 41, Abs. 1 der Reichsverfassung.

§ 21 *Das Staatsnotrecht*

ste Gerichtshof über ihre Grenzen entscheidet. Aber auch der amerikanische Präsident kann sich auf einen **Vertrauensvorschuß** durch eine **Volkswahl** berufen, denn er ist nicht durch das Parlament in sein Amt gebracht. Der Unterschied also zwischen dem System der USA und den Systemen Frankreichs und des Deutschen Reiches besteht darin, daß im ersten Falle eine nachträgliche Kontrolle des Obersten Gerichtshofes stattfindet, im zweiten Fall jede Kontrolle fehlt.

532 Da **Großbritannien** über keine geschriebene Verfassung verfügt, können alle hier angestellten Erwägungen ihre Lösung nur im **common law**, in den **Verfassungskonventionen**, in der **Staatspraxis** und im Gewohnheitsrecht finden[16]. Die Möglichkeit eines Staatsnotstandes, bzw. einer Staatskrise ist selbstverständlich auch im englischen Recht immer in Betracht gezogen worden. Doch, anders als in anderen parlamentarischen Systemen, ist das Unterhaus in diesen Fragen von besonderer Beweglichkeit. Bei Ausbruch des Zweiten Weltkrieges z.B. hatte der Premierminister dem Parlament die Frage vorgelegt, ob die Regierung nun stärkere Befugnisse haben solle. Das Ergebnis dieser Befragung war, daß spezielle und vorbereitete Gesetze in außerordentlich kurzer Zeit vom Parlament beschlossen wurden. Diese Gesetze gaben der Regierung etwa die Vollmachten, die in anderen Verfassungen im Notstandsfall ebenfalls der Exekutive zugebilligt werden. Die Ausrufung des Staatsnotstandes gehört zu den Prärogativrechten der Krone, bzw. der Regierung, aber die **Souveränität des Parlaments bleibt erhalten**, so daß es auf die Erstreckung der dann geltenden Kompetenzen entscheidenden Einfluß hat. Auch ist daran zu erinnern, daß unter der Geltung des common law und also unter der Geltung ungeschriebener Rechtsregeln in Fällen auch des örtlichen Notstandes entweder der Inhaber der noch amtierenden Staatsgewalt, oder der Inhaber der militärischen Kommandogewalt berechtigt ist, das sog. **martial-law** auszurufen, unter dessen Geltung dann weitgehend Befugnisse, etwa Verhaftungen und Beschlagnahmen, ausgeübt werden dürfen[17]. Über die Frage, ob wegen der Ausübung solcher Befugnisse später u.U. Schadensersatz an die Betroffenen zu leisten ist, entscheidet dann die Gerichtsbarkeit, ebenso wie in den USA. Dieses martial-law soll dann gelten, bzw. der Inhaber der faktischen, meist der militärischen Gewalt soll es dann ausrufen können, wenn auch die Gerichtsbarkeit nicht mehr aktionsfähig ist. In Großbritannien bestehen Gesetze, die nur nach Ausrufung des Notstandes entweder durch das Parlament oder aufgrund einer vorher erteilten Ermächtigung in Kraft gesetzt werden können. Diese Gesetze liegen bereit, so daß auch hier eine Art Legalitätsreserve permanent besteht.

533 Grobe, wenn auch ungeschriebene Notstandsregelungen bestanden in **kommunistischen Staaten**. So waren ausdrückliche **Notstandsregelungen** deswegen **nicht notwendig**, weil Parlamente ohnehin nur für ganz begrenzte Zeit im Verlaufe eines Jahres einberufen wurden. In der Zwischenzeit hatten aufgrund ausdrücklicher Verfassungsvorschriften die Regierungen, sei es das Präsidium des Obersten Sowjets

---

16 *G. Jaenicke*, Das Staatsnotrecht in Großbritannien, in: Das Staatsnotrecht (Fn. 39), S. 59 ff.
17 *G. Jaenicke* (Fn. 16), S. 91 ff., zum Martial Law als eine Art von Notkompetenz; ähnlich im Recht der USA, wonach allerdings der Begriff des Martial Law eng auszulegen ist, vgl. dazu Hawaian Martial Law Case, 327 U.S. 403 (1946).

oder eine irgendwie anders benannte Regierung, die Befugnis, das Parlament in vollem Umfang zu vertreten[18]. Der Erlaß **gesetzesvertretender Verordnungen** war in der Verfassung der UdSSR ohne Einschränkung vorgesehen, so daß in keinem Falle die Befragung des Parlaments[19] im Notstandsfall notwendig wurde, und auch ohne Notstandsfall konnte eine solche Verordnung jederzeit ergehen. Hinzu kam, daß die **Staatsführung** die Zuständigkeit inne hatte, die Verfassung **authentisch zu interpretieren**[20]. In einem solchen System ist es also völlig unnötig, besondere Befugnisse für den Notstand zu verteilen. Selbstverständlich handelte bisher jede kommunistische Regierung nicht nur im Einvernehmen, sondern letztlich unter Anweisung durch das **Zentralkomitee der kommunistischen Partei**. Der Inhaber der Notstandsbefugnisse war also letztlich diese kommunistische Partei, die zentralistisch organisiert war, und also war es die Parteiführung.

Diesen Systemen, die entweder keine, oder nur sehr grobe Regelungen enthalten, stehen solche gegenüber, in denen der **Notstandsfall mit äußerster Subtilität** im Verfassungsgefüge einkalkuliert wird. Hier ist vor allem die **Bundesrepublik Deutschland** zu nennen. Die Ausrufung des Staatsnotstandes bei Eintritt des sog. Verteidigungsfalles, d.h. eines Angriffs auf den Staat von außen, bedarf eines Beschlusses des **Parlaments**, und das Gleiche gilt für die Beendigung des Notstandes[21]. Für den Fall, daß das Parlament aus faktischen Gründen nicht versammelbar ist, besteht ein **permanenter Parlamentsausschuß**, der sich bereit zu halten hat, die Entscheidung des Parlaments zu ersetzen[22]. Die Mitglieder dieses Ausschusses entsprechen in ihrer Zusammensetzung den Stärken der Fraktionen und sind bereits in Normalzeiten designiert. Kann auch dieser Ausschuß nicht zusammentreten, weil eine faktische Lage dies verhindert, ist der **Bundespräsident** berechtigt, den Notstand auszurufen und diese Entscheidung bekannt zu machen[23]. Für den Notstandsfall liegen, ebenso wie in Großbritannien, vorgefertigte Gesetze bereit, die dann in Kraft treten können. Die Arbeit des Verfassungsgerichts wird fortgesetzt, so daß jede Maßnahme, auch diejenige zur Ausrufung des Notstands, der verfassungsgerichtlichen Prüfung bei Antragstellung unterliegt[24]. Ist der Notstand rechtmäßig erklärt, treten **Kompetenzverschiebungen** ein. Handelt es sich um den sog. äußeren Notstand, d.h. um einen Angriff auf die Bundesrepublik mit Waffengewalt, geht die Kommandogewalt des Verteidigungsministers auf den Bundeskanzler

534

535

---

[18] So bildete das Präsidium des Obersten Sowjets gem. Art. 121, Ziff. 14 der Verfassung der UdSSR vom 4. 10. 1977 den Verteidigungsrat; wesentlich auch für den Staatsnotstand ist Ziff. 17, wonach das Präsidium zwischen den Tagungen des Obersten Sowjets die notwendigen Maßnahmen ergreifen kann.
[19] Art. 123 der Verfassung der UdSSR v. 4. 10. 1977, dazu *H.-C. Reichel*, in: Handbuch der Sowjetverfassung, Bd. II, 1983, S. 939.
[20] Art. 121, Ziff. 5 der Verfassung der UdSSR v. 4. 10. 1977, dazu *H.-C. Reichel* (Fn. 19), S. 911 ff.
[21] Art. 115a, Abs. 1 GG, Art. 115l Abs. 2 GG; dazu *K. Doehring*, Staatsrecht der Bundesrepublik Deutschland, 3. Aufl. 1984, S. 270 ff.; zu den Artt. 115a ff. *G. Robbers*, in: Grundgesetz, Kommentar (Hrsg. M. Sachs), 3. Aufl. 2003, S. 2314 ff., Vorb. zu Abschnitt Xa GG (Art. 115a–115c).
[22] Art. 115a, Abs. 2 GG.
[23] Art. 115a, Abs. 3 GG i.V. mit Art. 82 GG.
[24] Die Aufrechterhaltung der Funktion des BVerfG und das Verbot, diese zu beeinträchtigen, sind ausdrücklich in Art. 115g GG bestimmt.

§ 21 *Das Staatsnotrecht*

536 über[25]. Der schon erwähnte Ausschuß, das Notparlament, kann alle Gesetze erlassen, die notwendig erscheinen, jedoch nicht die Verfassung ändern. **Grundrechte** können in dieser Situation **kaum eingeschränkt** werden. Zwar können Arbeits- und Dienstverpflichtungen angeordnet werden, und Entschädigungen für Beschlagnahmen müssen nicht unverzüglich bezahlt werden, aber damit erschöpft sich die Möglichkeit, Grundrechte zu beschränken. Handelt es sich nur um einen sog. inneren Notstand, ist der Einsatz der Bundeswehr nur dann zulässig, wenn bewaffnete und organisierte Gruppen die Staatsgewalt angreifen, d.h. wenn es auf diese Weise darum geht, den Bestand der Bundesrepublik zu sichern[26].

537 Gegen diese, hier nur grob angedeuteten Regeln, lassen sich schwerwiegende **Bedenken** geltend machen. Die Abstufung schon der Kompetenz zur Ausrufung des Notstands macht es notwendig, daß jeweils eines der **zuständigen Staatsorgane abwarten** muß, ob die anderen und originär zuständigen Staatsorgane zur Entscheidung in der Lage waren. So kann das Notparlament erst tätig werden, wenn es klar ist, daß das Gesamtparlament arbeitsunfähig ist. Die Regierung kann erst tätig werden, wenn sich herausstellt, daß das Notparlament nicht arbeitsfähig ist. Es ist daher verständlich, wenn man ein solches System als zu schwerfällig charakterisiert, eine Notlage **effektiv** zu regeln[27]. Hinzukommt, daß jedes der zuständigen Staatsorgane zurückhaltend handeln wird, weil jede seiner Aktionen u.U. mit dem Mittel der

538 einstweiligen Anordnung vom **Bundesverfassungsgericht** wieder aufgehoben werden könnte. Aber die **Schwerfälligkeit dieses Systems** zeigt sich auch nicht nur in der Notwendigkeit des Abwartenmüssens, sondern auch darin, daß faktisch notwendige Eingriffe der Staatsgewalt immer wieder und permanent auf ihre Zulässigkeit im Hinblick auf den **Grundrechtsschutz** prüfbar sind und geprüft werden müssen. Auch hier kann jederzeit das Bundesverfassungsgericht mit der Frage angerufen werden, ob eine Maßnahme unzulässig Grundrechte einschränkt. Das Bundesverfassungsgericht seinerseits muß handeln und kann sich der Entscheidung nicht entziehen, denn, anders als es dem Obersten Gerichtshof der USA möglich ist, steht es ihm nicht offen, eine Frage entweder als political question und damit als nicht justiziabel zu bezeichnen, oder eine Frage deshalb nicht zu behandeln, weil sie nicht von grundsätzlicher Bedeutung ist.

539 Es ist daher durchaus zweifelhaft, ob dieses subtile System im Ernstfall nicht zur **Funktionsunfähigkeit des Staatsschutzes** führt. Ist das aber der Fall, wird voraussichtlich ein Staatsorgan, wahrscheinlich die Exekutive, sich die Entscheidungsbefugnis selbständig zulegen. In diesem Fall würde also der „starke Mann" die Macht faktisch okkupieren und sich darauf berufen können, daß ohne sein nun rechtlich allerdings nicht geregeltes Handeln der Staat zugrunde gehen könnte. Die Subtilitäten dieser deutschen Regelung beruhen selbstverständlich auf der **Furcht vor Machtanmaßung** und auf der Furcht davor, daß auch eine in Normalzeiten mit Notstandsbefugnissen stark ausgestattete Staatsgewalt ihre Kompetenzen mißbrauchen könn-

---

25 Gem. Art. 115b GG wird so die Kompetenz des Bundeskanzlers erweitert.
26 Art. 87a, Abs. 4 GG; hierzu *P. Karpinski*, Öffentlich-rechtliche Grundsätze für Einsatz der Streitkräfte im Staatsnotstand, 1974.
27 *M. Krenzler*, An den Grenzen der Notstandsverfassung, 1972, S. 103 ff.

te. Es lohnt sich daher die Frage zu stellen, ob nicht eine in gewisser Weise **überorganisierte Machtausübung** bzw. Machtbegrenzung im Krisenfall mit besonderer Heftigkeit in ihr **Gegenteil** umschlagen kann. Man hat den Eindruck, daß das Erlebnis der Diktatur unter dem Nationalsozialismus in dieser Beziehung überbewertet wurde, und daß die Erfinder der jetzigen deutschen Regelung unbegründet unter dem Eindruck standen, die Notstandsbefugnisse des Reichspräsidenten hätten zur Machtusurpation Hitlers geführt. Das aber war sicherlich nicht der Fall. Es war daher wohl nicht weise, geschichtliche Erfahrungen im Übermaß zu kompensieren. Richtig allerdings erscheint die Auffassung der herrschenden Lehre, daß dann, wenn spezielle Befugnisse erteilt sind, für eine zusätzliche Berufung von Staatsorganen auf sog. **ungeschriebene Notkompetenzen kein Raum** ist[28]. Die so subtil geregelten Notstandskompetenzen der deutschen Verfassung betreffen nur den sog. Verteidigungsfall, wobei aber zu beachten ist, daß dieser nachhaltige Wirkungen im Staatsinneren zur Folge haben kann. Der sog. innere Notstand hat keine geschlossene Gesamtregelung in der Verfassung gefunden. In diesem Falle greifen einzelne in die Verfassung verstreut zu findende Regelungen ein, z.B. Vorschriften über Streikrecht, Grundrechtsschranken, Widerstandsrecht und in allen Vorschriften, die zur Sicherung der freiheitlichen Grundordnung vorgesehen sind[29].

Man kann selbstverständlich unterschiedlicher Meinung darüber sein, welches dieser drei so geschilderten Systeme – keine Regelung, grobe Regelung, subtile Regelung – man für das **Optimum** hält. Das auf diesem Gebiet ungeschriebene System der USA hat wohl deshalb überdauert, weil die Staatskrisen, historisch und geographisch bedingt, sich in Grenzen hielten. Das System Großbritanniens erscheint recht zweckmäßig, denn wenn das Parlament nicht zusammengerufen werden und seine Souveränität nicht ausüben kann, wäre immerhin die Auffangbefugnis zur Ausrufung des martial law vorhanden. Das System Frankreichs und dasjenige der Weimarer Verfassung mag für eine geschriebene Verfassung das Optimum darstellen. Recht klare Befugnisse sind erteilt und können sofort ausgeübt werden. Der Mangel dieser Systeme mag allerdings in einem zu geringen Gerichtsschutz liegen. Das System der Bundesrepublik Deutschland erscheint unpraktikabel, was nicht nochmals ausgeführt werden soll.

Abschließend ist darauf hinzuweisen, daß niemand im heutigen und durch permanenten technischen Fortschritt gekennzeichneten Zeitalter die Eilbedürftigkeit und die dadurch notwendig gewordenen Kompetenzausweitungen einschätzen kann. Eines aber sollte ernstlich in Betracht gezogen werden. **Kompetenzausweitungen im Notstandsfall sind nur auf der Basis eines Vertrauensvorschusses** zugunsten der dann handelnden Staatsorgane erträglich und zu rechtfertigen. In erster Linie also geht es in liberal-demokratischen Systemen darum, in friedlichen **Normalzeiten eine Regierung einzusetzen**, der man zutrauen kann, ihre Macht in der Krise nicht zu mißbrauchen, vielmehr sie zum Staatswohl zu gebrauchen.

---

28 *K. Doehring* (Fn. 21), S. 276 mit Hinweisen darauf, daß die Staatsgewalt kein eigenes Widerstandsrecht geltend machen kann, weil ihre Kompetenzen erschöpfend geregelt sind.
29 Zur Regelung des Verteidigungsfalles und des sog. inneren Notstandes s. insges. *K. Doehring* (Fn. 21), S. 276 ff.

§ 22 Individualrechte, Grundrechte und Menschenrechte

1. Entstehung im Verfassungs- und Völkerrecht

542 Betrachtet man die Entwicklung und die Funktion von Rechten des einzelnen Menschen, ist sogleich, ebenso wie das auch im Hinblick auf andere Begriffe der allgemeinen Staatslehre der Fall war, zu beachten, daß solche Rechte sich sowohl im **nationalen** als auch im **internationalen Bereich** auswirken, bzw. Beachtung fordern. Die Entstehung von Rechten des einzelnen Menschen gegen eine ihm übergeordnete staatliche Hoheitsgewalt war ebensowenig eine Selbstverständlichkeit, wie die Entstehung des Grundsatzes, daß das Individuum im Hinblick auf bestimmte, rudimentäre Rechtspositionen auch in den Beziehungen zwischen den Staaten, also im Völkerrecht, Inhaber eigener Rechte sein solle. Von besonderem Interesse ist dabei, daß sich beide Sphären, die nationale und die internationale, im Hinblick auf die Entstehung von Individualrechten ergänzen und wechselseitig beeinflußt haben. Hierzu seien, vor der Betrachtung von Einzelheiten, einige Bemerkungen vorausgeschickt.

543 Die **innerstaatlichen Grundrechte** entstanden, jedenfalls in konkreter Gestalt, etwa zu Ende des 18. Jahrhunderts. Im Laufe des 19. Jahrhunderts wurde die Forderung nach ihrer Respektierung immer stärker. Ebenfalls im Laufe des 19. Jahrhunderts entwickelte sich im **internationalen Bereich**, und zwar beginnend mit der stärker werdenden Empfindung für einzelmenschliche Nöte, insbes. im **Kriegsrecht**[1], der Gedanke, daß die bisher geltende, grundsätzliche Auffassung, wonach den Rechten des Einzelmenschen im Raume des internationalen Rechts keine selbständige Bedeutung zukomme, nicht aufrechterhalten werden konnte. Mit Beginn der Einrichtung des Ständigen Internationalen Gerichtshofs zu Ende des ersten Weltkrieges wurde anerkannt, daß Rechtsregeln, die in allen Kulturstaaten im innerstaatlichen Recht und also in gewisser Weise parallel erzeugt worden sind, auch im internationalen Recht gelten sollten, so wie es Art. 38 des Statuts dieses Gerichtshofs klar zum Ausdruck bringt[2].

544 Diese **allgemeinen Rechtsgrundsätze** sollen dann beachtlich sein, wenn sie sich selbständig und voneinander unabhängig in den nationalen Rechtsordnungen entwickelt haben. Die Grundrechte des Bürgers gegenüber der Staatsgewalt sind in dieser Art und parallel entstanden, so daß sie auch im internationalen Recht als zwischen den Staaten anwendbare Regeln Beachtung zu finden haben. Dennoch hat man diese Schlußfolgerung erst sehr spät gezogen, da das Völkerrecht in seiner klassischen Form nur die Staaten zu Inhabern von Rechten und Pflichten erklär-

---

1 Zur geschichtlichen Entwicklung des humanitären Kriegsrechts *F. Berber*, Lehrbuch des Völkerrechts, Bd. II, 2. Aufl. 1969, S. 155 f.; *C. J. Greenwood*, in: Handbuch des humanitären Völkerrechts in bewaffneten Konflikten (Hrsg. D. Fleck), 1994, S. 10 ff.
2 Statut des IGH, Art. 38, Abs. 1: „The Court, whose function is to decide in accordance with international law such disputes as are submitted to it, shall apply: . . . c. the general principles of law recognized by civilized nations . . .".

te³. Da aber **immer mehr nationale Rechtsordnungen den Bestand von Grundrechten anerkannten**, und da auch im Völkerrecht das humanitäre Kriegsrecht, später das Minderheitenschutzrecht als Gruppenrecht, und danach viele Konventionen, inspiriert durch die Charta der Vereinten Nationen, Individualrechte zum Schutzobjekt erklärten, erlebten diese eine Erstarkung in allen hier in Betracht kommenden Rechtssphären.

Die **nationalen Grundrechte**, verbürgt durch nationales Verfassungsrecht, beeinflußten das **Entstehen allgemeiner Rechtsprinzipien** auch für das **internationale** Recht, andererseits konnten auch Staaten, die Grundrechte als Individualrechte gegen ihre eigene Staatsgewalt nicht anerkannten, wie etwa die kommunistischen Staaten und auch manche Staaten der Dritten Welt, aufgrund internationaler Verpflichtungen nicht mehr länger leugnen, daß der **Einzelmensch als Rechtssubjekt** per se nun auch de lege lata anzuerkennen sei. Für diese Wechselwirkung von nationalem und internationalem Recht ist auch zu beachten, daß schon sehr früh im Völkerrecht das Recht der Staaten anerkannt war, ihre eigenen Staatsangehörigen zu schützen, wenn diese im Ausland rechtswidrig behandelt wurden. Auch hier ging es zunächst nicht darum, diesen Fremden eigene Rechte auf der Ebene des Völkerrechts zu zuerkennen, sondern darum, daß der den Schutz ausübende Heimatstaat des faktisch Verletzten ein eigenes Recht geltend machte⁴; dennoch hat diese Entwicklung zur Erstarkung von Individualrechten beigetragen, da mehr und mehr nicht länger geleugnet werden konnte, daß es letztlich um den Schutz des Einzelmenschen auch in dieser Beziehung ging. So haben **nationale Grundrechte, internationaler Menschenrechtsschutz, internationaler Fremdenrechtsschutz** und das gemeinsame Interesse aller Staaten, **humanitäre** Grundsätze einzuhalten, zur Entstehung einer modernen Sicht in Bezug auf die **Rechte des einzelnen Menschen** geführt. Das ist im Folgenden näher auszuführen.

545

546

2. Verfassungsrecht

Die Entstehungsgeschichte von Grundrechten des Bürgers gegen den eigenen Staat und von Freiheitsrechten des Individuums gegen die Obrigkeit ist geprägt durch einige in gewisser Weise revolutionäre Vorgänge. Man sagt, daß Rechte gegen den Staat, genauer gegen den König, erstmalig durch die englische **Magna Charta** im

547

---

3 *G. Dahm*, Völkerrecht, Bd. I, 1958, S. 412 f. legt dar, daß der einzelne Mensch etwa bis zum 1. Weltkrieg nach der herrschenden Lehre kein „Normadressat" des Völkerrechts war, obwohl auch schon abweichende Auffassungen sich bemerkbar machen. So sah schon *R. v. Mohl*, Staatsrecht, Völkerrecht und Politik, Bd. 1, 1860, S. 585 ff., die Rechtsfähigkeit des Individuums als das eigentliche Ziel der internationalen Beziehungen an, was zu dieser Zeit fast visionär wirkt, und etwas später führte *F. Stoerk* wiederum aus: „... die Staatsangehörigkeit bildet den Durchgangspunkt, den das Individuum erreicht haben muß, um in das Licht völkerrechtlicher Betrachtungen zu gelangen..." (Staatsuntertanen und Fremde, Handbuch des Völkerrechts, hrsg. v. F. v. Holtzendorff, Bd. 2, 1887, S. 589), was bedeutete, daß Rechte des Einzelnen nur als durch einen Staat vermittelt galten.

4 Zum Rechtsinstitut des diplomatischen Schutzes *W. K. Geck*, Diplomatic Protection, in: EPIL, Bd. 1, 1992, S. 1045 ff.; *K. Doehring*, Die Pflicht des Staates zur Gewährung diplomatischen Schutzes, 1959.

§ 22 *Individualrechte, Grundrechte und Menschenrechte*

Jahre 1215 erzeugt wurden. Das ist insofern nicht ganz korrekt als damals nur Rechte der Ritter gegen den König begründet wurden, während die Bürger und Bauern noch nicht Empfänger dieser Wohltaten waren[5]. Eher könnte man wohl sagen, daß die Magna Charta ein erster Ansatz zur Entstehung der Demokratie war, denn sie garantierte ein wenn auch begrenztes Mitspracherecht der Ritter. Immerhin sind dort Rechte genannt, die auch heute noch modern wirken, wie etwa das Recht auf ein faires Verfahren und das sog. judicium parium, d.h. das Recht, nur von Gleichen abgeurteilt zu werden. Hiermit sollten nur einige Hinweise gegeben sein. Von ähnlicher Wichtigkeit sind die englische **Petition of Rights** (1628), die **Habeas Corpus Acte** (1679) und die **Bill of Rights** (1689), obgleich auch hier weitgehend nur Rechte der Stände genannt sind, und also Individualrechte nur sparsam, bzw. mittelbar berührt werden.

548 Grundrechte im engeren Sinne, d.h. Rechte des Einzelnen gegen die Obrigkeit, wurden erstmalig und ausdrücklich anerkannt im Jahre 1776 in der **Verfassung von**
549 **Virginia** und später in die **amerikanische Verfassung** als Zusätze aufgenommen. Etwa zur gleichen Zeit und als Folge der Revolution anerkannte man in Frankreich den Bestand von Grundrechten, nämlich in der **Déclaration des droits de l'homme** von 1789. Es fällt auf, daß hier eine Parallelerscheinung sich zeigt, deren Entstehung wohl auf mehr beruht als nur auf einem Zufall[6].

550 **Grundrechte** konnten letztlich nur unter dem Regime einer **Republik** entstehen. Dem steht nicht entgegen, daß Großbritannien eine Monarchie blieb, denn das Regierungssystem zeigte, im Grunde seit der Magna Charta, demokratische und republikanische Charakteristika. Andererseits hat Großbritannien, mangels einer geschriebenen Verfassung, Grundrechte nicht expressis verbis in seiner Rechtsordnung verbürgt. Dabei soll nicht übersehen werden, daß im Common Law ungeschriebene Rechte enthalten sind, die den Anforderungen an geschriebene Grundrechte weitgehend genügen, z.T. diese Anforderungen auch übersteigen; man spricht dort im Hinblick gerade auf verfahrensrechtliche Sicherungen des Bürgers von der sog. natural justice[7]. In einer Monarchie aber, in der zumindest theoretisch die Krone die Letztentscheidung behält, war die ausdrückliche Verbürgung von Grundrechten erschwert. Wenn der Monarch die Quelle allen Rechts ist (king can do no wrong), konnte sich das Recht aus rechtslogischen Gründen nicht gerade wieder gegen den Monarchen wenden. Wenn man, mit einer älteren Lehre, davon ausgeht, daß zwischen Monarch und Gewaltunterworfenen ein Vertrag besteht, konnte allerdings dieser Vertrag einseitig gebrochen werden, was zur Anerkennung eines Widerstandsrechts gegen den Vertragsbruch führte[8], zur Inanspruchnahme also eines gewissen Grundrechts.

551 In der **konstitutionellen Monarchie**, die dadurch charakterisiert ist, daß eine Letztentscheidungsinstanz im Sinne der absoluten Monarchie nicht besteht und vor allem

---

5 *R. Herzog*, Allgemeine Staatslehre, 1971, S. 358 f.
6 Zur Entstehung von Grundrechten *R. Herzog* (Fn. 5), S. 357 ff.
7 *T. C. Hartley/J. A. Griffith*, Government and Law, 2. Aufl. 1981, S. 330 ff.
8 Zum Lehensrecht *H. Mitteis*, Lehnsrecht und Staatsgewalt, 1933, Neudruck 1958; *W. Kienast*, Untertaneneid und Treuevorbehalt in England und Frankreich, 1952.

sich nicht allein im Monarchen verkörpert, konnten **Grundrechte** dann entstehen. Und so war es auch der Fall als schon zu Anfang des 19. Jahrhunderts in Süddeutschland in den quasi-demokratischen Verfassungen von Bayern (1810), Baden (1819) und Württemberg (1819) Grundrechte anerkannt wurden. Als Vorbild dieser Entwicklung galt die belgische Verfassung von 1831. Der Verfassungsentwurf der Paulskirche im Jahre 1848/49 nannte wiederum Grundrechte des Bürgers gegen den Staat, und die preußische Verfassung von 1850 enthielt einen entsprechenden Katalog[9]. Das Deutsche Kaiserreich von 1871 nannte keine Grundrechte, was deswegen entbehrlich schien, weil die deutschen Länder, die dieses Reich bildeten, über Verfassungen mit Grundrechtsausstattung verfügten.

Die erste deutsche Republik, die **Verfassung von Weimar** vom 11. August 1919, besaß einen **Grundrechtskatalog**, der jedoch durch manche Unklarheiten belastet war. So ging man damals davon aus, daß der Gesetzgeber Grundrechte weitgehend einschränken durfte[10], außerdem enthielt der Grundrechtskatalog der Weimarer Verfassung auch zahlreiche Sozialrechte, die aber nicht vollzugsreif waren, da ihre Durchführung von der faktischen Lage des Staates abhing und nicht nur von der Rechtslage. Ein Recht auf Arbeit und auf Wohnung als Grundrecht kann nur bestehen, wenn Arbeitsplätze vorhanden sind und Wohnraum zur Verfügung steht; bestenfalls kann man annehmen, daß in solchen Verbürgungen eine sog. Staatszielbestimmung zu sehen ist, ein verfassungsrechtlicher Auftrag an die Staatsgewalt, Vorsorge für die Staatsbürger in dieser Hinsicht zu treffen.

552

Erst das **Grundgesetz von 1949** gestaltete dann die Grundrechte als Individualrechte des Bürgers bzw. des Menschen in der Art aus, daß nun subjektive Rechte gegen den Staat anerkannt waren, die auch durch den Gesetzgeber nur in Grenzen eingeschränkt werden können, z.T. sich sogar der Einschränkung formell völlig entziehen. Selbstverständlich sind auch diese Rechte nicht grenzenlos, sondern ihre Beschränkung ergibt sich aus der Notwendigkeit, die Rechte anderer zu respektieren, ein Gebot, das vielfältig in der Verfassung zum Ausdruck kommt.

553

Die nun folgenden Betrachtungen zu Einzelheiten des Grundrechtschutzes, zu seiner Reichweite und zu seinen Grenzen, beziehen sich weitgehend auf das Recht der **Bundesrepublik Deutschland**. Das erscheint deswegen gerechtfertigt, weil wohl in keiner Verfassung der heutigen Staatenwelt die dogmatische Behandlung von Grundrechtsproblemen so subtil durchgeführt wurde. Auch wenn z.B. die Rechtsordnung in den USA die Grundrechtsdogmatik des deutschen Grundgesetzes vielfältig beeinflußt hat, weil dort eine längere Grundrechtstradition besteht, ist die deutsche Systematik nun weitergehender fortgeschritten. Festzuhalten aber bleibt dabei, daß die Problematik im einzelnen sich wohl in jeder liberal demokratischen Verfassung der Welt heute gleich oder doch ähnlich stellt.

554

---

9 Zur Frankfurter Paulskirchenverfassung und zur preußischen Verfassung von 1850 *R. Wahl*, Die Entwicklung des deutschen Verfassungsstaates, in: HStR, 2. Aufl. 1995, § 1; zur Frage der Grundrechtsentstehung *R. Herzog* (Fn. 5), S. 361 f.
10 *G. Anschütz*, Die Verfassung des Deutschen Reiches vom 11. August 1919, 14. Aufl. 1932, S. 33 ff. (Vorbem. zu Art. 109).

§ 22 *Individualrechte, Grundrechte und Menschenrechte*

555 Für die Interpretation des Begriffs der Grundrechte ist von fundamentaler Bedeutung, daß diese zunächst ausschließlich als **Abwehrrechte** gegen die Staatsmacht gedacht waren[11]. Der Staat sollte dem Menschen einen Freiraum belassen, in den einzugreifen ihm, dem Staat, versagt ist. An dieser Auffassung wird heute z.T. noch

556 festgehalten, und sie erscheint grundsätzlich richtig, aber die überwiegende Grundrechtslehre hat eine Umgestaltung und Ausweitung der Grundrechtswirkungen dennoch vorgenommen bzw. anerkannt. Der Grund für diesen Wandel der Auffassung von den Grundrechten als reinen Abwehrrechten gegen den Staat liegt darin, daß man dazu überging, in den Grundrechten **nicht nur individuelle Freiheiten** zu sehen, sondern auch die Verkörperung von **objektiven Werten**, welche die Verfassung auf diese Weise zum Ausdruck bringt[12]. So ist das Recht auf Leben hiernach nicht nur aufzufassen als ein Anspruch des Einzelnen darauf, daß der Staat nicht ohne ausreichenden Grund in sein Leben eingreift, sondern, daß das Leben einen objektiven Wert darstellt, den zu schützen in jeder Beziehung der Staat verpflichtet ist[13]. Im Folgenden sollen diejenigen Gesichtspunkte genannt werden, auf die sich dieser **Wandel der Grundrechtsauffassung** bezieht, und es soll gezeigt werden, welche Wirkungen dieser Auffassungswandel zur Folge hat.

557 Der Auffassung, daß Grundrechte nur Abwehrrechte gegenüber der Staatsgewalt sind, ist entgegengehalten worden, ihre Inanspruchnahme sei nur dann gerechtfer-

558 tigt, wenn der Grundrechtsinhaber auch **Grundpflichten** unterliegt[14]. Hierbei wird übersehen, daß diese Inpflichtnahme des Einzelnen durch den Staat die Grundrechte wieder vernichten kann, wenn die Pflichten in Widerspruch zu den Rechten geraten; es hängt dann nur noch von der Auffassung der Gerichte ab, ob Recht oder Pflicht überwiegt. Vor allem steht einer solchen Auffassung entgegen, daß der **Staat selbst niemals Grundrechtsinhaber** sein kann, denn auch dann verlören diese als Individualrecht ihren Sinn. Nach richtiger Auffassung gibt es **nur eine Grundpflicht** des Bürgers, nämlich die strikte **Einhaltung der geltenden Gesetze**. Wo besondere Pflichten zum Ausdruck gebracht werden, wie etwa die Wehrpflicht, sind sie ausdrücklich genannt und, wie das für jedes Gesetz gilt, auch einzuhalten; eine Generalklausel aber der verfassungsrechtlichen Pflichtigkeit des Bürgers kann es und darf es in dieser Beziehung nicht geben, denn das könnte seine Rechte wiederum vernichten. Durchaus kann man eine Loyalitätspflicht des Bürgers gegenüber seinem Staat annehmen, was schon in der Staatsform der Republik zum Ausdruck kommt; aber ihr Inhalt bestimmt sich nach der konkreten Rechtsordnung.

---

11 *E. Forsthoff*, Die Umbildung des Verfassungsgesetzes, Festschrift für Carl Schmitt, 1959, S. 35 ff.
12 So für das GG seit BVerfG v. 17. 8. 1956, BVerfGE 5, S. 85 ff. (204 f.); eine Zusammenstellung der Auffassungen der Rechtsprechung und Lehre bei *K. Doehring*, Staatsrecht der Bundesrepublik Deutschland, 3. Aufl. 1984, S. 207 ff.; über die Grundrechte als „objektive Rechtsnormen" *M. Sachs*, in: Grundgesetz, Kommentar (Hrsg. M. Sachs), 3. Aufl. 2003, vor Art. 1, Rdn. 27 ff.
13 So das BVerfG v. 25. 2. 1975, BVerfGE 39, S. 1 ff., zum Verbot des Schwangerschaftabbruchs.
14 Zu der gesamten Frage *V. Götz* und *H. Hoffmann*, Grundpflichten als verfassungsrechtliche Dimension, VVDStRL, Bd. 41, 1983; beachtlich auch die zu den Referaten a.a.O. geführte Diskussion; s. auch *O. Luchterhand*, Grundpflichten als Verfassungsproblem in Deutschland. Geschichtliche Entwicklung und Grundpflichten unter dem Grundgesetz, 1988.

Mit der Auffassung, daß Grundrechte objektive Werte verkörpern, entstand der Gedanke, Grundrechte seien nicht nur als Abwehrrechte aufzufassen, sondern auch als **Teilhaberechte** an jeder Verteilung durch die Staatsmacht. Weitgehend wird diese Auffassung zwar heute noch abgelehnt[15], jedenfalls insoweit, als die Verfassung nicht Leistungsansprüche ausdrücklich nennt, aber in Ansätzen hat sie sich doch durchgesetzt. So hat das Bundesverwaltungsgericht entschieden, daß die Garantie des Bestandes von Privatschulen gem. Art. 7 des Grundgesetzes auch einen Anspruch dieser Schulen auf staatliche Subventionen zum Inhalt habe[16]. Daß Grundrechte nicht als umfassende Teilhaberechte konzipiert sein können, beruht darauf, daß dann auch die Teilhabe an sozialen Benefizien einklagbar sein müßte. Es wäre dann **nicht** mehr der **Haushaltsplan des Parlaments**, der die Verteilung der zur Verfügung stehenden Güter vornimmt, sondern die **Gerichtsentscheidungen**, wobei die Richter die Sozialordnung gestalten würden, für diese Gestaltung aber politisch nicht verantwortlich wären. Teilhabe kann es nur an Gütern geben, die zur Verfügung stehen; ob aber solche Güter zur Verfügung stehen und wem sie vorrangig zu zuteilen sind, muß das politische Parlament entscheiden, das selbstverständlich dabei auch an den Gleichheitsgrundsatz gebunden ist.

Besondere Schwierigkeiten hat die Auffassung, wonach Grundrechte auch als Ausdruck objektiver Werte zu sehen sind, im Hinblick auf die sog. **Drittwirkung** von Grundrechten erzeugt. Man hat behauptet, daß Grundrechte auch Anwendung **zwischen Privatpersonen** finden müßten, d.h. daß der eine Staatsbürger sich gegenüber dem anderen auf die Inhaberschaft von Grundrechten berufen kann[17]. Eine solche Konstruktion nimmt aber den Grundrechten ihren eigentlichen Sinn. Kann z.B. der eine Staatsbürger gegenüber dem anderen sich auf das Recht zu freier Meinungsäußerung berufen und soll umgekehrt das gleiche Recht gelten, hat der Richter zu entscheiden, welcher Meinungsäußerung der Vorrang einzuräumen ist, wenn beide dieses Recht sich gegenseitig bestreiten bzw. für sich allein in Anspruch nehmen. So hatte ein Gastwirt unter Berufung auf seine Meinungsäußerungsfreiheit einen Mietvertrag zur Überlassung von Räumen nicht eingehalten, weil die Mieter in einer Versammlung eine bestimmte, dem Vermieter unangenehme politische Diskussion veranstalten wollten[18]. Unter Berufung darauf, daß auch sie das Grundrecht der freien Meinungsäußerung in Anspruch nehmen, hätten wiederum die Mieter die Aufrechterhaltung des Vertrages verlangen können. Hier war das Vertragsrecht des bürgerlichen Rechts anzuwenden, nicht aber ging es um Grundrechtsschutz. Nach bürgerlichem Recht war der Vertrag schlechthin einzuhalten, da er nicht sittenwidrig war. Die freie Meinungsäußerung, um bei dem Beispiel zu bleiben, ist ein Recht, das sich gegen den Staat richtet. Gegenüber dem Privaten sind die Grenzen der freien Meinungsäußerung durch das Strafgesetzbuch, z.B. durch die Vorschriften zur

559

560

561

562

---

15 *K. Doehring* (Fn. 12), S. 279 f.; *W. Martens* und *P. Häberle*, Grundrechte im Leistungsstaat, VVDStRL, Bd. 30, 1971, S. 7 ff. und 43 ff.; *K. Stern*, Das Staatsrecht der Bundesrepublik Deutschland, Bd. III/1, 1988, § 67; *M. Sachs* (Fn. 12), Rdn. 46 ff.
16 BVerwG v. 11. 3. 1966, BVerwGE 23, S. 347 ff.; s. auch BVerfGE 90, 107 (115).
17 So zuerst BAG v. 2. 12. 1954, BAGE 1, S. 185 (193); eingehend zur Frage der Drittwirkung von Grundrechten *K. Stern* (Fn. 15), § 76.
18 LG Heidelberg v. 14. 4. 1965, NJW 1966, S. 1922.

Verhinderung von Beleidigung und also nicht verfassungsrechtlich, sondern gesetzesrechtlich ohnehin festgelegt.

563 Die deutsche Rechtsordnung, insbes. das Bundesverfassungsgericht, hat eine solche **unmittelbare Drittwirkung** mit guten Gründen **abgelehnt**. Dennoch ist die Rechtsprechung dazu übergegangen, auch im Privatrechtsverkehr die objektiven Werte der Grundrechte in einer Art **Reflexwirkung** zur Geltung gelangen zu lassen[19]. So ist entschieden worden, daß dann, wenn ein Künstler durch sein Kunstwerk die Würde eines anderen Menschen verletzt, das Grundrecht der Kunstfreiheit und das Recht auf Menschenwürde in Kollision geraten. Der Richter hat dann zu entscheiden, welches Grundrecht in einem solchen Konflikt dem anderen zu weichen hat, wobei die Schwierigkeit entsteht, daß dann der Richter über die Gewichtigkeit von Kunst und Würde jeweils im Einzelfall zu entscheiden hat[20]. Nach der hier vertretenen Ansicht kann eine solche Kollision nicht auftreten. Kunstfreiheit richtet sich gegen den Staat, der diese nicht behindern darf. Verletzt die Kunstfreiheit Rechte eines anderen Menschen, hat sie keinen Vorrang. Niemand sollte dulden müssen, daß ein anderer unter Berufung auf die Kunstfreiheit seine Rechte aufheben kann. Nächtliches Klavierspiel, auch wenn es noch so künstlerisch gestaltet ist, sollte den Schlaf anderer nicht stören.

564 Die dogmatische Interpretation des Wesens der Grundrechte hat jedoch dazu geführt, daß man heute einen sog. **Schutzanspruch** des Bürgers gegenüber der Staatsgewalt anerkennt. Das bedeutet, daß der Bürger dann, wenn seine Rechte, die er gegenüber der Staatsgewalt als Grundrechte geltend machen könnte, durch andere Privatpersonen bedroht sind, einen Anspruch gegen die Staatsgewalt hat, wonach diese eine entsprechende Rechtsverletzung zu verhindern hat[21]. Hier liegt ein richtiger Grundgedanke vor, der aber nicht schrankenlos gelten kann. Die Situation sei nochmals verdeutlicht: Es geht hier **nicht** um das, was gerade als **Drittwirkung** von Grundrechten charakterisiert wurde, nicht also um einen Grundrechtsschutz des einen Bürgers gegen den anderen, sondern es geht darum, daß der Bürger zwar keinen grundrechtlichen Anspruch gegen den anderen Bürger hat, wonach dieser unmittelbar der Adressat des Anspruchs wäre, aber einen Anspruch darauf hat, **Schutz von der Staatsgewalt** zu erhalten. Der Bürger kann also nicht dem Dieb seinen Eigentumsanspruch als Grundrecht entgegenhalten, sondern er kann sich ganz normal im Sinne der Notwehr gegen die Wegnahme von Eigentum verteidigen, denn das Eigentum ist gegen Einwirkung von Dritten durch das bürgerliche Recht geschützt.

---

19 So schon BVerfG v. 15. 1. 1958, BVerfGE 7, S. 198 (204 ff.); eine Zusammenstellung der Rechtsprechung bei *K. Doehring* (Fn. 12), S. 208; *M. Sachs* (Fn. 12), Rdn. 31 ff.
20 Zur Rechtsprechung des BVerfG *K. Doehring* (Fn. 12), S. 314 f.; *W. Knies*, Schranken der Kunstfreiheit als verfassungsrechtliches Problem, 1967, ist leider mit seinem Vorschlag, die Freiheit der Kunst mit derjenigen der Meinungsfreiheit hinsichtlich der Schranken gleichzusetzen, nicht erfolgreich gewesen.
21 Zur sog. Schutzpflicht des Staates *P. Badura*, Die verfassungsrechtliche Pflicht des gesetzgebenden Parlaments zur „Nachbesserung" von Gesetzen, in: Festschrift für K. Eichenberger, 1982, S. 481 ff.; nachdrücklich wird eine Schutzpflicht des Staates bestätigt von BVerfG v. 25. 2. 1975, BVerfGE 39, S. 1 ff.; s. auch BVerfGE 46, S. 160 (164); 49, S. 89 (140 f.); 53, S. 30 (57); 56, S. 54 (73); 88, 258; 90, 195; zu den Schutzpflichten des Staates *M. Sachs* (Fn. 12), Rdn. 35 ff.

Der Bürger bedarf in diesem Falle durchaus nicht eines Anspruchs aus dem Grundrechtskatalog, im gegebenen Fall eines Eigentumsanspruchs. Es kann aber sein, daß das normale Notwehrrecht des Bürgers nicht ausreicht, und für diesen Fall hat der Bürger einen Anspruch gegen die Staatsgewalt, daß diese sein Eigentum schützt. Dieser Schutzanspruch des Bürgers unterliegt nun insoweit einer **Begrenzung** als die Staatsgewalt bei dieser Schutzausübung eine gewisse **Ermessensfreiheit** in Anspruch nehmen kann und muß. Die Staatsgewalt muß in einem solchen Fall prüfen, ob einer Schutzgewährung im konkreten Fall **Allgemeininteressen entgegenstehen** könnten. So kann der Staatsbürger nicht fordern, daß die gesamte zur Verfügung stehende Polizeimacht zu seinem Schutz eingesetzt wird, wenn gerade eben diese Polizeimacht zum Schutz der Allgemeinheit oder zum Schutz anderer Staatsbürger und mit gewichtigen Gründen andernorts gebraucht wird.

565

Es ist eine Besonderheit der Verfassung der Bundesrepublik Deutschland, daß Grundrechte gegen den Staat nur insoweit eingeschränkt werden können als dadurch nicht ihr sog. **Wesensgehalt** vernichtet wird, ein Ergebnis, das z.B. die Europäische Menschenrechtskonvention dadurch zu erreichen sucht, daß die Einschränkung von Grundrechten auf die Notwendigkeiten einer democratic society reduziert wird. Das Recht auf freie Meinungsäußerung etwa kann nach deutschem Recht zwar eingeschränkt werden, aber die Einschränkung soll den Bürger nicht mundtot machen. Diese Wesensgehaltsgarantie bedeutet, daß auch bei zulässiger Grundrechtseinschränkung doch immer noch ein **Kernbereich des Grundrechts** unangetastet bleiben soll[22]. Das kann natürlich nur dann gelten, wenn das Grundrecht seinem Wesen nach einen solchen Kernbereich enthält. Wenn z.B. das Recht auf Leben eingeschränkt werden darf[23], so kann hier eine Teileinschränkung der Sache nach gar nicht stattfinden. Wenn also die Polizei berechtigt ist, zur Rettung einer Person das Leben eines Verbrechers zu vernichten, kann ein solcher individueller Kernbereich nicht mehr übrigbleiben, denn das Leben ist unteilbar. Ebenso ist es bei dem Recht auf Hausdurchsuchung. Man kann dann, wenn die Rechtsordnung die Hausdurchsuchung zuläßt, nicht Teile des Hauses undurchsucht lassen; die Hausdurchsuchung würde sonst zu einer Farce. Weil so die sog. Wesensgehaltsgarantie i.S. eines übrigbleibenden Kernbereichs sinnvoll nicht immer gelten kann, ist man richtig zu der Überzeugung gekommen, daß diese Garantie letztlich nur unnötige Eingriffe abwehren soll, daß sie also genau genommen in einem **Übermaßverbot** besteht[24]. Dieser Auffassung ist zu folgen, auch wenn die Autoren der Verfassung vielleicht andere Vorstellungen hatten.

566

567

Immer wieder ist auch diskutiert worden, ob die **Grundrechte** eine so hohe Dignität genießen, daß sie einer **Verfassungsänderung** entzogen sind. Das kann nicht ange-

568

---

22 *H. Krüger/M. Sachs*, in: Grundgesetz, Kommentar (Fn. 12), zu Art. 19, Rdn. 41 ff.
23 *H. U. Erichsen*, Zur Verfassungswidrigkeit der lebenslangen Freiheitsstrafe, NJW 1976, S. 1722 ff.; *K. Doehring* (Fn. 12), S. 288 ff.; BVerfGE 45, S. 187 ff. (270 f.).
24 So will *L. Schneider*, Der Schutz des Wesensgehalts von Grundrechten nach Art. 19, Abs. 2 GG, 1983, bei den ihrer Natur nach unteilbaren Grundrechten das Übermaßverbot statt eines konkreten Kernbereichs ausschlaggebend sein lassen; in diesem Sinne auch BVerfG v. 12. 11. 1958, BVerfGE 8, S. 274 (329); BVerfG v. 18. 7. 1967, BVerfGE 22, S. 180 (219).

§ 22 *Individualrechte, Grundrechte und Menschenrechte*

nommen werden, denn nach der Verfassung der Bundesrepublik Deutschland sind Verfassungsänderungen nur insoweit unzulässig als durch sie Grundprinzipien der Verfassung berührt sind. **Nur** also insoweit als der **Inhalt** eines bestimmten Grundrechts an diesen **Fundamentalprinzipien** der Verfassung teilnimmt, ist das Grundrecht auch durch Verfassungsänderung nicht aufhebbar bzw. wesentlich einschränkbar[25]. Das Recht etwa auf ein faires Gerichtsverfahren folgt aus dem Rechtsstaatsprinzip, welches sich jeder Verfassungsänderung entzieht, d.h. auch nicht einstimmig durch das Parlament aufgehoben werden könnte. Das Recht auf freie Meinungsäußerung ist mit dem unabänderbaren Demokratieprinzip so strikt verbunden, daß die Aufhebung oder wesentliche Einschränkung dieses Grundrechts ebenfalls auch durch einstimmigen Beschluß des Parlaments nicht stattfinden könnte. Rechtsstaat und Demokratie sind Inhalt des Art. 20 des Grundgesetzes, der sich insgesamt jeder Verfassungsänderung entzieht. Hiervon zu trennen ist die allgemeine und

569 rechtspolitische Frage danach, ob naturrechtliche und daher **überpositive Normen** bestehen, die wegen dieser ihrer Rechtsnatur von einer Verfassungsänderung nicht berührt werden können. Da es zwingende Argumente nicht gibt, die den Bestand von Naturrechtssätzen nachweisen, bleibt die Beantwortung dieser Frage dem individuellen Gewissen überantwortet.

570 Hiermit sollten die Hauptprobleme aufgezeigt werden, die sich heute wohl in allen Staatswesen zeigen, deren Verfassung Grundrechte garantiert. Die Beispiele wurden aus den schon genannten Gründen im wesentlichen der deutschen Rechtsordnung entnommen sind aber durch **Rechtsvergleichung** auch in **anderen Verfassungen** aufdeckbar. Ein knapper Überblick über die Rechtsordnungen einiger anderer Staaten mag insoweit Aufschluß geben.

571 Obwohl die Déclaration des droits de l'homme in **Frankreich** entstanden ist, haben erst die Verfassungen Frankreichs nach dem zweiten Weltkrieg und auch erst zögernd die Grundrechte zum positiven Bestand der Verfassung erklärt. Die höchsten französischen Gerichte haben erst in den letzten Jahren die Beachtung der Grundrechte durch den Gesetzgeber gefordert[26]. Bis dahin galt, daß der Gesetzgeber in Ausübung seiner Souveränität auch an die Rechte der Déclaration des droits de l'homme nicht kontrollierbar gebunden war. Die ordentliche französische Gerichtsbarkeit kann immer noch nicht einem Gesetz die Anwendung deswegen versagen, weil nach Überzeugung der Richter dieses Gesetz Grundrechte verletzt[27].

572 Auf die Rechtsordnung **Großbritanniens** wurde schon hingewiesen. Kodifizierte Grundrechte existieren nicht, weil die Verfassung als solche ungeschrieben gilt. Bestrebungen, Grundrechte durch den Gesetzgeber ausdrücklich garantieren zu lassen, sind immer vorhanden gewesen, haben aber bisher zu keiner Änderung der

---

25 *K. Doehring* (Fn. 12), S. 370f.; *J. Lücke*, in: Grundgesetz Kommentar (Hrsg. M. Sachs, Fn. 12), zu Art. 79, Rdn. 30ff.

26 Entscheidung des Conseil constitutionnel v. 16.7.1971, wiedergegeben bei *L. Favoureu* und *L. Philip*, Les grandes décisions du Conseil constitutionnel, 3. Aufl. 1984, S. 222ff.

27 Zu den Grenzen der Kontrollfunktion französischer Gerichte *K. Oellers-Frahm*, Demokratieverständnis und Verfassungsgerichtsbarkeit in der Bundesrepublik Deutschland und in Frankreich, in: Staat und Völkerrechtsordnung, Festschrift für K. Doehring, 1989, S. 691 ff.

Rechtsordnung geführt. Auch der Beitritt Großbritanniens zur **Europäischen Menschenrechtskonvention** hatte nach britischem Recht zunächst nicht die Wirkung, daß Grundrechte im innerstaatlichen Recht unmittelbar Anwendung finden, bis dann durch besonderes Gesetz die Anwendung im innerstaatlichen Recht verbürgt wurde[28]. Anders ist es in anderen Staaten des Commonwealth, z.B. in Kanada und Australien[29]. Die britische Rechtsordnung hat sich bisher damit begnügt, in der Praxis die sog. natural justice, auf die schon hingewiesen wurde, zu einer Grundlage verbindlicher Regeln zu erklären[30]. Sollte allerdings das britische Parlament durch ein Gesetz diese Regeln des Common Law mißachten, hätte der englische Richter dieses Gesetz dennoch anzuwenden. Eine Verfassungsgerichtsbarkeit besteht nicht[31], und es gibt nur ein Vertrauen darauf, daß der Gesetzgeber die bisher anerkannten Individualrechte des Common Law respektiert.

In den **USA** sind die Grundrechte, der Verfassung erst später als amendments zugefügt, kodifiziertes und unmittelbar geltendes Recht. Ihre **Einhaltung** wird in letzter Instanz durch den **Supreme Court** überwacht. Diese Grundrechte der Bundesverfassung sind auch für die Einzelstaaten verbindlich[32], so daß auch deren Recht nicht in Widerspruch zu ihnen stehen darf. Der größte Teil der Gerichtsentscheidungen des Supreme Court befaßt sich mit Grundrechtsschutz[33]. Das mag daran liegen, daß insbes. **Minderheitenrechte** in den USA unter dem Gebot der Gleichbehandlung immer eine besondere Rolle spielten[34]. Der Supreme Court würde in einem Gerichtsverfahren, in dem behauptet wird, ein Gesetz verstoße gegen Grundrechte, diesem Gesetz die Anwendung versagen, wenn er der Auffassung des Klägers folgt. Eine der Souveränität des britischen Parlaments vergleichbare Omnipotenz des Gesetzgebers besteht in den USA nicht. Inwieweit Grundrechte, sei es im Sinne der oben charakterisierten **Drittwirkung**, oder im Sinne eines **Schutzanspruchs**, Wirkungen auch zwischen Privatpersonen erzeugen, wird in den USA ebenfalls diskutiert[35], und ebenso die Frage, ob die öffentliche Gewalt Minderheitengruppen zur Herstellung der staatsbürgerlichen Gleichheit aktiv unterstützen darf[36].

573

---

28 *J. A. Frowein* in: Frowein/Peukert, Europäische Menschenrechtskonvention, 2. Aufl. 1996, Einführung Rdn. 6; nun gilt der Human Rights Act 1999, ILM, Bd. 38 (199), S. 464.
29 Die Verfassung Australiens hat Prinzipien der Verfassung der USA übernommen, und Kanada hat einen Grundrechtskatalog nach dem zweiten Weltkrieg in seine Rechtsordnung aufgenommen.
30 Vgl. Fn 7.
31 Bis heute wird die Souveränität des Parlaments durch die Funktion eines Verfassungsgerichts als unzulässig eingeschränkt angesehen, worauf auch die Schwierigkeit beruht, dem Recht der EG Vorrang vor einem britischen Gesetz zuzuerkennen; vgl. hierzu *T. C. Hartley/J. A. G. Griffith* (Fn 7), S. 405 ff.
32 So bestimmt es nach anfänglich kontroverser Auslegung das XIV. Amendment der Verfassung der USA; *W. Brugger*, Grundrechte und Verfassungsgerichtsbarkeit in den Vereinigten Staaten von Amerika, 1987, S. 45 ff.
33 Dazu *W. B. Lockhart/Y. Kamisar/J. H. Choper/S. H. Shiffrin*, Constitutional Law, 7. Aufl. 1991, Kap. 7 (Protection of Individual Rights).
34 *J. H. Ely*, Democracy and Distrust, 1980, S. 135 ff.; *W. B. Lockhart u.a.* (Fn. 33), Kap. 10 (Discrimination Against Racial and Ethnic Minorities).
35 *W. Brugger* (Fn. 32), S. 30 ff.; *W. B. Lockhart u.a.* (Fn. 33), S. Kap. 11 (The Concept of State Action).
36 *W. Brugger* (Fn. 32), S. 1811 ff.

§ 22 *Individualrechte, Grundrechte und Menschenrechte*

574 Grundrechte im Sinne der westlich-liberalen Demokratien hat es im klassischen **Sowjetsystem** nicht gegeben. Nach kommunistischem Recht gab es keinen Anspruch, **kein Recht** und keine Freiheit **des Bürgers gegen den Staat**, denn das Kollektiv galt allein als schutzwürdig[37]. Zwar haben die kommunistischen Verfassungen Grundrechtskataloge, aber die Ausübung sämtlicher **Grundrechte** stand **unter dem Vorbehalt**, daß durch sie das Kollektivinteresse nicht beeinträchtigt wird[38]. Dieses Kollektivinteresse wurde verbindlich durch die politische Partei definiert, und die Theorie geht davon aus, daß die Berücksichtigung des Allgemeininteresses auch immer das Individuum in ausreichendem Maß schützt. Der Kommunismus will den einzelnen Menschen nicht nur in seinem Verhalten, sondern auch in seiner **Gesinnung** erfassen, und so kann es in diesem System einen Freiraum für das Individuum nicht geben, in den die Staatsgewalt nicht eingreifen dürfte, bzw. der dem Einfluß der kommunistischen Partei verschlossen wäre. In den Grundrechtskatalogen der kommunistischen Verfassungen wurden im übrigen die Grundpflichten in ganz gleichem Maße betont, was zu der schon angedeuteten gegenseitigen Aufhebung von Rechten und Pflichten führte[39]. Die Verfassungen der ehem. kommunistischen Staaten haben sich nun weitgehend den westlichen Verfassungssystemen, jedenfalls formal angeglichen.

575 Es könnte hier noch auf die Rechtsordnung vieler Staaten eingegangen werden, aber die Darstellung dieser wenigen Verfassungen kann als repräsentativ für die heute bestehenden Rechtsordnungen gelten. Selbstverständlich gibt es Staaten, die weder Grundrechte im westlich-liberalen Sinne noch Grundrechte und -pflichten im kommunistischen Sinne kennen und also grundrechtslos existieren. Dort können selbstverständlich alle hier genannten Probleme nicht auftreten. Ob und inwieweit diese Staaten mit einer solchen Rechtsordnung vor internationalen Forderungen standhalten, wird noch dargestellt werden.

3. Völkerrecht

576 Zur Zeit der Geltung des klassischen Völkerrechts, also im wesentlichen im Verlaufe des 19. Jahrhunderts, wurde das **Individuum** mit großer Selbstverständlichkeit
577 **nicht als unmittelbarer Träger von Rechten und Pflichten** dieser Rechtsordnung angesehen. Auch als Schutzobjekt staatlicher Maßnahmen mit Außenwirkung war das Individuum nur insoweit rechtlich relevant als es Inhaber einer Staatsangehörigkeit war[40], daher auch war der Staatenlose in gewisser Weise vogelfrei. Diese recht

---

37 Eine Gegenüberstellung der Grundrechtsauffassung in der Bundesrepublik Deutschland und in der DDR findet sich in „Bürger und Staat", Materialien zur Lage der Nation (hrsg. v. Bundesministerium für innerdeutsche Angelegenheiten), 1990.
38 Auf den Beginn eines Auffassungswandels in der UdSSR wird von *K. Westen* hingewiesen in: Handbuch der Sowjetverfassung, Bd. I, 1983, S. 484 ff.; *ders.* weist aber auch auf die Schranken hin (S. 501), die der Marxismus-Leninismus der Grundrechtsausübung setzt.
39 Zur „sozialistischen Grundrechtskonzeption" der DDR und insbes. zu den Grundpflichten *W. Assmann* in: Staatsrecht der DDR, 2. Aufl. 1984, S. 176 ff.
40 So noch *F. Stoerk* (Fn. 3): „Die Zugehörigkeit zur völkerrechtlichen Rechtsgemeinschaft ... ist demnach nicht aus der allgemeinen menschlichen Natur fliessend, sondern von den Mitgliedschaftsverhältnissen in einem staatlichen Verband bedingt".

strikte Reservierung internationaler Rechtsinhaberschaft für Staaten, folgerichtig unter einer dualistischen Konzeption, in der Völkerrecht und nationales Recht von einander unberührt waren, hatte zur Folge, daß **Menschenrechte im wörtlichen Sinne** schlechthin **nicht** bestanden. Der Einzelmensch hatte keine Rechte jenseits derjenigen, die ihm sein Nationalstaat verlieh. Diese restriktive Auffassung in Bezug auf Individualrechte hat sich bis heute in sehr wesentlichen Beziehungen immer noch durchgesetzt, obwohl man nun Menschenrechte als subjektive, dem Individuum als dessen Inhaber zustehende Rechte anzuerkennen bereit ist. Die Entwicklung zu einer menschenrechtsfreundlicheren Auffassung zeigt, wie schon beschrieben, evidente Parallelen zur Entstehung von Grundrechten in den nationalen Verfassungen.

Die ersten Ansätze zur Respektierung eigener Rechte oder zumindest doch subjektiver Interessen des Einzelmenschen zeigten sich in der Ausgestaltung des **Kriegsrechts**. Hierfür waren vor allem die Bestrebungen des Schweizers Henri Dunant von Bedeutung, der durch persönliche Anschauung der Schlachtfelder des vorigen Jahrhunderts die Überzeugung gewann, daß Kranke, Verwundete und andere durch den Krieg geschädigte Einzelpersonen nicht ohne Schutz bleiben sollten[41]. Auch in der **Haager Landkriegsordnung** und den in Zusammenhang mit ihr abgeschlossenen Verträgen wurde ein stärkerer Schutz des Individuums auf internationaler Ebene angestrebt[42]. Selbstverständlich ging es dabei aber immer nur um vertragliche Verpflichtungen, während Völkerrechtsregeln des Gewohnheitsrechts zum Schutz der Einzelperson oder gar zur Übertragung eigener Rechte auf die Einzelperson lange Zeit nicht entstanden. Auch die Satzung des Völkerbundes brachte hier keine Änderung. Die ersten Ansätze eines gewissen Individualschutzes zeigten sich dann in der Errichtung eines **Minderheitenschutzsystems**, wie es z.Zt. des Abschlusses des Versailler Vertrages und der anderen Friedensverträge nach dem ersten Weltkrieg und mit ihnen weitgehend gleichzeitig entstand[43]. So wurden in Osteuropa neue Grenzen gezogen, es wurden neue Staaten gegründet und bestehende Staaten z.T. aufgelöst, wie das bei Österreich-Ungarn der Fall war, wobei es aber nicht gelang, die Grenzziehungen so vorzunehmen, daß die neuen Staatsgebilde nur ein ethnisch homogenes Staatsvolk umfaßten. Es blieben Minderheiten in vielen Staaten bestehen, deren völkische Zugehörigkeit zu anderen Nationen fortbestand, doch hatten sie nun nicht mehr deren Staatsangehörigkeit inne. Diese Minderheitengruppen, die sich häufig diskriminiert fühlten und daher ständige Unruheherde bildeten, sollten geschützt und beruhigt werden, was dadurch erreicht werden sollte, daß die neu gebildeten Staaten Verträge abschlossen oder Deklarationen abgaben, in denen

---

41 *Giorgio del Vecchio*, Zur Geschichte des Roten Kreuzes, ÖZöR 1967, S. 321 ff.; *O. Kimminich*, Schutz der Menschen in bewaffneten Konflikten, 1979, S. 16 ff. zur historischen Entwicklung.
42 Haager Landkriegsordnung v. 18. 10. 1907 (*F. Berber*, Völkerrecht, Dokumentensammlung, Bd. II, 1967, S. 1896), Art. 42 ff., insbes. Art. 47.
43 *K. Doehring*, Das Gutachten des Generalsekretärs der Vereinten Nationen über die Fortgeltung der nach dem 1. Weltkrieg eingegangenen Minderheitenschutzverpflichtungen, ZaöRV Bd. 15, 1954, S. 521 ff.; *F. Capotorti*, Minorities, in: EPIL, Bd. 3, 1997, S. 410 ff.

§ 22 *Individualrechte, Grundrechte und Menschenrechte*

dieser Schutz garantiert wurde[44]. Das geschah in weitem Umfang, erhob allerdings die **Minderheitengruppe nicht zu Völkerrechtssubjekten** i.S. der Inhaberschaft eigener völkerrechtsunmittelbarer Rechte, aber es wurde doch ermöglicht, den Staaten ihrer ethnischen Zugehörigkeit das Recht zu geben, entsprechenden Schutz vor dem Völkerbundsrat einzufordern. Diese Garantie bestand darin, daß die Minderheiten das Recht erhielten, ihre eigenen Eigenarten, sei es in Bezug auf Sprache, Religion oder andere kulturelle Belange, zu pflegen und zu erhalten. So war u.a. zugesichert, daß in den Schulen die Minderheitensprache auch benutzt werden durfte, daß in den entsprechenden Gebieten auch die Amtssprache der Behörden sich hierauf einzurichten hatte, und daß die freie Religionsausübung als Ausdruck eigener Kultur nicht beschränkt werden durfte.

581 Dieses System hat niemals befriedigend funktioniert, vielmehr blieben die völkerrechtlichen Minderheiten in den sie majorisierenden Nationalstaaten eine ständige Quelle der nationalen, z.T. erbitterten Auseinandersetzungen. So hat auch die Regierung des Deutschen Reiches unter Adolf Hitler im Jahre 1938 ihren Einmarsch in die Tschechoslowakei damit gerechtfertigt, daß dort die deutschen Minderheiten ungeschützt bzw. diskriminiert seien. Es ließen sich noch viele Beispiele dieser Art anführen. Jedenfalls aber kann gesagt werden, daß dieser Minderheitenschutz, auch wenn er sich als Gruppenschutz und nicht als Individualschutz darstellte, immerhin den Gedanken der Respektierung der menschlichen Persönlichkeit verstärkte.

582 Mit der Beendigung des zweiten Weltkrieges entstanden die **Vereinten Nationen** durch Abschluß des entsprechenden völkerrechtlichen Vertrages und in gewisser Weise als Rechtsnachfolgerin des Völkerbundes. Zu ihren vordringlichsten Zielen
583 gehörte es neben der Friedenssicherung, auch den **Schutz der Menschenrechte** zu fördern bzw. zu sichern[45]. Es war das erste Mal, daß Menschenrechte nun weltweit als völkerrechtlich relevant anerkannt wurden. Hingegen geriet der Minderheitenschutz, wie er vom Völkerbund beabsichtigt war, nun eher in Vergessenheit, denn man nahm an, daß dann, wenn alle Menschen den gleichen menschenrechtlichen Schutz genießen, auch Minderheiten nicht mehr diskriminiert werden könnten. Aber auch diese Annahme hat getrogen[46]. Diese Fehlkalkulation beruhte darauf, daß die Väter der Charta der Vereinten Nationen einen wesentlichen Gesichtspunkt nicht berücksichtigten; die **Gleichbehandlung** aller Menschen unter menschenrechtlichen Geboten hindert eine **Minderheit** an der Pflege ihrer **speziellen Eigenarten**. Wenn alle Menschen als gleich gelten, kann eine Minderheit ihre Eigenarten eben nicht mehr als eine Besonderheit rechtlich geltend machen, denn Art und Maß der Gleichheit werden von der Mehrheit ausgestaltet.

584 Die Konzeption eines Schutzes der Menschenrechte mit dem Ziel, dem Einzelmenschen selbst auch international unmittelbar Rechte zuzubilligen, drang aber nun unaufhaltsam vor. Die Generalversammlung der Vereinten Nationen beschloß im Jahre 1948 die nun schon als klassische Begründung der Menschenrechte geltende **All-**

---

44 Zum Minderheitenschutz *F. Berber* (Fn. 1), Bd. I, 2. Aufl. 1975, S. 391 ff.; *K. Doehring*, Völkerrecht, 2. Aufl. 2004, Rdn. 1016.
45 Charta der Vereinten Nationen, Art. 1, Nr. 3.
46 *F. Ermacora*, Der Minderheitenschutz in der Arbeit der Vereinten Nationen, 1964.

gemeine **Erklärung der Menschenrechte**[47], die in etwa diejenigen Rechte aufzählt, die sich auch in einer modernen Staatsverfassung finden. Auch hier zeigt sich dann eine Parallele zwischen der Entstehung von Grundrechten in Staatsverfassungen und internationalen Menschenrechten. Es geht im wesentlichen um den Schutz des Lebens, der Freiheit, der Vermeidung von unwürdiger Menschenbehandlung, den Schutz vor Folter, den Schutz im Strafverfahren, die Beteiligung am Wahlrecht, um Versammlungsfreiheit, Vereinigungsfreiheit, das Recht zu freier Meinungsäußerung, die Pressefreiheit, die Religionsfreiheit und, wenn auch zunächst zögernd, den Eigentumsschutz. Es ließen sich noch weitere Rechte aufzählen, jedoch kommt es auf diese Enumeration hier nicht an, denn es geht um das Grundprinzip.

Diese **Resolution** der Vereinten Nationen ist formell niemals zu verbindlichem Recht erwachsen. Die Meinungen sind heute insofern geteilt, als eine Mehrheitsmeinung annimmt, die Resolution sei, wie jede andere Empfehlung der Generalversammlung der Vereinten Nationen, eine **unverbindliche Empfehlung**, während eine Mindermeinung annimmt, sie gebe den Stand des völkerrechtlichen **Gewohnheitsrechts** wieder, da sie seinerzeit von allen Mitgliedern der Vereinten Nationen im positiven Sinne bestätigt worden sei[48]. Wegen der überwiegenden Zweifel daran, daß diese Erklärung der Menschenrechte positives Recht sei, beauftragte die Generalversammlung der Vereinten Nationen eine Kommission mit der Ausarbeitung von Konventionen, deren Ratifizierung durch die Nationalstaaten vorgesehen war und auch weitgehend erfolgt ist, und die einen spezifizierten Menschenrechtskatalog enthalten. Auf diese Konventionen ist zurückzukommen. 585

Wohl unter dem Eindruck, daß die europäische Bevölkerung im zweiten Weltkrieg unter der Mißachtung von Menschenrechten besonders gelitten hatte – man denke nur an die Vernichtung der Juden – war es dann der Europarat, der im Jahre 1950 eine **Europäische Menschenrechtskonvention** ausarbeitete, die später von allen Mitgliedstaaten des Europarats ratifiziert wurde und unter ihnen nun bindende Wirkung entfaltet[49]. Die Konvention enthält einen Grundrechtskatalog, der in etwa demjenigen der Deklaration der Vereinten Nationen entspricht, jedoch in vieler Beziehung noch eingehender ausgestaltet ist. Bedeutsamer als die Tatsache, daß so materielles Recht begründet wurde, ist es, daß diese Europäische Menschenrechtskonvention ein **Kontrollsystem** einrichtete, das zunächst aus einer Europäischen Kommission und einem Europäischen Gerichtshof bestand. Seit 1998 ist die Kommission aufgelöst, aber der Gerichtshof besteht seitdem aus permanent arbeitenden Berufsrichtern. Jede Person, die in einem dieser europäischen Staaten lebt, kann sich mit einer Beschwerde an den Gerichtshof wenden, wenn die in der Konvention versprochenen Rechte von einem der Konventionsstaaten mißachtet wurden. Dabei 586

587

---

47 Res. der GV der UN 217 (III); dazu *L. Henkin*, Human Rights, in: EPIL, Bd. 3, 1997, S. 886 ff., und *J. Carillo Salcedo*, Human Rights, Universal Declaration (1948), in: EPIL, Bd. 2, 1995, S. 922 ff.
48 Über die kontroversen Ansichten hinsichtlich der Bindung an die UN-Deklaration von 1948 s. *L. Henkin*, Fn. 47.
49 Zum Geltungsbereich der EMRK s. *J.A. Frowein* in: Frowein/Peukert, Europäische Menschenrechtskonvention, EMRK-Kommentar, 2. Aufl. 1996, zu Art. 1 (Geltungsbereich).

588 ist es **unbeachtlich**, welche **Staatsangehörigkeit** der Beschwerdeführer innehat. Zuvor muß der **nationale Rechtsweg ausgeschöpft** werden, da andernfalls der Gerichtshof sich mit einer solchen Beschwerde nicht befaßt. So soll den Mitgliedstaaten Gelegenheit gegeben werden, angeblichen Rechtsverletzungen selbst abzuhelfen. Geschieht das nicht, entscheidet der Gerichtshof dann mit bindender Wirkung gegenüber dem Staat, gegen dessen Verhalten sich die Beschwerde richtet, ob und inwieweit eine Rechtsverletzung festgestellt werden kann. Der Staat ist gehalten, diesem Urteil Folge zu leisten, wobei die Art der Wiedergutmachung und der Beseitigung der Folgen von der Konvention nicht vorgeschrieben ist[50]. Nur ein Schadensersatzanspruch kann der verletzten Einzelperson von dem Gerichtshof unmittelbar zugesprochen werden, der aber auch von den nationalen Instanzen erst durchzusetzen ist. Der Mitgliedstaat hat diese Pflicht dann zu erfüllen. Im Verlaufe der nun

589 schon langen Zeit, in der sich der Europäische Menschenrechtsgerichtshof mit der Auslegung und Anwendung der Konvention befaßte, hat er bestimmte **europäische Standards** ausgearbeitet, deren Beachtung von den Mitgliedstaaten erwartet wird. Hierbei konnte nicht auf alle nationalen Eigenarten in den Rechtssystemen der Mitgliedstaaten Rücksicht genommen werden, was oftmals beanstandet wurde, aber der Gerichtshof übte doch auch Zurückhaltung in dieser Beziehung und beließ den Mitgliedstaaten eine gewisse Eigenständigkeit bei der Auslegung und Anwendung von Grund- und Menschenrechten. Generell aber kann gesagt werden, daß diese nationalen Freiräume kleiner geworden sind[51].

590 Im Jahre 1966 war dann die Kommission der Vereinten Nationen, die den Auftrag hatte, die Deklaration von 1948 in Vertragsvorschläge umzuarbeiten, zu einem Er-
591 gebnis gekommen. Es lagen nun die Entwürfe eines **Vertrages über bürgerliche und politische Menschenrechte** und über **kulturelle und soziale Menschenrechte** vor[52]. Die meisten Staaten der Welt haben diese Konventionen ratifiziert und sie so weltweit anwendbar gemacht. Auch diese Konventionen richten einen gewissen **Kontrollmechanismus** ein, der allerdings nur darin besteht, daß die Staaten sich in einem Zusatzprotokoll verpflichten können, Berichte über die Entwicklung der Menschenrechte zu erstatten und sich zu Rückfragen einer Menschenrechtskom-
592 mission der Vereinten Nationen zur Verfügung zu stellen. Die Schwierigkeit dieser Konventionen der Vereinten Nationen liegt darin, daß, anders als das in einem relativ homogenen Europa der Fall ist, die **Auslegung von Grundrechten und Menschenrechten** weltweit von der Zugehörigkeit der Staaten zu bestimmten kulturell geprägten oder ideologisch ausgerichteten Staatengruppen abhängt. **Kommunistische Staaten** legten diese Konventionen in ähnlicher Weise aus, wie sie das im Hin-

---

50 EMRK, Art. 41; dazu *W. Peukert* in: Frowein/Peukert (Fn. 49), S. 667 ff.; *G. Ress*, Die Europäische Menschenrechtskonvention und die Vertragsstaaten: Wirkungen der Urteile des Europäischen Gerichtshofs für Menschenrechte im innerstaatlichen Recht und vor innerstaatlichen Gerichten, in: I. Maier (Hrsg.), Europäischer Menschenrechtsschutz, 1982, S. 227 ff.

51 Zur Herstellung eines gemeinsamen europäischen Standards *J.A. Frowein*, European Convention on Human Rights, in: EPIL, Bd. 2, 1995, S. 188 ff.

52 Internationaler Pakt über bürgerliche und politische Rechte v. 19. 12. 1966 (BGBl. 1973 II, S. 1534) und Internationaler Pakt über wirtschaftliche, soziale und kulturelle Rechte v. 19. 12. 1966 (BGBl. 1973 II, S. 1570).

blick auf ihre nationalen Grundrechte vollzogen. Die Rechte des Kollektivs haben in diesen Fällen immer Vorrang vor Individualrechten, so daß ein Individualschutz im engeren Sinne nicht stattfindet. Die Pflichtigkeit des Menschen gegenüber dem Kollektiv spielt dann eine größere Rolle als Rechte des Individuums gegen das Kollektiv, die allgemein in kommunistischen Staaten eben nicht anerkannt waren. Die **westliche Staatenwelt** hingegen folgt der überkommenen Konzeption der verfassungsrechtlich verbürgten Grundrechte, wonach diese in erster Linie die Funktion haben, den Einzelnen gegen Willkür der Staatsgewalt und also gegen das Kollektiv zu schützen, bzw. dem Einzelmenschen einen Freiraum gegenüber der Obrigkeit zu verschaffen und zu sichern. Die Staaten wiederum, die den Koran als auch die letztverbindliche Rechtsquelle ansehen, neigen zu ihrer spezifischen Auslegung von Rechten des Menschen.

Es ist diese unterschiedliche Auslegung von Grund- und Menschenrechten, die es bisher verhindert hat, daß die Konventionen der Vereinten Nationen zu einer Harmonisierung der Menschenrechtsauffassung der Völkergemeinschaft geführt haben. Immerhin haben sie den Effekt gehabt, daß **niemand ernstlich mehr den Bestand von Menschenrechten leugnet**, bzw. allgemein und weltweit akzeptiert ist, daß der Einzelmensch auch auf der internationalen Ebene Inhaber von subjektiven Rechten zu sein vermag, welchen Inhaltes diese auch sein mögen. **593**

Zu etwa der gleichen Zeit als die Konventionen der Vereinten Nationen entstanden, entwickelte sich im Raume **Lateinamerikas** ebenfalls ein eigenständiges Schutzsystem, das dem europäischen System zum Schutze der Menschenrechte nicht nur ähnelt, sondern weitgehend mit ihm kongruent ist[53]. Auch in diesem System besteht ein Katalog von Grundrechten, nicht sehr unterschiedlich von demjenigen Europas und demjenigen der Vereinten Nationen, und es bestehen eine Kommission und ein Gerichtshof als Kontrollinstanzen. Auch dieses System arbeitet unter einer gewissen kulturellen Homogenität, wie sie in Lateinamerika besteht, auch wenn Probleme des Menschenrechtsschutzes dort erheblich anders liegen als das in Europa der Fall ist. **594**

Auch die **Organisation der Afrikanischen Staaten** hat eine Menschenrechtskonvention beschlossen, deren materiell-rechtlicher Gehalt den schon genannten Menschenrechtskonventionen in etwa entspricht, aber die über keinen effektiven Kontrollmechanismus verfügt[54], denn ein Gerichtshof, obwohl vorgeschlagen, wurde bisher nicht effektiv tätig. **595**

Während des gesamten Zeitraums, in dem diese soeben erwähnten Menschenrechtskonventionen entstanden, wurden noch viele weitere Verträge abgeschlossen, die in mehr spezieller Ausgestaltung bestimmte Menschenrechte schützen. So besteht eine Konvention zur Verhinderung von **Rassendiskriminierung**[55], von **Völ- 596**

---

53 *T. Buergenthal*, Menschenrechtsschutz im interamerikanischen System, EuGRZ, Bd. 11, 1984, S. 169 ff.; *J. Kokott*, Das interamerikanische System zum Schutze der Menschenrechte, 1986.
54 *E.-R. Mbaya*, African Charta on Human and Peoples Rights, in: EPIL, Bd. 2, 1995, S. 54 ff.
55 Internationale Konvention zur Vermeidung aller Formen von rassischer Diskriminierung v. 7.3. 1966, U.N.T.S. Bd. 660, S. 195.

kermord[56], von **Folter** und unmenschlicher Behandlung[57], zum Schutze von Opfern in bewaffneten Konflikten internationaler und auch innerstaatlicher Art[58]; hiermit sollten nur Beispiele, wenn auch besonders wichtige gegeben werden.

597 Dieses weltweite Vertragssystem zum Schutze der Menschenrechte konnte nur entstehen, weil unterschwellig immer mehr der Gedanke sich verfestigte, der Einzelmensch solle auch auf der Ebene des Völkerrechts nicht schutzlos bleiben. So kann man heute feststellen, daß die zahlreichen **Verträge zur Anerkennung entsprechender Menschenrechte** auch zur Bildung völkerrechtlichen **Gewohnheitsrechts** geführt haben, was jedenfalls im Hinblick auf das materielle Recht gilt, während ihre Geltendmachung in einem geordneten Verfahren sich nach den Bestimmungen der speziellen Verträge richtet. Es bestand immer eine Wechselwirkung zwischen der Entstehung von Gewohnheitsrecht und dem Abschluß von Verträgen[59], was auf dem hier bestehenden Gebiet der Menschenrechte in ganz besonderem Maße gilt. Auch der Internationale Gerichtshof hat den Bestand von ungeschriebenen Menschenrechten in mehreren Entscheidungen anerkannt und das Verbot ihrer Verletzung zum zwingenden Recht erklärt[60].

598 Hieran aber ist noch eine wesentliche Feststellung zu knüpfen. Es geht darum, daß man gezwungen ist, hinsichtlich der Bestandskraft von Menschenrechten zu differenzieren. Einerseits ist anerkannt, daß gewisse rudimentäre Menschenrechte bestehen, deren Verletzung zu einem **international crime** führt, d.h. eine **Verletzung der Rechte der gesamten Völkerrechtsgemeinschaft** bedeutet[61]; fraglich ist dabei nur, wer berechtigt ist, sich gegen diese Verletzung aktiv zu wenden, d.h., ob das Recht zur aktiven Schutzausübung nur dem Staat zusteht, dessen Staatsangehörigkeit der verletzte Mensch innehat, oder allen Staaten der Welt[62]. Hierauf ist zurück-

599 zukommen. Andererseits aber ist in den genannten Verträgen auch eine große Zahl von Rechten genannt, deren Verletzung noch **nicht** ein **Delikt erga omnes** und also eine Rechtsverletzung der Völkergemeinschaft insgesamt bedeutet. In diesem Falle sind **nur die Vertragsstaaten** verpflichtet und berechtigt, und einvernehmlich können die Verpflichtungen wieder aufgehoben oder eingeschränkt werden.

600 Auch das Völkergewohnheitsrecht unterscheidet zwischen solchen **fundamentalen**, unabdingbaren Menschenrechten und solchen, die **dispositiver Natur** sind.

---

56 Konvention zur Verhinderung und Bestrafung des Verbrechens des Völkermordes v. 9.12.1948, U.N.T.S. Bd. 78, S. 277.
57 Konvention gegen Folter und andere grausame, unmenschliche oder erniedrigende Behandlung oder Bestrafung v. 10.12.1984, GV der UN, Off. Rec. 39 Sess., Supp. No 51 (A/39/51), S. 197.
58 Genfer Konventionen v. 12.8.1949, U.N.T.S. Bd. 75, S. 135 und Zusatzprotokolle v. 26.9.1977, ZaöRV, Bd. 38, 1978, S. 86 ff. und 146 ff. (BGBl. 1990 II, S. 1551 ff. und BGBl. 1990 II, S. 1673 ff.).
59 *K. Doehring*, Gewohnheitsrecht aus Verträgen, ZaöRV, Bd. 36, 1976, S. 77 ff.; *ders.*, Völkerrecht, 2. Aufl. 2004, Rdn. 314 ff.
60 IGH im Barcelona-Traction-Fall, ICJ Rep. 1970, S. 3.
61 Zum Begriff des international crime *H.H. Jescheck*, International Crime, in: EPIL, Bd. 2, 1995, S. 1119 ff.; s. auch Entwurf der ILC über Staatenverantwortlichkeit, ILM, Bd. 37, 1998, S. 442 ff., Art. 19; der Begriff wird in der letzten Fassung (Anlage zur Res. 56/83 der GV der VN v. 12.12.2001) ausdrücklich nicht mehr verwendet, allerdings sinngemäß.
62 Vgl. Restatement of the Law. The Foreign Relations Law of the United States, Bd. 2, 1987, § 701, Rep. Note 3, und § 702, Comment o.

Eine Unterscheidung hier im einzelnen zu geben, fällt schwer, aber man kann wohl heute sagen, daß das Recht auf Leben zu diesen absoluten Menschenrechten zählt und nur dann eingeschränkt werden darf, wenn andere hochwertige Belange unter dem Schutz einer verläßlichen Rechtsordnung dies notwendig machen; das Gleiche gilt für das Recht auf körperliche Unversehrtheit und Freiheit, für das strikte Folterverbot, für den Eigentumsschutz, dessen Einschränkung jedenfalls nicht dazu führen darf, den Einzelnen jeder Existenzmöglichkeit zu berauben, für die Religionsfreiheit und die Freiheit zur Gründung und zur Erhaltung einer Familie. Diese Aufzählung kann nicht erschöpfend sein, und es könnte auch behauptet werden, sie sei zu großzügig oder auch zu eng. Es ist auch bisher nicht gelungen, eine klare Abgrenzung dieser unabdingbaren Menschenrechte vorzunehmen. Immerhin kann gesagt werden, daß es eine gewisse Evidenz für den Bestand solcher strikt zu beachtenden Menschenrechte gibt.

Die Feststellung, daß nun der **Mensch auch unmittelbar Inhaber völkerrechtlich anerkannter Menschenrechte** und also, wenn auch nur insoweit, als Subjekt des Völkerrechts zu gelten hat, ließ immer wieder die Frage entstehen, ob ein Staat zur Ausübung des Schutzes für ein Individuum auch dann berechtigt ist, wenn der Verletzte nicht sein Staatsangehöriger ist. Im allgemeinen völkerrechtlichen Fremdenrecht gilt die Regel, daß der **Staat nur seine eigenen Staatsangehörigen** schützen darf[63]. Wenn nun aber die Verletzung fundamentaler Menschenrechte als Delikt gegen die gesamte Staatenwelt gilt, müßte in logischer Konsequenz das Ergebnis lauten, daß jeder Staat die Verletzung solcher Menschenrechte auch dann rügen und gegen sie einschreiten darf, wenn der Verletzte **nicht sein Staatsangehöriger** ist. Ob dieser Punkt erreicht ist, kann äußerst zweifelhaft sein[64]. Wegen des allgemeinen völkerrechtlichen Gewaltverbots sind hier Staatenpraxis und Rechtslehre zurückhaltend. Während auf der einen Seite behauptet wird, daß bei brutalster Menschenrechtsverletzung durch einen Staat die **humanitäre Intervention** anderer Staaten auch mit Machtmitteln zulässig sei, wurde das bisher weitgehend doch abgelehnt[65]. Hier liegt ein logischer Bruch in der bisherigen Rechtsauffassung. Es ist zuzugeben, daß die Friedenssicherung und also das Gewaltverbot bei ihrer Nichtbeachtung vielleicht noch zu mehr Menschenvernichtung führen würde als eine humanitäre Intervention verhindern könnte, aber wie der Balkankonflikt und die Intervention im Kosovo im Jahre 1999 zeigten, kann ein Maß an Menschenrechtsverletzungen erreicht sein, das, etwa bei Völkermord, diese Intervention rechtfertigt. Es kann auf dieses Problem nur hingewiesen werden. Gesichert scheint jedoch die Auffassung, daß **Proteste, Retorsionen** und u.U. auch gewaltlose **Repressalien** gegen einen Verletzer der Menschenrechte als Gegenmittel eingesetzt werden dürfen. So wäre ein Staat berechtigt, Vertragsbeziehungen abzubrechen, wenn der Vertragspartner die unabdingbaren Menschenrechte gröblich verletzt, und so ist es auch in Abkommen

---

63 Zur sog. nationality rule statt vieler Nachweise *J. Kokott/K. Doehring/T. Buergenthal*, Grundzüge des Völkerrechts, 3. Aufl. 2003, Rdn. 302 f.; s. auch: Der diplomatische Schutz im Völkerrecht und Europarecht (Hrsg. G. Ress/T. Stein), 1996.
64 Vgl. Fn. 62; dazu auch *J.A. Frowein*, Jus Cogens, in: EPIL, Bd. 3, 1997, S. 65 ff.
65 *Verdross/Simma*, Universelles Völkerrecht, 3. Aufl. 1984, §§ 473 und 1208; eingehend dazu *K. Doehring*, Völkerrecht, 2. Aufl. 2004, Rdn. 1008 ff.

§ 22 *Individualrechte, Grundrechte und Menschenrechte*

zur wirtschaftlichen Hilfe oftmals vorgesehen. Daß in der Praxis anders gehandelt wird, kann an der prinzipiellen Auffassung nichts ändern. Die entscheidende Kontroverse bezieht sich eben immer nur auf die Frage, ob das **Gewaltverbot auch bei Menschenrechtsverletzungen** gilt, oder ob bei der Verletzung von Menschenrechten das Gewaltverbot seinerseits zurücktreten darf.

4. Fremdenrecht

603 Zu den Rechtsgebieten, die sich speziell mit den Rechten der Einzelperson befassen, gehört neben denjenigen, die allgemeine Menschenrechte und die in den Verfassungen erteilten Grundrechte betreffen, auch das immer bedeutsamer werdende **internationale Fremdenrecht**. In einer ständig enger werdenden Welt, in der Migration, Fluchtbewegungen, aber auch technische Zusammenarbeit und wirtschaftliche Kooperation zu den täglichen Erscheinungsformen des menschlichen und staatlichen Zusammenlebens gehören, muß die Frage ständig neu gestellt werden, unter welchen Bedingungen ein Mensch das Recht hat, in einen Staat einzureisen, dessen Staatsangehörigkeit er nicht besitzt, wie er nach der Einreise behandelt werden darf oder muß und unter welchen Bedingungen man ihn wiederum aus dem Staatsgebiet entfernen darf.

604 Obwohl das von mancher Seite bestritten ist, erweisen die bisher bestehenden Rechtsnormen des internationalen Rechts und die dieses Recht gestaltende Staatenpraxis, daß es eine **Verpflichtung der Staaten nicht gibt, Fremde aufzunehmen**[66]. Nur unter gewissen Umständen könnte das möglicherweise verlangt werden, wenn anders fundamentale Menschenrechte nicht geschützt werden; aber selbst

605 dann könnte der Staat zur **Abweisung** von Fremden sich auf ihm vorrangig obliegende Pflichten zum Schutz der eigenen Staatsangehörigen berufen. Ein **Recht auf Einreise** gibt es also **nicht**, es sei denn, dieses Recht sei vertraglich von Staat zu Staat vereinbart worden. Die volle Freizügigkeit, wie sie in der Europäischen Gemeinschaft herrscht[67], ist eine absolute Ausnahme. Andererseits bestehen durchaus bilaterale Verträge, in denen sich die Staaten gegenseitig zusichern, ihre Staatsangehörigen dürften sich im Partnerstaat niederlassen, dort Geschäfte betreiben, bzw. einen Beruf ausüben. Üblicherweise behalten aber auch diese Vertragsstaaten sich vor, den Fremden wieder **auszuweisen**, wenn anders erhebliche Belange des Aufenthaltsstaats gefährdet würden[68]. Ohne vertragliche Bindung besteht ein Recht des Fremden auf Einreise nicht, und auch sein Heimatstaat kann diese Einreise nicht fordern.

606 Ist die Einreise nach dem Recht des Aufenthaltsstaates zulässig erfolgt, übernimmt dieser Staat die Pflicht, den Fremden nach den Regeln des internationalen Rechts zu

---

66 *K. Doehring*, Aliens, Admission, in: EPIL, Bd. 1, 1992, S. 107 ff.; zum folgenden s. *K. Hailbronner*, Ausländerrecht, 2. Aufl. 1989.
67 Art. 39 ff.EGV.
68 Trotz des im Abkommen über die Rechtsstellung der Flüchtlinge v. 28. 7. 1951 (U.N.T.S. Bd. 189, S. 150) grundsätzlich vereinbarten Gebotes des non-refoulment erlaubt Art. 32 die Ausweisung aus Gründen der öffentlichen Sicherheit und Ordnung.

behandeln. Selbstverständlich hat der Aufenthaltsstaat in **erster** Linie die Aufrechterhaltung der **Menschenrechte** zu garantieren. Doch bestehen darüber hinaus noch weitere Garantien zum Schutz des Fremden. Soweit sich diese Garantien nicht aus speziellen Verträgen ergeben, beruhen sie auf völkerrechtlichem Gewohnheitsrecht, wonach dem Fremden ein sog. **Mindeststandard** zuzubilligen ist[69].

Eine **Gleichbehandlung** mit den Staatsangehörigen des Aufenthaltsstaates wird **nicht** gefordert, obwohl in manchen Regionen, z.B. in Lateinamerika, sich derartige Regeln eine Zeit lang gebildet hatten. Dieser Mindeststandard entspricht z.T. demjenigen Standard, den die allgemeinen Menschenrechte verbürgen, aber er geht doch über diese um einiges hinaus. Als Beispiel sei hier der **Eigentumsschutz** genannt. Zwar ist auch das Eigentum im Rahmen der Menschenrechte ein anerkanntes Schutzgut[70], aber z.B. volle Kompensation bei Enteignung kann aufgrund der allgemeinen Menschenrechte nicht verlangt werden. Dagegen hat sich bis heute die Regel im internationalen Fremdenrecht bestätigt, wonach bei Enteignung dem Fremden eine Entschädigung in Höhe des Verkehrswertes der weggenommenen Sache gewährt werden muß; sein Heimatstaat ist zur Durchsetzung dieser Forderung berechtigt[71]. Bestrebungen, diesen Eigentumsschutz im Rahmen des Mindeststandards des Fremdenrechts einzuschränken, sind zwar immer wieder bemerkbar, aber eine solche Unterschreitung des bisherigen Schutzniveaus bedarf ganz besonderer Rechtfertigung. Während Verträge, die die allgemeinen Menschenrechte einschränken würden, wegen Verstoß gegen zwingendes Recht nichtig wären, ist der Teil des fremdenrechtlichen Mindeststandards, der die Menschenrechte übersteigt, vertraglich abdingbar, falls die Vertragsparteien für ihre beiderseitigen Staatsangehörigen sich mit einem niedrigeren Niveau einverstanden erklären.

607

608

Die Ausübung **politischer Rechte**, insbes. des Wahlrechts im fremden Staat, gehört **nicht** zum fremdenrechtlichen Mindeststandard, auch wenn sie vertraglich vereinbart werden könnte. Regelmäßig ist das allerdings nicht der Fall, denn die Verfassungen der Staaten gehen überwiegend davon aus, daß ihre Staatsgewalt vom eigenen Staatsvolk ausgeübt wird[72]. Allerdings gibt es Staaten, die die Mitgliedschaft von Fremden in ihren politischen Parteien zulassen[73], und es gibt Staaten, die eine Mitgliedschaft der Fremden in Gewerkschaften ebenfalls tolerieren, vielleicht sogar wünschen. Einige wenige Staaten haben auch das Kommunalwahlrecht fremden Staatsangehörigen zugebilligt, aber ein entsprechendes Gewohnheitsrecht des Völkerrechts besteht insoweit nicht.

609

Zwar ist, wie bemerkt, der Staat regelmäßig sehr frei in seiner Ermessensentscheidung über die Zulassung von Fremden, und man könnte daraus schließen, daß auch

610

---
69 *Verdross/Simma* (Fn. 65), Rdn. 1213 f.; *K. Doehring* (Fn. 65), Rdn. 861.
70 UN-Deklaration v. 10. 12. 1948 (Fn. 47), Art. 17; erstes Zusatzprotokoll zur EMRK v. 20. 3. 1952 (BGBl. 1956, II, S. 1880), Art. 1.
71 Zum völkerrechtlichen Schutz des Privateigentums *R. Dolzer*, Eigentum, Enteignung und Entschädigung im geltenden Völkerrecht, 1985.
72 *Verdross/Simma* (Fn. 65), Rdn. 1213; ebenso Art. 16 EMRK.
73 Dazu Gesetz über die politischen Parteien der Bundesrepublik Deutschland in der Bekanntmachung v. 3. 3. 1989, BGBl. 1989, I, S. 327, § 2, Abs. 3.

die Entfernung des Fremden aus dem Staatsgebiet der völligen Ermessensfreiheit des diesen Fremden ausweisenden Staates unterliegt. Das ist aber nur in eingeschränkter Weise der Fall. Für die **Ausweisung** eines Fremden, der einmal legal zugelassen war, bedarf der ausweisende Staat einer **Begründung**[74]. Rechtfertigende Gründe sind zwar äußerst vielfältig, und es ist auch nicht Pflicht des ausweisenden Staates, das Vorliegen dieser Gründe im Einzelfall nachzuweisen, aber immerhin kann im Wege des diplomatischen Schutzes der Heimatstaat des Fremden um eine Erklärung nachsuchen und diese u.U. auch erzwingen. Neben dem allgemein akzeptierten Grund, daß die Ausweisung von Fremden zulässig ist, wenn ihr Verbleib gewichtigen Interessen des Aufenthaltsstaates beeinträchtigt, gibt es zahlreiche, im internationalen Recht anerkannte Ausweisungsgründe, wie z.B. Kriminalität, Krankheit, Obdachlosigkeit, Arbeitslosigkeit der Bevölkerung des eigenen Staates, Seuchengefahr oder auch die Gefahr unliebsamer politischer Betätigung. Diese Aufzählung kann nicht erschöpfend sein, aber gibt doch die wesentlichen bisher vorgebrachten Ausweisungsgründe an. Eine eingehendere Begründung wird dann gefordert, wenn ein Staat es geduldet hat, daß Fremde schon lange auf seinem Gebiet leben, sie aber dennoch ausgewiesen werden sollen[75].

611 Die sog. **Massenausweisung**, d.h. von Individuen nur wegen der Zugehörigkeit zu einer bestimmten Gruppe, gilt im neueren Völkerrecht als suspekt und bedürfte einer ganz besonderen Begründung aus der hervorgehen müßte, daß die weitere Beherbergung der Gruppe für den Aufenthaltsstaat schlechthin unzumutbar sei[76]. Dennoch sind in der Vergangenheit auch vertraglich Bevölkerungsverschiebungen und
612 Bevölkerungsvertreibungen vorgenommen worden, jedoch hat hier eine internationale Vertragspraxis[77], insbes. beruhend auf der Garantie von Menschenrechten, eine neue Rechtsatmosphäre geschaffen. Von dieser Massenausweisung ist allerdings eine Ausweisung zu unterscheiden, die sich zwar auf eine größere Menge von Ausländern bezieht, aber doch darauf beruht, daß jeder einzelne von diesen Ausländern aus **individuellen Gründen** ausgewiesen werden soll. Inwieweit Gerichtsschutz gegen eine möglicherweise rechtswidrige Ausweisung bestehen muß, ist umstritten und auch in der Staatenpraxis nicht einheitlich gehandhabt. Die Ausweisung darf
613 selbstverständlich auch **nicht** zur Umgehung der Rechte des **internationalen Mindeststandards** des Fremdenrechts führen; so darf z.B. nicht durch Ausweisung faktisch eine entschädigungslose Enteignung durchgeführt werden. Die Durchführung der Ausweisung geschieht durch die sog. **Abschiebung**, der u.U. eine Abschiebungshaft vorausgeht, weil sonst der Auszuweisende sich der Ausreisepflicht entziehen könnte. Gut entwickelte Rechtssysteme lassen sowohl gegen die Ausweisung als auch gegen die Abschiebung besondere Rechtsmittel zu. Unabhängige Gerichte entscheiden dann über die Zulässigkeit der staatlichen Maßnahmen. In jedem

---

74 Dieser Grundsatz findet sich daher auch in Art. 13 des UN-Pakts über bürgerliche und politische Rechte (Fn. 52).
75 *E.S. Goodwin-Gill*, The Limits of Power of Expulsion in Public International Law, BYIL, Bd. 47, 1974–75, S. 55 ff.; *K. Doehring*, Aliens, Expulsion and Deportation, EPIL, Bd. 1, 1992, S. 109 ff.
76 *K. Doehring*, Die Rechtsnatur der Massenausweisung unter besonderer Berücksichtigung der indirekten Ausweisung, ZaöRV, Bd. 45, 1985, S. 372 ff.
77 S. *K. Doehring* (Fn. 76), S. 375 f.

Falle hat die Art der Ausweisung, d.h. ihre faktische Durchführung, humanitäre Gesichtspunkte zu berücksichtigen.

Von der Ausweisung ist die **Auslieferung** zu unterscheiden[78]. Sie kommt dann in Betracht, wenn es darum geht, einen Straftäter zur Strafverfolgung oder zur Aburteilung in einen anderen Staat zu verbringen. Ein Staat ist zur Auslieferung seiner eigenen Staatsangehörigen wegen der Begehung einer Straftat im Ausland nur dann verpflichtet, wenn das in einer vertraglichen Abmachung vorgesehen ist, und wenn die Verfassungsrechtsordnung des ersuchten Staates dem nicht entgegensteht. Ein Teil der Staaten dieser Welt ist bereit, **eigene Staatsangehörige** auszuliefern; andere Staaten, insbesondere continental-europäische Staaten, sind hierzu nicht bereit[79]. Regelmäßig ist ein Staat zur Auslieferung nur dann verpflichtet, wenn der ersuchende Staat sich auf eine vertragliche Vereinbarung berufen kann. Ein Staat ist allerdings durch das Völkerrecht auch nicht gehindert, ohne vertragliche Verpflichtung eine Auslieferung vorzunehmen; das nationale Recht andererseits kann das vorsehen. 614 615

Von der Pflicht zur Auslieferung sind in den entsprechenden Verträgen vielfältige Ausnahmen vorgesehen. Regelmäßig ist ein Staat nicht verpflichtet, **politische Straftäter** einem anderen Staat zu überantworten, da man allgemein davon ausgeht, daß Aburteilung in einem anderen Staat in derartigen Fällen selten unter fairer Verfahrensbehandlung vor sich gehen wird[80]. Kein Staat aber ist verpflichtet, politische Täter nicht auszuliefern, insbes. dann nicht, wenn im fremden Staat mit einem fairen Gerichtsverfahren zu rechnen ist. Die **Definition der politischen Tat** hat immer Schwierigkeiten gemacht, doch hat die Staatenpraxis im Laufe der Entwicklung dieser Auslieferungsausnahme einige Konturen gegeben. Auch **militärische** Delikte und weitgehend **fiskalische** Delikte bilden nach den meisten der bestehenden Verträge keinen Auslieferungsgrund. Im neueren Völkerrecht ist anerkannt, daß auch dann, wenn die Auslieferungsverträge keine entsprechende Ausnahme zu erkennen geben, eine Auslieferung doch dann verweigert werden darf, wenn dem Auszuliefernden anders unmenschliche Behandlung droht[81]. 616 617

Ein Staat ist **nicht** berechtigt, einem **fremden Staatsangehörigen Pflichten** aufzuerlegen, die diesen in Konflikt mit der Rechtsordnung seines Heimatstaates bringen würden. Das gilt jedenfalls so lange als die Treue zum Heimatstaat auf anerkannten Grundsätzen beruht, und als nicht das Recht des Heimatstaates selbst von dem Fremden im Ausland ein völkerrechtswidriges Verhalten fordert. So ist ein Staat gehindert, fremden Staatsangehörigen die Wehrpflicht aufzuerlegen[82], oder ihn dazu zu zwingen, den rechtlich geschützten Interessen seines Heimatstaates in irgend einer Weise zuwider zu handeln. 618

---

78 *Verdross/Simma* (Fn. 65), Rdn. 1230 ff.; *K. Doehring* (Fn65), Rdn. 904 ff.
79 Institut de Droit International, Res. betreffend „New Problems of Extradiction" (12. Commission), Annuaire Bd. 60 – II, 1984, S. 304 ff.
80 *T. Stein*, Die Auslieferungsausnahme bei politischen Delikten, 1983, S. 180 ("Das politische Delikt" in der Auslieferungspraxis).
81 Zu dieser Frage *J.A. Frowein* (Fn. 49), zu Art. 3, Rdn. 18 ff.
82 *K. Doehring*, Aliens, Military Service, in: EPIL, Bd. 1, 1992, S. 112 ff.

§ 22 *Individualrechte, Grundrechte und Menschenrechte*

619 Wird ein Fremder durch den Aufenthaltsstaat in einer Weise geschädigt, die im Widerspruch zum Völkerrecht steht, ist sein Heimatstaat berechtigt, den sog. **diplomatischen Schutz** auszuüben[83]. Der Heimatstaat hat zunächst abzuwarten, ob der Aufenthaltsstaat nach Ergreifung von Rechtsmitteln durch den Geschädigten den rechtmäßigen Zustand wiederherstellt, sei es durch die Exekutive oder durch die Gerichtsbarkeit, oder auch durch die Gesetzgebung[84]. Geschieht das nicht, ist der Heimatstaat des geschädigten Fremden berechtigt, Proteste zu erheben, Retorsion oder Repressalie einzusetzen, oder im äußersten Fall auch mit begrenzter Gewaltanwendung seine Staatsangehörigen wieder vor drohenden Gefahren, etwa der Verletzung fundamentaler Menschenrechte, zu schützen[85]. Diese Möglichkeit ist allerdings nur als äußerstes Mittel zugelassen, denn regelmäßig soll sich das völkerrechtliche Gewaltverbot in diesen Fällen durchsetzen.

620 Nach klassischer Auffassung verteidigt im Rahmen des diplomatischen Schutzes der **Heimatstaat des Fremden nur eigene Rechte**, nicht diejenigen seines Staatsangehörigen, denn, so wurde argumentiert, der Einzelmensch hat auf der Ebene des Völkerrechts keine eigenen subjektiven Rechte, die verteidigt werden könnten. Die Verletzung also eines fremden Staatsangehörigen bedeutet in dieser Hinsicht immer

621 die Verletzung seines Heimatstaates und nicht mehr; der Staatsangehörige wird so als eine Art von Zubehör des Staates angesehen. Diese Auffassung wird allerdings in dieser Rigorosität in neuerer Zeit nicht mehr vertreten, denn, nach Anerkennung allgemeiner Menschenrechte als Individualrechte des Menschen, wäre die Verletzung solcher Rechte als eine Verletzung nur des Heimatstaates nicht mehr qualifizierbar. In diesen Fällen also, d.h. bei Verletzung von allgemeinen Menschenrechten, macht der Schutz ausübende Staat **zwei Rechte** geltend: Zum einen sein eigenes Recht, das in der Person seines Staatsangehörigen verletzt wurde, und zum anderen das Recht des Staatsangehörigen[86] Eine völlig gefestigte Auffassung hat sich allerdings in dieser Beziehung bisher nicht herausgebildet, da z.T. immer noch an der klassischen Doktrin festgehalten wird, und man sich auf Entscheidungen des Internationalen Gerichtshofs berufen kann, der von der Möglichkeit, eine modifizierte

622 Ansicht zu vertreten, bisher noch keinen Gebrauch gemacht hat[87]. Der Verantwortung für die rechtmäßige Behandlung eines Fremden kann ein Staat auch nicht dadurch entgehen, daß er ihm seine eigene Staatsangehörigkeit auferlegt, um so in der Lage zu sein, diesen bisher Fremden wie seinen eigenen Staatsangehörigen zu behandeln, also u.U. unter Unterschreitung des schon beschriebenen internationalen

623 Mindeststandard. Die Auferlegung der **Staatsangehörigkeit gegen den Willen** des Individuums gilt als völkerrechtliches Delikt[88]. Hat eine Person **zwei Staatsange-**

---

83 *W. K. Geck*, Diplomatic Protection, in: EPIL, Bd. 1, 1992, S. 1045 ff.; dazu *G. Ress/T. Stein* (Hrsg.), Fn. 63.
84 Zum Erfordernis der Erschöpfung des nationalen Rechtsweges vor Geltendmachung völkerrechtlicher Ansprüche Res. des Institut du Droit International v. 18.4.1956, Annuaire Bd. 46 (1956), S. 364 ff.
85 *J. Kokott u.a.* (Fn. 63), S. 224 ff., zu den Durchsetzungsmitteln des Völkerrechts.
86 *W. K. Geck* (Fn. 83), S. 1056 f.
87 IGH im Nottebohm-Fall, ICJ Rep. 1955, S. 4 ff.
88 *A. Randelzhofer*, Nationality, in: EPIL, Bd. 3., 1997, S. 503 f.

hörigkeiten inne, kann selbstverständlich ein Konflikt zwischen den beiden Heimatstaaten auftreten. Regelmäßig ist jeder Staat berechtigt, diesen Menschen als seinen eigenen Staatsangehörigen zu behandeln und also die Staatsangehörigkeit des anderen Staates nicht zu beachten. Immerhin aber deutet sich eine moderne Lehre an, wonach die **effektivere Staatsangehörigkeit** Vorrang vor der zweiten, nicht so effektiven Staatsangehörigkeit haben soll[89]. Eine völlig gefestigte Rechtsauffassung hat sich aber in dieser Beziehung noch nicht gebildet. Immerhin können auch dritte Staaten, wenn sie mit den Rechten eines Inhabers doppelter Staatsangehörigkeiten konfrontiert sind, danach differenzieren, welche der beiden Staatsangehörigkeiten die effektivere ist.

Die hier demonstrierten Regeln des internationalen Fremdenrechts zeigen, daß der **624** **Staatenlose** weitgehend ungeschützt bleibt. Es gibt keinen Heimatstaat, der seine Interessen rechtlich vertreten könnte, denn jeder Staat ist unter der sog. nationality rule nur berechtigt, die Belange eigener Staatsangehöriger zu vertreten und gegebenenfalls durchzusetzen[90]. Wenn so der Staatenlose in gewisser Weise vogelfrei ist, gilt das doch auch in neuerer Zeit nicht ohne Einschränkung, denn auch der Staaten- **625** lose kann Inhaber völkerrechtlicher **Menschenrechte** sein. Fraglich ist dann nur, **wer** für seine Belange eintreten darf. Eine volle Klärung hat das Völkerrecht in dieser Beziehung noch nicht gebracht, aber, nachdem man anerkannt hat, daß die Verletzung von Menschenrechten als ein international crime zu gelten hat, bahnt sich eine Auffassung an, wonach in diesen Fällen auch Staatenlose durch jeden Staat der Welt diplomatischen Schutz genießen könnten. Diese Aussage muß mit aller Vorsicht gemacht werden, denn eine gefestigte Regel gibt es insoweit bisher nicht. Wenn aber, in extremsten Fällen, die Staaten auch dafür verantwortlich sind, die Menschenrechte ihrer eigenen Staatsangehörigen zu beachten, und wenn in diesen Fällen Sanktionen anderer Staaten zulässig sein sollen, kann wohl nicht mehr einschränkungslos davon ausgegangen werden, daß Staatenlose völlig ungeschützt bleiben müssen[91]. Zu bemerken ist nur noch, daß viele Verträge und Vereinbarungen **626** auf dieser Welt bestehen, wonach die **Staatenlosigkeit vermieden** werden soll, eben damit diese Schutzlosigkeit nicht eintritt[92]. Auch bestimmen einige dieser Verträge, daß staatenlose Personen von dem Aufenthaltsstaat wie Inländer behandelt werden sollen. Zwar ist die **Ausbürgerung** eigener Staatsangehöriger, d.h. also die Aberkennung der Staatsangehörigkeit, nicht völkerrechtswidrig, ein dritter Staat ist aber nicht zur Aufnahme eines so ausgebürgerten Menschen verpflichtet.

---

89 *W. K. Geck* (Fn. 83), S. 104 f. zu Fragen der doppelten Staatsangehörigkeit; *K. Doehring* (Fn. 65), Rdn. 79 ff.
90 *J. Kokott* u.a. (Fn. 63), S. 138 f.
91 *T. Jürgens*, Diplomatischer Schutz und Staatenlose, 1987, zeigt, wie stark noch bisher die nationality rule aufgefaßt und praktiziert wird.
92 Vgl. Übereinkommen über die Rechtsstellung der Staatenlosen v. 28. 9. 1954, U.N.T.S. Bd. 360, S. 130.

§ 23 Staat und Religionsgemeinschaften

627 Zu der geschichtlichen Entwicklung und zu den sich in ihr zeigenden, permanenten Spannungen und auch Versöhnungen zwischen Staatsgewalt und Religionsgemeinschaften soll hier nicht näher eingegangen werden[1], obwohl diese Sicht für das Verständnis der Entstehung von Staatsgewalt von eminenter Bedeutung ist. Doch der **heutige Staat** ist ein **weltliches** Gebilde[2], auch wenn der Grundgedanke der Zwei-Schwerter-Lehre und in manchen Rechtsordnungen gleichermaßen der Grundsatz cuius regio eius religio fortgelten oder fortwirken.

628 Die Gestaltung der Rechtsverhältnisse zwischen dem Staat und den in seinem Territorium tätigen Religionsgemeinschaften ist aus der Sicht des Völkerrechts **jedem Staat zu freier Gestaltung** überlassen. Daher finden sich auch die verschiedensten Verfassungssysteme auf diesem Gebiet, und ihre entsprechende Ausgestaltung ist recht unterschiedlich, auch wenn sich gewisse Kategorien bilden lassen.

629 Es gibt Staaten, die unabdingbar auf Bewahrung einer **Staatsreligion** bestehen und deren gesamte Rechtsordnung dieser Staatsreligion dann unterworfen ist. Es steht dann die Religion über dem Recht, wie es zumindest theoretisch in manchen arabischen Staaten im Hinblick auf den Koran der Fall ist[3]. Dieses System des Vorranges der Religion vor dem Recht führt zu **Spannungen im internationalen Recht**, wenn auch dieses dann religiösen Ausschließlichkeitsansprüchen weichen soll. Es sei, als Exkurs, hier nur vermerkt, daß auch im Marxismus dieser als dem Staat vorgeordnet angesehen wird, so daß die gleiche Spannung wegen dieses Ausschließlichkeitsanspruchs zum Völkerrecht besteht. Das andere Extrem bilden Staaten, die eine völlige **Trennung von Staat und Religionsgemeinschaften** vorgenommen haben. In diesen Staaten fungieren Kirchen und Religionsgemeinschaften in der Art privatrechtlicher Vereine. Ganz konsequent wird in den beiden Systemen die Grundkonzeption allerdings auch niemals durchgehalten. In einem Staat mit Staatsreligion liegt die endgültige Entscheidung letztlich doch bei den designierten Inhabern der Staatsgewalt, oder aber es besteht Personalunion zwischen Oberhaupt der Religionsgemeinschaft und Staatschef, und bei den anderen Systemen ist eine völlige Lösung der Verbindung von Staat und Kirchen doch auch nie erfolgt. In einer Mittellage befinden sich solche Staaten, die den **Kirchen und Religionsgemeinschaf-**

630 **ten einen Sonderstatus** einräumen, der Tradition und kulturelle Entwicklung in Betracht zieht. So sind die Kirchen unter der Herrschaft des Grundgesetzes der **Bundesrepublik Deutschland** als „Körperschaften des öffentlichen Rechts" bezeichnet, obwohl sie eigenständige öffentlich-rechtliche, d.h. staatsrechtliche Kompetenzen nicht ausüben, bestenfalls an ihnen mitwirken. Ihre Sonderstellung kommt in

---

1 *H. J. Berman*, Law and Revolution, 1983, beschreibt die Rivalität zwischen geistlicher und weltlicher Herrschaft im Verlaufe der europäischen Geschichte und analysiert deren Auswirkungen; s. auch *H. Krüger*, Allgemeine Staatslehre, 1964, S. 43 ff.
2 *H. Krüger* (Fn. 1), S. 35 f. (Der Staat als weltliches Gebilde).
3 Über das Verhältnis von Staat und islamischer Religion s. The New Encyclopedia Britannica, Bd. 22, 15. Aufl. 1986, S. 36 f.; *O. Elwan*, Rechtsnormen im Islam und Menschenrechte, in: Islam – eine andere Welt? (Studium Generale der Universität Heidelberg), 1998, S. 73 ff.

der deutschen Rechtsordnung dadurch zum Ausdruck, daß der Staat ihnen bei der Einziehung der Kirchensteuer behilflich ist, und daß die Staatsgewalt in die inneren Angelegenheiten dieser Kirchen- und Religionsgemeinschaften nicht einzugreifen berechtigt ist, ihnen aber dennoch auferlegt, die für alle Staatsunterworfenen geltenden Gesetze zu beachten[4].

Die Trennung von Staatsgewalt und Kirchengewalt ist in den **USA**[5] und in **Frankreich**[6] am striktesten durchgeführt, während in Großbritannien jedenfalls theoretisch und formell die anglikanische Kirche als Staatskirche gilt, insbes. der Monarch ihr angehören muß, auch wenn daraus keine Konsequenzen für das persönliche Verhalten der Staatsbürger gezogen werden[7]. Die Trennung von Staat und Kirche, wie sie sich vor allem in modernen westlichen Demokratien etabliert hat, führte immer wieder zu Situationen, in denen eine Konfliktlösung versucht werden mußte. So war es umstritten, ob in den Schulen gebetet werden durfte[8], ob Religionsunterricht offiziell, d.h. von Staats wegen erteilt werden darf, ob Steuervergünstigungen für Religionsgesellschaften und Kirchen zulässig sind[9], und andere Probleme mögen folgen, wie die noch schwebende Kontroverse über das Tragen von Kopftüchern durch muslimische Lehrerinnen an staatlichen Schulen zeigt. Besonders problembeladen stellte sich auch immer die Frage dar, ob nun alle Religionsgemeinschaften unter der Geltung des **Gleichheitssatzes** zu behandeln seien, oder ob solche Religionsgesellschaften und Kirchen, die für die kulturelle Entwicklung des Staates von besonderer Bedeutung sind oder waren, bevorzugt behandelt werden dürfen. Die Verfassungen der einzelnen Staaten können hier nicht im Detail dargestellt werden. Es ging nur darum, zu zeigen, wie konkrete Probleme entstanden und entstehen und wie man sich um ihre Lösung bemühte. 631 632

Es kann nur festgestellt werden, daß mehr und mehr das Prinzip der **Trennung von Staat und Kirche** bejaht wird, was durch das **internationale** Recht dadurch befördert wird, daß das Recht zur freien Religionsausübung zu den elementaren **Menschenrechten** gezählt wird, und daß sich auch eine größere Freiheit der Religionsgesellschaften gegenüber der Staatsgewalt durchsetzt. Auch die ehedem **kommunistischen Staaten**, die Religionsbewegungen unterdrückten, da eine transzendente Religionsauffassung mit dem Materialismus des kommunistischen und marxistischen Staates und ihrem Ausschließlichkeitsanspruch in einem Widerspruch steht, und so der kommunistische Staat auch das Seelenleben seiner Bevölkerung insge- 633 634

---

4 *M. Heckel*, Die Kirchen unter dem Grundgesetz, VVDStRL, Bd. 26, 1977; *K. Doehring*, Staatsrecht der Bundesrepublik Deutschland, 3. Aufl. 1984, S. 47 ff.; *D. Ehlers*, in: Grundgesetz, Kommentar (Hrsg. M. Sachs), 3. Aufl. 1999, 2003 zu Art. 140 (137 WRV), Rdn. 1 ff.
5 Auch in den USA allerdings entstehen trotz der Trennung von Staat und Kirche immer wieder Spannungslagen; dazu *J. A. Barron/C. T. Dienes*, Constitutional Law, 1986, S. 20 ff.
6 Verfassung Frankreichs v. 28. 9. 1958, Titel I (Souveränität), Abs. 2 (1), die das Staatswesen ausdrücklich als laizistisch bezeichnet.
7 Zum Verhältnis von Staat und Kirche in Großbritannien *C.K. Allen*, Law in the Making, 6. Aufl. 1958, S. 529 f.
8 BVerfG v. 16. 10. 1979, BVerfGE 52, S. 223 ff., hält das Schulgebet für zulässig; zur Rspr. des Supreme Court der USA s. *H.-W. Bayer*, Das Prinzip der Trennung von Staat und Kirche als Problem der neueren Rechtsprechung des United States Supreme Court, ZaöRV, Bd. 24, 1964, S. 201 ff., 208 ff.
9 *J. A. Barron/C. T. Dienes* (Fn. 5), S. 322 ff.

samt erfassen wollte, zeigen nun Toleranz. Der Grund für diese Entwicklung liegt nicht zuletzt in der schon erwähnten Tatsache, daß im Rahmen des allgemeinen Schutzes der Menschenrechte die **Religionsfreiheit** immer mehr einen besonderen Platz einzunehmen scheint[10]. Die Verhinderung der Religionsausübung wird nicht nur in Konventionen, sondern auch im völkerrechtlichen Gewohnheitsrecht als eine Verletzung allgemeiner Menschenrechte angesehen[11]. Wenn aber jeder einzelne Mensch seine spezifische und ganz persönliche Religionsüberzeugung innehaben und praktizieren darf, und wenn Menschengruppen Kirchengemeinschaften frei gründen dürfen, kann damit nicht mehr in Übereinstimmung stehen, daß ein Staat nur noch eine bestimmte Religion zuläßt und so ein Extrem des Staatskirchenkonzepts schützt, und es kann auch hiermit nicht in Übereinstimmung stehen, wenn die freie Religionsausübung solcher Menschengruppen behindert wird. So kann man wohl sagen, daß insgesamt in der Welt durch Stärkung der individuellen Religionsfreiheit und der entsprechenden Gruppenfreiheit sich eine allgemeine Trennung von Staat und Kirche mehr und mehr anbahnt und gleichzeitig eine **Staatenverpflichtung** angenommen wird, **Kirchen**, wenn nicht zu unterstützen, so doch auch **nicht zu behindern**. Mit Sicherheit kann gesagt werden, daß die Rechtsprobleme, die sich aus dem Verhältnis von Religion und Staat ergeben, zukünftig eher noch zunehmen als abnehmen werden, was daran liegt, daß die Frage, ob der Mensch vorrangig seinem – religiösen – Gewissen folgen soll, oder dieses zugunsten der staatlichen Rechtsordnung zurücktreten lassen muß, immer schon gestellt und bisher nie allgemeingültig beantwortet wurde.

§ 24 Staatsgewalt und nicht-staatliche Verbände

636 Die wissenschaftliche Betrachtung der Erstreckung der Staatsgewalt im Staatsinneren hat sich immer schon mit dem Problem beschäftigen müssen, welche Position im Rahmen der Staatsgestaltung **gesellschaftliche Verbände** einnehmen, die nicht organisatorisch an der Ausübung der Staatsgewalt teilnehmen, aber doch auf diese besonderen Einfluß ausüben können[1]. Die Frage ist nicht neu, denn auch frühere Staatsorganisationen hatten sich mit ihr auseinanderzusetzen, wobei nur an die

---

10 UN-Deklaration v. 10. 12. 1948, Art. 18; UN-Pakt über bürgerliche und politische Rechte v. 19. 12. 1966 (BGBl. 1973, II, S. 1534), Art. 18; Europäische Menschenrechtskonvention v. 4. 11. 1950 (BGBl 1952, II, S. 686, 953), Art. 9; Amerikanische Menschenrechtskonvention v. 22. 11. 1969 (OAS; Treaty Series No. 36), Art. 12; Afrikanische Menschenrechtskonvention v. 27. 6. 1981 (ILM, Bd. 58, 1982), Art. 8.

11 Das folgt schon daraus, daß die zahlreichen Verträge, die Religionsfreiheit zum Gegenstand haben (z.T. in Fn. 10 genannt) als Nachweis der Übung und Rechtsüberzeugung der Staatenwelt i.S. des Art. 38, Abs. 1,b des Statuts des IGH gewertet werden müssen.

1 *H. Krüger*, Allgemeine Staatslehre, 1964, S. 379 ff.; *P. Pernthaler*, Allgemeine Staatslehre und Verfassungslehre, 2. Aufl. 1996, S. 99 ff.; *R. Herzog*, Allgemeine Staatslehre, 1971, S. 340 ff. (zur Einwirkung ausserstaatlicher Einflüsse auf die Staatswillensbildung); *E. Forsthoff*, Der Staat der Industriegesellschaft, 1971, S. 119 ff.

Staatsgewalt und nicht-staatliche Verbände § 24

Macht der Stände, an Ämterpatronage durch gesellschaftliche Protektion, an kirchliche Einflüsse, oder auch ganz simpel an Vereine zu denken ist, denen nicht verboten werden kann, ihre Aktivitäten auch über ihre eigentlichen Zwecke hinaus auf die Staatsgestaltung zu erstrecken.

Die Frage nach der Bedeutung dieser Einflüsse ist allerdings deshalb immer interessanter geworden, weil in einer liberalen Demokratie die Freiheit der privaten Gruppenbildung garantiert ist, und weil gerade die **Staatsgewalt** auf die Willensbildung in diesen gesellschaftlichen Gruppen **keinen befehlenden Einfluß** nehmen soll. Diese sog. **intermediären Gewalten** sollen Freiheit genießen, aber diese Freiheit auch zu politischer Aktivität kann in eine Konkurrenzsituation zu denjenigen Verbänden, etwa den politischen Parteien, geraten, bei denen die politische Aktivität gerade Hauptzweck des Zusammenschlusses ist. So kann den Kirchen und Religionsgesellschaften niemand verbieten, auch politische Ziele zu verfolgen, obwohl von mancher Seite daraufhingewiesen wird, daß sie sich auf ihre religiösen oder weltanschaulichen Aufgaben beschränken sollen. Verhalten diese Gemeinschaften sich aktiv im Sinne von Einwirkungen auf die Staatsgestaltung, können sie sich auf Freiheitsgrundrechte und darauf berufen, daß es ihnen nicht verwehrt sein kann, zu allen Fragen Stellung zu nehmen, die für ihre Mitglieder von Interesse sind. 637

Eine verfassungsrechtliche Einteilung derartiger Verbände und Vereinigungen kann durchaus vorgenommen werden. Zum einen bestehen private Verbände und Vereinigungen, deren Bestand auf einer **gesetzlich garantierten Vereinigungsfreiheit** beruht. Weiterhin gibt es Vereinigungen und Zusammenschlüsse, die durch die Verfassung und insoweit eine Art **Staatsauftrag** erhalten haben als die Verfassung sie oder ihre Funktionen ausdrücklich erwähnt, wobei in erster Linie an politische Parteien zu denken ist. Eine dritte Kategorie von Vereinigungen ist zwar in der Rechtsordnung nicht ausdrücklich mit Rechten zur Mitgestaltung der politischen Willensbildung ausgestattet, aber eine Rechts- und Verfassungsordnung kann vorsehen, daß sie die Aktivitäten dieser Vereinigungen als **staatsfördernd** in ganz speziellem Sinne qualifiziert, wie das etwa bei Presse und Rundfunk oder auch bei Arbeitnehmer- und Arbeitgeberverbänden der Fall sein kann. 638

Die erste Art der Vereinigungen ist unproblematisch. Es kann sich um Sportvereine handeln, um Gesangvereine oder um andere rein gesellschaftliche Zusammenschlüsse. Ihnen ist die **Freiheit der Gründung** garantiert[2] aber ob sie gegründet werden und welche Aktivitäten sie entwickeln, kann der Staatsgewalt so lange gleichgültig sein als nicht gegen Strafgesetze verstoßen wird. 639

Die zweite Kategorie der Vereinigungen, die geradezu zum Ziel haben, an der **politischen Willensbildung des Volkes mitzuwirken**, muß in dieser ihrer Aktivität nicht durch eine Verfassung garantiert sein, aber falls das dennoch der Fall ist, liegt hierin eine gewisse Folgerichtigkeit. So garantiert die Verfassung der Bundesrepublik Deutschland in Art. 21 den Bestand von **politischen Parteien**, denen sie, ohne ihnen eine Monopolstellung zuzuerkennen, doch die Mitwirkung an der politischen 640

---
2 Vgl. Art. 9, Abs. 1 GG und dazu das Vereinsgesetz v. 5. 8. 1954 (BGBl. III, S. 2180-1), § 1.

Willensbildung des Volkes eröffnet und unterstützt[3]. Das ist keine Selbstverständlichkeit, denn die meisten Verfassungen der Welt legalisieren die politischen Parteien nicht, sondern nehmen sie als Faktum hin ohne ihnen verfassungsrechtliche Garantien expressis verbis zuzuordnen. In kommunistischen Staatsordnungen, in denen das Einparteiensystem herrschte, wurde dieser einen kommunistischen Partei bisher eine Monopolstellung eingeräumt, und diese kommunistische Partei war dann nicht nur verfassungsunterstützend gedacht, sondern staatslenkend eingesetzt. Meist bestand die Macht einer solchen kommunistischen Partei darin, den funktionalen Staatsgewalten Anordnungen zu erteilen[4].

641 Die dritte Kategorie von Vereinigungen ist diejenige, die in ihrer rechtlichen Ausgestaltung die größte Problematik bietet. Hier sind in erster Linie die Arbeitnehmerverbände, also die **Gewerkschaften**, und die **Arbeitgeberverbände** zu nennen. Diese sog. Koalitionspartner beziehen ihre besondere Stellung in vielen Verfassungen aus der Tatsache, daß ihre Betätigung besonderen, verfassungsrechtlichen Schutz genießt[5], der als Teil der für jedermann garantierten Vereinigungsfreiheit angesehen wird. Diese Sozialpartner, wie man sie auch bezeichnet, können sich für die freie Ausgestaltung der Beziehungen zu einander oftmals auf **Verfassungsgarantien** berufen, und Verfassungen garantieren diese Freiheit, weil man davon ausgeht, daß das freie Spiel der Kräfte im Sozial- und Wirtschaftsleben auch in ganz besonderem Maße die Prosperität des Staates fördert und damit auch der Staatsgewalt nützt. Die Frage bleibt dann nur, ob bei Mißbrauch dieser Freiheiten die Staatsgewalt bremsend eingreifen darf. Es kann jedoch eine Situation eintreten, in der die Staatsgewalt vielleicht ein solches Mittel benützen dürfte, aber selbst nicht mehr die Kraft dazu besitzt. Von diesen Verbänden soll im Folgenden die Rede sein.

642 Zwar bestehen wohl in den meisten Rechtsordnungen private **Standesvertretungen**, wie Anwaltsvereine oder Ärztevereinigungen. Daneben bestehen oftmals öffentlich-rechtliche **Zwangskörperschaften**, die den gleichen Personenkreis umfassen, wie das etwa bei der Anwaltskammer und der Ärztekammer der Fall ist. Hier werden Interessen vertreten, die die Mitglieder dieser Vereinigung beruflich betreffen. Soweit die Vereinigungen privat bleiben, können meist ihre Ziele vom Staat nicht begrenzt werden. Soweit die Vereinigungen als Zwangskörperschaften den gleichen Mitgliederkreis betreffen und alle Standesvertreter ihnen angehören müssen, sind sie in ihrer Aktivität auf diejenigen Ziele beschränkt, die der Gesetzgeber ihnen zugebilligt hat.

---

3 Beispiele für die Erwähnung politischer Parteien in Verfassungstexten: Österreich, mittelbar in Art. 35, Abs. 1 des Bundesverfassungsgesetzes v. 10. 11. 1920; Frankreich, Art. 4 der Verfassung v. 28. 9. 1958; Italien, Art. 49 der Verfassung v. 27. 12. 1947; Island, mittelbar in Art. 31, Abs. 1 der Verfassung v. 17. 6. 1944; Türkei, Art. 56/57 der Verfassung v. 27. 5. 1961.
4 Zum Vergleich der Struktur und Funktion politischer Parteien in der ehem. DDR und der Bundesrepublik Deutschland K. *Doehring*, Vereinigungsfreiheit, politische Parteien, Koalitionsfreiheit, in: Bürger und Staat. Materialien zur Lage der Nation (hrsg. v. Bundesministerium für innerdeutsche Angelegenheiten), 1990, S. 135 ff.
5 So Art. 9, Abs. 3 GG; weitere Beispiele: Frankreich, Präambel der Verfassung v. 27. 10. 1946, Art. 6; Italien, Art. 39 der Verfassung v. 27. 12. 1947; Niederlande, Art. 159–161 der Verfassung v. 24. 8. 1815; s. auch Art. 6 der Europäischen Sozialcharta v. 17. 10. 1961 (BGBl. 1964 II, S. 1262).

Gesondert zu beachten aber sind diejenigen Vereinigungen, die den Kreis der Arbeitnehmer und Arbeitgeber umfassen. In der modernen, liberalen Demokratie, insbes. auch dann, wenn die Staatsgestaltung eine freie Wirtschaft garantiert, bekommen die **Gewerkschaften und die Arbeitgeberverbände** ein Eigengewicht. Ursprünglich hat man daran gedacht, daß die Arbeitnehmervertretungen in der Form der Gewerkschaften ausschließlich ihre Zielsetzung in der Verbesserung von **Arbeitsmöglichkeiten** oder in der **Ausgestaltung der Löhne** sehen. Ebenso hat man gemeint, daß die Arbeitgeberverbände sich auf wirtschaftliche Ziele beschränken würden. Nun kann man zwar die Rechtsordnung so ausgestalten, daß nur solche Aktivitäten besonderen verfassungsrechtlichen Schutz genießen, die diese ursprünglichen Ziele verfolgen[6]. Es ist aber nicht zu verhindern, daß diese Verbände sich politischen Fernzielen verschreiben, die durchaus nicht unmittelbar mit ihrer ursprünglichen Zielsetzung identisch sind. Wenn etwa eine Gewerkschaft, deren auch durch die Verfassung garantierte Aufgabe primär darin besteht, für Wirtschafts- und Lohnbedingungen verbessernd zu sorgen, sich der **allgemeinen Gesellschaftsgestaltung im politischen Sinne** annimmt, kann ihr das nicht verwehrt werden, auch wenn ihre Betätigungsfreiheit, etwa die Streikfreiheit, verfassungsrechtlich nur für ihre ursprünglichen Ziele gewährt wurde. Hierin nun liegt die Gefahr, diesen Verbänden unbegrenzte Freiheit zu garantieren. Arbeitgeberverbände sind wohl weniger der Versuchung ausgesetzt gewesen, ihre Macht für Sozialgestaltung, gesellschaftliche Umwandlungen oder politische Ziele einzusetzen, denn sie haben vorwiegend die Interessen der Kapitalgeber verfolgt und sich wohl auch weitgehend darauf beschränkt, obwohl sie u.U. durch Spenden an politische Parteien Einfluß gewannen. Dabei ist das Gleichgewicht aber meist insoweit gewahrt als auch die Gewerkschaften die ihnen nahe stehenden Parteien unterstützten.

Man könnte nun der Meinung sein, Arbeitnehmer- und Arbeitgeberverbände sollten durchaus auch **allgemein-politische Ziele** verfolgen, z.B. das **Streikrecht** und die **Aussperrung** zur Durchsetzung allgemein-politischer Ziele einsetzen dürfen, aber das wäre ein gefährliches Zugeständnis, denn diese Vereinigungen könnten dann ihre Kampfmittel auch für andere als die ihnen zuzuerkennenden begrenzten Zwecke einsetzen. Eine solche Konzession wäre gefährlich, denn die Verbände wären in der Lage, z.B. das Wirtschaftsleben lahm zu legen, die **Staatsgewalt** in dieser Beziehung unter **Druck** zu setzen und so Letztentscheidungen zu erzwingen, ohne doch die **Totalverantwortung** für das Staatsganze tragen zu können. Es ist daher nur folgerichtig, wenn man den Standpunkt vertritt, daß die Betätigungsfreiheit dieser Verbände nur insoweit gerechtfertigt ist als sie Lohn und Arbeitsgestaltung betreffen, und daß die Letztverantwortung auch in dieser Beziehung die Staatsgewalt behalten muß, denn zum Wohle der Allgemeinheit könnte diese jedenfalls nicht die Existenzgefährdung des Staates in Kauf nehmen. Folgt man dieser Auffassung, darf es einen **politischen Arbeitskampf** nicht geben, d.h. ein sog. politischer Streik würde die

---

6 So heißt es in Art. 9, Abs. 3, S. 1 GG: „Das Recht, zur Wahrung und Förderung der Arbeits- und Wirtschaftsbedingungen Vereinigungen zu bilden, ist für jedermann und für alle Berufe gewährleistet".

§ 24   *Staatsgewalt und nicht-staatliche Verbände*

Rechtsordnung zerstören[7]. Wenn es zulässig wäre, daß die Gewerkschaften durch Streik das gesetzgebende Parlament zwingen könnten, bestimmte Entscheidungen zu treffen, wäre dieses entmachtet und seiner Funktion entkleidet. Es wären dann die Gewerkschaften, die eine ihnen genehme Gesetzgebung durchsetzen würden, und das hätte mit dem System der egalitären und liberalen Demokratie nichts mehr zu tun, denn die Gewerkschaften würden in jedem Falle Interessenvertreter bleiben und **nicht Vertreter des ganzen Volkes**. Dennoch haben mehrere Staaten den politischen Streik offiziell zugelassen und andere wiederum tolerieren ihn zumindest[8]. Es ist nachdrücklich darauf hinzuweisen, daß hier eine Denaturierung der Demokratie evident wird. **Staat und Verbände können niemals gleichgeordnete Partner** sein, denn wäre das der Fall, wäre der Bürger gegenüber unverantwortlichen Verbänden schutzlos. Hier gerade erweist sich die Notwendigkeit des Grundsatzes der Trennung von Staat und Gesellschaft.

647 Ähnliche Gesichtspunkte gelten für die Frage, ob denn die Beamtenschaft eines Staates, u.U. organisiert in einer Gewerkschaft, zum **Arbeitskampf** berechtigt ist[9]. Auch das ist abzulehnen, denn die Beamten vertreten gerade in dieser ihrer Stellung den Staat, bzw. einen Staatsteil, und ein Staat, der sich selbst bestreikt, hört auf als Rechtsordnung zu wirken. So ist es zwar richtig, daß eine liberale Staatsgestaltung der freien Auseinandersetzung zwischen Arbeitgeber-und Arbeitnehmerverbänden bedarf, ebenso richtig ist es aber, daß die Staatsgewalt bei Staatsgefährdung die Letztentscheidung behalten muß und u.U. also Streik und Aussperrung muß untersagen können. Es ist aber noch daraufhinzuweisen, daß in manchen Rechtsordnungen der Beamtenstreik durchaus als legal angesehen wird[10]. Die Internationale Arbeitsorganisation andererseits hält das Verbot des Beamtenstreiks vernünftigerweise für zulässig[11]. Es scheint aber in nationalen Rechtsordnungen weitgehend eine Begriffsverwirrung vorzuliegen. Manche Staaten allerdings, die den Beamtenstreik generell für zulässig halten, schränken diese Freiheit wieder durch die Ausgrenzung von bestimmten Beamtenfunktionen ein, etwa der Polizei oder der Richterschaft[12].

648 Moderne Bestrebungen der Gewerkschaften zeigen sich auch darin, daß diese immer stärker und nachhaltiger die **Mitbestimmung** über die Betriebsgestaltung und wirtschaftliche Gestaltung derjenigen Unternehmen fordern, in denen sie tätig sind.

---

7 Zur Durchführung eines politischen Streiks kann nach deutschem Recht eine Gewerkschaft sich nicht auf das Grundrecht des Art. 9, Abs. 3 GG berufen; BVerfG v. 7. 4. 1981, BVerfGE 57, S. 29 ff. (37); *W. Thiele*, Der sogenannte politische Streik, DVBl. 1977, S. 566; *R. Scholz*, Koalitionsfreiheit, in: HStR, Bd. VI, 2. Aufl., 2001, § 151, Rdn. 109.

8 Zur unterschiedlichen Auffassung in den Rechtsordnungen vgl. *R. Dolzer*, Die Streikfreiheit, in: Koalitionsfreiheit der Arbeitnehmer. Rechtsvergleichung und Völkerrecht, Beiträge zum ausländischen öffentlichen Recht und Völkerrecht, Bd. 75, Teil 2, 1980, S. 1262 ff.

9 BVerfG v. 11. 6. 1958, BVerfGE 8, S. 1 (17); BVerfG v. 30. 3. 1977, BVerfGE 44, S. 249 (264); ebenso BVerwG v. 3. 12. 1980, BVerwGE 73, S. 97 ff.; *J. Isensee*, Beamtenstreik, 1971, S. 33 ff.

10 Zu den unterschiedlichen Auffassungen über das Streikrecht im öffentlichen Dienst s. die rechtsvergleichende Darstellung v. *H. Krück*, Die Koalitionsfreiheit der öffentlichen Bediensteten, in: Die Koalitionsfreiheit der Arbeitnehmer (Fn. 8), S. 1291 ff.

11 *G. v. Potobsky*, The Freedom of the Worker to Organise According to the Principles and Standards of the International Labour Organisation, in: Koalitionsfreiheit der Arbeitnehmer (Fn. 8), S. 1146.

12 Vgl. *H. Krück* (Fn. 10), S. 1292.

Es geht dabei um das Schlagwort von der **Parität von Kapital und Arbeit**. Es wird behauptet, daß die Arbeitnehmerschaft an der Direktion der Unternehmen beteiligt werden müsse, weil andernfalls das Unternehmen nur von den Kapitalgebern beherrscht würde und die Arbeitnehmerschaft doch die eigentlich Betroffenen bei Mißwirtschaft des Unternehmens seien. Diese Auffassung aber ist in einer freien Wirtschaft schwer vertretbar, obwohl der deutsche Gesetzgeber sie letztlich gebilligt hat[13].

Bedenken gegen diese Paritätsauffassung bestehen darin, daß die Kapitaleigner ein Recht darauf haben, ihre Geldmittel nur von denjenigen verwaltet zu sehen, denen sie das entsprechende Vertrauen entgegen bringen und die neben einer guten Kapitalverwaltung keine weiteren Eigeninteressen verfolgen. Läßt man hingegen die Arbeitnehmerschaft durch die Gewerkschaften an der Kapitalverwaltung teilnehmen, wird diese durch Interessen gelenkt, die u.U. völlig anderer Natur sind, etwa durch Interessen an einer besonderen Sozialgestaltung des gesamten Staatswesens und ohne Rücksicht auf die Prosperität des einzelnen Unternehmens. Insbesondere dann, wenn, wie das im deutschen Recht der Fall ist, in die Aufsichtsräte der Kapitalgesellschaften nicht etwa nur Angehörige der Arbeitnehmerschaft der betreffenden Gesellschaft, sondern Vertreter einer Dachgewerkschaft aufgenommen werden müssen, kann es durchaus sein, daß diese **Aufsichtsratsmitglieder allgemeine Gewerkschaftsinteressen** vertreten und **nicht die Interessen des Unternehmens**, die gerade vom Aufsichtsrat gefördert werden sollen. Auf nähere verfassungsrechtliche Einzelheiten etwa des deutschen Rechts ist hier nicht einzugehen, sondern es war nur das allgemeine Problem zu zeigen, das sich wohl in allen westlichen und liberalen Demokratien in gleicher Weise zeigt. 649

Für **kommunistische Staaten** bestanden diese Probleme nicht. Soweit kommunistische Staaten der Vorherrschaft des Einparteiensystems folgten, d.h. die Ziele des Marxismus als vorrangig gegenüber jedem anderen Staatsziel ansahen, waren dort **Gewerkschaften** auch Staatsteil, bzw. übten im Rahmen der Staatsgewalt auch **Staatsaufgaben** aus[14]. Wenn etwa die Führung der Gewerkschaft gleichzeitig an der Führung der politischen Partei und darüber hinaus auch noch an der Führung der verfaßten Staatsgewalt beteiligt war, gab es einen Dualismus von freien Wirtschaftskräften und Staatsgewalten nicht mehr, d.h. nicht mehr den Grundsatz der Trennung von Staat und Gesellschaft. 650

Zusammenfassend kann man also feststellen, daß dort, wo demokratische Freiheit herrscht, die **Gewerkschaften** sich auf ihre Ziele der **Lohn- und Arbeitsgestaltung beschränken** sollten, d.h. keinen besonderen Schutz genießen können, wenn sie allgemein-politische Ziele verfolgen. Dort aber, wo die **Gewerkschaften Staatsaufgaben** erfüllen, bedarf man ihrer im Grunde **nicht**. 651

Abschließend ist noch von anderen Verbänden zu sprechen, die ebenfalls sich auf besondere Ermächtigungen durch das Verfassungsrecht der betreffenden Staaten 652

---
13 Ges. v. 4. 5. 1976, BGBl. 1976, I, S. 1153; dazu BVerfG v. 1. 3. 1979, BVerfGE 50, S. 290 ff.
14 Zur früheren Funktion der Gewerkschaften in der sozialistischen DDR s. *K. Doehring*, Möglichkeiten zur Mitwirkung in politischen Angelegenheiten, in: Bürger und Staat (Fn. 4), S. 141 f.

§ 24   *Staatsgewalt und nicht-staatliche Verbände*

berufen können. So haben etwa **Journalistenverbände** behauptet, die Unterrichtung der Öffentlichkeit sei eine Staatsaufgabe und deshalb müßten sie Privilegien gegenüber anderen Verbänden genießen[15]. Auch hier liegt ein Irrtum vor. Die freie Demokratie geht davon aus, daß die **Pressefreiheit sich durch sich selbst rechtfertigt**, daß sie ein unabdingbares Mittel ist, die Freiheit der Gesellschaft zu gestalten und zu erhalten, daß aber gerade diese Freiheit es verbietet, den Journalistenverbänden eine Sonderstellung einzuräumen. Bedenklich ist es daher, wenn der deutsche Gesetzgeber den Journalisten ein **Zeugnisverweigerungsrecht** bezüglich ihrer Informationsquellen eingeräumt hat; dieser besondere Schutz der Presse wird u.U. mit der Schutzlosigkeit einer ihr Recht suchenden Person bezahlt[16]. Hätten Journalistenverbände eine öffentliche Aufgabe in dem Sinne, daß sie als Quasi-Staatsgewalt auf Privilegien sich berufen könnten, wäre ihre Kontrolle durch die Staatsgewalt unabdingbar, denn **niemand kann öffentliche Gewalt ausüben ohne kontrolliert zu werden**, wollte man nicht jede Verantwortung für die Ausübung öffentlicher Aufgaben negieren. Die Freiheit der Presse kann also nicht eine Staatsfunktion sein, denn sonst wäre Pressekontrolle notwendig und damit wiederum die Pressefreiheit vernichtet. Das Gleiche gilt für die Rundfunk- und Fernsehfreiheit.

653 Das Ergebnis dieser Betrachtung mag lauten: Die Staatsgewalt hat die Freiheit des Menschen herzustellen und zu garantieren. Zu dieser **Freiheit** gehört auch der **Bestand von gesellschaftlichen Verbänden**. Die **Staatsgewalt** muß aber diesen Verbänden **übergeordnet** bleiben, weil deren Freiheit sonst zur Unfreiheit der nicht in Verbänden organisierten Staatsbürger würde.

---

15 Rechtsvergleichend zur Frage der sog. inneren Pressefreiheit betr. Frankreich, Großbritannien, Schweiz, USA: *G. Ress, H. Schiedermair, K. Hailbronner, H. Steinberger* in: Pressefreiheit und innere Struktur von Presseunternehmen in westlichen Demokratien, 1974, S. 96 ff., 195 ff., 240 ff.
16 Hierzu *L. Hennemann*, Pressefreiheit und Zeugnisverweigerungsrecht, 1978, insbes. S. 94 ff.

Stichwortverzeichnis

Die Zahlen verweisen auf die Randnummern.

Abgeordnete (s. auch Mandat)
- Gewissensfreiheit   366
- Immunität   343
- Vertreter des Volkes   358 ff.

Absolutismus (s. Monarchie)

Act of state
- bei Enteignung   62
- als gerichtsfreier Hoheitsakt   457, 462

Aggression (s. Angriffskrieg)

Allgemeine Rechtsgrundsätze
- Menschenrechte und Grundrechte   544 ff.
- und Rechtsvergleichung   15

Allgemeinwohl
- und Individualinteresse   201 f., 225 f.

Amparo-Verfahren   512

Anerkennung
- de facto und de iure   114
- deklaratorische   112 ff.
- Entzug   126
- konstitutive   112 ff.
- von Rechtsordnungen   110 ff.
- von Regierungen   115
- von Staaten   111 ff.
- und Selbstbestimmungsrecht   113
- von Staatshoheitsakten   115
- vorzeitige   113

Angriffskrieg (s. auch Gewaltverbot)
- Definition und Selbstbestimmungsrecht   288, 295
- und ius in bello   103
- und Selbstbestimmungsrecht   285
- und staatliche Souveränität   268 ff.

Annexion   68, 134

Anschlußzone   72 ff.

Apartheid   297

Arabische Liga   146

Arbeitgeberverbände   641 ff.

Arbeitskampf   645 ff.

Aristokratie   23

Atomwaffen
- und Selbstverteidigung   280 f.

Aufstandsbewegung
- und Untergang von Staaten   125

Ausbürgerung   57, 626

Ausländer   (s. Fremdenrecht)

Auslieferung   614 ff.
- eigener Staatsangehöriger   58, 615

Ausnahmezustand
  (s. Staatsnotstand)

Aussperrung   645 ff.

Ausweisung (s. Fremdenrecht)

Autonomie
- der Staatsgewalt   85 f., 119

Beamtenrecht
- und Arbeitskampf   647
- in der Demokratie   335

Belgien
- Verfassungsänderung   316

Bill of Rights   547

Binnengewässer   69

Breschnew-Doktrin   161, 301

British Commonwealth   151 f.
- inter se-Beziehungen   153
- protectorates   150
- Republiken   153

Bürgerkrieg
- als innere Angelegenheit   243 ff.
- Intervention in B.   243
- und Selbstbestimmungsrecht   243 ff., 298
- und staatliche Kontinuität   128 ff.
- und Untergang von Staaten   125

Bundesrepublik Deutschland
  (s. Grundgesetz)

Bundesstaat   161 ff.
- Auflösung   122
- Homogenitätsgarantien   161 ff.
- Mitglieder, Autonomie   166 ff., 170
- Rechtsvergleichung   165 ff.
- Staatenbund, Unterscheidung   155 ff.
- und Staatensukzession   139
- und Staatsbegriff   31

Stichwortverzeichnis

Bundesverfassungsgericht
  (s. auch Verfassungsgerichtsbarkeit)
– keine politische Verantwortlichkeit 223
– zum Rechtsstaatsbegriff 443 f.
– und Widerstandsrecht 248 f.
– Zuständigkeiten 493 ff.

Clausula rebus sic stantibus 70, 119, 177, 244
Common heritage of mankind 74 ff.
Common law
– und Grundrechte 572
– und juristische Person 97
– und Rechtsstaatsbegriff 454 ff.
Contempt of court 454, 456
Continental shelf 74 ff.
Contrat social 192, 229
Cross-voting 366, 374, 379

De facto-Regime 29, 106, 114
Dekolonisierung 51, 124, 151
– und Selbstbestimmungsrecht 130, 151
– und Staatensukzession 139, 143
Demokratie 208 ff.
– Ausgestaltungen 349 ff.
– und Beamtenrecht 335
– Definitionsmöglichkeit, Grenzen **326 ff.**
– und Demoskopie 359
– und Freiheitsaufgabe 339 ff.
– Gerichte, Unabhängigkeit 330 ff.
– und Gewaltenteilung 329, 388 ff.
– institutionelle Garantien 334 f.
– Kritik an D. 342 ff.
– und Minderheit 23, 573
– mittelbare
  (s. Demokratie, unmittelbare und mittelbare)
– und Nichtidentifikation des Staates 205 ff.
– politische Parteien 360 ff.
– Pressefreiheit 334 f., 652
– und Rätesystem 328
– Rechtfertigungen 342 ff.
– Republik, Unterscheidbarkeit 317 f.
– repräsentative **342 ff.**, 350 ff.
– und Souveränität, innere 259 ff.
– unmittelbare und mittelbare 219 ff., 328, **349 ff.**
– und Verfassungsgerichtsbarkeit 335, 355, 483 ff.
– Vielfältigkeit **219 ff.**
– und Wählerauftrag 359 ff.
– Wahlrecht
  (s. dort)

Demoskopie
– und Demokratie 359
Desuetudo 20
Determinismus
– und Schuldvorwurf 25
Deutscher Bund 162
Deutsches Reich
– Staatenbund oder Bundesstaat 158, 162
– Verfassungsänderung 307 ff.
Diktatur 23, 211, **215 f.**
– autokratische und kommissarische 215 f.
– und Demokratie, Aufgabe 339 ff.
– Militärdiktatur 217
– Republik, Gegensatz 324
Diktaturgewalt
– des Reichspräsidenten 264
Diplomatische Beziehungen
– als Anerkennung 114 f.
– durch Bundesstaaten 169
– und Revolution 245
– bei Staatsuntergang 133
Diplomatischer Schutz
  (s. Fremdenrecht)
Diskriminierung
– und Selbstbestimmungsrecht 293 f.
Domestic affairs
  (s. Innere Angelegenheiten)
Domaine réservé
  (s. Innere Angelegenheiten)
Doppelstaatlichkeit 54
Drei-Elementen-Lehre 39 ff.
Dreimeilenzone 72 ff.
Drittwirkung
  (s. Grundrechte)
Due process-Klausel 458 f.

Effektivität 17
– bei Staatsangehörigkeit, doppelter 623
– der Staatsgewalt 83 ff.
Effet utile 178
Eigentum
– im Rechtsstaat 449 ff.
Einbürgerung 55
Einparteiensystem
  (s. auch Politische Parteien)
– Gewaltenteilung, Ablehnung 420
Enteignung
  (s. auch Eigentum)
– Act of state and ordre public 62
– und Staatsgebiet 62
Entmilitarisierung 64
– und Staatensukzession 138

248

Entstehung von Staaten 106 ff.
- historische Sicht 108
- Verfassungsrecht 109 ff.
- durch völkerrechtliche Verträge 116 ff.

Ermächtigungsgesetz von 1933
216, 324

Europäische Gemeinschaften
- Organe 181 ff.
- Supranationalität 181 ff.

Europäische Menschenrechtskonvention
586 ff.
- und Europäische Wirtschaftsgemeinschaft, Grundrechte 474 f.
- Gerichtsbarkeit 516
- und Großbritannien 572
- Rechtsfortbildung, richterliche 474 f.

Europäische Union
(s. auch Europäische Gemeinschaften, Supranationale Organisationen)
- Grundrechte 424

Europäische Wirtschaftsgemeinschaft
- und Europäische Menschenrechtskonvention 474 f.
- Grundrechte 474 f.
- Rechtsfortbildung, richterliche 470 ff.
- und Rechtsstaatsbegriff 468 ff.
- und Souveränität 274
- Verfassungsgerichtsbarkeit 515 f.

Exilregierung
- Fortbestand des Staates 28

Festlandsockel (s. Continental shelf)

Fiktion
- Bedeutung für die Rechtsordnung 25

Fischerei 72 ff.

Fiskus 91, 104

Flüsse
- als Grenzen 69

Folterverbot 596

Formelkompromiß, dilatorischer
- und Verfassungsgerichtsbarkeit 482

Fraktionszwang 17, 360 ff., 378 ff., 385

Frankreich
- Gewaltenteilung 412 f.
- Grundrechte 549, 571
- Rechtsstaat 463 f.
- Religionsgemeinschaften 631
- Staatsnotrecht 528 ff.
- Verfassungsänderung 311
- Verfassungsgerichtsbarkeit 509
- und Gewaltenteilung 413

Französische Gemeinschaft 154

Fremdenrecht 61, 603 ff.
- Abschiebung 613
- Abweisung, Einreise 604 f.
- Auslieferung (s. dort)
- Ausweisung 604, 610 ff.
- eigener Staatsangehöriger 58
- diplomatischer Schutz 33, 619 ff.
- Mindeststandard 607 ff.
- politische Rechte 609

Friedenssicherung 12

Führerprinzip 216

Genuine link 53

Gerechtigkeit
(s. Rechtsstaat, wertgebundener; Sozialstaat)

Gerichte
- kommunistische Staatsauffassung 330
- Rechtsfortbildung, richterliche (s. dort)
- Richterernennung 330 ff., 402 f., 491 f., 506
- Unabhängigkeit und Demokratie 330 ff., 473
- in der Gewaltenteilung 402 ff., 411

Gerichtsbarkeit
(s. Gerichte; Verfassungsgerichtsbarkeit)

Gerichtsschutz
- im Rechtsstaat 433

Geschäftsgrundlage
(s. auch Clausula rebus sic stantibus)
- Wegfall 20, 119

Geschichtswissenschaft
- und allgemeine Staatslehre 11

Gesetz
- Einzelfallgesetz 430
- Gewaltenteilung, Gesetzesbegriff 399 f.
- Maßnahmegesetz 399 f., 430
- Nichtigkeit, ex tunc oder ex nunc 446
- Rechtsstaat, Gesetzesbegriff 430
- Rückwirkungsverbot 425
- Vorbehalt des G.; Vorrang d. G. (s. dort)

Gesetzesvorbehalt 439

Gesetzmäßigkeit der Verwaltung 434 f.

Gewaltenteilung 388 ff.
- in der Demokratie 329, 388 ff.
- und Einparteiensystem 386 ff.
- Frankreich 412 f.
- Geschichte der G. 389 ff.
- und Gesetzesbegriff 399 f.
- Großbritannien 414 f.
- im Grundgesetz 416 ff.
- in internationalen Organisationen 421 f.
- und Justiz 397

249

Stichwortverzeichnis

- kommunistische Staatsauffassung 386 f., 420
- und parlamentarische Regierung 408 ff.
- im Präsidialsystem 408 ff.
- Rechtsvergleichung 407 ff.
- und Regierungssysteme 407 ff.
- und Souveränität, innere 261 ff.
- und Staatsbegriff 30
- supranationale Organisationen 422
- USA 313 f., 409 ff.
- und Verfassungsgerichtsbarkeit 480 ff.
- vierte Gewalt 405 f.
- und Völkerrecht 392

Gewaltverbot
  (s. auch Angriffskrieg) 12, 19, 60
- und Menschenrechte 602
- und Repressalie 282 ff.
- und Selbsterhaltungsrecht 277 ff.

Gewerkschaften 641 ff.
- Mitbestimmung 648 ff.

Gewissensentscheidung
- und Widerstandsrecht 254

Gleichheitssatz
- als Fiktion 25

Gottesstaat 37, 188

Government of law
  (s. Rechtsstaat)

Grenzen
  (s. Staatsgebiet)

Grenzverträge 68 ff.

Großbritannien
- und Europäische Menschenrechtskonvention 572
- Gewaltenteilung 414 f.
- Gerichtsbarkeit, Unabhängigkeit 331
- Grundrechte 572
- als konstitutionelle Monarchie 214, 312
- Parlament, Souveränität 214, 312, 507 f., 532
- Parteien, politische 379 f.
- als Republik? 320
- richterliches Prüfungsrecht, Ausschluß 508
- rule of law 454
- Staatsnotrecht 532
- Verfassungsänderung? 312

Grundgesetz
- Bundespräsident, Kompetenzen 416
- Gewaltenteilung 416 ff.
- Grundrechte (s. dort)
- Parteiverbot 381 ff.
- und Religionsgemeinschaften 630
- richterliche Unabhängigkeit 332

- Staatsnotstand 534 ff.
- Verfassungsänderung 309 f.
- Verfassungsgerichtsbarkeit und Demokratie 335

Grundnorm 43 f.

Grundpflichten
- und Grundrechte 557 f.

Grundrechte
  (s. auch Menschenrechte)
- als Abwehrrechte 555 f.
- als allgemeine Rechtsgrundsätze 544 ff.
- im common law 572
- Drittwirkung 561 ff., 573
- Entstehung **542 ff.**
- in der Europäischen Wirtschaftsgemeinschaft 474 f.
- Frankreich 549, 571
- Gesetzesvorbehalt 439
- Großbritannien 572
- und Grundpflichten 557 f.
- kommunistische Staaten 465 ff., 574
- als objektive Werte 556
- im Rechtsstaat 440
- und Republik 550
- und Schutzanspruch 564 f., 573
- und Staatsangehörigkeit 58
- im Staatsnotstand 536 ff.
- als Teilhaberechte 559 f.
- und Verfassungsänderung 568 f.
- Verwirkung 497
- USA 548, 573
- in Weimarer Verfassung 552
- Wesensgehalt 566

Haager Landkriegsordnung 579
Habeas Corpus Akte 547
Haftung des Staates
- nach common law 97
- als juristische Person 91
- für Staatsorgane 29, 101 ff.

Heirat
- Staatsangehörigkeit 56

Hohe See
- und Staatsgebiet 72 ff.

Hoheitsakte
- auf fremdem Staatsgebiet 60

Hoheitsgewässer 72 ff.

Hoheitsgewalt
- territoriale 59 ff.

Hoheitsrechte
- Übertragung und Souveränität 269 ff.
- und Verfassungsänderung 305

Homogenitätsgarantie
– im Bundesstaat 161 ff.
Humanitäre Intervention
– und Menschenrechte 598 ff.
– und Selbstbestimmungsrecht 295

Identität
– Parlament und Volk 356 ff.
– und Wahlrecht 371 ff.
Ideologie
– bei politischen Parteien 376 f.
Illegalität
– und Revolution 237 ff.
Immunität
– Abgeordnete 343
– des Fürsten 260
– von Staaten 104
Impeachment-Verfahren 505
Implied powers
– bei Gewaltenteilung, USA 410
– im Staatsnotstand, USA 525
Individualinteresse
– und Allgemeinwohl 201 f., 225 f.
Individualrechte
(s. Grundrechte; Menschenrechte)
Individuum
– im Völkerrecht 99, 101, 105, 546, **576 ff.**
Innere Angelegenheiten 12, 60, 63, 86, 275
– Revolution und Völkerrecht **243 ff.**
Institutionelle Garantien
– in der Demokratie 334 f.
Integrationslehre 21, 41
International crime 121, 299, 598 ff.
Internationale Organisationen
– Auslegung des Statuts 178 f.
– Austrittsrecht 177
– Beschlüsse, Bindungswirkung 175
– und Gewaltenteilung 421 f.
– Governmental und Non-Governmental, Unterschied 174
– Organe 176
– und Rechtsstaatsbegriff 468 ff.
– und staatliche Souveränität 180 f., 269 ff.
– als Völkerrechtssubjekte 99 f., 105
– Zwecke 178 f.
Internationaler Gerichtshof
– und Rechtsvergleichung 15
– Staat als Partei 34
Interpretation
– extensive bei Kollektivverträgen 178 f.
– internationale Organisationen, Statut 178 f.
– Rechtsvergleichung als Hilfe 15

Intervention 60, 115
– im Bürgerkrieg 243
– und Selbstbestimmungsrecht 290
Italien
– Verfassungsänderung 316
– Verfassungsgerichtsbarkeit 511
Ius ad bellum
– Staatenbund und Bundesstaat 157
Ius cogens 1, 51, 111, 299
Ius in bello 103
– und Atomwaffen 280 f.
– Menschenrechte 543, 578 f.
Ius sanguinis 54
Ius soli 54

Judicial review
(s. auch Normenkontrolle) 411, 500 ff.
Juristische Person
– common law 97
– Fiktionstheorie 92
– als reale Verbandsperson 93 ff.
– Staat **89 ff.**
– im Völkerrecht 98 ff.
– Zurechnungstheorie 95 ff.
Justiz
(s. auch Gerichte; Verfassungsgerichtsbarkeit)
– und Gewaltenteilung 397, 402 ff.
– im Rechtsstaat 431 ff.

Kirchen
(s. Religionsgemeinschaften)
König (s. Monarchie)
Kolonie 85, 117, 151
Kommunismus (s. auch Marxismus)
– als Diktatur 216
– Grundrechte 574
– und Rechtsstaat 465 ff.
– und Religionsfreiheit 634
– und Selbstbestimmungsrecht 301
– Staatsnotrecht 533
– und Staatszweck 196 f.
– und Verfassungsgerichtsbarkeit 514
– Volksdemokratie (s. dort)
Kommunistische Staatsauffassung
– Gerichte, Abhängigkeit 330
– Gewaltenteilung, Ablehnung 420
Konsularische Beziehungen
– und Anerkennung 114
Krieg
(s. auch Angriffskrieg; Gewaltverbot)
– totaler 279 ff.

251

Stichwortverzeichnis

Kriegsrecht
(s. Ius in bello)
Kriegsschuld 277
Kriegszustand
– Fortbestand des Staates 28
– und Grenzverträge 70
KSZE
– und Selbstbestimmungsrecht 288
Küstengewässer
(s. Hoheitsgewässer)

Legalität
– Verfassungsänderung, Grenzen 304 ff.
Legitimität
– und Revolution 237 ff.
– und Souveränität, innere 260
Liberalismus
– und Nichtidentifikation des Staates 204 ff.
Lufthoheit 77

Magna Charta 97, 547
Mandat
– freies und imperatives 358 ff., 385
– gebundenes 220, 385
– Verlust bei Parteiverbot 383
Marxismus
(s. auch Kommunismus)
– Revolutionsbegriff 238
– und Selbstbestimmungsrecht 301
– und Staatszweck 196 f.
Marxistische Rechtsauffassung 23
Massenausweisung 292, 611 ff.
Meeresboden, Nutzung 72 ff.
Mehrheitsentscheidung
– als Sollensnorm 23
Menschenrechte
(s. auch Grundrechte) 12, 19
– afrikanische Staaten 594
– Allgemeine Erklärung der Menschenrechte 584 f.
– als allgemeine Rechtsgrundsätze 544 ff.
– Entstehung **542 ff.**
– und humanitäre Intervention 598 ff.
– ius in bello 543, 578 f.
– Lateinamerika 594
– und Selbstbestimmungsrecht 293 ff.
– und Selbstverteidigung des Staates 284
– und Staatsangehörigkeit 57
– und Territorialhoheit 63
– Vereinte Nationen 582 ff.
– im Völkerrecht **576 ff.**
– und Widerstandsrecht 257

Menschenrechtspakte der Vereinten Nationen 590 ff.
– und Selbstbestimmungsrecht 288
Mikrostaaten 108
Minderheiten 121, 322
– USA, Grundrechtsschutz 573
Minderheitenschutz
– und Menschenrechte 580 f.
– und Selbstbestimmungsrecht 286 ff., 300
Monarchie 23
– absolute 89
– aufgeklärter Absolutismus 90, 230, 260
– konstitutionelle **212 ff.**, 480
– und Grundrechte 551
– und Rechtsstaat 429 ff.
– und Staat als juristische Person 91 f.
– Republik, Gegensatz 318, 323
Monokratie 209 ff.

Namibia
– Verfassungsänderung 316
Nationalismus
– und Souveränität 275
Nationalsozialismus
– und Demokratie, Aufgabe 339
– als Diktatur 216
– und Staatszweck 197
– und Widerstandsrecht 250, 256
Nationalstaat 275
Natur der Sache 14
Natural justice 454 ff., 550
Naturrecht 109 f.
– und Staatszwecke 187 ff.
– und Widerstandsrecht 251 ff.
Neutralität 64, 279
Nichtidentifikation
– und demokratische Mehrheitsentscheidung 205 ff.
– des Staates mit Weltanschauung 203 ff.
– als Staatszweck 206 f.
Niederlande
– Verfassungsänderung 316
Nordischer Rat 146
Normative Kraft des Faktischen 20, 26, 109
Normenhierarchie 43 f., 436, 485
Normenkontrolle 337, 404, 495, 501, 511
Notstand
(s. Staatsnotrecht)
Notwehr
(s. Selbstverteidigung)

Stichwortverzeichnis

Objekttheorie 65
Österreich
– als Bundesstaat 163
Opposition
– Schutz durch Verfassungsgerichtsbarkeit 486 ff.
– parlamentarische und Gewaltenteilung 417
Option 55
– bei Staatensukzession 141
Ordre public 115
– bei Enteignung 62
Organstreit 494

Pacta sunt servanda 43
– und staatliche Souveränität 270 ff.
Parlament
– Identität mit Volk 356 ff.
– Souveränität, Großbritannien 214, 312, 507 f., 532
Parlamentarismus
– und Gewaltenteilung 408 ff.
Parlamentsvorbehalt 430, 438
Parteiendemokratie 360 ff.
Patrimonialtheorie 65
Personalhoheit 36 f., 52 ff.
Personalunion 148
Petition of Rights 547
Plebiszite 220, 223, 354
Political question-Doktrin 462, 503, 538
Politik
– Recht als Begrenzung 18
– und Verfassungsgerichtsbarkeit 483
Politische Parteien
– demokratische Struktur 365
– Einparteiensystem 384 ff.
– und freies Mandat 360 ff.
– ideologische Ausrichtung 376 f.
– Mitgliedschaft und Demokratie 363 f.
– Parteidisziplin und Fraktionszwang 360 ff., 378 ff.
– Parteiverbot 381 ff., 497
– Privilegien 381 ff.
– Splitterparteien 338
– Strukturen, Rechtsvergleichung 375 ff.
– und Wahlrecht 374
– Ziele 376 ff.
Politologie
– und Staatslehre 8 f.
Polizeistaat
– und Rechtsstaat 427 ff.
Positives Recht
(s. Positivismus)

Positivismus
– und Staatszwecke 195
– und Widerstandsrecht 251 ff.
Pouvoir neutre 223
– Gerichtsbarkeit als p.n. 406, 479, 488 ff.
Präsidialsystem
– und Gewaltenteilung 408 ff.
Pressefreiheit
– in der Demokratie 334 f., 652
– EMRK und Gerichtsschutz 335
Preußen
– als konstitutionelle Monarchie 213
Protektorat **149 f.**
– Autonomie, begrenzte 85, 131 f.

Rätesystem 220
– und Demokratie 328
Rassendiskriminierung 596
Raumtheorie 65
Realitäten
– Einfluß auf Rechtsgestaltung 17 ff.
Realunion 148
Recht und Wirklichkeit 17 ff.
Rechtserzeugungsverfahren
– als Postulat 23
Rechtsfortbildung, richterliche
– Europäische Wirtschaftsgemeinschaft 470 ff.
– Verfassungsgerichtsbarkeit 337, 355, 397, 415, 461, 489, 517
Rechtsordnung
– Anerkennbarkeit 110 f.
– Gestaltungsaufgabe 17 ff.
– als Grenze der Politik 18
Rechtssätze
– Beendigung 20
Rechtssicherheit 425 ff.
– und Rechtsstaat 443 ff.
Rechtsstaat
– Begriff, Entstehung **424 ff.**
– bürgerlicher 428 f., 434, 441
– Bundesverfassungsgericht, Rechtsprechung 443 f.
– common law 454 ff.
– und Eigentum 449 ff.
– Europäische Wirtschaftsgemeinschaft 468 ff.
– formaler 443 ff.
– Frankreich 463 f.
– Gesetzesbegriff 430
– government of law 425
– und Grundrechte 440

Stichwortverzeichnis

- internationale Organisationen   468 ff.
- und Justiz   431 f.
- und Kommunismus   465 ff.
- materialer   443 ff.
- Rechtssicherheit   425 ff.
- und Gerechtigkeit   442 ff.
- Rechtsvergleichung   **453 ff.**
- sozialer   426, 449 ff.
- und Staatszweck   426
- supranationale Organisationen   468 ff.
- USA   458 ff.
- wertgebundener und Rechtssicherheit   444 ff.
- Willkürausschluß   425 ff.
- wohlerworbene Rechte   449 ff.

Rechtsvergleichung   166, 183, 198
- und allgemeine Staatslehre   14 ff.
- als Interpretationshilfe   15
- Staatsnotrecht   522 ff.

Rechtswegstaat   433

Referendum   (s. Plebiszite; Volksbegehren; Volksentscheid)

Regierung
- Anerkennung   115

Regierungsformen   (s. Regierungssysteme)

Regierungssysteme   **208 ff.**
- bei Aristoteles   209
- Bewertungsmaßstäbe   224 ff.
- und Gewaltenteilung   407 ff.
- und Staatszwecke   202
- als Verfassungsentscheidung   **302 ff.**

Reichspräsident
- Diktaturgewalt   264

Reine Rechtslehre   21 ff., 43 f., 95

Religionsfreiheit   628 ff.

Religionsgemeinschaften   627 ff.

Repräsentation
- Volk durch Parlament   356 ff.
- und Wahlrecht   371 ff.

Repressalie
- und Gewaltverbot   282 ff.
- und Menschenrechte   284

Republik
- Begriffsbestimmung   **317 ff.**
- im British Commonwealth   152
- Bürgerverantwortung   321 f.
- Demokratie, Unterscheidbarkeit   317 ff.
- Diktatur, Gegensatz   324
- und Grundrechte   550
- Monarchie, Gegensatz   91, 318, 323

- und Souveränität, innere   260 ff.
- Wehrpflicht   322

Revolution   109, **235 ff.**
- und diplomatische Beziehungen   245
- und Konterrevolution   236
- und Kontinuität des Staates   128 ff.
- legale und illegale   239 ff., 304 ff.
- marxistische Auffassung   238
- und Rechtsfortgeltung   241 f.
- und Selbstbestimmungsrecht   243 ff.
- und Verfassungsänderung   239 f.
- und Völkerrecht   243 ff.
- und Widerstandsrecht   250

Richterliche Unabhängigkeit
  (s. Gerichte, Unabhängigkeit)

Richterliches Prüfungsrecht   481
- Großbritannien, Ausschluß   415, 508
- USA   500 ff.

Richterrecht
  (s. Rechtsfortbildung, richterliche)

Rule of law   454

Schiffahrtsfreiheit   72 ff.

Schuld
- und Determinismus   25
- Kriegsschuld   277

Schutzanspruch
  (s. Grundrechte)

Schweiz
- als Bundesstaat   163
- Verfassungsänderung   316

Seerechtskonvention   75 f.

Sein und Sollen   8, **21 ff.**, 43 f.

Selbstbestimmungsrecht   12, 119, 132, 151, 161, 173, **285 ff.**
- und Anerkennung von Staaten   113
- und Angriffskrieg   285
- und Bürgerkrieg   243 ff.
- Durchsetzungsmittel   293 ff.
- und humanitäre Intervention   295
- ius cogens   119, 299
- kommunistisches   301
- und Menschenrechte   293 ff.
- und Minderheitenschutz   286 ff.
- und Souveränität   290, 298
- Staatsbildungswille   50 f.
- und Staatsgewalt   80, 119
- Träger des S.   290 ff.
- UN-Charta   132
- Verbrauch   132
- und Vertreibung   292
- und Widerstandsrecht   257

254

Selbsterhaltungsrecht 276 ff.
Selbstverteidigung 60, 278 ff.
Souveränität 12, **258 ff.**
– und Angriffskrieg 268 ff.
– beschränkte im Völkerrecht 271 ff.
– und Einheit der Staatsgewalt 258
– bei Gewaltenteilung 261 ff.
– Grenzen 86, 118 f.
– und Hoheitsrechtsübertragung 269 ff.
– innere, Verfassungsrecht 259 ff.
– und internationale Organisationen 180 ff., 269 ff.
– im Luft- und Weltraum 77
– des Parlaments 214, 312, 463, 507 f., 532
– in der Republik 260 ff.
– und Selbstbestimmungsrecht 290, 298
– bei Staatenverbindungen 155 ff., 160
– nach Staatsgründung bei Mitwirkung dritter Staaten 116 ff.
– im Staatsnotstand 264
– und Supranationalität 274 f.
– und Verfassungsgerichtsbarkeit 262
– im Völkerrecht **265 ff.**
Sowjetunion (s. UdSSR)
Sozialistische Gerechtigkeit 330
Sozialistische Staaten
– Funktion der Rechtsordnung 18
Sozialstaat
– und Rechtsstaat 449 ff.
Soziologie
– Staatsbegriff 41 ff.
– und Staatslehre 8 f.
Spionage
– und Lufthoheit 77
Staat
– Begriff, Definition 27 ff.
– Entstehung
  (s. Entstehung von Staaten)
– und Gesellschaft, Trennung 636 ff.
– Haftung im common law 97
– Handlungsfähigkeit, beschränkte 131 f.
– Herrschaftsbereich 59 ff.
– als juristische Person 89 ff.
– im Völkerrecht **98 ff.**
– Kontinuität 128 ff.
– als Lebens- und Gefahrengemeinschaft 203 ff.
– Nichtidentifikation mit Weltanschauung 203 ff.
– als Normordnung 43 ff.
– als Privatperson 104
– als reale Verbandsperson 93 ff.

– Schutzverpflichtung 29, 51
– Seinsordnung und Sollensordnung **21 ff.**
– Souveränität (s. dort)
– im Sinne des Staats- und Völkerrechts 27
– Suche nach dem „besten" 4 ff.
– Untergang
  (s. Untergang von Staaten)
– im Sinne des Verfassungsrechts **30 ff.**
– im Sinne des Völkerrechts **33 ff.**
– „Wesen" 21, 41 ff.
– Zwangsgewalt 42
Staatenbund
– Bundesstaat, Unterscheidung 155 ff.
Staatenlosigkeit 54, 624 ff.
Staatennachfolge
  (s. Staatensukzession)
Staatensukzession 133, **136 ff.**
– bei Bundesstaatsbildung 139
– und Neustaaten 139, 143
– Staatsangehörigkeit 140 f.
– Staatsschulden 142
– und Verträge, völkerrechtliche 137 ff.
Staatenverbindungen 145 ff.
Staatsangehörigkeit 52 ff.
– im British Commonwealth 152
– bei Bundesstaaten 169
– Effektivität 623
– Entlassung auf Antrag 57
– Erwerb und Verlust **53 ff.**
– Grundrechte 58
– mehrfache 54
– und Menschenrechte 57
– Oktroyierungsverbot 53, 623
– und Souveränitätswechsel 55
– bei Staatensukzession 140 f.
– bei Staatsuntergang 134
Staatsbürger
– Treuepflicht 29, 51
Staatsgebiet 59 ff.
– Grenzen **67 ff.**
– Lufthoheit 77
– Seegrenzen **71 ff.**
– Theorien, frühere 64 ff.
– Wirtschaftsrecht 62
Staatsgewalt 78 ff.
– Autonomie 85 f.
– Effektivität 83 f.
– Einheit 258, 263
– und Gewaltenteilung 388 ff.
– historische Betrachtung 87 f.
– Verfassungsrecht 80
– im Völkerrecht 81 ff.

255

Stichwortverzeichnis

- des Volkes 221 ff., 337 ff.
- Wegfall und Untergang des Staates 122 ff.

Staatshoheitsakte
- Anerkennung 115

Staatsnotrecht
  (s. auch Staatsnotstand) **518 ff.**
- Frankreich 528 ff.
- Großbritannien 532
- Grundgesetz 534 ff.
- Grundrechte 536 ff.
- kommunistische Staaten 533
- Rechtsvergleichung 522 ff.
- USA 523 ff.
- Weimarer Verfassung 519 f., 526 ff.

Staatsnotstand
  (s. auch Staatsnotrecht) 14
- und Souveränität 264
- und Widerstandsrecht 248

Staatsnotwehr 246 ff.

Staatsoberhaupt (s. auch Diktator; Monarchie; Pouvoir neutre)
- als pouvoir neutre 406, 412
- im Staatsnotrecht 521 ff.
- Wahl 352

Staatsorgane
- und Haftung des Staates 29, 101 ff.

Staatspräsident
  (s. Staatsoberhaupt)

Staatsräson
- und Verfassungsgerichtsbarkeit 490

Staatsrechtfertigungen 185 ff.
- Rechtsgeschichte 186 ff.

Staatsreligion 629

Staatsschulden
- bei Staatensukzession 142

Staatsvolk 49 ff.
- Staatsbildungswille 28, 50

Staatszwecke 47, **185 ff.**
- und Naturrecht 187 ff.
- und Nichtidentifikation 206 f.
- rationale Unerklärbarkeit 199 ff.
- Rechtsgeschichte 186 ff.
- und Rechtsstaat 426
- und Regierungsformen 202

Streikrecht 645 ff.

Supranationale Organisationen 66
- Gewaltenteilung 422
- Grundrechte 474 f.
- und Rechtsstaatsbegriff 468 ff.
- Verfassungsgerichtsbarkeit 515

Supranationalität 181 ff.
- und Souveränität 274 f.

Talweg 69

Territorialgewässer
  (s. Hoheitsgewässer)

Territorialhoheit 37 f., 59 ff.

Totalitarismus
- und Staatszweck 196 f.

UdSSR
- als Bundesstaat 159, 161, 163
- Grundrechte 574
- und Rechtsstaatsbegriff 465 ff.
- Verfassungsänderung 314

Überpositives Recht
  (s. auch Naturrecht) 109 f.

Unfreundlicher Akt 115, 245

Untergang von Staaten 120 ff.
- Anerkennung, Entzug 126
- Auswirkungen 133 ff.
- und Bürgerkrieg 125
- Endgültigkeit 124 f.
- marxistische Auffassung 127 ff.
- Rechtsfortgeltung 134
- Regierungsform, Wechsel 127 ff.
- und Staatsangehörigkeit 134
- Staatsgewalt, Wegfall 122

USA
- als Bundesstaat 162, 167
- due process-Klausel 458 f.
- Gerichtsbarkeit, Unabhängigkeit 333
- Gewaltenteilung 313 f., 409 ff.
- Grundrechte 548, 573
- implied powers 410, 525
- Minderheiten, Grundrechtsschutz 573
- Oberster Gerichtshof und Demokratie 337
- Parteien, politische 378 f.
- Rechtsstaatsbegriff 458 ff.
- Religionsgemeinschaften 631
- Staatsnotrecht 523 ff.
- Verfassungsänderung 313
- Verfassungsgerichtsbarkeit 500 ff.
- und Gewaltenteilung 411

Verbände, nichtstaatliche 636 ff.

Verbannung 58

Vereinte Nationen
- und Angriffskrieg 273
- Menschenrechte 582 ff.
- und Selbstbestimmungsrecht (s. dort)

Stichwortverzeichnis

- Sicherheitsrat, Bindungswirkung der Beschlüsse 175
- Staat als Mitglied 34
- und staatliche Souveränität 273

Verfassung
- als Entscheidung für Regierungssysteme 302 ff.

Verfassungsänderung
- Belgien 316
- Frankreich 311
- Großbritannien 312
- Grundgesetz 309 f.
- und Grundrechte 568 f.
- Italien 316
- legale und Grenzen **304 ff.**
- Namibia 316
- Niederlande 316
- und Revolution 239 f.
- Schweiz 316
- UdSSR 314
- USA 313

Verfassungsbeschwerde 494 ff., 512 f.

Verfassungsgerichtsbarkeit (s. auch Bundesverfassungsgericht; Pouvoir neutre) **476 ff.**
- und Demokratie 335, 355, 483 ff., 491 f.
- Europäische Wirtschaftsgemeinschaft 515 f.
- und Formelkompromiß, dilatorischer 482
- Frankreich 509
- Gewaltenteilung 413
- Gewaltenteilung 404, 418, 480 ff.
- Grundgesetz, Gewaltenteilung 418
- Italien 511
- und kommunistische Staaten 514
- Oppositionsschutz 486 ff.
- und politische Verantwortlichkeit 473, 483, 491
- Politisierung 483
- Rechtsvergleichung 493 ff.
- und Souveränität, innere 262
- und Staatsräson 490
- in supranationalen Organisationen 515
- USA 500 ff.
- Gewaltenteilung 411
- als vierte Gewalt 423, 488 ff.
- und Widerstandsrecht 248

Verfassungslehre
- und allgemeine Staatslehre 10

Verfassungsrecht
(s. auch Grundgesetz)
- Entstehung von Staaten 109 ff.

- Grundrechte, Entstehung 547 ff.
- Souveränität, innere 259 ff.
- und Staatsbegriff **30 ff.**

Verfassungsrevision
- und Rechtsvergleichung 16

Verfassungsstaat 79

Verfolgungszone 72 ff.

Vernunftnaturrecht 24

Verträge, völkerrechtliche
- als Anerkennung 114
- und Effektivität der Staatsgewalt 83 f.
- und Entstehung von Staaten 116 ff.
- bei Staatensukzession 137 ff.

Vertreibung 121

Vierte Gewalt
(s. Pouvoir neutre)

Völkerbund 180

Völkermord 121, 596

Völkerrecht
- und allgemeine Staatslehre 12 f.
- Haftung und Souveränität 265
- Individuum im V. **576 ff.**
- ius cogens (s. dort)
- Menschenrechte 576 ff.
- und Revolution 243 ff.
- Souveränität, staatliche 265 ff.
- Staatsbegriff 33 ff.
- und Widerstandsrecht 251, 257
- zwingendes Recht (s. dort)

Völkerrechtssubjekte 99

Volk
(s. auch Staatsvolk)
- als Staatsgewalt 221 ff.

Volksbegehren 328, 354

Volksdemokratie 328
- Einparteiensystem 384 ff.

Volksentscheid 328, 354

Volksherrschaft
(s. Demokratie)

Volksrepublik 317, 325

Volonté général 192, 229, 357

Vorbehalt des Gesetzes 437

Vorrang des Gesetzes 436

Wählerauftrag
- in der Demokratie 359 ff.

Wahlrecht 351, **368 ff.**
- und Identität 371 ff.
- Mehrheitswahl und Verhältniswahl 368 ff.
- und politische Parteien 374
- und Repräsentation 371 ff.
- Wahlkampfkosten 381

257

Stichwortverzeichnis

Wehrpflicht
– in der Republik   322
Weimarer Verfassung
– Grundrechte   552
– Staatsnotrecht   519 f., 526 ff.
– Verfassungsänderung   308
Weltraum
– und Souveränität   77
Wesentlichkeitstheorie
– im Rechtsstaat und Gewaltenteilung   430, 438
Widerstandsrecht   246 ff.
– BRD, Verfassungsrecht   246 ff.
– und Naturrecht   251 ff.
– und Positivismus   251 ff.
– und Revolution   250

– und Staatsnotstand   248
– und Verfassungsgerichtsbarkeit   248 f.
– und Völkerrecht   251, 257
Wirtschaftsrecht
– und Staatsgebiet   62
Wirtschaftszone   75 f.
Wohlerworbene Rechte
– im Rechtsstaat   449 ff.
Wohlfahrtsstaat   426

Zeitablauf
– Einwirkung auf die Rechtsordnung   20
Zwangskörperschaften   642
Zwingendes Recht
   (s. auch Ius cogens)
– im Völkerrecht   1, 111, 257, 598 ff.